Dr. Gustav Schoser · Jürgen Wolff

Rund ums Jahr
erfolgreich gärtnern

Gewächshäuser

Fachliche
Beratung:
Kuno Krieger

Inhalt

Gemüse aus dem Gewächshaus

Salpiglossis sinuata, Trompetenzunge

Erdbeeren

Tibouchina, Tibouchine

Vorwort

„Ja, ein Gewächshaus müßte man haben!" Welcher Garten- und Pflanzenliebhaber hat diesen Satz nicht schon einmal ausgesprochen. Es ist schon eine besondere Faszination, die ein Gewächshaus ausübt und es für den Pflanzenfreund so begehrenswert macht. Wen diese Leidenschaft einmal gepackt hat, den läßt sie nicht mehr los. Das Gärtnern unter Glas zählt zweifellos zu den vielseitigsten und zugleich aufregendsten Beschäftigungen, die sich ein Liebhabergärtner vorstellen kann. Das Gewächshaus bietet die Möglichkeit, sich das ganze Jahr über mit Pflanzen zu beschäftigen, sie zu außergewöhnlichen Zeiten zum Keimen, Wachsen, Blühen und Fruchten zu bringen.

Für den wirklichen Pflanzenfreund dauert die kalte Jahreszeit viel zu lange. Im Glashaus hört dagegen die Saison nie auf. Es gibt eine riesengroße Zahl von Pflanzen, die im Glashaus gepflegt werden können.

Allein die Kultur der Pflanzen ist eine spannende Beschäftigung; das lange Warten auf die seltene Blüte einer Orchidee, einer Bromelie oder eines Kaktusses. Nicht weniger aufregend ist

die eigene Anzucht. Wenn die Samen zu keimen beginnen, so ist das jedesmal ein tolles Erfolgserlebnis.

Aus diesen wenigen Hinweisen wird schon deutlich, daß sich der Gewächshausgärtner in spe darüber Gedanken machen muß, wie er das Glashaus nutzen will. Wenn die Anzucht von Jungpflanzen für den Garten im Vordergrund steht, wird er ein anderes Glashaus wählen, als wenn er beispielsweise das ganze Jahr über tropische Orchideen kultivieren möchte. Diese Überlegungen sind am Anfang wichtig, denn das ersehnte Gewächshaus muß je nach Verwendungszweck ausgestattet und eingerichtet werden

Es sind eine ganze Reihe von Gründen, die für ein Glashaus sprechen:
– Frisches Gemüse kann praktisch zu jeder Jahreszeit geerntet werden.
– Bei der Anzucht von Jungpflanzen steht ein umfangreiches Sortenangebot zur Verfügung. Auch geschenktes oder selbst geerntetes Saatgut kann ausgesät und unter optimalen Bedingungen kultiviert werden.
– Frostempfindliche Pflanzen kann man wesentlich früher als im Freiland heranziehen. Nach Mitte Mai werden dann kräftige Jungpflanzen gesetzt. So wird die Ernte vorverlegt und ein früherer Blütenflor erzielt.

– Im Sommer ist das Gewächshaus ideal für wärme- und sonnenhungrige Gemüse, zum Beispiel Paprika und Auberginen, die im Freiland selten eine gute Ernte bringen. Auch exotische Gemüsearten, die man im Urlaub kennengelernt hat, können hier kultiviert werden.
– Als Winterlager für Gemüse ist das Glashaus bestens geeignet.
– Das Glashaus ist ein ideales Überwinterungsquartier für Kübelpflanzen aller Art. Die „Südländer" haben hier während der kalten Jahreszeit beste Bedingungen und starten mit den günstigsten Voraussetzungen in einen neuen, blütenreichen Sommer.
– Wer Freude an Wüsten- oder Regenwaldpflanzen hat, kann auf ein Gewächshaus nicht verzichten. Diese Gewächse sind nur im Glashaus auf Dauer optimal zu pflegen. In getrennten Klimazonen können auch Pflanzen mit höchst unterschiedlichen Ansprüchen unter einem gemeinsamen Glasdach wachsen.
– In einem Gewächshaus kann sich der Gärtner aus Leidenschaft seine eigene Welt schaffen. Er wehrt Witterungs- und Umwelteinflüsse erfolgreich ab, ist sozusagen sein eigener Wettermacher. Man kann die vielen und guten Gründe auf einen Nenner bringen: Ein Gewächshaus macht einfach Freude!

Kleingewächshaus aus Stegdoppelplatten

Zur Einführung

Glashäuser, als sehr kost-
spielige Liebhaberei einst
dem Adel und reichen Bür-
gern vorbehalten, ermöglichen heute allen Pflanzenfreunden das ungetrübte
Vergnügen im Umgang mit
Zier- und Nutzpflanzen.
Das gilt für den meist
schlichten Eigenbau – in
dem Tomaten und Gurken
wachsen – ebenso wie für
das klimagesteuerte Orchi-
deenhaus oder den neu-
zeitlichen Wintergarten als
„grünes Zimmer".

Die Geschichte des Gewächshauses

Vor fast 4000 Jahren konnten die Ägypter bereits Glas herstellen. Trotzdem hat es mehr als drei Jahrtausende gedauert, ehe Fensterglas verfügbar war, wie wir es heute kennen. Das Bauen mit Glas ist also verhältnismäßig jungen Datums. Wenn wir aber in der Geschichte des Gartenbaus zurückblättern, finden wir im 1. Jahrhundert n. Chr. Angaben über den Schutz der Pflanzen vor Kälte. Zunächst wurden dafür noch massive Gebäude benutzt, aber schon bald verwendete man bereits glasähnliches Material und konnte so den Treibhauseffekt nutzen. Treibhauseffekt nennt man den Vorgang, bei dem das Sonnenlicht, das durch Glas in einen Raum eindringt, in Wärme umgewandelt wird – also den Raum aufheizt. Von Plinius dem Älteren wissen wir aus seinen „Naturalis historiae libri", daß empfindliche Obst- und Gemüsearten, wie Aprikosen, Gurken oder Melonen, in rollbare Pflanzkästen gesetzt wurden. Tagsüber standen sie draußen, bei kalten Temperaturen wurden sie in Gebäude geschoben, deren Dach mit Glimmerstein versehen und dadurch lichtdurchlässig war. In den Gärten des Tiberius pflegte man bereits Gurken in besonderen Treibbeeten, die mit Glimmerstein, der sich in dünne Blätter spalten läßt, oder mit geschliffenen Alabasterplatten zum Schutz gegen Unterkühlung abgedeckt wurden. Zu dieser Zeit war auch schon bekannt, daß „gepackter" Tiermist Wärme erzeugt. Die noch heute üblichen Mistbeete basieren auf demselben Prinzip. Die Beschreibung von Mistbeeten findet man bei Columella um das Jahr 60 n. Chr. in seinem Werk „De re rustica" („Über die Landwirtschaft"). Ob schon in Pompeji Glas für Treibhäuser (Specularia) verwendet wurde, ist nicht sicher bestätigt. Man geht allerdings davon aus, daß die reichen Patrizier bereits Glas für die Fenster ihrer Häuser benutzten. Plinius der Ältere kam

Tischverfahren bei der Glasherstellung nach Lucas de Nehon; oben: das Tischverfahren in der Anwendung, unten: Gießtisch und Gießvorrichtung (aus der Enzyklopädie des Diderot d'Alembert).

beim Ausbruch des Vesuvs am 24. August 79 im Pompeji ums Leben. Damit brechen die Nachrichten über den Schutz der Pflanzen vor Kälte ab. Aus dem Mittelalter gibt es keine Schriften über Glashäuser. Erst der Kontakt der Europäer mit Pflanzen, die in wärmeren Zonen beheimatet sind, brachte Pflanzenliebhaber auf den Gedanken, diese Gewächse auch in Europa zu kultivieren. Zu der Zeit, als erstmals Orangen aus China über Lissabon nach Europa gebracht wurden, taucht auch der Begriff „Gartenhäuser" auf. Das waren zunächst Holzbauten, die vor dem Winter errichtet und im Frühjahr wieder abgebaut wurden. Herrscher und Handelsherren tauschten damals bereits Grundrisse für solche hölzerne „Winterhäuser" aus. Das älteste bekannte Grünhaus (Viridarium) für empfindliche Pflanzen baute man in Padua. Besondere Formen der Überwinterungshäuser waren die Orangerien oder Pomeranzenhäuser. Das waren feste Häuser, die eigens für die in Kübeln gehaltenen

Orangen und Feigen gebaut wurden. Die ersten Pomeranzenhäuser hatten Holzkonstruktionen. Sie wurden allmählich durch solche aus Stein abgelöst. Die Abdeckung bestand vielfach nur aus Holzläden, die bei Bedarf zum Lüften geöffnet wurden. Diese Art der Pflanzenhäuser war in ganz Europa verbreitet.

An der Wende zum 18. Jahrhundert wandelte sich das Pflanzenhaus schrittweise zum Glashaus. In dieser Zeit entstanden die „Orangerieschlösser", zum Beispiel Unteres Belvedere in Wien, Bayreuth, Fulda und Salzburg. Im Laufe der Jahre kamen andere exotische Pflanzen nach Europa: Zitronen, Ananas und Palmen. Es entstanden Glashäuser mit schräggestellten, südwärts gerichteten Glaswänden. Im First war ein sogenannter Schwanenhals angebaut, um die Sonnenstrahlung besser einfangen zu können.

Die Entwicklung des gläsernen Gewächshauses

Die Bezeichnung Gewächshaus oder Glashaus anstelle des Begriffs Orangerie bürgerte sich in England in der Mitte des 17. Jahrhunderts ein. Die Entwicklung wurde durch verschiedene technische Entwicklungen vorangetrieben. Ein entscheidender Schritt gelang dem Holländer Lucas de Nehon, der 1688 eine Vorrichtung zur Herstellung größerer Glastafeln entwickelte.

1652 trat Sir Hugh Pratt mit seiner Dampfheizung an die Öffentlichkeit. Der Schwede Martin Triwald baute in New Castle on Tyne das erste Treibhaus mit einer Wasserheizanlage. Die schon früher entwickelte, billigere Methode der Kanalheizung in Form gemauerter, im Boden liegender Kanäle, durch die man Rauchgase leitete, wurde verbessert. Alle diese neuen Heizsysteme hatten das Ziel, keine Abgase in das Gewächshaus gelangen zu lassen.

Die Eisenverarbeitung machte seit der Mitte des 18. Jahrhunderts vor allem in England große Fortschritte. Die 1777 bis 1779 errichtete, ganz aus Gußeisen gebaute Brücke über den Severn bei Coalbrook in Schottland steht heute noch. Zur selben Zeit ließ Herzog Karl Eugen in Hohenheim bei Stuttgart das erste Glashaus errichten, das eine Konstruktion ausschließlich aus Eisen aufwies. 1790 baute F. J. Belanger in Paris die erste eiserne Kuppel für die Kornmarkthalle. Ihre Spannweite betrug 39 m.

In der ersten Hälfte des 19. Jahrhunderts hatten Glashäuser bereits ein hohes Maß an Vollkommenheit erreicht. Sie zeichneten sich besonders durch die sinnvolle Kombination von Schmiede- und Gußeisen aus. Die Herstellung von Glastafeln wurde in Lothringen wesentlich verbessert. Ab 1833 konnte in England nach einem neuen Verfahren hochwertiges Tafelglas hergestellt werden.

Trotz dieser günstigen Entwicklung waren damit noch nicht alle Probleme für die Pflanzenpflege in Gewächshäusern gelöst. Schwierigkeiten bereiteten vor allem das ausgewogene Maß von Wärme und Luftbewegung sowie das richtige Verhältnis von Licht und Schatten. Die Glasscheiben waren meist uneben und unterschiedlich dick, so daß vielfach eine unerwünschte Brennglaswirkung entstand, die Blattverbrennungen hervorrief. Die Wirkung von Licht und Schatten versuchte man mit eingefärbtem Glas unter Kontrolle zu bringen. Die beste Lösung brachte schließlich die Herstellung von einseitig geriffeltem, farblosem Glas.

Architekten der Glashäuser waren zu dieser Zeit die Gärtner selbst. Um einen optimalen Einstrahlungswinkel der Sonne auf die Glasflächen zu erzielen, ersannen sie vielfältige Formen für die Pflanzenhäuser. Der 1851 zur Londoner Weltausstellung im Hydepark errichtete Kristallpalast wurde von Joseph Paxton, einem ehemaligen Gärtner, errichtet. Der Glaspalast wurde nach der Ausstellung wieder abgebaut und in Sydenham bei London in vergrößerter Form neu errichtet. Er bestand zu der Zeit noch zum großen Teil aus Holzbogen. Nach einem Brand im Jahr 1866 wurde er erneuert, wobei immer noch Holzteile mitverwendet wurden. 1936 fiel der Kristallpalast endgültig einer Brandkatastrophe zum

Innenansicht des Londoner Kristallpalastes von Joseph Paxton (1851)

Der Glaspalast in London um 1890 (kolorierte Aufnahme)

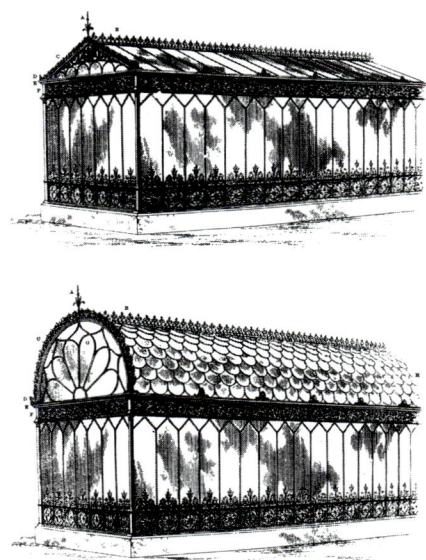

Gewächshäuser aus dem Katalog der Firma Walter MacFarlane & Co. von 1882

Historischer Wintergarten in Kassel-Wilhelmshöhe

Opfer. Dennoch war es gerade die aufsehenerregende Glas- und Eisenkonstruktion dieses Gebäudes, die der neuen Bauweise zum Durchbruch verhalf. Das Palmenhaus in Kew Gardens (1844–1848) von Decimus Burton und Richard Turner wurde ebenfalls aus Eisen und Glas gebaut.

Auch in deutschen Landen wurden zu dieser Zeit viele Palmenhäuser errichtet. Karl Friedrich Schinkel baute eins auf der Pfaueninsel bei Berlin, Ludwig Skell im Botanischen Garten München und G. L. F. Laves im Berggarten Hannover. Bromeis hatte schon 1822 das Palmenhaus in Kassel-Wilhelmshöhe errichtet. Die Entwicklung setzte sich im Bau weiterer großer Glashäuser fort: So entstanden beispielsweise Schaugewächshäuser in Wiesbaden-Biebrich (1851–1854) und im Botanischen Garten München (1912).

Anders gestaltet sind die Palmenhäuser mit Tonnengewölbe. Beispielhaft sind hier die Glashäuser im Palmengarten Frankfurt (1869 gebaut) und seine Weiterentwicklung mit angehängten Flügeln, außerdem die Glas-

häuser im Botanischen Garten in Berlin, Bronx Botanical Gardens in New York und Botanical Garden in Montreal. Neue Formen brachte die jüngste Zeit mit den Schaugewächshäusern im Botanischen Garten in Hamburg (1962/63 gebaut) und Tübingen (1963–1968) und schließlich das futuristisch wirkende „Tropicarium Nord und Süd" im Frankfurter Palmengarten, 1982–1987 gebaut.

Das Gewächshaus für Pflanzenliebhaber

Parallel zur Entwicklung der großen Glashäuser verstärkte sich das Interesse privater Pflanzenliebhaber für die Kultur fremdländischer Gewächse. Die Überwinterung dieser Pflanzen, die in unserem Klima im Freien nicht möglich ist, führte schließlich zur Entwicklung privater Wintergärten und Gewächshäuser. Bereits um 1800 findet man in Gartenbüchern Anleitungen für die Haltung von Pflanzen im

Zimmer; vor allem von Farnen. Für diese Liebhaberei wurden Zimmergewächshäuser entwickelt, die auf kunstvollen Eisenfüßen standen.

Einen entscheidenden Schritt in der Entwicklung leistete der englische Arzt und Farnsammler Dr. Nathaniel Bagshaw Ward. Er hatte 1829 beobachtet, daß sich Farne in einer großen Flasche „frei von Ruß" bestens entwickeln. Daraufhin baute er zwei verglaste Holzkisten und ließ sie nach Sidney verschiffen. Ein befreundeter Pflanzensammler, George Loddiges, schickte die gewünschten Farne in den Kisten nach England zurück, wo sie nach neunmonatiger Reise wohlbehalten eintrafen. Mit den „Ward'schen Kisten" war nicht nur eine Möglichkeit gefunden, exotische Pflanzen über weite Entfernungen nach Europa zu holen, sondern auch der Weg für die Weiterentwicklung von Zimmergewächshäusern vorgezeichnet. Erst waren es Blumenfenster, in der Folge dann Wintergärten als Anbauten an Wohnhäuser und danach freistehende Gewächshäuser.

Temperaturbereiche von Gewächshäusern

Schon 1855 wurden erst in England und kurz darauf auch auf dem Kontinent Glashäuser für Gartenliebhaber per Katalog angeboten. Joseph Paxton, Konstrukteur des Kristallpalastes, entwickelte für weniger wohlhabende Pflanzenliebhaber 1873 ein zusammenklappbares Treibhaus. In der Regel waren es jedoch ausschließlich wohlbeuchte Bürger, die sich ein Glashaus leisteten. Sie konnten unter zahllosen Formen gußeiserner Säulen aussuchen, so daß höchst individuelle Glashäuser entstanden. Der Katalog von Walter MacFarlane & Co. beispielsweise bot im Jahr 1882 auf mehr als 700 Seiten alles an, was man für den Bau eines Gewächshauses brauchte.

Die Vorliebe für gläserne Pflanzenhäuser fand auch in Deutschland ab 1880 zunehmendes Interesse. Wer es sich leisten konnte, ließ den Glasanbau mit kunstvollen Ornamenten verzieren und mit einem Springbrunnen ausstatten. Ende des vergangenen Jahrhunderts verlor sich die Begeisterung für die private Haltung exotischer Gewächse in aufwendigen Glashäusern zusehends. Mit dem Ausbruch des 1. Weltkriegs und der damit verbundenen Verknappung von Heizmaterial erlosch sie schließlich ganz.

Neues Interesse für Gewächshäuser regte sich erst ab 1960 wieder. Entscheidende Voraussetzung war die Einführung neuer Werkstoffe und Weiterentwicklung technischer Einrichtungen. Preiswerte, leichtgewichtige Bauteile aus Aluminium und neuartige Eindeckungen aus Acrylglas führten zusammen mit modernen Heizungs- und Lüftungseinrichtungen in einer stetigen Entwicklung zu den heute weit verbreiteten Kleingewächshäusern. Die Energiekrisen der siebziger Jahre waren Auslöser für ein neuartiges Wintergartenkonzept. Im Gegensatz zu den heizintensiven Glasanbauten vor hundert Jahren ermöglichen entsprechend gebaute Wintergärten eine Energieersparnis. Die Entwicklung von Gewächshäusern und Wintergärten verläuft parallel zum wiedererwachten Interesse für die Natur und die zunehmende Beschäftigung mit Pflanzen. Auf technischem Gebiet ist hier mit Sicherheit noch eine Weiterentwicklung zu erwarten.

Im Gewächshaus kann man fast jede Pflanze heranziehen und pflegen. Für alle Arten von Gewächsen läßt es sich individuell einrichten, so daß optimale Kulturbedingungen erreicht werden. Das Glashaus wird dadurch zur Heimat für Pflanzen anderer Klimazonen, die normalerweise in unserem Lebensbereich nicht wachsen würden. Unter dem Glasdach können die klimatischen Bedingungen praktisch nach Belieben gesteuert werden: Unerwartete Frosteinbrüche sind ebensowenig ein Problem wie wolkenbruchartige Regenfälle oder schwere Stürme. Im klimatisierten Gewächshaus sind die Möglichkeiten der Temperatursteuerung nahezu unbegrenzt.

Ein Gewächshaus vermittelt tiefere Einblicke in die Lebensvorgänge der Pflanzenwelt und bietet Verständnis für Pflanzen auch in solchen Regionen, wo aufgrund dichter Besiedelung die Natur zurückgedrängt ist. Es gibt sehr unterschiedliche Gewächshäuser. Sie unterscheiden sich in Bauweise und Verwendungszweck. Bevor man der Verwirklichung des erträumten Glashauses nähertritt, sind eine Reihe von Überlegungen nötig:

– Was will ich mit einem Gewächshaus erreichen?

– Wieviel dürfen Bau und Unterhalt kosten?

– Wieviel Zeit kann in die Pflanzenkultur investiert werden?

– Welche technischen Hilfsmittel gibt es, die für den speziellen Zweck genutzt werden können?

Das Kalthaus

Der Begriff Kalthaus ist ein wenig mißverständlich. Man versteht darunter zwei verschiedene Temperaturbereiche:

1. Ein Gewächshaus ohne Heizung
2. Ein Gewächshaus mit Heizung, in dem eine nächtliche Mindesttemperatur von 5° C gehalten wird. Tagsüber kann es etwas wärmer sein.

In der Praxis wird ein Kalthaus zwischen 5 und 10° C gehalten. Das ist aber kein starres Schema, denn allein die Sonneneinstrahlung sorgt auch im Winter für eine höhere Temperatur.

Kalthaus ohne Heizung: Schon ein unbeheiztes Gewächshaus ist für den Pflanzenliebhaber eine wertvolle Einrichtung, obwohl der Nutzungsbereich nicht allzu groß ist. Bei extremem Frost sinkt die Temperatur trotz des schützenden Glasdachs weit unter den Gefrierpunkt – wenn auch nicht ganz so tief wie im Freiland. Die Auswahl der Pflanzen beschränkt sich auf solche, die sich bei Temperaturen kultivieren lassen, die geringfügig über den normalen Außentemperaturen liegen. Dennoch haben die Pflanzen, die in einem Gewächshaus ohne Heizung gezogen werden, gegenüber denen im Freiland einen beachtlichen Vorsprung. Denn besonders im Frühjahr und im Herbst beträgt die Temperaturdifferenz zwischen 4 und 7° C, bei Sonneneinstrahlung erheblich mehr. Im Vergleich zu den Pflanzen im Freiland bedeutet das einen beträchtlichen Vorsprung in der Entwicklung. So kann beispielsweise die Aussaat im ungeheizten Gewächshaus einen Vorteil von drei bis vier Wochen bringen. In der Praxis ist es allerdings ratsam, so spät auszusäen, daß krasse Temperaturunterschiede im Spätwinter nicht wirksam werden. Im Gewächshaus ohne Heizung ist für frostempfindliche Pflanzen zwischen April und Anfang Mai die beste Aussaatzeit. Die herangewachsenen Jungpflanzen können dann Ende Mai bis Mitte Juni als besonders kräftige, wüchsige Exemplare ausgepflanzt werden.

Im ungeheizten Gewächshaus kann man in den meisten Gegenden auch winterharte Kamelien überwintern. Sie vertragen problemlos Frost bis – 6° C, beginnen mit ihrer Blüte Ende Januar und setzen sie bis in den Mai fort. Auch Hortensien können im Glashaus ohne Heizung überwintern, ebenso einige Arten der Fuchsien und Begonien. Viele Zwiebel- und Knollengewächse,

Im Kalthaus ohne Heizung kann man frostempfindliche Gewächse drei bis vier Wochen früher aussäen als im Freiland – also Ende April/Anfang Mai. So erhält man früher blühende Sommerblumen und kann eher Gemüse ernten.

Das Kalthaus mit Heizung ist ideal für die Pflege von Zierpflanzen, zum Beispiel von Kakteen. Im Winter kann man das Gewächshaus leicht auf die Mindesttemperatur für diese Pflanzen beheizen.

die in Töpfen oder Schalen gepflanzt wurden, blühen in einem Kalthaus einige Wochen früher als im Freiland. In den Wintermonaten kann man hier Kopfsalat ziehen. Es müssen allerdings winterharte Sorten gewählt werden. Mit großem Erfolg kann man die Tomaten- oder Gurkenernte verfrühen. Die Jungpflanzen werden entweder am Zimmerfenster gesät oder fertig gekauft und erst Ende April im Glashaus ausgepflanzt. Zu dieser Zeit speichert das Glashaus bereits genügend Tageswärme, um einige Frostgrade auszugleichen. Gleiches gilt auch für Erdbeeren, Weinreben und andere empfindliche Fruchtgehölze wie Feigen, Kiwis oder Pfirsiche, die in klimatisch benachteiligten Gebieten unter Glas bestens wachsen.

Kalthaus mit Heizung: Das schwach geheizte Kalthaus bietet erheblich mehr Möglichkeiten für die Pflanzenkultur. Wenn beispielsweise im Winter Tomaten herangezogen werden sollen, sind Bodentemperaturen von 12 – 14° C nötig. Ähnliche Temperaturbedingungen brauchen Tomaten für die Bestäubung und den Fruchtansatz. In einem so temperierten Glashaus lassen sich auch Paprika, Auberginen, Zucchini oder Bohnen ziehen. Ebenso können Gewürzpflanzen gehalten, Kohlrabi, Blumenkohl oder Brokkoli angebaut werden.

In einem kalten Gewächshaus können Gemüseliebhaber Mischkultur betreiben. Dafür bieten sich eine ganze Reihe von Pflanzen an. Der Anbau von Knoblauch vertreibt im Glashaus eventuell eindringende Wühlmäuse. Schnittlauch wirkt dem Mehltau entgegen, der sich bei zu hoher Luftfeuchtigkeit leicht ausbreitet. Kräuter werden am besten in Töpfe gesät, sie können später bei Bedarf jederzeit ausgepflanzt werden.

Für die Haltung wertvoller Zierpflanzen ist das beheizte Kalthaus bestens geeignet. Ideal ist es für Kakteen, aber auch zahlreiche Orchideen mit mäßigen Temperaturansprüchen sind hier gut aufgehoben. Eine Mindestausstattung des Gewächshauses ist für diese Pflanzen allerdings erforderlich. Dabei geht es weniger um die Einhaltung einer bestimmten Mindesttemperatur im Winter. Viel schwieriger ist es, im

Sommer die erforderliche niedrige Temperatur bei gleichzeitig hoher Luftfeuchtigkeit zu erzielen. Im Sommer sind in einem solchen Kalthaus Tagestemperaturen um 16° C bei hoher Luftfeuchtigkeit (80 – 90 %) günstig, um diesen Pflanzen optimale Bedingungen zu geben. In der Übergangszeit kann die Mindesttemperatur auf 7 – 10° C absinken. In dieser Jahreszeit ist gerade bei Orchideen darauf zu achten, daß sich die Feuchtigkeit nicht als Niederschlag auf den Pflanzen absetzt. Den Pflanzstoff muß man dann recht trocken halten. Wichtig ist auch eine gut funktionierende Schattierung, die bis zu 70 % des einfallenden Lichts abweist. Die nötige Luftfeuchtigkeit läßt sich durch Vernebelung von Wasser erzielen. Für Liebhaber spezieller Pflanzen kann sogar ein Kühlgerät erforderlich sein. Dieser hohe technische Aufwand lohnt sich freilich nur bei Sammlung außergewöhnlich wertvoller Orchideenarten und Hybriden. Wenn solche Orchideen selbst ausgesät und herangezogen werden sollen, ist ein aufwendig ausgestattetes Gewächshaus Voraussetzung.

Liebhaber von Kakteen und Sukkulenten brauchen einen derart hohen Aufwand nicht zu betreiben. Für die Haltung aller sukkulenten Pflanzen ist hohe Luftfeuchtigkeit eher schädlich als nützlich. Im normalen Temperaturbereich eines beheizten Kalthauses mit maximal 10° C im Winter ist in der Regel ausreichende Luftfeuchtigkeit vorhanden.

Zu den Pflanzen des Kalthauses, die mit geringen Temperaturen zufrieden sind (im Winter zwischen 5 und 10° C, im Sommer 15 – 18° C), zählt auch die Mehrzahl der sogenannten Kübelpflanzen. Dabei handelt es sich zumeist um Bäume oder größere Sträucher mit dekorativem Charakter: Schirmakazie (Albizzia), Zimmertanne (Araucaria-Arten), Zylinderputzer (Callistemon), Orangen- und Zitronenbäumchen (Citrus-Arten), Stechapfel oder Engelstrompeten (Datura), Kanarischer Drachenbaum (Dracaena draco), Zimmeraralie (Fatsia japonica), verschiedenste Farne – darunter auch Baumfarne kühlerer Regionen wie Alsophila und andere Farne wie beispielsweise Schildfarn (Polystichum)

Viele Farne müssen im temperierten Gewächshaus gepflegt werden. Sie bevorzugen außerdem eine etwas höhere Luftfeuchtigkeit.

und Flügelfarn (Pteris), Oleander (Nerium oleander), Bleiwurz (Plumbago), Granatapfel (Punica granatum) und nicht winterharte Palmlilien (Yucca).

Folgende Kletterpflanzen bieten sich für das Kalthaus an: Zimmerglockenblume (Campanula isophylla), empfindlichere Efeuarten, vor allem buntblättrige, Kapuzinerkresse (Tropaeolum) oder das kletternde Mooskraut (Lygodium japonicum).

Folgende Zwiebelgewächse können im Winter im Kalthaus untergebracht werden: Schmucklilie (Agapanthus), Schusterpalme (Aspidistra), Lachenalien, Nerinen, Vallota und Jakobslilie (Sprekelia).

Das temperierte Gewächshaus

Das temperierte Gewächshaus ist auch bei winterlichen Kältegraden auf mindestens 10° C geheizt. In der Praxis hält man zumeist Temperaturen zwischen 12 und 17° C. Auch hier gilt kein festes Schema. In diesem Gewächs-

haustyp kann man sehr viele verschiedene Gewächse pflegen. Es können das ganze Jahr über Pflanzen zum Blühen gebracht werden. Es besteht auch die Möglichkeit, die Pflanzensammlung im Sommer im Freien zu halten und während dieser Zeit unter dem Glasdach Feingemüse zu ziehen.

Welche Pflanzen können nun in einem temperierten Gewächshaus kultiviert werden? Im Spätwinter und zeitigen Frühjahr sind es unter anderem Zimmerazalee (Rhododendron simsii), Aschenblume (Cineraria), Becherprimel (Primula obconica) und vorgetriebene Blumenzwiebeln in vielen Arten und Sorten. Zwischen April und Mai können Edelpelargonien und die zahllosen verschiedenen Fuchsien zur Blüte gebracht werden, ehe man sie ins Freie stellen kann – außerdem Pantoffelblume (Calceolaria) und Spaltblume (Schizanthus). Von den Zweijahresblumen gibt es einige, die unter Glas weitaus besser als im Freien blühen, zum Beispiel Trompetenzunge (Salpiglossis), Levkoje (Matthiola), Clarkia, Godetia und viele andere.

Für den Liebhaber exotischer Blütenpracht dürfen Gesneriengewächse nicht fehlen. Drehfrucht (Streptocarpus), Schiefteller (Achimenes), Schattenröhre (Episcia), Kohleria, Rechsteineria und Aeschynanthus muß man hier nennen. Die anderen aus dieser Pflanzenfamilie gehören besser ins Warmhaus.

Im temperierten Gewächshaus fühlen sich auch die dankbaren Begonien wohl. Wer Spaß daran hat, kann das ganze Jahr über Edelnelken ziehen. Auch wachsen hier Bergpalmen (Chamaedorea) ausgezeichnet, ebenso die Mittelmeerpalme (Chamaerops humilis), verschiedene Arten der Hanfpalme (Trachycarpus) sowie Jungpflanzen der Dattelpalmen (Phoenix-Arten) und Steckenpalmen (Rhapis). Wenn das temperierte Gewächshaus trockner ist, ist das ideal für anspruchsvollere Arten aus trockeneren Tropenzonen. Dazu zählen Zimmerlindenarten (Sparmannia), der Zickzackstrauch (Correa), Lomatia, Myrten, besondere Arten der Pelargonien sowie der Pfefferbaum (Schinus), außerdem seltenere Pflanzen wie beispielsweise Banksia-Arten, Dryandra-Arten, Grevillea-Arten und die schöne Telopea speciosissima aus Australien. Wer Schlingpflanzen liebt, kann mit großem Blüherfolg die Passionsblume (Passiflora caerulea) und die eßbare Passiflora edulis mit den schmackhaften Früchten ziehen.

Unter den Orchideen, die sich in einem temperierten Gewächshaus wohlfühlen, sind zahlreiche Arten und Hybriden von wärmeliebenden Cattleya, Laelia, Oncidium, Odontoglossum, Miltonia, Dendrobium und die meisten der Epidendrum-Gruppe. Außerdem können hier afrikanische und madagassische Orchideen wie Ansellia, Angraecum und Angraecopsis sowie aus dem asiatischen Raum Vanda, Rhynchostylis und Renanthera gehalten werden; außerdem Paphiopedilum, der bekannte und nicht nur bei Orchideenliebhabern hochgeschätzte Frauenschuh.

Im temperierten Glashaus mit Wintertemperatur von 10 – 15° C und im Sommer um 20° C fühlen sich viele Pflanzen wohl, die uns als mehr oder weniger dankbare Zimmerpflanzen geläufig sind. Zahlreiche Arten und neuerdings auch Hybriden der Ana-

nasgewächse (Bromelien oder Zisternenpflanzen) lassen sich unter solchen Temperaturbedingungen bestens halten und zum Blühen bringen: Arten von Aechmea (Lanzenrosette), Billbergia (Zimmerhafer), Cryptanthus (Versteckblüte), Guzmannia, Neoregelia, Nidularium, Vriesea und (bei sehr guten Lichtverhältnissen) auch die große Zahl der Tillandsien. Von den Aralien können Dizygotheca elegantissima (Fingeraralie) und x Fatshedera litzei (Efeuaralie) gehalten werden, außerdem Schefflera-Arten. Viele unserer bekannten Gummibäume (Ficus-Arten) haben hier ein ideales Klima: Ficus benjamina (Birkenfeige), F. lyrata (Geigenfeige), F. benghalensis, F. decora, F. rubiginosa und F. deltoidea (Mistelfeige). Außerdem Roseneibisch (Hibiscus rosa-sinensis) und Züchtungen, Blattpfefferarten (Piper), Pfeffergesicht (Peperomia), Kanonierblume (Pilea), Mimosa, Judenbart (Saxifraga stolonifera), Tradeskantien und Zimmerkalla (Zantedeschia).

Etwas höhere Luftfeuchtigkeit bevorzugen folgende Arten: Brunfelsia, empfindlichere Farne wie beispielsweise der Haarfarn (Adiantum) und der Schwertfarn (Nephrolephis), Aronstabgewächse wie Fensterblatt (Monstera deliciosa), Rhaphiolepis und Epipremnum sowie Moosfarne (Selaginella). Von den Kletterpflanzen bieten sich Doldenrebe (Ampelopsis), Schicksalsbaum (Clerodendron thompsonii) und Tongkingwein (Tetrastigma) an.

Das temperierte Gewächshaus ist also äußerst vielseitig. Es liegt an jedem selbst, ob er sich stärker den feuchtigkeitsliebenden Pflanzen zuwenden will, die mehr Aufmerksamkeit erfordern, oder den etwas anspruchsloseren Gewächsen, die in trockeneren Klimazonen beheimatet sind, beispielsweise im südlichen Afrika, in Australien oder warmen Gebieten von Amerika.

Passiflora coccinea gehört ins Warmhaus.

Das Warmhaus

Das Warmhaus weist einen Temperaturbereich auf, der dem menschlichen Wohnempfinden am nächsten kommt: nachts mindestens 17 – 18° C und tagsüber 23 – 25° C. Pflanzen, die sich in diesem Klima wohlfühlen, sind in den Tropen der Äquatorzone beheimatet. Sie benötigen diese Temperaturen rund ums Jahr. Eine Besonderheit besteht darin, daß die Temperaturunterschiede zwischen Tag und Nacht relativ hoch sind.

Die Ansprüche der Pflanzen im Warmhaus sind – abgesehen von der Temperatur – recht unterschiedlich. Bei der Pflanzenauswahl muß man sich entscheiden, welche Gewächse kultiviert werden sollen: solche, die ständig eine feuchtwarme Atmosphäre brauchen, oder Pflanzen, die man im Winter trockener hält.

In einem **trockenen Warmhaus** können Pflanzen aus den Monsun- oder Passatzonen der Tropen gepflegt werden. Man hält sie in den Wintermonaten zwischen November und Februar recht trocken. Das Gießen erfolgt in dieser Zeit nur sparsam, und auch die Luftfeuchtigkeit soll mit 50 %

gering sein. Durch die nächtliche Temperaturabsenkung kommt es nachts von selbst zu einer durchaus erwünschten Erhöhung der Luftfeuchtigkeit, wie sie auch am natürlichen Standort auftritt. Die trockene Haltung der Pflanzen im Winter hat noch einen praktischen Vorteil: Es kommt dadurch seltener zur Bildung von Schwitz- und Tropfwasser im Dachbereich. Und kaltes Tropfwasser kann für Tropenpflanzen tödlich sein.

Pflanzen für das trockene Warmhaus sind: Betelnußpalme (Areca-Arten), Zuckerpalme (Arenga saccharifera), Rotanpalme (Calamus), Euterpe edulis, Kokospälmchen (Microcoelum weddelianum) und Pritchardia-Arten; außerdem verschiedene Bambusarten, großblättrige und strauchartige Begonien, Scheibenpalmen (Cyclantha-Gewächse), Schraubenpalmen (Pandanus-Arten), Gummibäume mit höheren Wärmebedürfnissen (Ficus macrophylla, F. pumila), Kaffeebäume (Coffea arabica, C. liberica), Jasmin (J. Jasminum multiflorum), Bananen, vor allem die kleiner wachsenden Zierbananen (Musa acuminata, M. uranoscopus und andere), Strelitzia-Arten, Ixora, Medinilla magnifica und Baumwolle (Gossypium arboreum). Fol-

gende kletternde Pflanzen sind empfehlenswert: Allamanda-Arten, Brunfelsia-Arten, besonders B. grandiflora, Bougainvillea spectabilis, die man inzwischen als Hybriden in einem reichen Farbspiel finden kann, Clerodendron splendens, Kannenpflanzen (Nepenthes-Arten oder Züchtungen), wenn es sich nicht um hochtropische oder Arten aus den Bergnebelwäldern handelt. Passionsblumen (Passiflora-Arten und Hybriden), wie zum Beispiel P. racemosa, P. coccinea, P. quadrangularis, Petrea volubilis und die Kranzschlinge (Stephanotis floribunda).

Einige Fruchtbäume, die sich aus Samen selbst ziehen lassen, sind für das trockene Warmhaus geeignet. Oft hat man aber als Kleingewächshausgärtner das Problem der Höhe. Man kann sich mit der Methode des „Makrobonsai" helfen. Sind die Pflanzen etwa 1,5 m hoch, werden sie in einen großen Topf oder Kübel mit zirka 20 l Inhalt gepflanzt. Dabei werden Äste und Wurzeln beschnitten. Durch einen ausgewogenen Schnitt zwischen der Größe des Wurzelballens und der der oberirdischen Teile der Pflanze ist das Wachstum zu steuern. Es ist die gleiche Methode, die man im Kalthaus bei Topfobstbäumen anwenden kann. Folgende Pflanzen eignen sich hierfür: Annona-Gewächse (Zuckerapfel, Sauersack), Avocado (Persea americana) und Mango (Mangifera indica). Man darf allerdings nicht erwarten, daß der Zucht rascher Erfolg beschieden ist.

In einem **feuchten Warmhaus** kann man Pflanzen aus den Zonen rund um den Wärmeäquator unterbringen. Da die holzigen Pflanzen extreme Höhen bis 60 m erreichen, kommen für unsere Zwecke meist nur krautige Gewächse in Betracht. Es sind Pflanzen, die an den Rändern der Regenwälder oder in den feuchtwarmen Wolkenwäldern leben. In einem derartigen Glashaus muß auch tagsüber eine hohe Luftfeuchtigkeit die Pflanzen vor dem Welken bewahren. Folgende Pflanzen sind für diesen Gewächshaustyp geeignet: sehr viele Aronstabgewächse, Anthurium-Arten mit großen, weißbunt gezeichneten Blättern, buntblättrige Caladien, Dieffenbachien, Colocasien, Alocasien und Xanthosoma, die alle fast im tropischen

Sumpf wachsen und gleichzeitig Nahrungsmittel sind. Sie werden mit ihren großen Blattspreiten gut 1,50 m hoch, die Blätter erreichen mindestens einen ebenso großen Durchmesser. Wärme und Feuchte liebende Bromelien fühlen sich hier wohl: Ananas, Lanzenrosette (Aechmea fulgens), verschiedene Billbergien und Guzmannien. Tropische Farne waren vor hundert Jahren die Leidenschaft vieler Sammler, die sich ein Gewächshaus leisten konnten. Auch heute nehmen die Farne in Sammlungen einen bedeutenden Platz ein. Ein feuchtwarmes Klima benötigt auch der Kakao (Theobroma cacao) zum Gedeihen. Das Zuckerrohr, von dem es eine Reihe interessanter Varietäten gibt, die man auch als Zierpflanzen pflegen kann (weißbunte, rotblättrige), benötigen feuchte Wärme. Unter den Orchideen gibt es nur relativ wenige, die ganzjährig solche extrem tropischen Bedingungen brauchen. Es sind einige Naturformen von Phalaenopsis und Paphiopedilum. Die Züchtungsergebnisse haben den Orchideenliebhaber von dieser Last des feuchten Warmhauses befreit. Tropische Gewürze wie Zimt, Muskatnuß, Nelken, Piment oder Ingwer kommen aus den feuchtheißen Zonen. Da diese Pflanzen jedoch nur als große Exemplare fruchten, scheiden sie als Liebhaberpflanzen aus.

Der Pflanzenliebhaber tropischer Pflanzen wird am besten einen Weg suchen, der keine übermäßigen Kosten verursacht. In den seltensten Fällen ist das feuchtwarme Glashaus das Ziel seiner Wünsche.

Für die Kultur der wertvollen Orchideen, die am ehesten einen hohen Aufwand in der Qualität eines Kleingewächshauses rechtfertigen, ist es sinnvoll, mindestens zwei, wenn nicht gar drei Abteilungen einzurichten, wenn man ein breites Spektrum an Arten und Hybriden kultivieren will. Zu empfehlen ist ein beheizbares Kalthaus, ein temperiertes Haus und ein Warmhaus mit einem Klima, das in den Monsun- und Passatzonen der Tropen vorkommt, in dem die meisten Orchideen beheimatet sind. Dazu passen sehr viele Bromelien und viele der genannten anderen, krautigen oder strauchigen Tropenpflanzen.

Das Erdhaus

Das Erdhaus war früher in Gärtnereien und auch in Privatgärten recht häufig anzutreffen. Heute ist es fast in Vergessenheit geraten. Man kann es als einen Sondertyp des ungeheizten Kalthauses bezeichnen. Erdhäuser werden zur Zeit nicht von Gewächshausherstellern angeboten. Versuche einer Wiedereinführung in England scheiterten an mangelnder Nachfrage. Es läßt sich aber in Selbstbauweise errichten, wobei sich der gegenüber einem „normalen" Gewächshaus geringere Materialaufwand als Vorteil erweist. Mit steigenden Energiekosten könnte dieser Gewächshaustyp künftig wieder an Bedeutung gewinnen.

Das Erdhaus ist sozusagen ein Gewächshaus, das zur Hälfte in den Boden eingesenkt ist. Die Stehwände bestehen aus Mauerwerk, in der Regel aus Ziegelsteinen. Der Arbeitsgang in der Mitte des Erdhauses ist ebenfalls gemauert und liegt etwa 80 cm tiefer als die Erdoberfläche. Das ermöglicht eine bequeme Bearbeitung der Beete, die in gleicher Höhe mit dem Außengelände liegen. Zur Eindeckung können schlichte Frühbeetfenster verwendet werden. Um in das Erdhaus hineinzugelangen, muß man eine Treppe anlegen. Damit im Innern möglichst viel Platz zur Verfügung steht, können die Stehwände bis zu 60 cm über die Bodenoberfläche hinausragen.

Das Erdhaus hat einen erheblich geringeren Lichteinfall als das konventionelle Gewächshaus. Dieser Nachteil wird jedoch zum Vorteil, wenn eine entsprechende Bepflanzung gewählt wird. Es eignet sich ausgezeichnet für die Haltung von Tafeltrauben, außerdem für Gurken und andere Kürbisgewächse. Ebenso können Salat, Radieschen, Kohlrabi und zahlreiche andere Gemüsearten angebaut werden. Das Haus wird dann lediglich als Wärmespeicher benutzt, läßt aber dennoch eine frühere und bessere Ernte auch empfindlicher Obst- und Gemüsearten zu. Mit einer einfachen Schattierung aus Stroh oder Schilfmatten kann es für die Kultur von Nebelwald-Orchideen kühl und feucht gehalten werden.

Der Wintergarten

Der klassische Wintergarten

Unter dem Begriff Wintergarten verstand man früher etwas anderes als heute. Meist waren diese Glashäuser mit tropischen Pflanzen bestückt, denn gerade in der Haltung fremdländischer Gewächse bestand der Reiz solcher Wintergärten. Neben Palmen und Baumfarnen wurden Kamelien und Azaleen gepflegt, und in größeren Wintergärten war ein Teich mit Goldfischen ebenso selbstverständlich wie ein Springbrunnen. In Europa hatte sich Mitte des 19. Jahrhunderts eine ganze Industrie entwickelt, die serienmäßig Wintergärten vertrieb. Sie hatten eine relativ schwache Heizung. Die Pflanzen waren in Töpfen in der Erde versenkt oder ausgepflanzt, die Wege mit Kies belegt und eingefaßt.

Eine einfachere Form des Wintergartens war die Glasveranda. Solche verglasten Anbauten entwickelten sich aus der Vergrößerung eines vorgebauten Blumenfensters. Sie können als Vorläufer heutiger Anlehngewächshäuser und Wintergärten angesehen werden. Allerdings mit einem großen Unterschied: Die Glasveranden wiesen selten zusätzliche technische Einrichtungen auf. Im günstigsten Fall stand ein eiserner Ofen darin. Eine solche Glasveranda, wie man sie heute noch in alten Häusern vorfindet, kann ein angenehmer Aufenthaltsort sein. An die Südost- oder Südwestseite des Wohnhauses angebaut, wird sie im richtigen Maß besonnt. Hier ist auch ein günstiger Standort für viele Pflanzen, die im Winter einen frostgeschützten Platz brauchen. Meistens genügt ein Heizlüfter oder ein Rohrheizkörper, um in extrem kalten Winternächten ausreichende Wärme zu schaffen. Die Veranda ist ein idealer Platz für alle Arten der Pelargonien, Fuchsien und Orangenbäumchen, für robustere Kakteen, Drachenbäume sowie Lantanen-Hochstämmchen, Bleiwurz, Strauchmargeriten, Oleander und Jacaranda-Stämmchen.

Der kühle Wintergarten

Die Energiekrisen der siebziger Jahre gaben einen neuen Anstoß für die Weiterentwicklung der mittlerweile in Vergessenheit geratenen Wintergartenidee – allerdings mit völlig neuer Konzeption. Die kostenlose Sonnenenergie wird dabei in entscheidender Weise genutzt. Unter Verwendung von Isolierglas, wärmegedämmten Profilen und wärmespeichernden Materialien spart man mit einem modernen Win-

Ein großes Glashaus, in dem man 300 Tage im Jahr wohnen kann.

tergarten – Standort an der Südseite des Wohnhauses – Energie ein.

Besitzer von Wintergärten sind nicht gleichzeitig unbedingt leidenschaftliche Gärtner. Als Wohnraum bietet der Glasanbau eine freundliche Atmosphäre, selbst wenn er nicht der Pflanzen wegen errichtet wurde. Allerdings spielen die Pflanzen hinsichtlich der Klimatisierung und Schattierung eine entscheidende Rolle. Viele Pflanzen können in Kübeln gehalten werden. Besser sind Grundbeete, in denen die Pflanzen frei wachsen.

Bei der Bepflanzung wird ähnlich wie im Gewächshaus zwischen einem kühlen und warmen Wintergarten unterschieden. Der kühle Wintergarten weist im Winter einen Temperaturbereich zwischen 5° C als nächtliche Mindesttemperatur und 10 – 12° C tagsüber auf. Wenn die Sonne scheint, erreicht die Quecksilbersäule im Glasanbau sogar mitten im Winter die 20° C-Marke. Im Temperaturbereich des kühlen Wintergartens herrschen günstige Wachstumsbedingungen für zahlreiche Pflanzen. Unter den Kübel-

pflanzen sind das vor allem Hochstämmchen der Kamelien und Fuchsien, Lantanen oder Strauchmargeriten; unter den Kletterpflanzen die Schwarzäugige Susanne, Passionsblumen und Jasminum polyanthum. Grundsätzlich sind für den kühlen Wintergarten die meisten Pflanzen geeignet, die für die Haltung im Kalthaus mit Heizung genannt wurden (Seite 14 f), für geräumige kühle Wintergärten außerdem die meisten im Abschnitt Solarhaus (Seite 21) aufgeführten Pflanzen.

Ein Wintergarten vergrößert die Wohnfläche.

Der warme Wintergarten

Bei Tagestemperaturen um 17° C und einer Luftfeuchtigkeit um 50% steht im warmen Wintergarten mehr die Behaglichkeit der Bewohner als die Haltung der Pflanzen im Mittelpunkt. Die Auswahl der Pflanzen ist dadurch etwas eingeschränkt, aber immer noch sehr groß. Um die notwendige Luftfeuchtigkeit zu erzielen, kann man die Pflanzen in Gruppen zusammenstellen, so daß sie sozusagen in ihrer eige-

nen Verdunstungswelt leben. Zusätzlich sollte man einen Luftbefeuchter aufstellen. Eine Nachtabsenkung der Temperatur spart nicht nur Kosten, sondern verbessert auch die Wachstumsbedingungen für die Pflanzen.
Einige Pflanzen fühlen sich im warmen Wintergarten besonders wohl: Kentiapalme (Howeia forsteriana), Phoenix-Palmen und Washingtonien. Alle Citrus-Gewächse, die sich in Kübeln halten lassen, sind typische Wintergartenpflanzen. Die Kumquats (Fortunella japonica) wachsen hier besonders gut

und bringen das ganze Jahr über Früchte. Ein großer Teil der im Abschnitt Zimmerpflanzen (ab Seite 164) genannten Pflanzen kann hier gehalten werden. Man kann hier auch Mittelmeer-Kräuter anziehen: Salbei, Basilikum oder Estragon beispielsweise. Von den Kletterpflanzen sind vor allem Dipladenia splendens und Passiflora quadrangularis zu empfehlen. Die Banane (Musa acuminata) gedeiht in dieser Atmosphäre ebenso wie Baumfarne, Papyrus oder härtere Aronstabgewächse.

Das Solarhaus

Die konsequenteste Form des Wohnens mit Pflanzen unter Glas bietet das Solarhaus. Das Glashaus ist hier fester Bestandteil des Wohnhauses. Im Prinzip besteht das Solarhaus aus einem massiven „Kernhaus", das (zumindestens größtenteils) von einem Glashaus umgeben ist. Auf der sonnenzugewandten Seite wird durch große Glasflächen möglichst viel der kostenlosen Sonnenenergie eingefangen und durch ein sinnvolles Lüftungssystem in das Massivhaus geleitet. Die gezielte Verwendung von speicherfähigem Material sorgt dafür, daß nur geringe zusätzliche Heizenergie erforderlich ist – genauso wie die Baukonstruktion und die verwendeten Materialien.

Die Pflanzen haben im Solarhaus eine entscheidende Aufgabe. Sie sorgen für ein angenehmes Wohnklima, indem sie über ihre Blätter Wasser verdunsten und durch Erhöhung der Luftfeuchtigkeit im Sommer zur Kühlung der Luft beitragen. Die Luft wird verbessert, weil die Pflanzen Sauerstoff abgeben und Kohlendioxid aufnehmen. Die Bepflanzung sorgt für eine natürliche Beschattung und kann als grüner Raumaufteiler genutzt werden. Duftende Gewächse schaffen ein angenehmes, „stimulierendes" Klima. Schließlich können Feingemüse, Kräuter, Heilpflanzen und verschiedene wohlschmeckende Früchte geerntet werden.

Der Temperaturbereich im Solarhaus entspricht dem kühlen Wintergarten: Im Winter sollte die Temperatur mindestens 5° C, im Sommer 30° C möglichst nicht übersteigen. Die Studiengruppe „Grüne Solararchitektur" hat in Zusammenarbeit mit dem Technischen Leiter des Botanischen Gartens in Tübingen, Jürgen Frantz, eine in der Praxis erprobte Auswahl von Pflanzen zusammengestellt, die für das Klima im Solarhaus und kühlen Wintergarten bestens geeignet sind. Dazu zählen unter anderen: Abutilon, Acacia-Arten, Acokanthera oblongifolia, Albizia lophantha, Annona muricata, Araucaria excelsa, Arbutus andrachne und Aucuba japonica;
Brachychiton;
Callistemon speciosus und andere Arten, Carex in verschiedenen Arten und Cassia corymbosa, Cassia didymobotrya, Casuarina equisetifolia und andere Arten, Ceratonia siliqua, Cestrum elegans und andere Arten, Cinnamomum camphora, Cistus incanus und andere Arten, Citrus in verschiedenen Arten, Coccoloba uvifera, Coleonema album, Coprosma baueri, Cupressus sempervirens var. horinzontalis, Cyperus alternifolius, Cyperus papyrus und Cyphomandra betacea;
Datura aurea und andere Arten, Echium wildpretii, Erica arborea, Erica canaliculata, Platycodon, Eriobotrya japonica, Eucalyptus globulus, Eucalyptus gunnii, Eucalyptus robusta und andere Arten und Euonymus japonica;
Fatsia japonica, Ficus carica und Fuchsia-Hybriden;
Gardenia thunbergia und Grevillea robusta;
Jacaranda mimosifolia, Jacobinia pauciflora, Juniperus oxycedrus und Juniperus phoenica;
Lagerstroemia indica, Lantana-Camara-Hybriden, Laurus nobilis, Leonotis leonurus und Leptospremum myrtifolium;
Melaleuca hypericifolia und andere Arten, Metrosideros excelsa, Morus alba, Myrica, Myrsine africana und Myrtus communis;
Nandina domestica und Nerium oleander;
Olea europaea, Osmanthus fragrans und Osmanthus heterophyllus;
Paliurus spina-christi, Pelargonium odoratissimum, Pelargonium radens, Pelargonium-Peltatum- und -Zonale-Hybriden, Persea americana, Phillyrea angustifolia, Pistacia lentiscus, Pistacia terebinthus, Pittosporum tobira, Pittosporum undulatum, Plumbago auriculata, Pseudopanax crassifolius, Psidium cattleyanum, Psidium guajave, Psidium guineense und Punica granatum;
Quercus coccifera, Quercus ilex und Quercus suber;
Ricinus communis und Rosmarinus officinalis;
Solanum marginatum und Sparmannia africana;
Strelitzia reginae;
Viburnum tinus;
Woodwardia radicans und
Zizyphus jujuba.

Folgende Bodendecker sind geeignet: Chorophytum comosum, Duchesnea indica, Ficus pumila, Fuchsia procumbens, Hebe salicifolia, Hedera helix, Muehlenbeckia complexa (auch Schlinger), Saxifraga stolonifera, Senecio mikanioides, Stenotaphrum secundatum und Zebrina pendula.

Von den Palmen und palmenähnlichen Pflanzen sind zu empfehlen: Chamaerops humilis, Howeia fosteriana, Phoenix canariensis, Washingtonia filifera, Trachycarpus excelsa sowie Cordyline, Dracaena draco und andere Arten.

Folgende Schlinger sind empfehlenswert: Actinidia chinensis, Ampelopsis orientalis, Bougainvillea glabra, Cissus antarctica, Cissus rhombifolia, Cobaea scandens, x Fatshedera lizei, Fuchsia regia var. alpestris, Hedera canariensis, Hoya carnosa, Jasminum azoricum, Lonicera japonica, Muehlenbeckia complexa, Passiflora caerulea, Passiflora edulis, Petrea volubilis, Rhoicissus capensis, Semele androgyna, Senecio macroglossus, Smilax aspera ecomaria capensis, Thunbergia alata und Trachelospermum jasminoides.

Die Auswahl des Gewächshauses

Die Anschaffung eines Gewächshauses eröffnet dem Pflanzenfreund ungeahnte Möglichkeiten. Die geeignete Größe und Form des Glashauses – freistehend oder als Anlehnhaus –, die richtige Wahl des Konstruktionsmaterials, der Verglasung und des Standortes und die höchstmögliche Nutzung natürlicher Energien sind entscheidende Faktoren für den dauerhaften Erfolg von Gärtnern unter Glas.

Gewächshaus-größe

Ein Gewächshaus kann gar nicht groß genug sein. Nichts gegen Miniglashäuser, die zu billigen Preisen angeboten werden. Aber erst bei ausreichendem Platz wird das Hobby Gewächshaus zum uneingeschränkten Vergnügen.

Die Anschaffung eines Gewächshauses wird häufig dann erwogen, wenn der Platz auf den Fensterbänken nicht mehr ausreicht oder für Kübelpflanzen bessere Überwinterungsmöglichkeiten gesucht werden. Eine verglaste Fläche von 3 oder 4 m² erscheint da geradezu verschwenderisch. Doch wenn das Glashaus erst einmal steht, dauert es selten länger als ein Jahr, ehe der Raum schon wieder zu knapp wird. Der Anbau von Nutzpflanzen für eine vierköpfige Familie beispielsweise erfordert eine Glashausfläche von 12 – 15 m². Erheblichen Platz beansprucht auch die Anzucht von Sommerblumen. Aus wenigen Saatschalen werden schnell zahllose Töpfe mit Jungpflanzen, die alle untergebracht werden müssen. Nichts ist schlimmer, als wenn man beim Gießen erst Töpfe wegräumen muß, um andere zu erreichen. Darum sollte man schon bei der Wahl des Glashauses lieber etwas großzügiger kalkulieren. Die spätere Erweiterung eines vorhandenen Gewächshauses ist zwar möglich, aber insgesamt viel aufwendiger und auch teurer, als wenn von vornherein ein geräumigeres Glashaus gewählt wird. Die zur Verfügung stehende Fläche im Garten spielt dabei natürlich eine entscheidende Rolle. Den Pflanzen bekommt es in jedem Fall erheblich besser, wenn sie in ausreichendem Abstand voneinander wachsen können und sich nicht gegenseitig beschatten.

In so wichtigen Punkten wie Lüftung und Heizung ist ein großvolumiges Gewächshaus ebenfalls von Vorteil. Die Luft im Innenraum erhitzt sich im Sommer nicht so schnell, außerdem wird die Heizenergie rationeller genutzt. Im Vergleich zwischen einem Gewächshaus mit 10 m² Grundfläche und einem mit 20 m² Fläche ist der Energieverbrauch nicht doppelt so hoch, sondern nur um ungefähr die Hälfte höher.

Wohlgemerkt: Dies ist keine Aufforderung, viel Geld für ein möglichst großes Gewächshaus auszugeben, sondern schlicht eine Erfahrung, die jeder, der ein Gewächshaus besitzt, gemacht hat – der Autor eingeschlossen.

Gewächshaus-formen

Wissenswertes

Den Pflanzen ist es keineswegs egal, welche Form das Gewächshaus hat. Nach innen geneigte Glasflächen zum Beispiel sind nicht sonderlich praktisch, weil der Raum davor nicht für hochwachsende Pflanzen genutzt werden kann. Oder die Dachneigung: Sie ist mitentscheidend für die Lichtausbeute, was besonders im Winter wichtig ist. Glasdächer mit geringer Neigung reflektieren im Sommer einen großen Teil des einfallenden Lichts, außerdem verschmutzen sie schneller.

Satteldachgewächs-häuser

Rechteckige Haustypen mit einem Satteldach sind am häufigsten. Sie brauchen einen freien Stand und sind für die Pflanzenkultur besonders günstig, weil das Licht von allen Seiten fast ungehindert einfällt. Die Dachform sorgt im Sommer für geringe Reflektion des Sonnenlichts und läßt den größten Teil der Lichtstrahlen hindurch.

Die Stehwände, das sind die längeren Seitenteile, sollten möglichst hoch sein; 160 cm sind das Minimum, besser sind 200 cm und mehr. Durch ein entsprechend hohes Fundament läßt sich die erforderliche Höhe ebenfalls erreichen, doch bieten bis zum Boden verglaste Stehwände eine bessere Lichtausnutzung.

Das rechteckige Satteldachgewächshaus hat den Vorteil, daß man von einem Mittelgang aus die Pflanzen gut

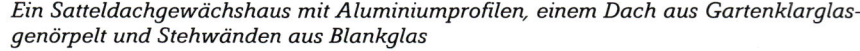
Ein Satteldachgewächshaus mit Aluminiumprofilen, einem Dach aus Gartenklarglasgenörpelt und Stehwänden aus Blankglas

erreichen kann. Die Breite sollte nicht weniger als 250 – 275 cm betragen, die Länge richtet sich nach dem vorhandenen Platzangebot (und nach dem Geldbeutel).

Rundgewächshäuser und Pavillons

Kreisrunde Gewächshäuser sind wegen der notwendigen gewölbten Glasscheiben zu teuer, deshalb haben Rundgewächshäuser in Wirklichkeit eine sechs- oder achteckige Grundfläche. Sie bieten einen reizvolleren Anblick als die vergleichsweise langweiligen Satteldachhäuser. Aber abgesehen von der Optik – verglaste Pavillons wirken so schön romantisch – bringen sie keine Vorteile. Die Lichtausbeute ist gut. Die Lüftungsklappen sind in einem aufgesetzten „Turm" im Pavillondach untergebracht. Man muß darauf achten, daß sie unbedingt groß genug sind. Bei Hitze erweist sich sonst der Pavillon als Wärmefalle.

Anlehngewächshäuser

Wenn sich die Möglichkeit bietet, das Gewächshaus an eine bestehende Mauer, möglichst eine Hauswand mit einem beheizten Raum dahinter, anzubauen, sollte dieser Vorteil unbedingt genutzt werden. Ein solches Anlehngewächshaus, auch Pultdachhaus genannt, ist vom Grundriß her ein halbes Satteldachhaus. Die Lichtausbeute ist geringer als beim freistehenden Gewächshaus. Eine sonnige Lage an der Südseite gleicht aber den geringeren Lichteinfall weitgehend aus. Eine Schattierung ist dann im Sommer fast immer erforderlich.

Ein entscheidendes Plus für ein Anlehngewächshaus ist der deutlich geringere Verbrauch an Heizenergie gegenüber einem freistehenden Haus. Weitere erhebliche Energieeinsparungen sind möglich, weil die Gewächshausheizung in den meisten Fällen direkt mit dem Heizkessel für die Wohnhausheizung kombiniert werden kann.

Ein weiterer Vorteil, der sich in der täglichen Praxis als wichtig erweist, ist die Nähe zum Wohnhaus. Vor allem im Winter oder bei Regen ist es angenehm, wenn man nicht erst durch den halben Garten zum Gewächshaus laufen muß. Zudem sind Strom- und Wasseranschluß leichter anzubringen.

Das Anlehnhaus bietet auch ein besseres Kosten-Nutzen-Verhältnis. Bei gleicher Nutzfläche wird gegenüber dem freistehenden Gewächshaus weniger Material und Glas benötigt. Der Zugang zum Anlehnhaus erfolgt zumeist von der Seite oder vom Wohnhaus her.

Pavillon

Anlehngewächshaus, auch Pultdachhaus genannt

Materialien

Aluminium

Aluminium ist das bevorzugte Baumaterial für Kleingewächshäuser. Fast alle Hersteller bieten Konstruktionen aus diesem Leichtmetall an. (Reines Aluminium wird bei uns nicht verwendet, sondern in der Legierung AlMg Si 0,5 F 22 – 25; nachfolgend wird es der Einfachheit halber nur Aluminium genannt.)

Aluminium besitzt für den Verwendungszweck ideale Eigenschaften. Das geringe Gewicht erfordert keine hohen Transportkosten und ermöglicht leichtes Zusammenschrauben der paßgenau gefertigten Profile. Durch entsprechende Profilform kann eine hohe Stabilität erreicht werden. Aluminium ist wartungsfrei. Es benötigt keinen Schutz- oder Erhaltungsanstrich. Die Profile sind nur anfangs glänzend, ermatten im Laufe der Jahre und werden grau. Ursache ist der Sauerstoff in der Luft, der eine dichte Schicht aus Aluminiumoxid bildet. Ein zwar nicht besonders attraktiver, aber wirkungsvoller Schutz gegen chemische Schadstoffe in der Luft und im Regen.

Erst seit wenigen Jahren bieten einige Hersteller auch farbig eloxierte (mit einer Schutzschicht aus Aluminiumoxid überzogene) und farbbeschichtete Profile an. Sie werden vor allem bei Anlehngewächshäusern und Wintergärten verwendet. Eine farbige, eingebrannte Beschichtung ist äußerst haltbar. Das Gewächshaus kann mit der entsprechenden Einfärbung im Garten „versteckt" werden, zum Beispiel bei olivgrüner oder brauner Einfärbung – oder als dekoratives Element besonders hervorgehoben werden. Auf Wunsch leuchtendrote, tiefblaue oder der vorherrschenden Farbe des Wohnhauses angepaßte Profile lassen unterschiedliche Gestaltungsmöglichkeiten zu.

Ein Nachteil von Aluminium ist die hohe Wärmeleitfähigkeit, dadurch geht bei beheizten Gewächshäusern im Winter viel Heizenergie verloren. Kunststoffabdeckungen für die Spros-

Aluminiumgewächshaus mit Satteldach und Kombinationsverglasung. Die schrägen Flächen sind aus Gartenklarglasgenörpelt, die Stehwände aus Blankglas.

Gewächshaus mit Stahlkonstruktion

Gewächshaus mit Holzkonstruktion und einer Folie mit Gewebegittereinlage

sen vermindern wirkungsvoll die Wärmeverluste. Die braun oder weiß eingefärbten Abdeckungen lassen das Aluminiumgewächshaus zudem gefälliger aussehen. Die beste, aber teuerste Lösung, um eine gute Wärmedämmung zu erzielen, bieten zweifellos wärmegedämmte Aluminiumprofile mit isolierender Einlage.

Stahl

Stahlkonstruktionen sind bei Kleingewächshäusern selten. Für ein Gewächshaus muß Stahl mit einem Oberflächenschutzanstrich versehen werden: je zwei Grund- und Deckanstriche. Feuerverzinkter Stahl ist besser. Durch einen zusätzlichen Grund- und Deckanstrich mit Spezialfarbe kann die ohnehin schon gute Haltbarkeit erhöht werden.

Holz

Ein Gewächshaus mit einer Holzkonstruktion, naturbelassen oder auch weiß gestrichen, ist vom Aussehen her anderen Häusern zweifellos vorzuziehen. Da Holz Wärme schlecht leitet, ist der Wärmeverlust im Winter kleiner als bei Metall. Die meist fehlende Isolierverglasung hebt diesen wärmetechnischen Vorteil wieder auf. Mit Holz können individuelle Gewächshäuser selbst gebaut werden. Tropische Edelhölzer sind am dauerhaftesten und haltbarsten unter den Hölzern. Allerdings sind sie nicht so haltbar wie Aluminium und oft sehr teuer. Für schlichte Folienhäuser mit einer Konstruktion aus Vierkanthölzern genügen preiswerte Holzarten, da sie ohnehin nicht „für die Ewigkeit" aufgestellt werden.

Die Nachteile von Holz als Baumaterial dürfen aber nicht übersehen werden. Die hohe Luftfeuchtigkeit im Gewächshaus läßt Holz allzu schnell verrotten, wenn es nicht besonders sorgfältig mit Holzschutzmitteln behandelt wird. Der Erhaltungsaufwand ist beträchtlich, und zum Streichen der Holzteile müssen die Pflanzen ausgeräumt werden. Es dürfen nur pflanzenverträgliche Holzschutzmittel verwendet werden. Sie sind als solche extra ausgezeichnet. Nie dürfen Mittel für Außenanstriche verwendet werden. Selbst nach mehrwöchiger Lagerung der behandelten Hölzer im Freien können sie pflanzenschädigende Gase produzieren.

Verglasung

Einfachglas

Die schlichteste Lösung, um den erwünschten Treibhauseffekt zu erzielen, ist einfaches Fensterglas. Ausrangierte Fenster mitsamt Rahmen bildeten früher bei manchem Gewächshausfreund die Grundlage fürs erste Eigenbauglashaus.
Glas ist auch heute noch die bevorzugte Abdeckung für Kleingewächshäuser. Es läßt von allen Materialien am meisten Licht durch: zirka 90 %. Nachteile von Glas sind: Beim Einsetzen der Scheiben und bei Hagel besteht Bruchgefahr. Außerdem ist das Material sehr schwer. Es sollten möglichst großflächige Glasscheiben verwendet werden, weil dann weniger Sprossen nötig sind und der Lichteinfall höher ist. Da große Glasscheiben schlecht zu verpacken sind, wird häufig bei Billighäusern eine Schindelverglasung angeboten, bei der mehrere kleine Glasscheiben überlappend angebracht werden. Der Vorteil ist: Gibt es Bruch, wird der Ersatz nicht so teuer. Der Nachteil ist: Zwischen den Ritzen entweicht Wärme, und es bildet sich Moos, das dem Gewächshaus ein ungepflegtes Aussehen und Lichtverluste bewirkt.
Speziell für Gewächshäuser werden zwei Glasarten verwendet:
<u>Blankglas</u> entspricht dem „normalen" Glas. Es ist durchsichtig und auf beiden Seiten eben. Die Lichtdurchlässigkeit ist besonders hoch. Am billigsten ist 3 mm starkes Glas, gebräuchlicher und stabiler 4 mm dickes.

Gewächshaus mit Aluminiumprofilen und einer Einfachverglasung, wobei das Dach aus Gartenklarglas-genörpelt, die Stehwände aus Blankglas bestehen.

<u>Gartenklarglas-genörpelt</u> ist weder klar noch durchsichtig, sondern nur durchscheinend. Auf einer Seite ist es genörpelt. In vielen Badezimmern und Toiletten wird es verwendet. Diese Glasart läßt nur schemenhaft erkennen, wie es dahinter aussieht, und von drinnen ist kein Ausblick möglich. Die glatte Fläche muß nach außen verlegt werden.
Ein Vorteil von Klarglas ist neben der guten Lichtdurchlässigkeit, die dem Blankglas entspricht, eine (geringe) Streuung des Lichts. Gartenklarglas-genörpelt wird deshalb bevorzugt in südlicheren Regionen verwendet, wo eine Streuung der im Sommer sehr intensiven Sonnenstrahlung erwünscht ist. Eine Schattierung empfindlicher Pflanzen wird dadurch aber nicht überflüssig. Der Nachteil dieses Glases ist die Hagelempfindlichkeit.
Selbstverständlich ist auch eine Kombination verschiedener Glasarten möglich. Wenn zum Beispiel nur an einer Seite des Gewächshauses der Einblick verwehrt werden soll, belegt man nur diese Fläche mit Klarglas, die anderen mit Blankglas. Ebenso kann nur der Dachbereich mit dem genörpelten Klarglas abgedeckt werden, während die Seitenflächen freien Durchblick bieten.
Eine Einfachverglasung ist ausreichend, wenn das Gewächshaus nur vom Frühjahr bis zum Herbst genutzt und nicht oder nur während der Übergangszeit geheizt wird.

Isolierglas

Eine Isolierverglasung fürs Gewächshaus war früher kein Thema, bis die Verteuerung der Energiekosten eine bessere Wärmedämmung notwendig machte. Heute ist diese Art der Verglasung bei heizbaren Gewächshäusern wegen der Energieeinsparung ein Muß. Empfehlenswert ist sie bei im Winter genutzten, beheizten Glashäusern in jedem Fall. Selbst wenn die Gewächshaustemperatur im Winter nur wenige Grade über Null betragen soll, ist die Heizkostenersparnis gegenüber Einfachglas erheblich. Der Mehrpreis bei der Anschaffung wird im Laufe der Jahre eingespart.
Großflächige Doppelglasscheiben sind recht schwer und nicht gerade billig. Ein weiterer, aber fürs menschliche Auge kaum merkbarer Nachteil ist die etwas geringere Lichtdurchlässigkeit. Die Bruchgefahr ist auch nachteilig. Doppelglasscheiben bieten den Vorteil, daß man bei recht guter Isolierwirkung einen freien Durchblick auf die Pflanzen und ungehinderten Ausblick aus dem Gewächshaus hat.
Man unterscheidet beim Isolierglas zwischen zwei Ausführungen:
<u>Isolierglas mit verschweißtem Randverbund (Gado- und Sedo-Glas)</u> ist am Rand verschweißt. Der Zwischenraum ist mit Luft oder zur Verbesserung der Wärmedämmung mit Kohlendioxid gefüllt. Im Zwischenraum kann sich kein Kondenswasser bilden.
<u>Isolierglas mit verklebtem Randverbund</u> besteht aus zwei Glasscheiben, die durch spezielle Kleber verbunden sind.
Eine recht wirkungsvolle Doppelverglasung läßt sich auch mit zwei einzelnen Glasscheiben herstellen. Zwischen den Rändern der Scheiben werden Abstandshalter aus PVC gelegt. Spezielle Klammern oder Profile bewirken eine sichere Befestigung. Der Zwischenraum ist dabei nicht vollkommen abgedichtet, so daß häufig Kondenswasser auftritt. Auch nachträgliches Anbringen einer zweiten Scheibe ist auf diese Weise möglich.

Kunststoff

Die „Verglasung" mit Kunststoffplatten ist mehr als nur ein Ersatz für richtiges Glas. Verwendung findet vorwiegend Acrylglas, bekannt unter dem Namen Plexiglas. Für die Gewächshausabdeckung kommen außerdem Polyvinylchlorid (geläufiger ist die Abkürzung PVC), Polycarbonat und glasfaserverstärktes Polyester in Frage.

Mit Ausnahme von Plexiglas nimmt bei den Kunststoffabdeckungen im Laufe der Jahre die Lichtdurchlässigkeit zum Teil erheblich ab. Bei dem früher beliebten Well-PVC zum Beispiel verminderte sich die Lichtdurchlässigkeit schon nach drei Jahren auf weniger als 50 %. Plexiglas schneidet in diesem Punkt am besten ab. Die Lichtdurchlässigkeit, bei neuem Plexiglas 88 %, vermindert sich nach zehn Jahren lediglich auf 85 %. Die Wärmedurchlässigkeit ist bei einschaligen Kunststoffverglasungen nicht besser als bei Einfachglas. Sie werden daher wie Einglasabdeckungen nur für solche Gewächshäuser verwendet, die man im Winter nicht heizt.

Stegdoppelplatten und Stegdreifachplatten aus Plexiglas sind für eine Gewächshausabdeckung ideal. Das sind Plexiglasscheiben, die durch senkrechte Stege miteinander verbunden sind. Sie sind kaum weniger lichtdurchlässig, wiegen aber nur halb so viel wie 4-mm-Einfachglas und sind deshalb vor allem für den Dachbereich bestens geeignet.

Ein Vorteil dieser durchscheinenden, aber undurchsichtigen Kunststoffplatten ist ihre Fähigkeit, Lichtstrahlen zu zerstreuen und UV-Strahlen durchzulassen. Das kann bei etwas robusteren Pflanzen im Sommer bereits einen ausreichenden Schutz vor Blattverbrennungen geben.

Das größte Plus von Stegdoppelplatten ist die gegenüber Einfachverglasung erheblich bessere Wärmedämmung. Zur Wahl stehen auch Stegdreifachplatten, aus drei Plexiglasscheiben bestehend. Der Isoliereffekt ist hier noch höher, so daß sie vor allem für Warmhäuser interessant sind. Allerdings bewirken Stegdreifachplatten, je nach Ausführung 16 – 32 mm dick,

Anlehngewächshaus aus Stegdoppelplatten; die Profile mit brauner Farbbeschichtung

eine weitere geringe Lichteinbuße. Stegplatten, doppelt oder dreifach, lassen sich ausgesprochen gut mit Säge und Bohrer bearbeiten.

Günstig kann auch die Kombination von Kunststoffplatten und Doppelglas sein. Der Nachteil des Acryls, als Stegdoppelplatte keine Durchsicht zu bieten, läßt sich ausgleichen, wenn außer dem Dach nur ein Teil der Seitenflächen mit Kunststoffplatten abgedeckt wird. An den Stellen, wo freier Durchblick erwünscht ist, wird Doppelglas verwendet.

Gewächshaushersteller bieten entweder fertig zugeschnittene Glasscheiben an, oder man kauft die Scheiben nach vorgegebenem Plan. Das Einsetzen bereitet keine großen Schwierigkeiten. Die früher übliche und recht umständliche Verkittung der Glasscheiben ist vor allem bei Aluminumgewächshäusern durch eine kittlose Verglasung ersetzt worden. Dabei drückt man elastischen Silikonkautschuk von der Rolle auf die Profile. Die Glasscheiben oder Kunststoffplatten werden aufgelegt und festgedrückt. Neuerdings gibt es auch Gummidichtungen von der Rolle, die ersatzweise für den Silikonkautschuk benutzt werden können. Die Befestigung erfolgt mit Klammern, die die Glasabdeckung auch bei Sturm ausreichend festhalten. Noch besser sind die Kunststoffabdeckprofile beziehungsweise -hauben, die den Glasscheiben sichersten Halt geben. Außerdem wärmedämmen sie die Sprossen.

Folien-gewächshäuser

Wissenswertes

Mit einem selbstgebauten, stabilen Holzgerüst oder Fertigelementen aus verzinktem Stahl, abgedeckt mit einer lichtdurchlässigen Folie, beginnt für viele Gewächshausfreunde die Leidenschaft fürs Gärtnern unter Glas. Auch Bausätze für Folienhäuser, mit fertig verschweißter Folie als Abdeckung, werden angeboten. Ob ein Folienhaus den ästhetischen Ansprüchen des Gartenbesitzers genügt, sei dahingestellt, denn es sieht doch immer etwas provisorisch aus und ist relativ kurzlebig. Wenn es aber auf das Aussehen nicht so sehr ankommt, weil das Folienhaus beispielsweise im Nutzgarten aufgestellt wird, bietet es einige Vorteile gegenüber dem Glashaus. Entscheidend ist der deutlich niedrigere Anschaffungspreis. Der Aufbau läßt sich recht schnell bewerkstelligen. Und auch ein Umzug des Folienhauses an eine andere Stelle des Gartens ist kein Problem. Bei der Pflanzenkultur vom Frühjahr bis zum Herbst ist das Folienhaus dem Glashaus durchaus gleichwertig.

Eine Zusatzheizung während der Übergangszeit im Frühjahr und Herbst erfordert im Folienhaus nur einen geringen Energieaufwand. Seine Grenzen findet das Haus, wenn im Winter Pflanzen mit etwas höheren Wärmeansprüchen gehalten werden sollen. Denn bei winterlicher Kälte macht sich die geringe Isolierwirkung der Folie doch entscheidend bemerkbar. Mit einer zusätzlichen, innen an doppelt gespannten Nylonschnüren befestigten Luftpolsterfolie läßt sich der Wärmeverlust deutlich verringern. Messungen in so isolierten Folienhäusern ergaben einen k-Wert (Wärmedurchgangskoeffizient – ein Maß für die Wärmedurchlässigkeit eines Materials) von 6,11 W/m²K. Das entspricht dem Isolierwert von Doppelglas.

*Im Fachhandel erhältliches Folien-
gewächshaus aus feuerverzinkten
Stahlrohren*

*Isolierung eines Foliengewächshauses
mit Luftpolsterfolie*

Wintergärten

Wissenswertes

Ein Wintergarten ist das Traumziel vieler Pflanzenfreunde. Im Prinzip gleicht er dem Anlehngewächshaus, weist aber einige Besonderheiten auf, die ihn besonders wertvoll machen und außerdem Heizkosten sparen helfen. Der Wintergarten macht das Gewächshaus nicht unbedingt überflüssig. Jungpflanzenanzucht und Nutzpflanzen sind dort bestens aufgehoben. Aber er erweitert in der Regel den Wohnraum, bietet sozusagen die Möglichkeit, zwischen Pflanzen zu leben. Der Wintergarten ist also kein ausgesprochenes „Pflanzenhaus". Ein direkter Zugang zum Wohnbereich sorgt für kurze Wege.

Erst eine Heizung macht den Wintergarten für die Haltung von Pflanzen so ideal. Die erforderliche Heizleistung muß von einem Fachmann berechnet werden, wenn sie der Hersteller selbst nicht verbindlich angeben kann. In der Regel wird der Wintergarten wie ein Kalthaus genutzt, also mit mäßiger Beheizung im Winter. Ein Temperaturbereich zwischen 5° C nachts und 10° C tagsüber erlaubt die Kultur zahlreicher verschiedener Pflanzen aus dem subtropischen Klimabereich, die hier bestens aufgehoben sind.

Die Nutzungsmöglichen des Wintergartens werden nur von der Größe der verglasten Fläche begrenzt. Für die Überwinterung von Kübelpflanzen, die im Sommer draußen stehen, ist kaum ein anderer Platz besser geeignet. Besonders dekorativ wirken hier dauergrüne Pflanzen wie zum Beispiel Palmen. Ein geräumiger Wintergarten mit einer Grundfläche von 30 m² und mehr hat ausreichend Platz, um eine Sitzgruppe zu schaffen, die wie eine Insel inmitten von Pflanzenbeeten liegt.

Ein gewichtiges Argument für den Wintergarten ist die mögliche Energieeinsparung bei der gesamten Beheizung von Wohnhaus und Glasanbau. Zwar muß in kalten Winternächten zusätzliche Heizenergie aufgewendet

Folienarten

Folien haben eine begrenzte Lebensdauer, da sie unter dem Einfluß der Witterung, vor allem der ultravioletten (UV-)Sonnenstrahlung spröde werden und ihre Lichtdurchlässigkeit nachläßt. Für die Abdeckung der Gewächshäuser kommt PE-Folie (PE = Polyäthylen) oder PVC-Folie (PVC = Polyvenylchlorid) in Frage. Sie unterscheiden sich äußerlich kaum, weisen aber eine unterschiedliche Dichte auf: PE-Folie schwimmt im Wasser, PVC-Folie geht unter.

In der Praxis findet hauptsächlich UV-stabilisierte PE-Folie Verwendung. Sie ist unempfindlicher gegen die ultravioletten Strahlen. Die garantierte Haltbarkeit von drei Jahren wird in der Praxis meistens übertroffen, aber nach längstens fünf Jahren muß sie ersetzt werden.

Neue Folie weist eine gelbliche Färbung und eine mit 80 % ausreichende Lichtdurchlässigkeit auf. Sie wird in Stärken von 0,05 – 0,2 mm angeboten. Reißfester ist PE-Folie, wenn sie mit einer eingearbeiteten Gewebegittereinlage verstärkt ist. Allerdings ist der Lichteinfall gemindert, und einem Hagelsturm hält auch sie nicht stand. Normale PE-Folie, wie sie zum Beispiel auf dem Bau als Abdeckung verwendet wird, ist ungeeignet, da sie bereits nach einem Sommer spröde und unbrauchbar ist.

PVC-Folien werden für Gewächshäuser wenig verwendet. Sie gewährleisten zwar eine gute Haltbarkeit und bieten für die Pflanzenkultur beste Bedingungen, sind aber erheblich teurer als PE-Folien. Folien aus anderen Materialien, zum Beispiel Polyester- oder Tedlarfolien, weisen in Einzelbereichen Vorteile auf, sind jedoch wenig verbreitet.

Großer Wintergarten zum Wohnen

Hier läßt sich der Wohnraum in den Wintergarten einbeziehen, indem die Tür weggeschoben wird.

Ventilator, der die im Wintergarten erwärmte Luft bei Bedarf über Lüftungsschächte in den Wohnbereich leitet, wird der Wintergarten zur wirksamen passiven Solaranlage. Die Energieeinsparung macht sich besonders in der Übergangszeit bemerkbar. Im Frühjahr und Herbst muß deutlich weniger geheizt werden als ohne Glasanbau. Die Energiebilanz übers Jahr ist positiv. Das heißt, daß ein Haus mit mäßig beheiztem Wintergarten im Jahresdurchschnitt weniger Heizkosten erfordert als dasselbe Haus ohne Wintergarten.

In der Praxis hat sich gezeigt, daß einige Voraussetzungen erfüllt sein müssen, damit die erhoffte Heizkostenersparnis Realität wird. Das beginnt beim Standort. Am günstigsten ist die Südlage. Bei Ost- oder Westlage gelangt 30 % weniger Sonnenenergie ins Glashaus. Die Nordseite bringt keine Energieeinsparung, lediglich eine Pufferwirkung.

Für die Verglasung sollte unbedingt Isolierglas für die durchsichtigen, senkrechten Wände gewählt werden und 16-mm-Stegdoppelplatten im Dachbereich. Letztere sind leicht, bruchunempfindlich und ersparen so eine aufwendige Dachkonstruktion und teures Sicherheitsisolierglas. Für beste Ausstattung kommt auch hochwärmegedämmtes Glas in Frage. Der Zugang vom Wohnhaus zum Wintergarten, ideal ist eine Schiebetür, muß ebenfalls mit Doppelglas versehen sein. Eine gute Wärmedämmung der Glasscheiben sorgt dafür, daß die tagsüber erwärmte Luft abends nicht so schnell abkühlt. Das macht sich angenehm bemerkbar, wenn man sich abends auch nach Sonnenuntergang noch lange im Wintergarten aufhalten will – eine Zusatzheizung ist dann nicht nötig.

Um die Wärme möglichst lange zu halten, müssen Bodenbelag und Verbindungswand zum Wohnhaus aus dunklem, speicherfähigem Material sein. Geeignet sind hier Natursteine, Ziegel, Kalksandsteine oder Beton.

Ein zusätzlicher Teich unmittelbar vor der Längsseite des Wintergartens kann sich ebenfalls günstig auswirken. Er reflektiert die auf das Wasser fallenden Strahlen und lenkt sie ins Glashaus.

werden, um den Anbau frostfrei zu halten, doch an sonnigen Tagen und auch bei leicht bedecktem Himmel wird die im Glasanbau eingefangene Sonnenwärme für das Wohnhaus genutzt. Die Sonneneinstrahlung sorgt dafür, daß die Temperatur im Wintergarten tagsüber auch ohne Zusatzheizung stets für die Pflanzen ausreicht. Lediglich bei starkem Frost und bewölktem Himmel ist Heizen erforderlich; selbstverständlich auch nachts. Umgekehrt sorgt selbst bei klirrender Kälte, ein wolkenloser Himmel vorausgesetzt, der Treibhauseffekt für ein angenehmes Klima unter dem Glasdach, das es erlaubt, mitten im Winter in Sommerkleidung zwischen den Pflanzen zu sitzen.

Die Verbindungstür zwischen Wintergarten und Wohnhaus bleibt offen, wenn die unter Glas eingefangene Sonnenwärme auch den Wohnbereich aufheizen soll. Solange es im Glasanbau kühler ist als im Wohnhaus, bleibt die Verbindungstür geschlossen. Mit Lüftungsöffnungen in der Trennwand, eventuell auch mit einem

Materialien

Auch an das Material für die tragende Konstruktion werden zumeist höhere Anforderungen gestellt, denn so ein Wintergarten soll schließlich „ewig" halten. Holz ist ein sehr attraktives Material. Die beim Gewächshausmaterial beschriebenen Nachteile dürfen allerdings nicht übersehen werden (siehe ab Seite 27).

Für große Wintergärten werden manchmal wie im Erwerbsgartenbau verzinkte Stahlprofile verwendet. Sie verleihen dem Wintergarten einen technischen Charakter, der aber durch die geeignete Bepflanzung und gemütliche Stühle und Tische in den Hintergrund gedrängt wird.

Für kleine und mittelgroße Wintergärten werden die auch für Kleingewächshäuser verwendeten Aluminiumprofile bevorzugt. Wärmegedämmte Profile sind von Vorteil, aber sehr teuer und nur dann erforderlich, wenn im Wintergarten Warmhauspflanzen gehalten werden. Damit der wohnliche Charakter erhalten bleibt, werden statt der nüchtern wirkenden, glänzenden Aluminiumprofile gern solche mit farbiger Beschichtung gewählt.

Lüftung

Größten Wert sollte man auf ausreichende Lüftungsmöglichkeiten legen. Es ist schon erstaunlich, mit welcher Leichtfertigkeit manche Wintergartenhersteller diesen wichtigen Punkt mißachten und so bei sommerlicher Hitze Probleme heraufbeschwören. Die Größe der Lüftungsöffnungen sollte nach einer Faustregel ein Viertel der Grundfläche des Wintergartens betragen. Entscheidend sind großflächige Dachfenster, damit im Sommer die nach oben steigende warme Luft entweichen kann und nicht für eine unerwünschte Aufheizung des Wohnhauses sorgt. Durch ebenfalls großzügig bemessene Seitenfenster oder Zuluftkanäle muß ausreichend Frischluft nachströmen können.

Der sinnliche Kontakt mit der Natur

Die Entlüftung kann mit einem Ventilator verstärkt werden, was aber wegen der Geräuschentwicklung nicht immer angenehm ist. Bei großzügiger Bemessung der Lüftungsöffnungen ist die Luftumwälzung auch ohne Ventilator ausreichend. Zusätzliche, kleinere Lüftungsklappen im unteren Teil der Seitenwände bewirken einen leichten Unterdruck, so daß Frischluft von außen wie mit einem Gebläse angesaugt wird.

Das Öffnen der Lüftungsfenster sollte im Wintergarten möglichst automatisch erfolgen. Für größere Glasanbauten ist die Betätigung der Dachfirstlüftung über elektrische Stellmotoren, ähnlich wie in Profigewächshäusern, vorzuziehen. Die Steuerung über einen Thermostat ist unerläßlich. Wintergärten können wirkungsvoll und geräuschlos mit den von Gewächshäusern bekannten, stromlosen Fensteröffnern gelüftet werden.

Eine Schattierung ist im Wintergarten unerläßlich. Vor allem in Glasanbauten mit geringem Luftvolumen kann intensive Sonneneinstrahlung den Aufenthalt für Pflanzen und Menschen gleichermaßen unangenehm machen. Die Art der Schattierung hängt von der Nutzung und Ausstattung ab. In großvolumigen Wintergärten mit robusten Pflanzen kann es schon genügen, Sonnensegel unter dem Glasdach zu befestigen oder ganz schlicht einen

Sonnenschirm am Sitzplatz aufzustellen. Die beste Lösung ist leider auch die teuerste: eine Außenjalousie oder Markise, die den Wintergarten gegen intensive Sonneneinstrahlung am wirkungsvollsten abschirmt und die Aufheizung der Scheiben verhindert. Automatisierung ist auch hier möglich, aber in der Praxis nicht notwendig.

Die Funktion der Pflanzen

Die Pflanzen sind im Wintergarten mehr als nur zierendes Element. Sie übernehmen eine wichtige Aufgabe, indem sie durch ihr Laub für Schatten sorgen. Gehölze und Kletterpflanzen, die im Winter ihr Laub verlieren, können gezielt plaziert werden, so daß eine zusätzliche Schattierung nicht unbedingt erforderlich ist. Die Verdunstung des Gießwassers über die Blätter läßt die Luftfeuchtigkeit ansteigen und hat eine Absenkung der Temperatur zur Folge. Ein Effekt, der im Sommer den Aufenthalt im Glasanbau angenehmer macht. Im Winter ist hohe Luftfeuchtigkeit weniger erwünscht. Stark eingeschränktes Gießen, wassersparende Tröpfchenbewässerung und rechtzeitiger, kräftiger Rückschnitt bewirken eine Verminderung der Wasserverdunstung und somit der Luftfeuchtigkeit.

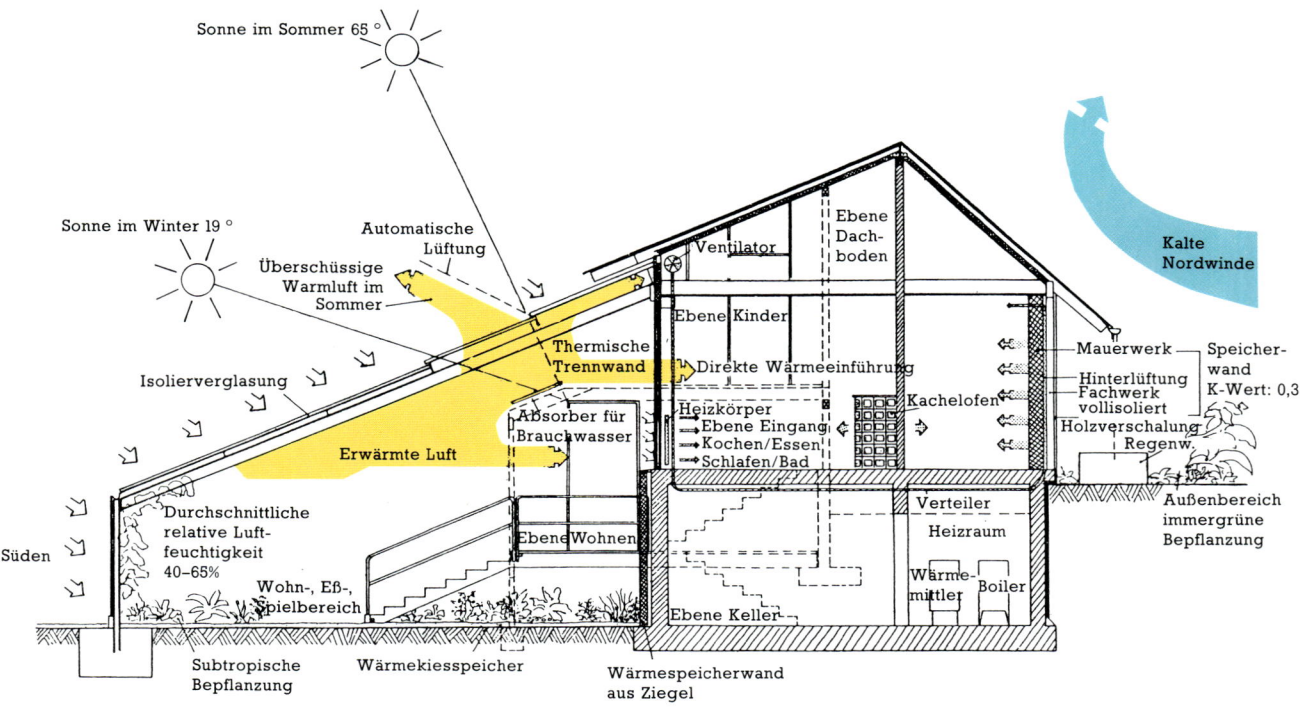

Sonne im Sommer 65°

Sonne im Winter 19°

Automatische Lüftung

Überschüssige Warmluft im Sommer

Ebene Dachboden

Ventilator

Kalte Nordwinde

Ebene Kinder

Thermische Trennwand

Direkte Wärmeeinführung

Isolierverglasung

Mauerwerk

Speicherwand K-Wert: 0,3

Hinterlüftung Fachwerk vollisoliert

Erwärmte Luft

Absorber für Brauchwasser

Heizkörper
Ebene Eingang
Kochen/Essen
Schlafen/Bad

Kachelofen

Holzverschalung Regenw.

Süden

Durchschnittliche relative Luftfeuchtigkeit 40–65%

Wohn-, Eß-, Spielbereich

Verteiler

Außenbereich immergrüne Bepflanzung

Ebene Wohnen

Heizraum

Wärmemittler

Boiler

Subtropische Bepflanzung

Wärmekiesspeicher

Ebene Keller

Wärmespeicherwand aus Ziegel

Schnitt durch ein „Solarhaus". Er zeigt sowohl die aktive als auch die passive Energienutzung der Warmluft auf dem Glashaus.

Solarhäuser

Ein Solarhaus ist sozusagen die Steigerungsform des Wintergartens. Hier ist die Hausplanung ganz auf die Nutzung der kostenlosen Sonnenenergie abgestimmt. Um möglichst viel Sonnenlicht einfangen zu können, sind die formen von Solarhäusern oft recht eigenwillig. Diese großen Glashäuser eröffnen Pflanzenfreunden nahezu paradiesische Möglichkeiten. Die Kombination zwischen Wohnen und der Beschäftigung mit Pflanzen ist perfekt. Den Pflanzen kommt dabei eine bedeutende Rolle zu. Noch mehr als im Wintergarten tragen sie zur angenehmen Klimatisierung des Hauses bei und sorgen dafür, daß selbst Temperaturen über 30° C nicht als unangenehm empfunden werden. Laubabwerfende Pflanzen schattieren, wo es im Sommer nötig ist, und die Verdunstung des Wassers über die Blätter wirkt kühlend.

In den USA, wo im sonnigen Kalifornien die Solararchitektur als Alternative zu konventionellen Bauten entwickelt wurde, hat sie ihren einst provisorischen Charakter, bedingt durch die bevorzugte Verwendung von Altmaterial, längst abgelegt. Aber auch in weniger sonnenverwöhnten Breiten Westeuropas kann die Glasarchitektur inzwischen Lösungen vorweisen, die bei einem Minimum an zusätzlicher Heizenergie besten Wohnkomfort bieten. Die Gruppe „LOG ID" um den Tübinger Architekten Dieter Schempp hat die Entwicklung vor allem in der Bundesrepublik vorangetrieben und mit ihrem Modell der Einbeziehung von Pflanzen im Wohnbereich bei gleichzeitiger, beträchtlicher Energieeinsparung entscheidende Anstöße gegeben.

Das Solar- oder Sonnenhaus läßt Naturfreunde die Jahreszeiten viel intensiver erleben. Pufferzonen mit kühleren Temperaturbereichen erlauben die Haltung von Pflanzen mit unterschiedlichen Ansprüchen. Die Verwendung von speicherfähigem Baumaterial verbessert die Nutzung der Sonnenenergie.

Der verglaste Teil des Hauses wird nicht nur als passive Solaranlage genutzt, sondern teilweise mit Absorbern versehen. Sie sind meist auf der Südseite unter dem Glasdach angebracht und bewirken als aktive Solaranlage einen noch höheren Nutzungsgrad der kostenlosen Solarenergie. Es gibt mehrere Absorberarten, zum Beispiel Gewebe- und Plattenabsorber. Sie absorbieren das Sonnenlicht und wandeln es in Wärme um. Der Plattenabsorber ist von einer Wärmeträgerflüssigkeit, zum Beispiel Wasser, umgeben. Die durch die Sonneneinstrahlung erwärmte Flüssigkeit kann direkt genutzt werden oder wird zu einem Wärmespeicher, meistens in Form eines Brauchwasserspeichers, geleitet. Die Wärme aus dem Wasserbehälter kann man auch für das Heizsystem nutzen.

Blumenfenster und Zimmergewächshaus

Solargewächshaus

Solargewächshäuser

Der Zwang zum Energiesparen hat zur Entwicklung von Gewächshäusern geführt, deren Verbrauch an kostbarer Heizenergie noch weiter vermindert ist. Das Konzept der Bauweise von Solargewächshäusern entspricht dem Prinzip des vorher beschriebenen Solarwohnhauses. Standort und Konstruktion werden so gewählt, daß eine optimale Ausnutzung des Sonnenlichts möglich ist. Eine stark geneigte Glaswand auf der Südseite und massive Ausführung der lichtabgewandten Gewächshauswand führt dabei zu asymetrischen Formen, die das Aussehen des Gewächshauses zumindest gewöhnungsbedürftig machen.
Eine Speicherung der Wärme ist durch Verwendung entsprechenden Materials für die Massivwand gegeben. Als simple Wärmespeicher fungieren

auch ausgediente Wasserbehälter, deren Inhalt sich bei Sonne erwärmt. Das bewirkt nach Sonnenuntergang langsameres Absinken der Temperatur im Glashaus. Das Aufstellen von Wasserbehältern läßt sich dabei noch anders nutzen. Die Haltung von Fischen in Bassins unter Glas ist nur eine der zahlreichen Möglichkeiten, die sich hier bieten.
Selbstverständlich werden für das Solargewächshaus alle Formen der Wärmedämmung genutzt, zum Beispiel Doppel- oder Dreifachverglasung und sorgfältige Isolierung des Fundaments. Der Rückgang der Preise für Heizenergie hat solche Solargewächshäuser zunächst ins Abseits gestellt. Eine Änderung der Energiesituation läßt das sinnvolle Konzept jedoch mit Sicherheit schnell wieder aufleben.

Ein geschlossenes Blumenfenster mit einer zweiten Glasscheibe als Abgrenzung zum Wohnraum ist sozusagen ein Gewächshaus im Kleinformat. Für die Haltung von Pflanzen aus dem tropischen Klimabereich mit höheren Ansprüchen an Wärme und Luftfeuchtigkeit können die Voraussetzungen kaum günstiger sein. Durch gezielte Steuerung von Temperatur und Einsatz eines Luftbefeuchters ist die Kultur auch empfindlicher Pflanzen möglich. Als Schutz gegen pralle Sonne fungiert eine Außenjalousie oder Markise.
Zur besseren Isolierung sollte die Außenverglasung aus Doppelglas bestehen. Das ist vor allem bei wärmeliebenden Pflanzen wichtig. Für die Wohnraumseite genügt Einfachglas; am besten in Form eines Schiebefensters, um die Pflanzen bequem versorgen zu können.
Wenn für ein Blumenfenster kein Platz vorhanden ist, bietet sich eine Zimmervitrine an. Voraussetzung ist die Installation von ausreichender, künstlicher Beleuchtung, denn schon in geringer Entfernung vom Fenster reicht das Tageslicht nicht mehr aus.

Geschlossenes Blumenfenster

Eine ideale Kombination bietet die Zimmervitrine oder das geschlossene Blumenfenster, wenn gleichzeitig ein Gewächshaus vorhanden ist. Im Glashaus werden die Zierpflanzen gepflegt und vermehrt. Den größten Teil des Jahres bleiben sie dort, und nur während ihrer Blütezeit holt man sie ins Zimmergewächshaus, um sie aus der Nähe bewundern zu können. Eine Möglichkeit, die vor allem Liebhaber von Orchideen oder Bromelien gern nutzen, um die Pflanzen in ihrer dekorativsten Phase zu erleben. Möglich ist auch eine andere Kombination: ein Blumenfenster mit einer Glasscheibe zum Wohnraum, auf der Außenseite offen und von einem Anlehngewächshaus umschlossen. Die Pflanzen dienen auf diese Weise als Zimmerschmuck im Fenster, während sie tatsächlich im Gewächshaus untergebracht sind, wo sie hinsichtlich Temperatur und Luftfeuchtigkeit Idealbedingungen finden.

Standort

Wissenswertes

Bevor ein Gewächshaus angeschafft wird, muß die Frage geklärt sein, an welcher Stelle im Garten es aufgebaut werden soll. Von dieser Entscheidung hängt das spätere Wohlergehen der Pflanzen ab, denn bei ungenügenden Lichtverhältnissen hat man selbst mit einem aufwendig ausgestatteten Gewächshaus wenig Freude. Auch für die Heizkosten spielt die Lage des Gewächshauses eine wichtige Rolle: Je länger die Sonne auf das Glasdach scheint, desto weniger Energie wird benötigt.

Der sonnigste Standort im Garten muß es sein, um Sonnenlicht und -wärme optimal nutzen zu können. Schatten von Bäumen oder vom Nachbarhaus ist in jedem Fall zu vermeiden. Bei schattenbildenden Objekten in einiger Entfernung ist zu berücksichtigen, daß die Sonne während der Wintermonate

Ein Gewächshaus mit Außenschattierung auf einem Garagendach

in flacherem Winkel zur Erde steht. Ein Gewächshaus, das im Sommer volle Sonne erhält, kann unter Umständen im Winter weitgehend im Schatten liegen. Gerade in der lichtarmen Jahreszeit ist aber die größtmögliche Ausnutzung des Sonnenlichts von entscheidender Bedeutung. Bäume oder Sträucher an der Nordseite des Gewächshauses stören nicht und bieten zusätzlichen Windschutz.

In einem Wintergarten, der gleichzeitig als zusätzlicher Wohnraum genutzt wird, kann dagegen in sonnenreichen Gegenden ein Laubbaum als gezielter Schattenspender im Sommer nützlich sein. Zwar ist die Sonneneinstrahlung geringer, aber dieser Nachteil wird dadurch ausgeglichen, daß der Aufenthalt im Sitzbereich des Glashauses bei sonnigem Wetter auch ohne künstliche Schattierung stets angenehm ist. Nach dem herbstlichen Laubfall hält sich die Lichteinbuße im vertretbaren Rahmen.

Da ein Wintergarten oder Anlehngewächshaus weniger Sonnenlicht erhält als ein freistehendes Glashaus, ist die Ausrichtung nach der Sonne hier besonders wichtig. Am günstigsten ist ein Anbau an der Südseite des Wohnhauses. Rechteckige Gewächshäuser, freistehend oder als Anbau, sollten immer so geplant sein, daß ihre Längsseite in Ost-West-Richtung verläuft und so volle Sonneneinstrahlung erhält. Wichtig ist auch, daß die Sonne schon möglichst früh am Tag auf das Glasdach scheint und ihre wärmenden Strahlen am besten bis Sonnenuntergang das Glashaus erreichen.

Ein zugiger Standort sollte vermieden werden, damit der Wind dem Haus keine Wärme entzieht. Vorsicht auch vor „Frostlöchern" im Garten. In Mulden sammelt sich Kaltluft, so daß hier die Heizkosten fürs Gewächshaus höher sind.

Die Entfernung vom Wohnhaus zum Gewächshaus sollte so gering wie möglich sein. Bei Regen oder im Winter bereitet es kein Vergnügen, erst durch den Garten laufen zu müssen, um nach dem Rechten zu sehen. Auch für Versorgungsleitungen von Wasser und Strom ist eine kurze Entfernung zum Wohnhaus günstig. Das erspart aufwendige Grabearbeiten, denn die Wasserleitung muß wenigstens 80 cm tief, das Stromkabel sogar 100 cm tief verlegt werden. Wenn die Heizung des Glashauses mit der des Wohnhauses kombiniert werden soll, ist eine geringe Distanz unerläßlich, damit der Wärmeverlust im Heizungsrohr gering bleibt.

Gewächshaus auf einem Flachdach

Nicht immer findet sich im Garten ein geeigneter Platz für das Gewächshaus. Das Flachdach einer Garage oder eines Anbaus ist dabei keineswegs eine Notlösung, sondern kann ein bestens geeigneter Ort fürs Glashaus sein. Voraussetzung ist natürlich, daß das Dach ausreichende Tragfähigkeit besitzt. Die Frage läßt sich von einem Statiker klären, der auch Ratschläge für eine eventuell nötige Verstärkung der Decke machen kann. Eine Neigung des Flachdachs läßt sich durch einen Estrichauftrag ausgleichen.

Gewächshaus auf dem Balkon

Ein Gewächshaus auf dem Balkon ist für Pflanzenfreunde ohne Garten die einzige Möglichkeit, sich dem Gärtnern unter Glas zu widmen. Die beste Lösung bietet zweifellos die vollständige Verglasung des Balkons. In Miethäusern kann auch die Aufstellung eines Anlehnhauses auf dem Balkon erwogen werden.

Als Kompromißlösung gibt es auch Kleinstgewächshäuser für Balkons. Sie haben nur eine kleine Grundfläche und sind nicht begehbar. Der vordere Teil läßt sich hochklappen und dient so als Belüftung. Andere Modelle sind mit Schiebefenstern ausgestattet.

Bauvorschriften

Auch wenn die Pflanzen im Gewächshaus bestens aufgehoben sind, können unerwartete Probleme in einem ganz anderen Bereich auftreten. Dann nämlich, wenn versäumt wurde, die Baubehörde und den Nachbarn von den Gewächshausplänen zu benachrichtigen. Aber keine Sorge: Die behördlichen Bestimmungen für die Aufstellung von Kleingewächshäusern sind zwar in jedem Bundesland unterschiedlich, aber insgesamt doch recht großzügig, so daß hier kaum Schwierigkeiten zu erwarten sind. Und bei Einhaltung der vorgeschriebenen Grenzabstände (gewöhnlich 300 cm) kann auch ein wenig verständnisvoller Nachbar keinen Einspruch erheben.

Für die meisten Bundesländer gilt, daß für freistehende Gewächshäuser bis 400 cm Firsthöhe keine Baugenehmigung erforderlich ist. Eine solche Höhe wird man selbst in einem äußerst großzügig bemessenen Glashaus kaum erreichen. In manchen Bundesländern besteht für Gewächshäuser mit einer Höhe von mehr als 200 oder 300 cm Höhe eine Anzeigepflicht. In diesem Fall muß die Behörde lediglich schriftlich informiert werden. Erfolgt innerhalb eines Monats keine negative Antwort, kann mit der Errichtung des Gewächshauses begonnen werden. Bei genehmigungspflichtigen Glashäusern ist ein Bauantrag einzureichen und die Genehmigung abzuwarten. Weniger großzügig ist die Errichtung von Anlehngewächshäusern oder Wintergärten geregelt. Letztere werden von der Behörde oft wie feste Anbauten gewertet und sind dementsprechend genehmigungspflichtig. Allerdings wird die Genehmigung heute erheblich leichter erteilt als noch

vor einigen Jahren. Vor der Planung sollte unbedingt mit der Baubehörde gesprochen werden. Für den Bauantrag gibt es Vordrucke. Meistens sind ein Lageplan, der Grundriß, die Ansichten, der Schnitt, eine Baubeschreibung und das Antragsformular erforderlich.

Soll der Glasanbau im nicht einsehbaren Teil des Gartens errichtet werden, gibt es in der Regel kaum Probleme mit der Genehmigung. Wenn der Glasanbau an der Vorderfront stehen soll, können öffentliche Belange berührt werden. Die Zustimmung des Nachbarn ist erforderlich, wenn ein Anlehnhaus oder Wintergarten beispielsweise an einem Reihenhaus errichtet werden soll. Falls sich Nachbarn ablehnend verhalten, kann man mit der Funktion des Glashauses als durchaus dekorativer Sicht- und Windschutz argumentieren.

In Kleingartenanlagen gelten eigene Vorschriften, die erheblich enger gefaßt sind als die behördliche Regelung. Ein Gespräch mit dem Vorstand hilft, spätere Probleme zu vermeiden. Ob der Bau eines Gewächshauses der Behörde angezeigt und ab welcher Firsthöhe er genehmigt werden muß, können Sie nachfolgender Aufstellung entnehmen. Da bei den Vorschriften Änderungen im Gespräch sind, erspart man sich im Zweifelsfall späteren Ärger durch einen kurzen Telefonanruf beim Bauamt oder Landratsamt. Auszug aus der Bauordnung für Gewächshäuser (Änderungen möglich):

Baden-Württemberg
Gewächshäuser bis zu 400 cm Höhe sind genehmigungsfrei. Als Mindestgrenzabstand gelten 300 cm.

Bayern
Es besteht grundsätzlich Anzeigepflicht. Eine Genehmigung ist ab 350 cm Firsthöhe erforderlich. Der Grenzabstand beträgt 300 cm; geringere Abstände erfordern eine Genehmigung.

Berlin
Anzeigefrei sind Gewächshäuser bis 200 cm Höhe, bis 400 cm sind sie genehmigungsfrei. Der Grenzabstand beträgt 300 cm.

Bremen
Es besteht keine Anzeigepflicht. Ab 400 cm Firsthöhe muß eine Genehmigung beantragt werden. Der Grenzabstand beträgt 300 cm, weniger nur nach Genehmigung.

Hamburg
Bis 300 cm Höhe besteht keine Anzeigepflicht. Eine Genehmigung ist nur dann erforderlich, wenn eine Firsthöhe von 500 cm überschritten wird. Als Grenzabstand gelten 300 cm, wobei Ausnahmen zulässig sind.

Hessen
In Hessen besteht keine Anzeigepflicht. Genehmigungspflichtig sind Gewächshäuser ab 400 cm Firsthöhe. Der Grenzabstand beträgt 250 cm, wobei Ausnahmen möglich sind.

Niedersachsen
Es besteht keine Anzeigepflicht. Genehmigungspflichtig sind Gewächshäuser ab 400 cm Höhe. Der Grenzabstand beträgt 300 cm, kann aber in Ausnahmefällen auf 150 cm verringert werden.

Nordrhein-Westfalen
Gewächshäuser bis 400 cm Höhe sind anzeige- und genehmigungsfrei. Der Grenzabstand beträgt 300 cm.

Rheinland-Pfalz
Es besteht Anzeigepflicht, aber eine Baugenehmigung ist erst ab 400 cm Höhe erforderlich. Der Grenzabstand beträgt 300 cm.

Saarland
Anzeige- und genehmigungsfrei sind Gewächshäuser bis 200 cm Höhe. Für Folienhäuser gilt eine Genehmigungspflicht ab 400 cm Höhe. Der Grenzabstand beträgt 300 cm.

Schleswig-Holstein
Gewächshäuser bis 300 cm Höhe sind anzeigefrei, bis 400 cm genehmigungsfrei. Der Grenzabstand beträgt 300 cm.

Äußerer Aufbau und Einrichtung

Die technischen Einrichtungen eines Gewächshauses reichen vom einfachen Arbeitstisch und einer Notheizung bis hin zur perfekten Steuerung von Heizsystem, Lüftung und Schattierung. Die Möglichkeiten, die sich dem Pflanzenliebhaber durch entsprechendes Zubehör bieten, sind nahezu unbegrenzt. Vieles davon ist sinnvoll und arbeitserleichternd, aber nicht alles Angebotene ist auch tatsächlich notwendig.

Fundament und Sockel

Man kann ein Gewächshaus einfach auf die Erde stellen – fertig. Ein Fundament ist jedoch oft zu empfehlen.

Wenn das Glashaus nicht beheizt wird, kann auf ein aufwendiges Fundament verzichtet werden. Die Bauelemente sind in der Regel ausreichend stabil, um dem Pflanzenhaus in Verbindung mit einem einfachen Sockel aus imprägnierten Holzbohlen, Betonschwellen und ähnlichem guten Halt zu verschaffen. Unter diesem Sockel gehört eine Dränageschicht aus Sand und Kies.

Von manchen Gewächshausherstellern wird ein Fertigfundament für Leichtbauhäuser als Zubehör angeboten. Besser ist es, gleich Nägel mit Köpfen zu machen und ein solides Fundament mit entsprechendem Sockel zu schaffen. Es sorgt nicht nur für gute Standfestigkeit des Gewächshauses, sondern vergrößert auch die Stehhöhe und das Volumen des Innenraums.

Das Fundament muß frostfrei, das ist in der Regel 80 – 90 cm tief, im Boden liegen. Das ist deswegen nötig, damit das Fundament auf Erdschichten lagert, die sich auch bei starkem Frost nicht verwerfen.

Das beste Fundament ist ein sogenanntes Streifenfundament aus Beton. Man hebt dafür einen mindestens 20 cm breiten und 80 cm tiefen Graben entsprechend dem Grundriß des Gewächshauses aus.

Um Probleme mit aufsteigender Feuchtigkeit gar nicht erst entstehen zu lassen, wird der Fundamentboden mit einer Schicht aus grobem Kies als Dränage ausgefüllt. Besonders wichtig ist das bei Hanglage, um das Stehenbleiben von Regenwasser zu verhindern.

Eine Einschalung des Fundamentgrabens ist bei festem Erdreich nicht unbedingt notwendig. Für Sockel aus Beton, die weit aus dem Boden herausragen, wird eine Verschalung aus Schal- oder Schwartenbrettern hergestellt. Wenn der auszuschachtende Graben ebenfalls verschalt werden

Gewächshaus mit Sockel

Gewächshausfundament aus druckimprägnierten Holzbohlen

soll, beispielsweise bei sehr lockerem Untergrund, muß die Grube 20 cm breiter ausgehoben werden, um ausreichend Platz für die notwendigen Schalbretter zu haben.

Verwendet wird Magerbeton, bestehend aus Zement, gewaschenem Sand oder Kies und Wasser. Das Mischungsverhältnis von Zement und Sand liegt zwischen 1:5 und 1:8. Wasser wird nur soviel zugefügt, daß eine gute Ver-

arbeitung möglich ist. Zuviel Wasser verringert die Druckfestigkeit des Betons.

Selbstverständlich kann man sich auch Fertigbeton liefern lassen. Das ist zweifellos der bequemste Weg, allerdings auch eine sehr teure Lösung. Die Herstellung des Betons an Ort und Stelle ist in jedem Fall erheblich kostengünstiger. Betonmischer kann man für wenig Geld in Baumärkten ausleihen. Beim

Anmischen muß zügig gearbeitet werden, und die Arbeit sollte möglichst innerhalb eines Tages beendet sein, ehe der Beton abbindet.

Der Beton wird jeweils in Lagen zwischen 15 und 30 cm Stärke aufgebracht und durch Stampfen (zum Beispiel mit einem Holzknüppel) verdichtet. Lufteinschluß wird so vermieden. Wichtig ist eine ebene Oberfläche, die nach außen ein wenig abgeschrägt wird, damit später kein Wasser stehenbleibt. Beim Ausrichten mit der Wasserwaage wird gleich für ein leichtes Gefälle in Längsrichtung gesorgt. Das Gewächshaus soll eine Neigung von etwa 0,3 Grad aufweisen; dadurch kann das Wasser in der Regenrinne in Richtung Regentonne fließen. Die Neigung entspricht 0,3 cm Höhenunterschied auf 100 cm Länge. Ein 400 cm langes Gewächshaus muß also auf einer Seite zirka 1,2 cm höher sein.

Frischer Beton und Aluminium vertragen sich nicht. Deshalb sollte der Beton nach dem vollständigen Abbinden mit einem Kunststoffanstrich beschichtet werden. Der Anstrich ist gleichzeitig wasserabweisend.

Anstelle von Beton können auch andere Materialien verwendet werden. So läßt sich ein Fundament beispielsweise sehr gut aus Hohlblocksteinen oder Ziegelsteinen mauern. Ausgezeichnete Stabilität bringen auch Eisenbahnschwellen oder druckimprägnierte Vierkanthölzer. Eisenbahnschwellen sind imprägniert und können unter Umständen pflanzenschädliche Ausdünstungen abgeben.

Ganz wichtig ist eine zusätzliche Wärmedämmung des Fundaments. Am besten sind 4 oder 5 cm starke Hartschaumplatten, wie sie beispielsweise unter dem Markennamen Styrodur angeboten werden. Sie sind extrem stabil und vollkommen wasserabweisend, so daß der Dämmeffekt auch nach längerer Zeit nicht nachläßt. Wie weit der Sockel die Bodenoberfläche überragen soll, hängt von der gewünschten Gewächshaushöhe ab. Je höher, desto besser sind die Bedingungen für die Pflanzen. Bei einem Anlehnhaus oder Wintergarten läßt sich durch entsprechende Höhe des Fundaments eine exakte Angleichung an den Dachüberstand des Wohnhauses erreichen. Gewöhnlich steht der Sockel 10 – 40 cm über dem Boden hervor. Bei mehr als 15 cm Fundamenthöhe sollte eine Türöffnung ausgespart werden, damit die Tür abgesenkt werden kann. Einige Gewächshaushersteller bieten entsprechende Variationen ihrer Gewächshaustypen an. Eine zu hohe Stufe ist unpraktisch.

Für Gewächshäuser, die nur für einen begrenzten Zeitraum aufgebaut werden sollen, ist ein Betonfundament weniger geeignet. Hier ist die Verwendung von Eisenbahnschwellen oder Vierkanthölzern vorzuziehen, weil sie später problemlos aus der Erde genommen werden können. In diesem Fall sind auch Fertigfundamente geeignet. Sie lassen sich am einfachsten wieder demontieren. Der geringe Isoliereffekt kann unter solchen Voraussetzungen hingenommen werden.

Geringsten Aufwand erfordert ein sogenanntes Punktfundament. Dabei werden nur an sechs oder acht Stellen des Glashauses Fundamentblöcke aus Beton gegossen, an denen die Bodenprofile befestigt werden. Die Stabilität reicht aus, aber der Isoliereffekt ist gleich Null. Mit 60 cm tief in den Boden eingelassenen Hartschaumplatten wird eine gute Wärmedämmung erreicht. Zusätzlich können in zirka 50 cm Bodentiefe gelochte Hartschaumplatten waagerecht verlegt und mit Erde überdeckt werden. Diese beiden genannten Wärmedämmungen sind im Hinblick auf eine spätere Bodenheizung sehr wichtig und energiesparend.

Aufbau eines Gewächshauses

Wer in früheren Jahren mit einem Gewächshaus im Garten liebäugelte, war auf eigene handwerkliche Fertigkeiten angewiesen. Das Angebot von Gewächshauskonstruktionen, die aus Aluminiumprofilen im Baukastensystem selbst zusammengesetzt werden können, hat jedoch die Selbstbauglashäuser in den Hintergrund gedrängt.

Fertiggewächshäuser sind zudem mittlerweile so preiswert, daß der Eigenbau keine finanziellen Vorteile bietet. Wenn nicht gerade das billigste Importmodell gekauft wird, brauchen selbst solche Pflanzenfreunde, die zwar einen „grünen Daumen", aber ansonsten „zwei linke Hände" besitzen, keine Probleme mit dem Aufbau zu befürchten. In der Regel läßt sich der Zusammenbau der Profile mit Hilfe von Schraubenschlüssel und Schraubenzieher recht schnell bewerkstelligen, so daß das Gewächshaus innerhalb eines Tages steht. Das Fundament muß freilich vorher schon erstellt sein. Die Verglasung erfordert dann noch einmal einige Stunden Zeit, bereitet aber ebenfalls keine Schwierigkeiten. Durch die kittlose Verglasung ist außerdem die Gefahr von Glasbruch kaum mehr gegeben. Auch größere Gewächshäuser können selbst zusammengebaut werden. Hier dauert das Zusammenschrauben der Profile natürlich entsprechend länger.

Auch Wintergärten werden als Bausätze angeboten. Wenn der Bauherr jedoch nicht über eigene handwerkliche Fähigkeiten verfügt, sollte in diesem Fall besser das Montageangebot der Hersteller genutzt werden. Das kostet zwar noch einmal extra, erspart aber späteren Ärger bei nicht fachgerechter Ausführung.

Da ein Gewächshaus möglichst platzsparend genutzt werden soll, wird die Aufstellung von Kulturtischen und das Anbringen von Hängeregalen sowie die richtige Plazierung der technischen Einrichtungen schon vor dem Kauf genau geplant. In Glashäusern, die lediglich für den Anbau von Gemüse genutzt werden, ist mit der Anlage der Grundbeete die Einrichtung meist schon abgeschlossen. In einem beheizten Gewächshaus, das der Kultur einer großen Pflanzenvielfalt dienen soll, gibt die Zeichnung einen Anhaltspunkt für eine sinnvolle Plazierung von Stellflächen und technischem Zubehör. Das bedeutet aber keineswegs, daß Geräte – wie zum Beispiel Luftbefeuchter, Wachstumsleuchte oder Ventilatoren – unbedingt notwendig sind. Die folgenden Seiten geben Aufschluß darüber, ob solche Anschaffungen für die individuelle Nutzung sinnvoll sind.

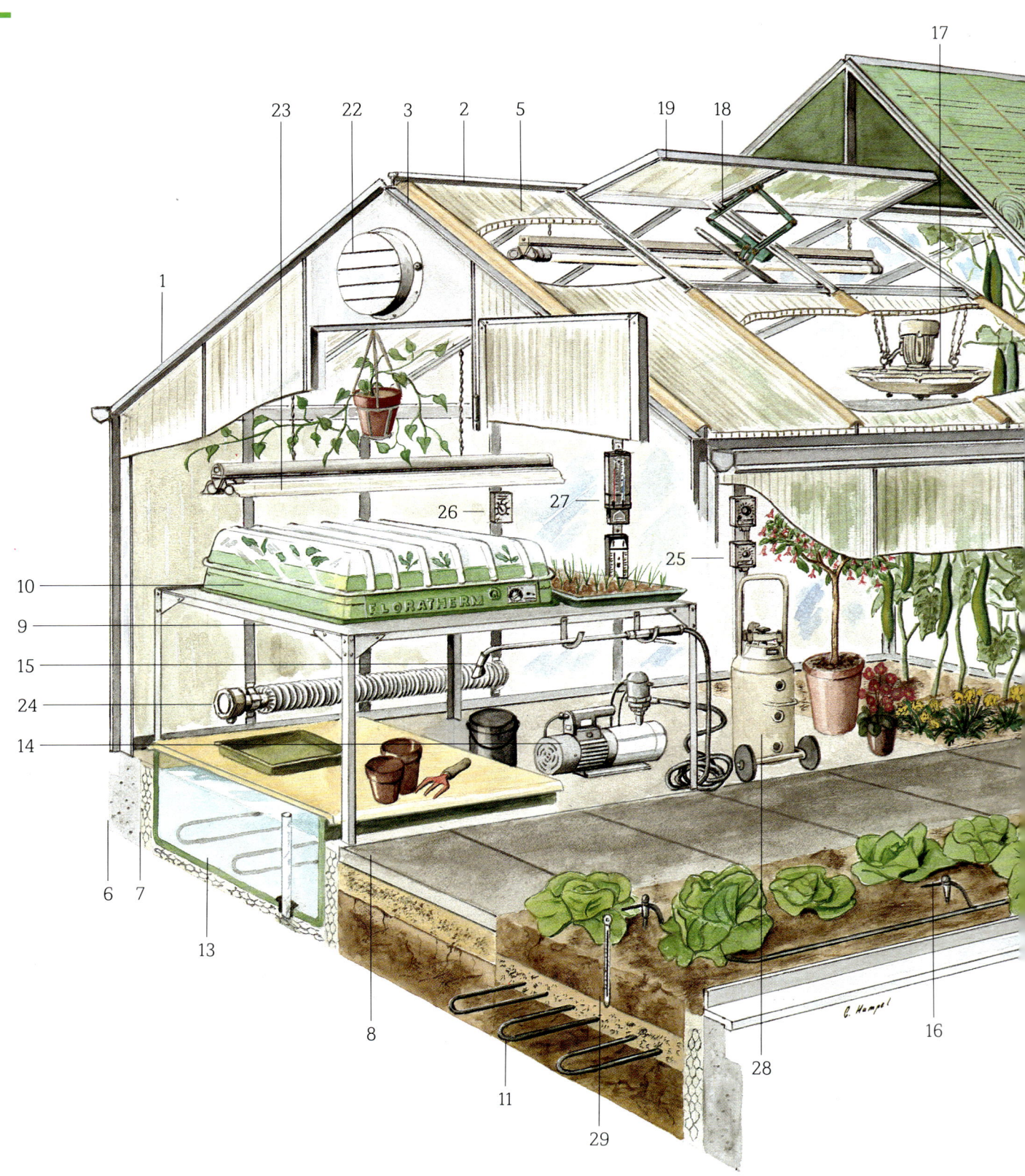

Gut ausgestattetes Gewächshaus

 1 Konstruktion aus Aluminium (siehe Seite 26)
 2 First
 3 Sprosse mit wärmedämmender Abdeckung (siehe Seite 60 f.)
 4 Isolierglas (oder auch Einfachglas; siehe Seite 27)
 5 Plexiglas (siehe Seite 28)
 6 Streifenfundament (siehe Seite 38)
 7 Wärmedämmung aus Hartschaumplatten (siehe Seite 39)
 8 Betonplattenweg (siehe Seite 43)
 9 Kulturtisch aus Aluminium (siehe Seite 43 f.)
10 Vermehrungsbeet mit automatisch regelbarer Bodenheizung (siehe Seite 44)
11 Erdheizkabel (siehe Seite 57)
12 Außenschattierung aus Kunststoffmatten mit Führungskonstruktion (siehe Seite 46 f.)
13 Gießwasserbecken mit Heizkabel für die Gießwassertemperierung (siehe Seite 49)
14 Gießwasserpumpautomat (siehe Seite 62)
15 Gießgerät mit langem Gießrohr (siehe Seite 49)
16 Tröpfchenbewässerung (automatisch; siehe Seite 49 f.)
17 Hochleistungsluftbefeuchter (siehe Seite 50 f.)
18 Automatisch und stromlos arbeitender Fensteröffner (siehe Seite 52)
19 Lüftungsklappe im Dach (siehe Seite 52)
20 Seitliche Lüftungsklappe (siehe Seite 52)
21 Luftumwälzer (siehe Seite 53)
22 Zwangsentlüftung (siehe Seite 53)
23 Leuchtstofflampe (siehe Seite 54)
24 Rippenrohrheizkörper (siehe Seite 57)
25 Temperaturregler (siehe Seite 61 f.)
26 Hygrostat (Feuchteregler, siehe Seite 51)
27 Minimum-Maximum-Thermometer (siehe Seite 62)
28 Düngermischer (siehe Seite 62)
29 Bodenthermometer

Versorgungs-
einrichtungen

Wissenswertes

Wer ein Gewächshaus baut, möchte natürlich möglichst schnell darin Pflanzen unterbringen. Scheinbar nebensächliche Dinge werden dann auf einen späteren Zeitpunkt verschoben. Auf jeden Fall sollten die Versorgungsleitungen für Wasser und Strom nach Rücksprache mit einem Fachmann schon vor dem Gewächshausaufbau gelegt werden. Das gilt auch für die Zuleitung zur Heizung, wenn sie an die Zentralheizung des Wohnhauses angeschlossen wird.

Stromzufuhr

Der Anschluß des Stromkabels an den Verteilerkasten im Wohnhaus muß unbedingt einem Fachmann überlassen bleiben. Falls nur eine Heizung für die Übergangszeit in Form eines transportablen Heizlüfters benötigt wird, stellt sich dieses Problem nicht, wohl aber bei der Installation einer Elektroheizung für die Winternutzung. Da hier eine hohe Stromaufnahme nötig ist, muß eine Extrasicherung vorhanden sein. Eine Steckdose im Garten oder an der Außenwand des Wohnhauses wird in den seltensten Fällen genügen, da die Amperestärke der Sicherung nicht ausreicht. Der Anschluß an wassergeschützte Steckdosen genügt bestenfalls für die Beleuchtung, eventuell noch für den Luftumwälzer oder ein Vermehrungsbeet. Eine Elektroheizung – für ein isolierverglastes Kalthaus mit 5° C Gewächshaustemperatur und 36 m² Glasfläche sind zirka 4000 Watt notwendig – muß entsprechend abgesichert sein. Einzelne Stromverbraucher von mehr als 2000 Watt müssen in der Regel bei den örtlichen Elektrizitätswerken angemeldet werden. Letztere fordern dafür eine oft hohe monatliche Bereitstellungsgebühr. Eine frühe Anfrage beim Elektroinstallateur erspart späteren Ärger.

Für die Stromzuführung wird ein spezielles, besonders robustes Erdkabel benötigt, das mindestens 100 cm tief verlegt werden muß. Bevor die Erde wieder aufgefüllt wird, legt man große Steine über das Kabel, und zusätzlich darüber Folienstreifen in Signalfarbe. Dadurch ist sichergestellt, daß bei einem späteren Aufgraben das Kabel nicht versehentlich beschädigt wird. Beim Fundamentbau wird ein Durchbruch für das Kabel bereits berücksichtigt. Das Erdkabel – in vorgeschriebener Stärke – wird im Innern des Gewächshauses in einem Leerrohr zur Verteilerdose geführt, damit bei der Bodenbearbeitung im Gewächshaus keine Beschädigung erfolgen kann.

Wasseranschluß

Für die Wasserversorgung wird ein stabiler und dauerhafter Gartenschlauch am besten unterirdisch verlegt. Noch günstiger ist eine starre Wasserleitung, auf die jedoch wegen der hohen Kosten in der Praxis verzichtet werden kann. Ein in der Erde verlegter flexibler Schlauch tut es auch, sollte aber von bester Qualität sein. Ein Abflußrohr ist nicht nötig, falls nicht gerade ein Waschbecken installiert werden soll.

Die Wasserzufuhr muß frostfrei – also mindestens 80 cm tief – verlegt werden. Wie beim Stromkabel dienen Steine und farbige Folie als Schutz gegen versehentliches Beschädigen. Im Gewächshaus wird am besten gleich ein Doppelwasserhahn installiert, um den zusätzlichen Anschluß einer automatischen Bewässerung zu ermöglichen.

Da im Winter der Wasserbedarf gering ist, verzichten manche Gewächshausbesitzer auf eine unterirdisch verlegte Wasserzufuhr und rollen einfach einen Gartenschlauch aus. Ein lose herumliegender Schlauch sieht allerdings immer ein wenig unordentlich aus. Außerdem kann er während der Wintermonate nicht benutzt werden, weil die Gartenleitung in dieser Zeit abgesperrt ist.

Heizungszuleitung

Ein Heizungsrohr für den Anschluß an die Zentralheizung des Wohnhauses muß besonders sorgfältig isoliert sein, damit Wärmeverluste so gering wie möglich bleiben. Sinnvoll ist das nur, wenn die Distanz zum Heizkessel möglichst gering ist. Bei einer Entfernung von mehr als 15 m zur Zentralheizung ist das nicht mehr lohnend, weil der Wärmeverlust zu groß ist.

Wie beim Stromkabel und bei der Wasserzufuhr ist für das Verlegen des Heizungsrohrs eine Mindesttiefe von 80 cm erforderlich. Andernfalls können durch Frost und anschließendes Auftauen des Bodens Erdbewegungen entstehen, die das Heizungsrohr beschädigen.

Für den Anschluß an die Hausheizung sollten Angebote von mehreren Fachfirmen eingeholt werden. Beim kritischen Vergleich stellt sich dann oft heraus, daß eine Elektroheizung erheblich billiger in der Anschaffung sein kann und trotz höherer Stromkosten im Endeffekt wirtschaftlicher ist.

Wege

Der Weg vom Wohnhaus oder von der Terrasse zum Gewächshaus sollte mit Trittplatten ausgelegt sein. Vor allem bei Regenwetter ist es unangenehm, wenn der tägliche Gang zum Pflanzenhaus durch morastige Wege beeinträchtigt wird. Es ist außerdem von Vorteil, rund um das Gewächshaus einen schmalen Plattenweg anzulegen.

Ein Weg zum Gewächshaus ist wichtig, so daß man bei Regen und Schnee gut und einfach ins Glashaus gelangen kann.

Innen-
einrichtungen

Wege

Waschbetonplatten für den Trittweg stellen eine besonders preiswerte und zudem saubere Lösung dar.

Wenn ein hoher Wärmespeichereffekt erwünscht ist – besonders wichtig bei beheizten Gewächshäusern oder Wintergärten –, sollte das Material für die Bodenplatten nach Möglichkeit dunkel sein. Gut geeignet sind hier Natursteine oder Ziegelsteine, die außerdem auch optisch ansprechen.

Kieswege sehen gut aus, haben aber den Nachteil, daß sie sich schlecht sauberhalten lassen.

Holzbohlen sehen natürlich aus, bergen jedoch bei der meist vorherrschenden hohen Luftfeuchtigkeit Rutschgefahr.

Damit die Bodenplatten nicht absinken, verlegt man sie auf einer mindestens 5 cm dicken Sand- oder Kiesschicht. Eine Wegbreite von 40 – 50 cm ist ausreichend. Praktisch sind zusätzliche, schmale Platten, die an den Seiten hochkant aufgestellt werden, oder Winkelplatten. Dadurch wird verhindert, daß Erde auf die Trittplatten gelangt.

Da der Platz im Gewächshaus ohnehin knapp bemessen ist, wird meistens nur ein schmaler Mittelgang angelegt. Bei sehr geräumigen Gewächshäusern können zusätzlich von der Mitte aus Seitenwege abgehen, so daß die Pflanzen gut zu erreichen sind. Bei Anlehngewächshäusern wird der Trittweg an der Wandseite angelegt, wobei unter Umständen noch Platz für ein weiteres Grundbeet direkt an der Wand ist.

Beete

Die Beete im Gewächshaus sollen nicht breiter als 100 cm sein, damit sie bequem bearbeitet werden können. Ist das Glashaus ausreichend groß, um entsprechend breitere Anbauflächen

Gut ausgestattetes Gewächshaus mit Kulturtischen (rechts), einem Vermehrungsbeet (ganz links vorne) und Hängekulturtischen (oben)

anzulegen, so kann man innerhalb der Beete zusätzliche Trittplatten mit jeweils 30 cm Abstand verlegen. Das erleichtert die Pflege der Pflanzen erheblich. Die Beete selbst werden nach Möglichkeit nicht betreten, weil das eine unerwünschte Bodenverdichtung hervorruft.

Beim späteren Bepflanzen ist darauf zu achten, daß die Pflanzen so gesetzt werden, daß sie sich nicht gegenseitig Licht wegnehmen. Wie im Freiland gewährleistet der Anbau in Reihen eine leichtere Bearbeitung, vor allem beim Entfernen von Unkraut. Weil der Platz im Glashaus stets kostbar ist, können die Pflanzen ein wenig enger als draußen gesetzt werden. Bei sehr knapper Beetfläche ist eine versetzte Pflanzung anzuraten. Zu dichte Pflanzung ist immer nachteilig, da so das Entstehen von Krankheiten gefördert wird.

Kulturtische und Hängekulturtische (Regale)

Wenn im Glashaus ausschließlich Gemüse angebaut werden soll, nutzt man nur die Grundbeete und braucht keine Kulturtische. Lediglich ein zusätzlicher Arbeitstisch ist dann notwendig. Hier

wird gesät und getopft – alles in bequemer Arbeitshöhe. Ein ausrangierter stabiler Tisch ist für diesen Zweck ausreichend.

Eine platzsparende Ausnutzung des Glashauses wird mit Kulturtischen und Hängekulturtischen erreicht. Dadurch ist bei ausreichend hohen Stehwänden eine Nutzung in mindestens drei „Etagen" möglich. An die benötigten Kulturtische werden hohe Ansprüche hinsichtlich der Belastbarkeit gestellt. Bestens bewährt haben sich Tische aus Aluminiumprofilen, die mit einem stabilen rostfreien Aluminiumwellgitter belegt sind. Größere Tische erhalten zusätzliche Verstärkungsprofile, die eine hohe Belastung ermöglichen, ohne daß sich das Wellgitter durchbiegt. Der entscheidende Vorteil des Gitterbelags besteht darin, daß genügend Licht durchgelassen wird, um auch im Grundbeet Pflanzen kultivieren zu können. Für Farne, Maranten, Efeu, Fuchsien, Begonien und andere schattenverträgliche Pflanzen ist dann immer noch ausreichend Licht vorhanden. Für die Kultur von Topfpflanzen bieten 80 cm hohe Tische eine ideale Arbeitshöhe, so daß Pflegearbeiten ohne anstrengendes Bücken durchgeführt werden können.

Als Arbeitstisch kann ein Kulturtisch mit einer festen Platte verwendet werden. Das ist vor allem beim Ein- und Umtopfen praktisch. Man breitet dafür die nötige Menge Pflanzerde auf der Arbeitsplatte aus und kann die Töpfe so besonders bequem füllen.

Um eine Dauerbewässerung für die Topfpflanzen zu ermöglichen, wird der Kulturtisch mit einer Folie ausgelegt, die an den Rändern hochsteht. Die Folie bedeckt man mit einer dünnen Sandschicht oder einer speziellen Bewässerungsmatte. Darauf abgestellte Töpfe sind auf diese Weise besser vor dem Austrocknen geschützt.

Für Hängekulturtische ist – wie bei den Kulturtischen – ein Belag aus Wellgitter besonders praktisch. Auf ihnen werden die Pflanzen mit dem größten Lichtbedarf untergebracht. Ein dicht vollgestellter Hängekulturtisch dient im Sommer gleichzeitig als Schattierung für solche Pflanzen, denen pralle Sonne nicht bekommt. Sie werden an den Dachprofilen aufgehängt. Hier erweist sich eine stabile Gewächshauskonstruktion als besonders wichtig. Wenn in diesem Punkt gespart wurde, können vollgestellte Hängeregale unter Umständen zum Durchbiegen der Dachprofile führen.

Die Hängekulturtische sind nicht die einzige Belastung, die von den Dachprofilen ausgehalten werden muß. Hängepflanzen werden in Aufhängeösen aus rostfreiem Metall direkt an den Dachstreben eingehängt. Zusätzlich können feste Drähte zwischen den Giebelwänden gespannt werden, an denen man weitere Pflanztöpfe aufhängt. Einige Gewächshaushersteller bieten für diesen Zweck Aluminiumrohre an, die mit einer Spannvorrichtung versehen und noch stabiler sind.

Vermehrungsbeet

Für die Jungpflanzenanzucht ist unbedingt die Anschaffung eines Vermehrungsbeets, auch Anzucht- oder Wärmebeet genannt, anzuraten. Hier werden diejenigen Pflanzen ausgesät, für die eine Vorkultur nötig ist. Das sind beispielsweise Tomaten oder Paprika, außerdem natürlich alle Sommerblumen, die unter Glas vorgezogen wer-

Stecklinge können in einem beheizbaren Vermehrungsbeet gut bewurzelt werden.

den, ehe man sie auspflanzen kann. Ein solches Vermehrungsbeet erleichtert nicht nur die Anzucht, sondern spart auch Heizkosten. Es genügt, lediglich das Anzuchtbeet gut zu beheizen, während das Gewächshaus nur mäßig warm gehalten wird.

Vermehrungsbeete erhält man in unterschiedlichen Ausführungen und Größen. Im Prinzip handelt es sich um verkleinerte Frühbeete mit abnehmbarer, durchsichtiger Haube oder Klappdeckel. Die Bodenfläche sollte bei einem solchen Wärmebeet unbedingt beheizbar sein, dann sind der Pflanzenanzucht keinerlei Grenzen gesetzt. In jedem Fall ist also ein Stromanschluß erforderlich. Komfortable Vermehrungs- oder Anzuchtbeete verfügen über eine thermostatisch geregelte Bodenheizung. Das ist besonders vorteilhaft, wenn auch Zimmerpflanzen oder tropische Gewächse vermehrt werden sollen, für deren Anzucht hohe Temperaturen von 25° C und mehr erforderlich sind.

Das Vermehrungsbeet stellt man zur besseren Wärmeisolierung auf eine dicke Hartschaumplatte. Innen wird es mit einer 5 cm dicken Sandschicht ausgefüllt, die mit einer ebenso dicken

Schicht Torf, mit Sand vermischt, bedeckt wird. Stecklinge können direkt im Torf-Sand-Gemisch bewurzelt werden. Töpfe stellt man auf die Sandschicht.

Für die Aussaat verwendet man besser spezielle Saatschalen. Sie können nach dem Keimen des Saatguts, wenn nicht mehr so hohe Temperaturen erforderlich sind, herausgenommen werden, um neuen Aussaaten Platz zu machen. Die Abdeckung des Vermehrungsbeets sorgt nicht nur dafür, daß die Wärme besser gehalten wird, sondern bewirkt auch eine höhere Luftfeuchtigkeit. Diese „gespannte Luft" läßt das Saatgut schneller und zuverlässiger keimen. Nach dem Keimen wird die Abdeckung zunächst ein kleines Stück angehoben und nach ein paar weiteren Tagen schließlich ganz entfernt. Dadurch sind die Jungpflanzen schon ein wenig abgehärtet, wenn sie auf den Tischen oder Regalen des Gewächshauses aufgestellt werden.

Das selbstgebaute Vermehrungsbeet

Das selbstgebaute Vermehrungsbeet

Ein Vermehrungsbeet läßt sich auch mit recht geringem Aufwand selbst bauen. Die einfachste Lösung besteht darin, im Grundbeet ein zirka 100 cm langes und 60 cm breites Stück mit dicken Hartschaumplatten einzufassen. Als Abdeckung dient durchsichtige Folie; besser ist eine Glas- oder Plexiglasscheibe. Die Bodenwärme liefert ein Erdheizkabel, das für eine genaue Temperaturregelung auch thermostatisch gesteuert werden kann. Besonders wichtig ist, daß das Anzuchtbeet ausreichend Sonnenlicht erhält. Bei sehr frühem Anzuchtbeginn im Winter sorgen Wachstumsleuchten für die nötige Lichtmenge.

Schattierung

Allgemeines

Die Pflanzen im Glashaus brauchen soviel Licht wie möglich. Und doch ist für einen großen Teil von ihnen, vor allem für Zierpflanzen, in den Sommermonaten eine Schattierung erforderlich. Das ist zum einen notwendig, um empfindliche Pflanzen vor Verbrennungen durch die Sonnenstrahlen zu schützen, zum anderen, um die Temperatur unter Glas in erträglichen Grenzen zu halten. Ohne Schattierung und ohne Lüftung würde das Thermometer im Glashaus bei Sonne die 60° C-Marke übersteigen. Die Wirkung der Schattierung sollte jedoch nicht überschätzt werden. Keinesfalls läßt sich dadurch im Glashaus eine niedrigere Temperatur als draußen erzielen. Allein mit guter Lüftung kann hingegen die Temperatur soweit gesenkt werden, daß sie nur noch 2 bis 3° C über der Außentemperatur liegt. Ob eine Schattierung erforderlich ist, hängt von der Art der Verglasung, der Größe und Anzahl der Lüftungsfenster und von den Pflanzen ab. Wird Blankglas verwendet, so ist die Schattierung unerläßlich. Dasselbe gilt für die Doppelverglasung. Bei Verwendung von Stegdoppelplatten aus Plexiglas wird das Licht gestreut, so daß in Verbindung mit guter Lüftung auf eine Schattierung verzichtet werden kann, wenn nicht gerade empfindliche Pflanzen kultiviert werden sollen.

Auch Gartenklarglas-genörpelt sorgt für eine Streuung der Lichtstrahlen. Bei Folien ist eine Schattierung ebenfalls entbehrlich.

In Glashäusern, die ausschließlich dem Anbau von Gemüse dienen, ist eine Schattierung in den meisten Fällen unnötig. Ein wenig problematisch sind Gurken, die besser im lichten Schatten wachsen. Wenn sie so gesetzt werden, daß sie durch andere Pflanzen natürlichen Schatten erhalten, kann auf künstliche Schattierung verzichtet werden. Bei sonnenempfindlichen Zierpflanzen, Orchideen beispielsweise, kann schon ab Ende März eine Schattierung erforderlich sein. Dann ist die Strahlungsintensität der Sonne bereits so stark, daß Schäden möglich sind.

In sehr geräumigen Wintergärten mit einer Größe von mehr als 30 m² kann unter Umständen auf eine künstliche Schattierung verzichtet werden. Das Sortiment robuster Pflanzen, die für Wintergärten in Frage kommen, hält auch hohe Temperaturen aus. Laubabwerfende Kletterpflanzen im Dachbereich des Wintergartens sorgen für natürlichen Schatten, so daß schon ein Sonnenschirm am Sitzplatz genügt. Voraussetzung ist dann unbedingt eine ausreichend dimensionierte Lüftung.

Gefährlich für die Pflanzen ist weniger die Sonnenstrahlung, sondern vielmehr die dadurch bedingte hohe Pflanzentemperatur. Die Blätter absorbieren die Wärme und weisen dadurch eine höhere Temperatur auf als die Innenluft im Gewächshaus. Wenn beispielsweise das Thermometer auf 35° C ansteigt und für den Menschen noch erträglich ist, kann die Blattemperatur bis zu 15° C höher liegen und dadurch für die Pflanzen tödlich sein. Bei empfindlichen Pflanzen beträgt der Grenzwert für die Blattemperatur zirka 43° C. Robustere Gewächse halten eine Blattemperatur von etwas über 50° C aus. Am stärksten gefährdet sind neben Orchideen noch Bromelien und Farne sowie alle Pflanzen, die es schattig mögen.

Außenschattierung mit Matten aus Kunststoffgewebe

Außenschattierung mit Kunststoffrohrmatten, die herabgelassen und hochgezogen werden können.

Außenschattierung

Die beste Methode, die Pflanzen vor zuviel Sonne zu schützen, bietet eine Außenschattierung. Denn Sonnenlicht, das gar nicht erst das Glas durchdringt, kann die Temperatur unter dem Glasdach nicht aufheizen.

Die preiswerteste Lösung ist ein abwaschbarer Schattieranstrich. Anstatt des früher üblichen Kalkanstrichs, der nach einem kräftigen Regenguß neu aufgetragen werden mußte, gibt es regenfeste Schattierfarbe, die abgerieben wird, wenn sie nicht mehr nötig ist. Gewächshäuser, die mit einem weißen Schattieranstrich versehen sind, wirken jedoch alles andere als dekorativ. Ein solcher Anstrich ist daher bestenfalls für Glashäuser zu empfehlen, bei denen das Aussehen nicht so wichtig ist.

Neben dem optischen Nachteil kommt bei Schattierfarbe ein weiterer hinzu: Das Licht wird auch dann vermindert, wenn die Sonne nicht scheint. Um auf die wechselnde Sonneneinstrahlung Rücksicht zu nehmen, sollte die Schattierung nur bei Bedarf angebracht und an trüben Tagen wieder entfernt werden können. Eine bessere Lösung bieten daher Rohrmatten, die man nach Bedarf auf- und abrollt. Das ist allerdings auch reichlich umständlich, denn genaugenommen müssen sie für eine optimale Lichtausnutzung je nach Bewölkungsgrad über das Dach gelegt oder wieder entfernt werden – bei wechselhaftem Wetter also mehrmals am Tag. Etwas mehr Komfort bieten Außenschattierungen, die mit Hilfe einer Aufrollvorrichtung mit wenigen Handgriffen auf- und abgerollt werden können.

Preiswert sind Schilfrohrmatten, die allerdings häufiges Aufrollen nicht gut vertragen und zudem durch Witterungseinflüsse nur begrenzt haltbar sind. Kunststoffrohrmatten sind recht witterungsbeständig und nehmen auch häufiges Herablassen und Hochziehen nicht übel. Ihre Haltbarkeit beträgt bis zu zehn Jahre. In jüngster Zeit setzen sich Schattiermatten aus Kunststoffgewebe zunehmend durch. Sie werden entweder gerollt, meistens jedoch gerafft. Die Haltbarkeit wird durch eine Randverstärkung erhöht, denn hier ist das Material besonders anfällig. Markisen aus Stoff werden vor allem für Wintergärten angeboten. Sie sind zwar teuer, dafür aber besonders dekorativ.

Die beste, leider auch teuerste Schattiermethode wird durch Außenjalousien erreicht. Ausgezeichnet geeignet sind verstellbare Jalousien mit Lamellen, die eine genau dosierte Schattierung ermöglichen und vor allem für Wintergärten empfohlen werden können, die man auch bewohnt. Eine Außenjalousie ist trotz der Vorteile unter Umständen auch problematisch. Bei stürmischem Wetter muß sie schon extrem stabil sein, damit kein Schaden entsteht. Hohe Qualitätsanforderungen an Material und Mechanik sind besonders wichtig.

Ein weiterer Nachteil besteht darin, daß die Lüftungsklappen im Dachbereich in ihrer Funktion beeinträchtigt sind. Das Problem läßt sich nur dadurch lösen, daß die Schattierung im genügenden Abstand vom Dach angebracht wird. Das ist auch wichtig, weil die Schattiermatten andernfalls für eine Aufheizung der darunterliegenden Glasflächen und damit der Innenluft sorgen würden. Außenschattierungen werden deshalb in Tragschienen geführt, die einen ausreichenden Abstand zum Glas bieten und auch die Funktion der Lüftungsklappen im Dachbereich nicht beeinträchtigen. Ein Motorantrieb kann das mühsame Auf- und Abrollen der Schattierung bei großen Gewächshäusern, Wintergärten und Solarhäusern erleichtern. Ein spezieller, thermostatgesteuerter Regler betätigt, je nach Innentemperatur, die Schattierung mit Verzögerung. Für Leute, die alles automatisieren möch-

Außenschattierung aus Kunststoff in einer Führungskonstruktion

Zusammengezogene Innenschattierung

ten, gibt es außerdem sogenannte Sturmwarner, die von einer bestimmten Windstärke an die Schattierung aufrollen.

Innenschattierung

Zahlreiche Gewächshauspraktiker raten von einer Innenschattierung ab. Um jedoch das Problem der Sturmfestigkeit und Behinderung der Dachlüftung auszuschalten, werden Innenschattierungen trotzdem häufig eingesetzt. Da sie keine aufwendige Tragschienenkonstruktion erfordern, sind sie auch erheblich preiswerter als Außenschattierungen. Der Nachteil besteht darin, daß sie die Sonneneinstrahlung nicht so wirkungsvoll abschirmen, denn die Strahlen können ja ins Gewächshaus eindringen. Wenn eine ausreichende Lüftung vorhanden ist und nicht gerade extrem empfindliche Pflanzen kultiviert werden, genügt die Innenschattierung. Auch hier ist eine automatische Steuerung möglich, für Kleingewächshäuser allerdings nicht gebräuchlich.
Für die Innenschattierung wird meistens ein Kunststoffgeflecht mit engmaschiger Struktur verwendet. Denn das Licht soll lediglich gemildert, aber nicht vollständig abgehalten werden.

Ein Nachteil jeder Innenschattierung wird in solchen Gewächshäusern deutlich, die mit Hängeregalen und zahlreichen, von den Dachstreben herabhängenden Topfpflanzen bis unters Dach genutzt sind. Das gilt auch für sehr kleine Gewächshäuser, in denen die Montage einer Innenschattierung meist gar nicht möglich ist.
Unkompliziert sind sogenannte Sonnensegel aus Leinen oder ähnlichem Material, die bei Bedarf angebracht werden. Da sie auch optisch recht ansprechend wirken, sind Sonnensegel gerade in Wintergärten die bevorzugte Form der Schattierung. Meistens werden sie an gespannten Tragschnüren aus Kunststoff befestigt und bei Bedarf gerafft.
Die Farbe des Schattiermaterials spielt keine entscheidende Rolle. Am häufigsten wird Weiß verwendet. Aber auch blau oder rot eingefärbte Schattierungen sind gebräuchlich. Zur Energieeinsparung ist bei der Innenschattierung eine Kombination mit einseitig beschichteter Reflexfolie möglich, dem aus Profigewächshäusern bekannten sogenannten Energieschirm.

Bewässerung

Allgemeines

Die Bewässerung ist gerade im Gewächshaus ein Faktor, der besondere Beachtung verdient. Da unter dem Glasdach bei sonnigem Wetter erheblich höhere Temperaturen herrschen als im Freiland, verdunsten die Pflanzen in dieser Zeit reichlich Wasser und brauchen regelmäßigen Wassernachschub. An sonnigen Tagen im Sommer wird man deshalb kaum umhin kommen, Pflanzen in engen Gefäßen zweimal täglich zu gießen. Das ist auch der Grund, weshalb viele Gewächshausbesitzer grundsätzlich auf einen Sommerurlaub verzichten. Denn dem Nachbarn wird man kaum zumuten können, in Hitzeperioden zwei- oder gar dreimal täglich im Glashaus zu gießen.
Besonders gefährdet sind bei großer Hitze alle Pflanzen, die in Töpfen wachsen. Einmal nicht aufgepaßt, sind sie schnell vertrocknet.
Wenn die Pflanzen tagsüber sich selbst überlassen bleiben, muß durch Schattieren die Sonneneinstrahlung vermindert werden. Gegebenenfalls stellt man die Topfpflanzen so auf, daß sie durch andere Pflanzen Schatten erhalten.

Auch durch gute Lüftung läßt sich der Wasserverbrauch senken, weil dann die Temperatur niedriger ist.

Pflanzen, die im Grundbeet wachsen, sind weniger vom Vertrocknen bedroht, weil ihre Wurzeln oft tief in den Boden reichen. Man kann diesen „Selbstversorgereffekt" der Pflanzen durch richtiges Wässern fördern. Die Faustregel heißt: Lieber nicht zu oft wässern, dann aber ausgiebig. Dadurch sind die Pflanzen gezwungen, ihre Wurzeln in tiefere Bodenschichten zu leiten, in denen die Erde noch ausreichend feucht ist. Häufiges Gießen mit geringen Wassermengen bewirkt hingegen, daß die Pflanzen ihre Wurzeln nur knapp unter der Oberfläche ausbreiten und schon bei kurzfristiger Trockenheit nicht mehr genügend Wasser bekommen.

Die Erde bleibt länger feucht, wenn sie durch Mulchen, also durch Abdecken der Bodenoberfläche mit Grasschnitt, Stroh oder anderen organischem Material vor dem Austrocknen geschützt ist. Auch die alte Gärtnerregel, einmal Hacken spart zweimal Gießen, gilt noch immer. Durch das Lockern der Bodenoberfläche werden die feinen Kapillarröhrchen, in denen das Wasser aufsteigt, unterbrochen und so die Verdunstung vermindert.

Wasserqualität

Regenwasser ist für die Pflanzen am besten. Die zunehmende Luftverschmutzung hat allerdings dazu geführt, daß der Niederschlag nicht ohne besondere Vorkehrungen für die Bewässerung genutzt werden kann. Das, was vom Dach in das Auffanggefäß fließt, ist so sehr mit Schadstoffen belastet, daß es den Pflanzen eher schadet als nützt.

Schuld daran sind staub- und gasförmige Emissionen aus den Schornsteinen der Kraftwerke und Industriebetriebe, die sich in der Atmosphäre mit dem Niederschlag verbinden. Auch Autoabgase und Hausheizungen sind sehr stark an der Schadstoffbildung beteiligt. Am schlimmsten ist der „First Flush", also das, was in der Anfangsphase eines Regengusses mit dem Wasser vom Himmel kommt.

Regenwasserklappe

Erst wenn das Dach vom Regen abgespült und der größte Teil der in der Luft enthaltenen Schadstoffe abgeregnet ist, kann man den Niederschlag für die Verwendung als Gießwasser auffangen. Das ist mit Hilfe von Regenwasserklappen oder speziellen Regenwasserfängern, die im Fallrohr installiert werden, ohne großen Aufwand möglich. Erst wenn der Niederschlag ausreichend sauber ist – nach ungefähr einer Viertelstunde – wird die Klappe heruntergedrückt, so daß das Wasser in die Regentonne geleitet wird.

Regenwasserfänger können mit einem zusätzlichen Schlauch verbunden werden. Über einen verschließbaren Hahn und den Schlauch läßt sich das Wasser auch in entfernt aufgestellte Auffangbehälter leiten.

Durch regelmäßiges Durchspülen der Regenrinne wird die Verschmutzung weiter vermindert.

Saurer Regen entsteht durch den hohen Anteil von Schwefeldioxid in der Luft, das chemisch neutrales Regenwasser in schwachschweflige Säure umwandelt. Bei Messungen wurden in Gebieten mit starker Industrieemission pH-Werte des Regenwassers unter 4 gemessen.

Um den pH-Wert zu erhöhen, reicht es bereits, den Boden der Regentonne mit einer geringen Menge Kalkschotter, einem Abfallprodukt aus Steinbrüchen und Steinmetzbetrieben, zu bedecken. Enthalten ist Kalkschotter unter anderem in Reststücken von Marmorplatten. Kohlensaurer Kalk darf auf keinen Fall ins Wasser gestreut werden. Man kann das Regenwasser auch mit dem meist harten Leitungswasser mischen.

Leitungswasser wird bei uns üblicherweise zum Gießen genommen. Es bekommt vielen Gewächsen gut. Für einige Pflanzen ist dieses Wasser jedoch keineswegs ideal. Diese Gewächse, dazu zählen zum Beispiel die Orchideen, nehmen das Gießen mit Leitungswasser auf Dauer übel, wenn es nicht aufbereitet wird.

Der Chlorgehalt läßt sich am einfachsten dadurch mindern, daß man nur abgestandenes Wasser verwendet. Die Chlorgase haben sich dann weitgehend verflüchtigt. Gleichzeitig führt das zu einer erwünschten Erwärmung des Wassers. Kaltes Wasser aus der Leitung bekommt den meisten Pflanzen nicht.

In kleinen Gewächshäusern genügt es, nach dem Wässern die Gießkannen gleich aufzufüllen. Wenn viele Pflanzen versorgt werden müssen, sollte man einen möglichst großen Wasserbehälter im Gewächshaus aufstellen, aus dem nach Bedarf Wasser entnommen wird. Zur Erwärmung des Wasservorrats kann ein Heizrohr oder ein Elektroheizkabel eingesetzt werden.

Ein Problem ist häufig der zu hohe Kalkgehalt des Leitungswassers. Bei Ihrem Wasserwerk erfahren Sie, wie hoch er ist. Ein Wert bis 8° d (° d = deutscher Härtegrad) zeigt, daß es sich um weiches Wasser handelt. Werte zwischen 8 und 16° d bedeuten mittelhartes Wasser, Werte darüber kennzeichnen hartes Wasser mit sehr hohem Kalkgehalt. Ab 13° d sollte das Gießwasser – zumindest für empfindliche Pflanzen – nach Möglichkeit enthärtet werden. Der pH-Wert des Bodens erhöht sich bei hartem Gießwasser unter Umständen so stark, daß er sich pflanzenschädigend auswirkt. Welche Pflanzen unbedingt kalkarmes, also weiches Wasser benötigen, ist in den Pflanzenbeschreibungen genannt.

Geringe Mengen entkalkten Wassers erhält man durch Abkochen. Eine einfache, allerdings nur begrenzt anwendbare Methode.

Der Gartenfachhandel bietet zur Entkalkung chemische Präparate, beispielsweise Oxalsäure, an. Für 1000 l Wasser werden exakt 22,5 g Oxalsäure benötigt. Die ausgefällten Salzverbindungen setzen sich am Boden des Gefäßes ab.

Wenn große Mengen kalkarmen Wassers benötigt werden, kann die Anschaffung von Wasseraufbereitungsanlagen sinnvoll sein.

Brunnenwasser, also meist im Garten selbst gefördertes Grundwasser, kann man grundsätzlich auch zum Gießen verwenden. Da jedoch die Wasserqualität je nach Örtlichkeit erhebliche Unterschiede aufweist, können hier keine allgemeingültigen Regeln genannt werden. Eine Wasseranalyse gibt Aufschluß über die Qualität.

Bewässerungsarten

Bewässerung von Hand mit der guten alten Gießkanne ist im Gewächshaus unentbehrlich; besser noch, wenn gleich mehrere zur Verfügung stehen. Sie werden nach Gebrauch stets aufgefüllt, damit immer abgestandenes, leicht erwärmtes Wasser vorhanden ist.

Gießkannen aus Kunststoff sind leicht und bei sorgfältiger Handhabung nicht weniger lange haltbar als Metallgießkannen. Praktisch sind solche mit besonders langem Gießhals, denn damit können auch weiter hinten stehende Töpfe bequem erreicht werden. Für Topfpflanzen, bei denen das Wasser genau dosiert verabreicht werden muß, sind Gießkannen mit geringem Volumen am besten geeignet. Große Kannen mit mehr als 10 l Inhalt sind wegen ihres hohen Gewichts nicht unbedingt günstig.

Um immer abgestandenes, erwärmtes Wasser zur Verfügung zu haben, sollte man im Gewächshaus einen großen Wasserbehälter aufstellen. Wenn sehr viele Pflanzen versorgt werden müssen, erleichtert ein Pumpautomat die Wasserentnahme. Der Wassernachschub aus der Leitung kann dabei automatisch geregelt werden.

Ein Wasseranschluß im Gewächshaus erleichtert das tägliche Gießen erheblich. An den Gartenschlauch wird eine Gießbrause oder ein Schlauchgießgerät angeschlossen. Praktisch ist ein Gießgerät mit einem langen Gießrohr, um gezielt den Wurzelbereich der Pflanzen wässern zu können. Viele Pflanzen vertragen ein Überbrausen nicht so gut.

Praktisch ist ein Gießgerät mit langem Gießrohr.

Eine automatische Bewässerung im Gewächshaus ist keineswegs ein Luxus. Sie übernimmt nicht nur das zeitaufwendige Gießen, sondern sorgt auch für eine gleichmäßige Wasserversorgung. Außerdem bietet eine automatisch geregelte Bewässerung die Chance, das Glashaus – zum Beispiel im Urlaub – für einige Zeit sich selbst überlassen zu können.

Angeboten werden verschiedene Systeme. Für Kleingewächshäuser ist keine aufwendige, komplizierte Steuerung notwendig. Viele Systeme arbeiten ohne Strom. Wird mehr Komfort gewünscht, zum Beispiel eine programmierte Steuerung über einen Kleincomputer, ist lediglich eine 9-Volt-Batterie nötig.

Für einfache Bewässerungssysteme braucht man keinen Wasseranschluß, sondern lediglich einen Tank, der im Glashaus aufgestellt wird.

Eine Tröpfchenbewässerung stellt für das Kleingewächshaus die beste Lösung dar. Sie ist nicht nur für die Pflanzen am bekömmlichsten, weil nur der Wurzelbereich feucht gehalten wird, sondern außerdem im Verbrauch besonders sparsam. Die Installation ist auch für weniger geschickte Blumenfreunde kein Problem: Vom Wasserhahn wird ein Schlauch ringförmig im Gewächshaus verlegt. Von diesem führen dünne Schläuche zu den Pflanzen. Beim Anschluß an einen Wasserhahn ist unbedingt ein Druckreduzier-

ventil notwendig, das den Wasserdruck auf zirka 1 bar mindert. Wenn kein Wasseranschluß vorhanden ist, wird das Wasser von einem Vorratsbehälter entnommen. Für einen 10 m langen Bewässerungsschlauch muß der Behälter in 1 m Höhe aufgestellt werden. Bei 20 m Schlauchlänge wird der Tank in 2 m Höhe aufgestellt, damit der Wasserdruck ausreicht.

Wieviel Wasser jeweils an die Pflanzen kommt, hängt von einem Feuchtigkeitsregler ab, der im Wurzelbereich im Boden steckt. Ist die Erde trocken, öffnet sich das Ventil und schließt erst wieder, wenn die Erde ausreichend durchfeuchtet ist.

In der Praxis hat sich eine neuartige Tröpfchenbewässerung bewährt, bei der die Wassermenge über Keramiksensoren reguliert wird. Je trockener die Erde ist, desto mehr Saugkraft entwickeln die Pflanzenwurzeln. Diese Saugspannung wird über den Keramiksensor (Keramikfühler) auf eine federnde Membrane im Gießkopf übertragen. Übersteigt die Saugkraft den gewünschten Wert, öffnet das Ventil den Tropfschlauch. Der Anschluß erfolgt ebenfalls über ein Druckreduzierventil. Für jede einzelne Pflanze wird jeweils ein Keramiksensor benötigt. Der Vorteil besteht darin, daß man jede Pflanze individuell bewässern kann.

Ebenfalls noch recht neu ist ein Bewässerungssystem, bei dem die benötigte Wassermenge über einen mit Spezialwachs gefüllten Druckzylinder geregelt wird. Das Prinzip ähnelt automatischen Fensteröffnern. Bei Wärme dehnt sich die Flüssigkeit aus und läßt mehr Wasser durch den Bewässerungsschlauch laufen, wird es kühler, verringert sich die Wassermenge, oder die Zufuhr wird ganz gestoppt. Hier bestimmt also die Temperatur im Glashaus die Bewässerungsmenge.

Durch einen parallel angebrachten Behälter für Flüssigdünger können dem Wasser Nährstoffe beigemischt werden.

Eine weitere Möglichkeit sind Automatikbewässerungen, die über Zeitschaltuhren am Wasserhahn gesteuert werden. Sie erfordern allerdings manuelles Einschalten. Wenn Bewässerungsdauer, Beginn und Ende der Wasserzufuhr vorgewählt werden sol-

Anstaubewässerung

len, können Kleincomputer diese Aufgabe übernehmen. Die Bewässerung ist mit solchen, überraschend preiswerten Geräten auch dann zuverlässig geregelt, wenn der Gewächshausbesitzer im Urlaub ist. Der Mini-Computer wird von einer 9-Volt-Batterie gespeist, die man jedes Jahr austauscht. Möglich ist auch die Kombination mit einem Feuchtigkeitsfühler. Dadurch wird unnötiges Wässern bei bedecktem Himmel vermieden. Bei Erreichen der vorher eingestellten Bodenfeuchtigkeit stoppt die Wasserzufuhr von selbst. Die Düsen der Tröpfchenbewässerung müssen bei hartem Wasser gelegentlich entkalkt werden, um ein allmähliches Verstopfen der Öffnungen zu vermeiden.

Die genannten Bewässerungssysteme sind nicht nur für die Pflanzen in den Grundbeeten, sondern auch für Topfpflanzen geeignet. Wenn viele Topfpflanzen versorgt werden müssen, ist es allerdings ein wenig umständlich, jede einzelne mit einem Tropfschlauch zu versehen. Dann ist eine sogenannte Anstaubewässerung, wie sie im Erwerbsgartenbau verwendet wird, die bessere Lösung. Dabei wird der Kulturtisch mit einer Folie ausgekleidet, die man an den Seiten hochschlägt. Die Folie bedeckt man mit einer Sandschicht oder mit Bewässerungsmatten aus Vlies, die man im Gartenfachhandel kaufen kann.

Inzwischen gibt es auch Systeme, die den Wassernachschub automatisch regeln. Da feuchter Sand und feuchtes Vlies nach einiger Zeit veralgen, behilft man sich mit einer schwarzen Folie, die darübergelegt und nur dort mit Einschnitten versehen wird, wo die Töpfe stehen. Auch ohne automatische Wasserzufuhr bietet eine solche Einrichtung eine gute Möglichkeit, Topfpflanzen für einige Zeit vor dem Austrocknen zu bewahren.

Abzuraten ist von einfachen Sprührohren, die im Dachbereich installiert werden. Das Befeuchten der ganzen Pflanze fördert häufig die Entstehung von Pilzkrankheiten und läßt keine gezielte Wasserversorgung der Pflanzenwurzeln zu.

Luftfeuchtigkeit

Optimale Luftfeuchtigkeit gehört ebenso wie Licht und Wasser zu den wichtigsten Wachstumsfaktoren für die Pflanzen.

Feuchte Luft ist ein Gemisch aus trockener Luft und Wasserdampf. Luftfeuchtigkeit wird durch die relative Feuchte gekennzeichnet und läßt sich mit einem Hygrometer messen. Völlige Sättigung der Luft mit Wasserdampf entspricht 100 % relativer Luftfeuchte. Völlige Trockenheit bedeutet

0 %, kommt aber in der Praxis nicht vor. Der Grad der Luftfeuchte wird von den Pflanzen selbst beeinflußt. Nach reichlichem Gießen und entsprechender Wasserverdunstung über die Blätter steigt sie an. Dagegen sorgt ein kräftiger Rückschnitt der Pflanzen, der eine Verringerung der Blattoberfläche zur Folge hat, sowie eingeschränktes Gießen für ein Absinken der Luftfeuchte. Entscheidend für den Feuchtigkeitsgrad der Luft ist auch die Temperatur. Bei niedrigen Temperaturen nimmt die Luft weniger Wasserdampf auf und ist schneller gesättigt. Die wärmere Luft nimmt erheblich mehr Wasser auf. Dementsprechend sinkt die relative Luftfeuchte mit steigenden Temperaturen.

Gewächse aus tropischfeuchten Klimazonen benötigen in der Regel eine höhere Luftfeuchtigkeit. Pflanzen aus einem trockenen Wüstenklima hingegen sind meist mit geringer Luftfeuchte besser bedient. Für die meisten Gewächshauspflanzen ist mäßig hohe Luftfeuchtigkeit ein optimaler Zustand. Bei extrem trockener Luft welken die Blätter bald, bei allzu hoher Luftfeuchtigkeit kann der Gasaustausch über die Spaltöffnung der Blätter behindert werden.

Wichtig ist immer, daß Temperatur und Luftfeuchtigkeit in einem angemessenen Verhältnis stehen. Das bedeutet in der Praxis, daß im Sommer durch zusätzliche Maßnahmen die zu geringe Luftfeuchtigkeit erhöht werden muß. An heißen Tagen ist es deshalb notwendig, durch häufiges Bespritzen der Wegplatten den Wassergehalt der Luft zu erhöhen. Da dies bei tropischen Pflanzen laufend erforderlich ist, übernimmt besser ein Elektroluftbefeuchter mit ausreichender Zerstäuberleistung diese Aufgabe.

Im Winter ist dagegen eher zu hohe Luftfeuchtigkeit ein Problem. Das gilt vor allem für Pflanzen im Kalthaus und temperierten Gewächshaus. Durch häufiges Lüften und vermindertes Gießen kann für eine Verringerung der Luftfeuchtigkeit gesorgt werden. In besonderen Fällen kann die Anschaffung einer Entfeuchter-Wärmepumpe sinnvoll sein, um in der kalten Jahreszeit die oft recht hohe Luftfeuchte zu senken.

Orchideen, Bromelien und alle Gewächse aus dem tropischen Klimabereich, die im Warmhaus gehalten werden, sind auf hohe Luftfeuchtigkeit angewiesen. Für die Kultur dieser Pflanzen empfiehlt sich deshalb ein Gewächshaus-Hochleistungsluftbefeuchter mit mindestens 3 l Zerstäuberleistung pro Stunde, der vollautomatisch über einen Feuchteregler (Hygrostat) gesteuert wird.

Hohe Luftfeuchtigkeit ist auch für die Pflanzenvermehrung erwünscht. Aussaaten und erst recht die Bewurzelung von Stecklingen gelingen nur in „gespannter Luft" erfolgreich.

Elektrische Luftbefeuchter arbeiten zumeist nach dem Zerstäuberprinzip. Durch Zentrifugalschleuderung wird ein feiner Wasserstaub erzeugt, der sozusagen in Wasserdampf übergeht, ohne dabei die Blätter zu benetzen. Ein automatischer Wasserzufluß durch ein Schwimmerventil ermöglicht dabei eine laufende Frischwasserzufuhr. Empfehlenswert ist dies allerdings nur bei einer Wasserhärte bis 10 ° d; besser ist die Zufuhr über einen Regenwasserpumpautomaten. Durch eine zusätzliche Schaltuhr kann den Pflanzen wie in der Natur in den frühen Morgenstunden eine Vernebelung geboten werden.

Nicht alle Pflanzen brauchen zu jeder Zeit hohe Luftfeuchtigkeit. Für Kakteen und Sukkulenten beispielsweise ist sie wenig bekömmlich. Im Kalthaus und im temperierten Gewächshaus kann auf einen Luftbefeuchter verzichtet werden, denn für hohe Luftfeuchtigkeit ist schon aufgrund der niedrigen Temperaturen – wie vorher beschrieben – gesorgt. Das gilt auch für Kübelpflanzen und andere Gewächse, die in den Wintermonaten mit geringen Temperaturen auskommen. Pilzkrankheiten können andernfalls als unangenehme Folge auftreten.

Auch im Wintergarten, der gleichzeitig als Wohnraum dient, ist eine hohe Luftfeuchtigkeit eher negativ. Ständig beschlagene Scheiben und vom Glasdach tropfendes Wasser kann stören. Um in den Wintermonaten das Problem zu hoher Luftfeuchtigkeit zu vermeiden, muß bei frostfreiem Wetter häufig gelüftet werden. Bei der Kultur wärmeliebender Pflanzen ist damit

Eine ausreichende Lüftung ist von entscheidender Bedeutung. Es sind schon mehr Gewächshauspflanzen durch Überhitzung zugrundegegangen als durch Erfrieren.

jedoch ein hoher Energieverlust verbunden. Hier kann die Anschaffung einer Entfeuchter-Wärmepumpe Nutzen bringen. Der Luft wird Feuchtigkeit entzogen, und der entstehende Wärmegewinn bewirkt gleichzeitig eine Energieersparnis. Eine solche Anlage, die allerdings teuer ist, stellt daher eine sinnvolle Investition dar, wenn man im Winter ständig mit hoher Luftfeuchtigkeit zu kämpfen hat.

Das Absenken der Luftfeuchtigkeit verhindert auch das vor allem in Wintergärten und Solarhäusern bei niedrigen Temperaturen auftretende Beschlagen der Glasscheiben. Eine andere Möglichkeit, um den lästigen Wasserfilm auf der Verglasung zu verhindern, ist eine sogenannte Antibeschlagflüssigkeit, die man auf die Glasscheiben aufträgt. Man bekommt sie bei Gewächshausherstellern.

Isolierglasscheiben in Verbindung mit wärmegedämmten Profilen beschlagen nicht so leicht. Noch recht neu sind spezielle Stegdoppelplatten aus Plexiglas, die werkseitig beschichtet sind und ein Beschlagen verhindern.

Lüftung

Allgemeines

Beim Kauf eines Gewächshauses wird der Frage, wie man es im Winter ausreichend beheizen kann, meistens wesentlich mehr Bedeutung beigemessen als der einer ausreichenden Lüftung. Dabei erweist sich in der Praxis die Lüftung als erheblich wichtiger. Erfahrene Unterglasgärtner beurteilen ein Gewächshaus deshalb nicht zuletzt danach, welche Lüftungsmöglichkeiten vorhanden sind. Im Sommer wird das schnell zum Problem, wenn bei der Planung des Glashauses der Lüftung keine genügende Beachtung gewidmet wurde.

Zweifellos sind schon mehr Gewächshauspflanzen durch Überhitzung zugrunde gegangen als durch Erfrieren. Schuld daran ist der Treibhauseffekt. Die kurzwelligen Lichtstrahlen der Sonne durchdringen das Glasdach und wandeln sich dabei in langwellige Wärmestrahlen um. Für diese Strahlen ist jedoch das Glas weitgehend undurchlässig; die Wärme wird also sozusagen gefangen.

Bei mäßigem Sonneneinfall ist dieser Effekt durchaus erwünscht, denn die Innenluft im Gewächshaus ist auf diese Weise höher als die Außentemperatur und fördert zunächst das

Wachstum der Pflanzen. Bei starker Sonneneinstrahlung im Sommer entsteht jedoch ein Hitzestau. Dadurch treten im Glashaus bei voller Sonneneinstrahlung sehr schnell hohe Temperaturen auf, und es wird bald eine Grenze erreicht, die für das Pflanzenwachstum nicht mehr günstig, unter Umständen sogar tödlich ist. Wie schon bei der Schattierung beschrieben, führen extrem hohe Blattemperaturen zwischen 45 und 50° C zum Absterben der Pflanzen.

Lüftungsklappen

Großzügige Lüftungsöffnungen sind wegen des Treibhauseffekts unerläßlich. Sie sorgen dafür, daß die Temperatur im Innenraum des Glashauses nur 2 – 3° C höher ist als die Außentemperatur. Vor allem im Dachbereich müssen großflächige Lüftungsklappen vorhanden sein, denn warme Luft hat stets das Bestreben, zu steigen und muß deshalb im Dachbereich ins Freie geleitet werden.

Die Wirksamkeit der Dachlüftung wird nur voll erreicht, wenn durch seitliche Lüftungsfenster für eine ausreichende Frischluftzufuhr gesorgt wird. Die seitlichen Öffnungen sollen möglichst weit unten angebracht sein. In der Praxis sind sie jedoch oft unter der Traufe angebracht, damit keine Katzen und Mäuse ins Glashaus eindringen können.

Die Lüftungsfenster sollten gleichmäßig über die Glasfläche verteilt sein. Ihre Größe hängt vom Volumen und der Außenfläche des Gewächshauses ab. Die Gesamtfläche der Lüftungsöffnungen sollte mindestens 10 % der Glasfläche betragen. Eine geöffnete Tür bewirkt zusätzlichen Luftaustausch.

Im Sommer ist eine Dauerlüftung mit ganztägig geöffneter Tür und hochgestellten Lüftungsklappen besser, als durch sparsames Lüften einen Hitzestau zu riskieren. Falls das Öffnen vergessen wurde und tagsüber die Sonne unschattiert aufs Glasdach scheint, sind die Pflanzen abends „hinüber". Es ist eine folgenschwere Fehleinschätzung, wenn man meint, in einem Warmhaus mit weniger und

Automatischer Fensteröffner (hinten) und Ventilator zur Luftumwälzung (vorn unterm Dach)

kleinflächigen Lüftungsöffnungen auskommen zu können. Zwar benötigen Gurken, um nur ein Beispiel zu nennen, weniger Frischluft als vergleichsweise Salat oder Tomaten, aber da kaum jemand die Nutzung eines Gewächshauses von vornherein auf einige wenige Pflanzenarten beschränken will, sollte in jedem Fall eine großzügig dimensionierte Lüftung eingeplant werden.

Automatische Fensteröffner: Im Sommer bereitet die Lüftung – ausreichende Dimensionierung vorausgesetzt – keine Schwierigkeiten: Morgens werden die Klappen und auch die Tür geöffnet, abends wieder geschlossen. Wenn nicht gerade besonders wärmebedürftige Pflanzen kultiviert werden, können die Klappen auch nachts geöffnet bleiben.

Etwas schwieriger ist es in der Übergangszeit, wenn abwechselnd bewölkter Himmel und Sonnenschein ein ständig wechselndes Öffnen und Schließen der Lüftungsklappen erfordern. Automatische Fensteröffner sind daher unbedingt anzuraten. Die Anschaffungskosten sind vergleichsweise gering.

Betriebskosten entstehen nicht, denn diese Fensteröffner arbeiten ohne Strom. Sie funktionieren mit Hilfe von Druckzylindern, die mit einem Spezialwachs gefüllt sind. Bei Erwärmung dehnt sich diese Flüssigkeit aus,

und der Druck wird auf ein Gestänge übertragen, das den Fensterflügel anhebt. Bei sinkenden Temperaturen bewirkt eine Rückholfeder zuverlässiges Schließen der offenen Lüftungsklappen.

Dieses System ist lange bewährt und praktisch wartungsfrei. Wenn nach Jahren einer der Druckzylinder undicht wird und Wachs austritt, kann er durch einen neuen ersetzt werden, ohne daß man gleich den gesamten Fensteröffner erneuern muß. Die Temperatur, von der an die Lüftungsklappe geöffnet werden soll, läßt sich einfach einstellen.

Dachflächenlüftung: Für sehr große Gewächshäuser und Wintergärten sind großflächige, zusammenhängende Dachöffnungen vorzuziehen. Sie werden – man kennt das aus alten Gewächshäusern – mit einer Handkurbel bei sonnigem Wetter hochgedreht. Der manuelle Betrieb reicht allerdings dann nicht mehr aus, wenn das Glashaus im Sommer auch einmal sich selbst überlassen bleiben soll. Es gibt stromlos arbeitende Fensteröffner, die Fenster bis 20 kg heben. Außerdem werden automatische Steuerungen angeboten, die über einen elektrisch betriebenen Stellmotor bei Erreichen einer bestimmten, einstellbaren Innentemperatur die Dachöffnungen heben und senken. Sinnvoll ist das allerdings nur mit einem Verzögerungsschalter,

Eine künstliche Beleuchtung ist in den lichtarmen Wintermonaten im beheizten Gewächshaus nötig.

Besonders für die frühzeitige Pflanzen-anzucht im lichtarmen Winter ist eine künstliche Beleuchtung unerläßlich.

weil bei wechselhaftem Wetter andernfalls die Klappen ständig bewegt würden.

Diese Lösung ist zweifellos aufwendig, weil sie über einen Thermostaten gesteuert wird, aber bei großen Gewächshäusern und Wintergärten unbedingt empfehlenswert.

Ventilatoren

Be- und Entlüftung: Hochleistungs-ventilatoren zur Zwangsentlüftung sind nur dann notwendig, wenn durch bauliche Gegebenheiten, beispielsweise durch ein überstehendes Dach, Lüftungsklappen im Dach nicht oder nicht in ausreichender Größe eingebaut werden können. Für eine wirksame Zwangsentlüftung ist eine ausreichende Frischluftzufuhr durch Seitenfenster oder andere Zuluftöffnungen unbedingt erforderlich.

Luftumwälzung: Luftumwälzer sind Ventilatoren, die installiert werden, um für eine laufende Luftbewegung im Gewächshaus zu sorgen. Sie sind in der Praxis sehr empfehlenswert. Sie verhindern Hitzestau und können außerdem Pilzkrankheiten und sogar das Ausbreiten von Schädlingen einschränken.

Viele Pflanzenarten, beispielsweise aus der Orchideenfamilie, bekommen erst durch die ständige Luftbewegung die richtigen Kulturbedingungen. Außerdem wird durch einen Luftumwälzer eine bessere Verteilung der Heizungswärme während der kalten Jahreszeit bewirkt.

Beleuchtung

Allgemeines

Licht ist im Gewächshaus vor allem dann wichtig, wenn das Glashaus auch während der kalten Jahreszeit genutzt wird. Berufstätige Glashausgärtner werden ihre Pflanzen frühmorgens oder abends nach Feierabend ungern nur mit einer Taschenlampe pflegen wollen. Als Arbeitsbeleuchtung genügt eine schlichte 100-Watt-Glühlampe oder eine Leuchtstofflampe.

Für die Pflanzen hat Licht eine ganz wesentliche Bedeutung. Mit künstlichem Licht können Blüte und Fruchtbildung beeinflußt werden (Langtagpflanzen können im Winter zum Blühen gebracht und – seltener – Kurztagpflanzen am Blühen gehindert werden). Langtagpflanzen sind Gewächse, die mehr als eine bestimmte Stundenzahl – beispielsweise zwölf Stunden – Licht benötigen, um Blüten ansetzen zu können.

Nicht nur Orchideenliebhaber wissen um den Effekt, der während der farbarmen Jahreszeit blühende Pflanzen ermöglicht.

Wichtig ist künstliche Beleuchtung auch für die frühzeitige Pflanzenanzucht in den lichtarmen Wintermonaten von November bis Februar. Wärme allein würde die Samen zwar willig keimen lassen, doch dann bilden sich „langbeinige", schwache Pflänzchen mit großen Abständen zwischen den Blattknoten. Erst die richtige Beleuchtungsstärke und -dauer läßt sie wie gewünscht kräftig und kompakt heranwachsen.

Mit Leuchtstofflampen über dem Vermehrungsbeet ist die Vermehrung aus Samen oder Stecklingen praktisch zu jeder Jahreszeit möglich. Sie werden zwischen 50 und 80 cm über den Pflanzen aufgehängt. Angaben über die Beleuchtungsstärke finden Sie zwei Absätze weiter. Manchmal läßt es sich nicht vermeiden, daß den Pflanzen ein Standort im Gewächshaus oder Wintergarten zugewiesen wird, der ihnen zuwenig Licht bietet. Mit einer künstlichen Lichtquelle kann man diesen Mangel beseitigen. Eine verstellbare Aufhängemöglichkeit ist günstig, um die Leuchte jederzeit der entsprechenden Wuchshöhe anpassen zu können. Die tägliche Beleuchtungsdauer beträgt maximal 16 Stunden. Während der kalten Jahreszeit sollte die Beleuchtung nicht länger als zwölf Stunden eingeschaltet sein.

Mit einer Zeitschaltuhr, die es auch in feuchtigkeitsgeschützter Ausführung gibt, läßt sich die Beleuchtungsdauer exakt einstellen. Für eine maximale Ausbeutung des Lichts sollten stets Reflektoren verwendet werden.

Beleuchtungsstärke

Über die erforderliche Beleuchtungsstärke herrscht mitunter Unklarheit. Für eine schlichte Arbeitsbeleuchtung reicht eine 100-Watt-Glühbirne oder eine 40-Watt-Leuchtstoffröhre (manchem auch als „Neonröhre" geläufig). Als Lichtquelle für eine sogenannte Induktionsbeleuchtung, mit der bei Kurztagpflanzen die Blütenbildung verzögert oder umgekehrt bei Langtagpflanzen die Knospenbildung angeregt werden soll, ist ebenfalls eine geringe Lichtstärke ausreichend; hier genügt bereits eine 75-Watt-Glühbirne für die üblichen Kleingewächshäuser. Dagegen müssen für die Pflanzenanzucht in den Wintermonaten und ebenso als Wachstumsleuchten (wenn das Tageslicht nicht ausreicht) erheblich höhere Beleuchtungsstärken gegeben werden. Zur Ausleuchtung einer Fläche von 1 m² sind zirka 200 Watt bezogen auf Leuchtstofflampen nötig. Am günstigsten sind Doppelleuchten mit zwei parallel angeordneten Leuchtstoffröhren und Reflektor. Sie werden 50 – 100 cm über den Pflanzen beziehungsweise dem Vermehrungsbeet aufgehängt.

Sicherheitsvorschriften

Im Gewächshaus kommen nur spezielle Lichtquellen in feuchtraumgeschützter Ausführung in Frage. Bei der Installation der Beleuchtungseinrichtungen und den dafür benötigten Schaltern müssen unbedingt die bestehenden Sicherheitsvorschriften eingehalten werden. Gewächshäuser gelten nach den VDE-Bestimmungen als „feuchte und nasse Räume". Alle elektrischen Einrichtungen müssen daher mindestens tropfwassergeschützt sein. Geeignete Schalter und Lampen sind durch ein Symbol in Form eines Tropfens gekennzeichnet. Wenn die Be-

leuchtungseinrichtungen in unmittelbarer Nähe von Bewässerungsdüsen liegen, müssen sie mindestens spritzwassergeschützt sein. Das Symbol hierfür ist ein Tropfen in einem Dreieck.

Spezialleuchten und Lampen

Die Leuchte bezeichnet das die Lampe tragende und die Lichtverteilung (Reflektor) übernehmende Gerät.
Für die Kultur der meisten Pflanzen im Gewächshaus sind Leuchtstofflampen ausreichend. Bei Pflanzen mit besonderen Ansprüchen können spezielle Lichtquellen verwendet werden, die ansonsten dem Erwerbsgartenbau vorbehalten sind. Man unterscheidet:
Glühlampen weisen eine Leistung von 60 bis 150 Watt auf und haben eine durchschnittliche Lebensdauer bis zu 1000 Stunden. Als Wachstumsleuchten sind sie nicht tauglich. Man verwendet sie zur Tagesverlängerung bei Langtagpflanzen oder als Arbeitsbeleuchtung. Eine bessere Lichtausbeute haben Halogenlampen, die zwar erheblich teurer sind, aber doppelt so lange halten.
Leuchtstofflampen sind recht sparsam im Stromverbrauch (zwischen 18 und 58 Watt). Die Lichtausbeute ist sehr hoch, die Lebensdauer mit durchschnittlich 7500 Stunden macht Leuchtstofflampen zu einer besonders wirtschaftlichen Lichtquelle.
Hochdruck-Quecksilberdampflampen sind mit 400 Watt Stromverbraucher, die einen beträchtlichen Kostenfaktor darstellen. Die Lichtausbeute ist allerdings groß, daher eignen sie sich auch für Gewächse mit besonderen Ansprüchen und für größere Flächen. Sie brauchen nach dem Einschalten eine Anlaufzeit von mehreren Minuten, ehe sie ihren vollen Lichtstrom abgeben. Wichtig ist, daß sie nach dem Abschalten erst nach einer Abkühlzeit von fünf bis zehn Minuten wieder eingeschaltet werden dürfen. Die Lichtausbeute ist gut und sorgt für eine gleichmäßige Ausleuchtung auch größerer Flächen. Der hohe Anschaffungspreis wird durch eine lange Lebensdauer von 4000 bis 9000 Stunden etwas ausgeglichen.

Hochdruck-Metallhalogendampflampen sind eine Weiterentwicklung des vorher genannten Typs. Sie haben eine noch höhere Lichtausbeute, dafür ist ihre Lebensdauer etwas geringer.
Mischlichtlampen sind eine Kombination zwischen Glühlampen und Hochdruck-Quecksilberdampflampen und als Ersatz für Glühlampen, also nur zur Tagesverlängerung oder Arbeitsbeleuchtung, geeignet.
Hochdruck-Natriumdampflampen haben eine noch hohe Lichtausbeute. Sie sind äußerst pflanzentauglich. Die Lebensdauer ist sehr hoch. Die Lampen stellen die wirtschaftlichste Lösung für die wachstumsfördernde Zusatzbelichtung dar. Bevor man eine wachstumsfördernde Zusatzleuchte kauft, sollte man sich unbedingt fachlichen Rat hinsichtlich der besten Leuchtentypen einholen.

Heizung

Allgemeines

Erst der Einbau einer Heizung macht ein Gewächshaus dauerhaft nutzbar und läßt Träume von einer zwölf Monate währenden Gartensaison Wirklichkeit werden. Selbst tropische Gewächse können im beheizten Glashaus billiger kultiviert werden, wenn man die dafür erforderlichen Energiekosten durch eine optimale Wärmedämmung niedrig hält.
In jedem Fall sollte der Einbau einer Heizung bereits bei der Planung berücksichtigt werden, auch wenn die Realisierung erst später erfolgt. Zahlreiche Gewächshausneulinge, die eine Beheizung zunächst für überflüssig hielten, stellen sehr bald fest, daß sie durch den Verzicht auf eine Heizung die Möglichkeiten, die ein Glashaus bietet, erheblich einschränken.
Mitunter wird auch einfach die Wirkung der Sonne als natürliche Energiequelle und gleichzeitig die Fähigkeit des Treibhauses als Wärmespeicher überschätzt. Zwar kann die kostenlose Sonnenenergie durch gute Isolierung und Verwendung von wärmespeicherndem Material auch noch einige Zeit nach Sonnenuntergang genutzt

werden, doch in kalten Winternächten sinkt die Temperatur dann doch unter den Gefrierpunkt, falls keine künstliche Wärmequelle vorhanden ist.

Ein Gewächshaus im Winter zu beheizen, das ist kein Problem. Wichtiger ist die Klärung der Frage, wie man möglichst kostengünstig heizt. Einsparungen lassen sich schon durch die Auswahl von Pflanzen mit geringen Temperaturansprüchen erzielen. Um nur ein Beispiel zu nennen: Für Liebhaber von Orchideen bedeutet es einen erheblichen Unterschied, ob wärmebedürftige Phalaenopsis oder kühl zu kultivierende Odontoglossum gepflegt werden.

Wissenswertes über Heizungssysteme

Die Frage, welches Heizsystem im Gewächshaus Verwendung finden soll, muß besonders sorgfältig geprüft werden. Nicht nur die Anschaffungskosten sind entscheidend, noch mehr sind es die Betriebskosten für die in der kalten Jahreszeit benötigte Heizenergie. Sie übersteigen die laufenden Aufwendungen – beispielsweise für Düngung, Gießwasser oder Saatgut – ganz beträchtlich.

Es werden verschiedene Systeme angeboten. Die Palette reicht vom schlichten Petroleumofen bis zur Solarwärmerückgewinnungsanlage.

Scheinbar preiswerte Heizsysteme erweisen sich durch hohe Betriebskosten in der Praxis manchmal als besonders teuer. So ist zum Beispiel die Beheizung eines Warmhauses mit Strom eine teure Angelegenheit. Die Elektroheizung eines Kalthauses ist dagegen wirtschaftlich, da die Anschaffungskosten für eine automatisch geregelte Elektroheizung gering sind.

Für die Beheizung eines größeren Hauses ist der Anschluß an die Zentralheizung des Wohnhauses normalerweise die beste Lösung, wenn nicht durch große Entfernung zum Wohnhaus oder Schwierigkeiten beim Anschluß unvertretbar hohe Kosten anfallen. Der Anschluß an die Hausheizung ist auch für Gewächshäuser mit hohem Wärmebedarf (über 4000 – 6000 Watt) empfehlenswert, da dann

die reinen Energiekosten für Öl oder Gas vergleichsweise gering sind.

Wenn die Heizung lediglich benötigt wird, um die Saison im Frühjahr vorzuverlegen und im Herbst zu verlängern, reichen einfache, preiswerte Systeme für Elektro- oder Gasbetrieb aus. Um jedoch Pflanzen mit hohen Wärmeansprüchen die richtigen Lebensbedingungen zu bieten und gleichzeitig mit mäßigen Energiekosten auszukommen, sollte besser gleich eine leistungsfähige Warmwasser-Heizanlage installiert werden. Dabei finden Rohrregister oder Konvektoren Verwendung, durch die das warme Wasser zirkuliert. Alle Heizkörper sollten unbedingt entweder verzinkt sein oder einen guten Anstrich gegen Rostbildung erhalten. Der Anschluß sollte möglichst über Absperrventile erfolgen, damit man die Heizkörper bei eventuell erforderlichen Wartungsarbeiten ohne Wasserverluste demontieren kann. Die richtige Auswahl der Heizkörper muß unter Berücksichtigung der Kesselleistung und der vorgesehenen Regelung unbedingt zusammen mit einem Heizungsfachmann getroffen werden. Zusätzlich zu dieser Raumheizung fördert eine Bodenheizung das Wachstum erheblich. Pro m² Bodenfläche sind zirka 100 – 200 W Heizleistung erforderlich. Flächen bis 10 m² können wegen der geringen Anschaffungskosten und großen Regelgenauigkeit eine Bodenheizung mit Elektrobodenheizkabel erhalten.

Bei größeren Flächen empfiehlt sich ein System von geeigneten, warmwasserführenden Kunststoffrohren, die sogenannte Vegetationsheizung, die im Boden verlegt werden. Deren Anschluß und Regelung sollte ebenfalls mit einem Heizungsfachmann festgelegt werden.

Der Wärmebedarf für Boden- und Raumheizung üblicher Kleingewächshäuser mit guter Wärmedämmung ist in der Regel so gering, daß der vorhandene Heizkessel des Wohnhauses mit seinen Reserven ausreicht. Der Betrieb dieser Kessel mit Gas oder Öl ist hinsichtlich der laufenden Betriebskosten am wirtschaftlichsten.

Kohleofen

Aus älteren Gewächshäusern kennt man sie noch, die gußeisernen Kanonenöfen für Kohlebefeuerung. Der dafür erforderliche Schornstein macht das Gewächshaus nicht gerade attraktiver, ist aber notwendig, weil die Abgase die Pflanzen zum Absterben bringen würden. Schon undichte Stellen im Ofenrohr können die Pflanzen dahinraffen. Die Regulierung der Heizwärme ist nur schwer möglich, und zudem ist die Rauchbelästigung der Nachbarn ein Punkt, der einen Kohleofen schon aus Umweltgründen als wenig geeignet erscheinen läßt. Er kann bestenfalls als Notbehelf für die Übergangszeit akzeptiert werden.

Das gilt auch für sogenannte Dauerbrandöfen, die mit Briketts gefüllt werden und bis zu sechs Tage lang Wärme liefern. Eine Reguliermöglichkeit gibt es dabei nicht, so daß auch dann Heizenergie abgegeben wird, wenn die Sonne das Glashaus ohnehin erwärmt. Aber immerhin bietet eine solche Notheizung ausreichenden Schutz gegen späte Fröste.

Ölofen

Heizöl ist zur Zeit die preisgünstigste Energiequelle. Beim Ölofen müssen die Abgase unbedingt über ein Ofenrohr nach draußen geführt werden. In Verbindung mit einem außerhalb des Gewächshauses aufgestellten Heizöltank ist ein Ölofen in geeigneter Ausführung auch als Dauerheizung für die Winternutzung brauchbar. Die Regulierung ist über einen Thermostaten möglich.

Ein Problem kleiner Ölöfen ist jedoch die mangelnde Verbrennung, wenn nur eine niedrige Leistungsabgabe gefordert wird. Das kann dann zum vermehrten Schadstoffausstoß führen und ist aus Umweltgründen nicht vertretbar.

Petroleumheizung

Auch diese Heizung ist eher als Notheizung oder für die Übergangszeit geeignet. Der dabei entstehende

Ölofen im Kleingewächshaus

Rippenrohrheizkörper einer Elektroheizung

Gasheizung mit Außenwandanschluß

Geruch ist zwar für die Nase nicht unbedingt angenehm, für die Pflanzen aber keineswegs schädlich, so daß auf den Schornstein verzichtet werden kann. Das bei der Verbrennung entstehende Kohlendioxid ist ungiftig und wirkt zum Teil sogar wachstumsfördernd. Ein Effekt, der jedoch nicht überschätzt werden sollte, denn er wirkt sich nur an sonnigen Wintertagen positiv aus, wenn die Pflanzen stärker assimilieren.

Um schnell die Temperatur im Gewächshaus geringfügig zu erhöhen, stellen manche Praktiker einfach Petroleumlampen zwischen frostgefährdete Pflanzen. Das funktioniert zwar, ist aber eher eine Lösung für den Notfall.

Gasheizung

Heizgeräte, die mit Propan- oder Butangas betrieben werden, stellen für die Nutzung im Gewächshaus eine brauchbare Lösung dar. Sie werden zumeist über außerhalb des Glashauses aufgestellte Flüssiggastanks gespeist und können als Dauerheizung für den Winterbetrieb geeignet sein. Bei Flüssiggastanks muß ebenso wie bei Öltanks eine regelmäßige Kontrolle durch den TÜV erfolgen. Die Lieferanten von Flüssiggas stellen solche Tanks leihweise zur Verfügung.

Ein Vorteil der Beheizung mit Gas ist, daß kein Schornstein erforderlich ist. Das bei der Verbrennung entstehende Kohlendioxid wirkt wachstumsfördernd. Bei einer Flüssiggasheizung im Warmhaus entsteht allerdings zu viel Kohlendioxid, das dann wie eine Überdüngung wirkt. Das Kohlendioxid wird in unkontrollierten Mengen erzeugt und zu Zeiten, in denen die Pflanze es gar nicht verwerten kann – zum Beispiel nachts. Der bei der Verbrennung entstehende Sauerstoffverlust muß außerdem durch ausreichende Frischluftzufuhr (bei Heizbetrieb in der Regel kalte Außenluft) ausgeglichen werden und verursacht so zusätzliche Wärmeverluste.

Mit einer zusätzlichen Abgasanlage, die von den Herstellern solcher Heizungen angeboten wird, läßt sich die Kohlendioxidanreicherung vermeiden.

Brenner mit platinbeschichtetem Katalysator verhindern die mögliche Bildung von giftigem Kohlenmonoxid. Wichtig bei der Anschaffung von Gasheizungen ist, daß ausschließlich Heizgeräte, die speziell für Gewächshäuser konzipiert sind, benutzt werden. Zum einen, weil sie feuchtigkeitsverträglich sind, und zum anderen, weil sie einen thermostatisch geregelten Temperaturbereich bieten, der auch eine wirtschaftliche Nutzung im Kalthaus mit Temperaturen knapp über dem Nullpunkt erlaubt. In Verbindung mit einer Bodenheizung kann die Wärme über Schläuche dorthin geführt werden, wo sie von den Pflanzen benötigt wird, nämlich im Wurzelbereich.

Kleinere Flüssiggasheizungen, wie sie auch vom Camping bekannt sind, lassen sich einfach durch eine danebengestellte Gasflasche betreiben. Da der Vorrat nur begrenzte Zeit reicht, sind solche Heizungen mit geringer Leistung mehr für die Übergangszeit gedacht. Dagegen bieten Heizgeräte, die mit Erdgas betrieben werden, die Möglichkeit, direkt an eine Gasleitung angeschlossen zu werden. Vorher sollte jedoch unbedingt das örtliche Gaswerk befragt werden, das auch für den Anschluß zuständig ist.

Elektrische Heizung

Ein günstiger Anschaffungspreis, leichte Temperaturregelung und einfache Montage sind Argumente, die für eine Elektroheizung sprechen. Da Strom jedoch die teuerste Heizenergie ist, kann eine solche Heizung nur für Gewächshäuser mit guter Wärmedämmung und bis zu einem Wärmebedarf von zirka 4000 Watt als Dauerheizung empfohlen werden.

Besser sieht es mit den Heizkosten aus, wenn der zum ermäßigten Preis angebotene Nachtstrom genutzt werden kann. Da die Heizungswärme fürs Gewächshaus in der Hauptsache nachts benötigt wird, ist diese Lösung eine vertretbare Alternative. Die Versorgung mit Nachtstrom ist nicht überall möglich und muß in jedem Fall vorher mit dem Elektroinstallateur abgestimmt werden. Sie erfordert eine

Erdheizkabel (rot) mit darüberliegendem handelsüblichen Maschendraht, der das Kabel schützt.

getrennte Stromzufuhr mit eigenem Zähler.

Einfache Heizlüfter mit einer Leistung von 2000 Watt sind für kleine Gewächshäuser oft schon ausreichend. Das gilt erst recht dann, wenn man nur eine Zusatzheizung für die Übergangszeit im Frühjahr und Herbst braucht. Dabei wird die Wärme gleichmäßig im Glashaus verteilt. Im Sommer läßt sich das Gebläse ohne Einschalten der Heizspirale zur besseren Luftumwälzung nutzen. Fast alle Heizlüfter haben in der Regel einen eingebauten Thermostaten.

Für eine fest installierte Elektroheizung werden feuerverzinkte Rippenrohrheizkörper verwendet. Noch recht neu sind Elektroheizungen, die mit einer Warmwasserbodenheizung kombiniert sind. Dabei wird ein Schlauch an das Heizgerät angeschlossen und zwischen den Pflanzen auf dem Boden verlegt oder im Grundbeet des Gewächshauses eingegraben. Eine Umwälzpumpe läßt das erwärmte Wasser in den Schläuchen zirkulieren und sorgt für die Erwärmung des Bodens. Direkt mit Strom werden elektrische Erdheizkabel gespeist. Sie werden in einer Sandschicht unter der Bodenoberfläche eingegraben und ebenfalls verlegt. Die Regelung erfolgt über einen Thermostaten. Solche Bodenheizkabel sind besonders für diejenigen Pflanzen geeignet, die höhere Bodenwärme benötigen. Sie werden zumeist zusammen mit anderen Heizsystemen als zusätzliche, gezielte Wärmequelle benutzt.

Warmwasserheizung

Diese Art der Beheizung ist für einen Dauerbetrieb die günstigste Lösung. Sie erfüllt im Kalthaus ebenso wie im temperierten Gewächshaus alle Ansprüche und ist erst recht für ein Warmhaus mit hohem Temperaturbedarf besonders zu empfehlen.

Wie bereits erwähnt, ist der Anschluß an eine vorhandene Wohnhausheizung am wirtschaftlichsten. Dabei wird der Heizungsvorlauf direkt an den Kesselvorlauf angeschlossen. Ein Thermostat mit Temperaturfühler im Gewächshaus schaltet nach Bedarf eine Umwälzpumpe für das Gewächshaus ein oder aus. Die Installation ist auch nachträglich ohne großen Aufwand möglich und vergleichsweise billig.

Wenn der Heizkessel für das Wohnhaus erneuert wird oder bei einem Neubau die Heizungsanlage erst in der Planung ist, bieten sich noch andere Lösungen an, die eine besonders exakte und ökonomische Temperaturregelung ermöglichen. Das betrifft auch Gewächshäuser, in denen es unterschiedliche Klimazonen gibt. Eine solche Heizungsanlage sollte unbedingt von einem Fachbetrieb in Absprache mit dem Gewächshaushersteller geplant werden.

Wenn die Leistung des Heizkessels für das Wohnhaus nicht ausreicht, um zusätzlich das Gewächshaus zu beheizen, ist ein zweiter Kessel mit einem separaten Kreislauf erforderlich. Die Heizanlage kann auch in einem vom Pflanzenbereich abgetrennten Teil des Gewächshauses untergebracht werden. Dieser Vorraum dient dann gleichzeitig als Arbeits- und Ablageraum.

Eine einfache und gleichzeitig wirtschaftliche Heizmöglichkeit gibt es in Wintergärten oder Anlehnhäusern. Hier muß man in den meisten Fällen lediglich einen zusätzlichen Heizkörper installieren, der über ein Thermostatventil reguliert wird.

Wenn man den Boden mit Platten auslegt, sollte die Installation einer Fußbodenheizung in Erwägung gezogen werden. Das ist nicht nur eine besonders elegante Lösung, sondern bei der Haltung von Kübelpflanzen auch besonders pflanzenfreundlich.

Ein Nachteil ist allein die verzögerte Wirkung der Heizung, die bei wechselnder Bewölkung sehr langsam reagiert.

Rohrheizkörper galten früher in Gewächshäusern mit Warmwasserheizung als Standard. Typisch sind die weißen oder auch andersfarbigen Heizrohre, die in Rohrgruppen (Register) zusammengefaßt und mit Kopfstücken verbunden sind.

Mit den Heizrohren, die gleichmäßig an den Seitenwänden entlanggeführt und dabei möglichst niedrig angebracht werden, läßt sich eine gleichmäßige Wärmeverteilung erzielen. Außerdem erfolgt aufgrund der großen Wassermenge, die in den Rohren zirkuliert, die Wärmeregulierung stets mit Verzögerung. Bei wechselhaftem Wetter heizen die Rohre auch dann noch lange, wenn die Sonne bereits die Innenluft erwärmt. Das führt zur unnötigen Erhöhung der Heizkosten.

Konvektorenheizkörper mit den typischen Blechrippen und seitlicher Verkleidung stellen hier eine optimale Lösung dar. Sie vergrößern die Heizfläche und benötigen erheblich weniger Wasser, so daß die Temperaturregelung immer nur dem tatsächlichen Wärmebedarf entspricht.

In Frage kommen nur feuerverzinkte Konvektoren, die keinen Anstrich benötigen und gegen Korrosion geschützt sind. Sie werden entlang der Längswände knapp über dem Boden, am besten auf dem Fundament, montiert. Die Verkleidung der Konvektoren bewirkt – ähnlich wie in einem Schornstein – eine Sogwirkung und läßt die erwärmte Luft nach oben strömen. Dadurch wird eine recht gute Wärmeverteilung gewährleistet und gleichzeitig das Beschlagen der Scheiben vermindert.

Konvektoren sind zwar teurer als Rohrheizungen, dafür nutzen sie aber die Wärme besser aus.

Rohrheizkörper der Warmwasserheizung

Konvektorenheizkörper; ist der im Sommer nicht in Betrieb, können darauf Pflanzen stehen.

Vegetations- und Bodenheizung

Die Tatsache, daß viele Pflanzen „warme Füße" brauchen, die Wärme also besonders im Wurzelbereich erwünscht ist, hat zur Entwicklung von Vegetationsheizungen geführt. Die Heizungsrohre, in denen das vom Kessel erwärmte Wasser zirkuliert, werden dabei direkt auf dem Boden verlegt. Man verwendet Kunststoffrohre aus Polyäthylen (PE), die biegsam sind, oder starre Rohre aus Polyvenylchlorid (PVC). Der Durchmesser beträgt gewöhnlich nur 20 mm. Beim Kauf muß darauf geachtet werden, daß nur Kunststoffrohre für Heizzwecke verwendet werden sollen. Sie dehnen sich bei Erwärmung ein wenig aus. Daran muß man bei der Verlegung denken.

Die bei der Warmwasserheizung übliche hohe Vorlauftemperatur bis 90° C ist für solche Kunststoffrohre zu hoch. Statt dessen wird eine Vorlauftemperatur von 35 – 40° C gewählt. Das Wasser in den Rohren soll die gewünschte Bodentemperatur nur um zirka 10° C übersteigen, andernfalls trocknet die Erde leicht aus.

Die Vegetationsheizung ist für Kalthäuser als Dauerheizung im Winter bedingt ausreichend. Im temperierten Gewächshaus oder Warmhaus ist bei niedrigen Außentemperaturen auf jeden Fall zusätzlich ein Rohr- oder Konvektorheizkörper als Hauptwärmequelle erforderlich.

Eine Bodenheizung entspricht demselben Prinzip wie die Vegetationsheizung. Dabei werden ebenfalls Kunststoffrohre verwendet, die man jedoch unter der Bodenoberfläche verlegt. Die gewählte Tiefe sollte dem Rohrabstand entsprechen, üblich sind 20 – 25 cm. Für kleine Flächen ist eine Bodenbeheizung mit Elektrobodenheizkabel wegen der geringen Anschaffungskosten und unproblematischen Regelung die empfehlenswertere Lösung (siehe Seite 57).

Wärmebedarf

Die meisten Gewächshaushersteller geben an, welcher Wärmebedarf für den jeweiligen Typ und die Nutzung als Kalthaus, Warmhaus oder temperiertes Gewächshaus erforderlich ist. Das ergibt aber immer nur einen Anhaltswert, denn der tatsächliche Bedarf richtet sich auch nach dem Klima und ist regional unterschiedlich. Beim Selbstbau von Glashäusern bleibt nur die Eigenberechnung, wenn nicht „über den Daumen" kalkuliert werden soll. Entscheidend ist das verwendete Konstruktionsmaterial und vor allem die Art der Verglasung, außerdem natürlich die gewünschte Innentemperatur. Die Berechnung des Wärmebedarfs ist wichtig, um die Heizung richtig zu dimensionieren.

Mit einer einfachen Formel läßt sich der Wärmebedarf selbst errechnen:

$$\text{Glasfläche} \times \text{Temperaturdifferenz} \times \text{Wärmedurchgangszahl} = \text{Heizleistung}$$

Die Glasfläche wird in m² angegeben. Mit der Temperaturdifferenz ist der Unterschied zwischen der gewünschten Innentemperatur und der niedrigsten möglichen Außentemperatur gemeint. Die Wärmedurchgangszahl (k-Wert) ist ein Maß für die Wärmedurchlässigkeit des Gewächshausmaterials, also Glas und Fundament. Diese drei Faktoren werden multipliziert und ergeben die erforderliche Heizleistung in Watt.

Der k-Wert wurde bereits erwähnt. Bei Einfachglas beträgt er je nach Stärke 5 – 6,5 W/m²K, bei Stegdoppelplatten aus Acrylglas 2,7 – 2,9, bei Stegdreifachplatten 1,9, bei Holz (2 cm dick) zirka 3,3, bei Beton (15 cm dick) zirka 3, bei Mauerwerk (25 cm dick) zirka 1,8.

In der Praxis wird für ein normalverglastes Gewächshaus ein k-Wert von 7,6 angesetzt, der auch die konstruktionsbedingten Wärmeverluste zum Beispiel von Fenstern und Türen berücksichtigt. Bei dichter Konstruktion und optimaler Isolierverglasung kann dieser Wert um zirka 50 %, also auf 3,8, vermindert werden. Die niedrigste, mögliche Außentemperatur richtet sich nach der Region. Klar, daß in höher gelegenen Alpengebieten eine niedrigere Außentemperatur einkalkuliert werden muß als beispielsweise im Rheintal.

Als Normaußentemperaturen für ausgewählte Regionen in Deutschland gelten folgende Werte:
– 10° C: Bonn, Düsseldorf, Kiel, Köln, Oldenburg
– 12° C: Aachen, Alzey, Bielefeld, Bremen, Darmstadt, Dortmund, Frankfurt, Gießen, Hamburg, Heilbronn, Karlsruhe, Kassel, Koblenz, Mainz, Mannheim, Münster, Saarbrücken, Siegen, Stuttgart
– 14° C: Augsburg, Berlin, Braunschweig, Fulda, Hannover
– 16° C: Ansbach, Bamberg, Freudenstadt, Göttingen, München, Nürnberg, Regensburg

Das Wetter hält sich freilich nicht immer an Normen, wie die Rekord-Minusgrade aus manchen Wintern zeigen. Da bei der Errechnung des Wärmebedarfs jedoch stets eine Reserve von ungefähr 10 % einkalkuliert wird, können die genannten Werte als Anhaltspunkt dienen.

Ein Beispiel soll die nur scheinbar komplizierte Errechnung des Wärmebedarfs verdeutlichen.

Angenommen, in einem Gewächshaus in Hamburg, gedeckt mit Stegdoppelplatten und einer Glasfläche von 36 m² soll eine Mindesttemperatur von 5° C nicht unterschritten werden. Das bedeutet eine Differenz von 17° C (in der Formel als 17 K(elvin)). Der k-Wert beträgt 2,9 W/m²K. Die Berechnung ergibt nach der genannten Formel 36 m² x 17 K x 3,8 W/m²K = 2325 W. Dieser Wert bietet dem Heizungsfachmann eine exakte Angabe über den erforderlichen Wärmebedarf und ermöglicht eine entsprechende Dimensionierung der Heizung. Um eine Heizung von nur 2000 Watt einsetzen zu können, empfiehlt sich die Anbringung einer zusätzlichen Isolierung durch Isolierplatten oder Noppenfolie im Bereich der Steh- und Giebelwände.

Warnanlagen

Für alle Gewächshausgärtner, die über ein beheiztes Glashaus verfügen, ist die Vorstellung, daß die Heizung ausfällt und die Pflanzen erfrieren, ein Alptraum. In der Praxis sind solche Fälle leider nicht selten, und in kalten Winternächten kann dadurch fast der gesamte Pflanzenbestand im Gewächshaus vernichtet werden.

Auch hier gibt es Lösungen, die Blumenfreunde besser schlafen lassen: Warnanlagen, die mit einem Thermostat und einem speziellen Kontaktthermometer gekoppelt sind. Sie werden von einer Batterie gespeist und melden einen Ausfall der Heizung durch ein akustisches Signal, das sinnvollerweise im Schlafzimmer installiert wird. Für diesen Fall sollte eine Notheizung, beispielsweise in Form eines schlichten Heizlüfters, vorhanden sein, damit zur Not die Temperatur wenigstens oberhalb der Frostgrenze gehalten werden kann.

Energieeinsparung

Um teure Heizenergie zu sparen, sollten alle vorhandenen Möglichkeiten genutzt werden. Dadurch bleiben die Heizkosten in vertretbaren Grenzen. Wie im vorherigen Abschnitt beschrieben, läßt sich schon durch die Auswahl eines geeigneten Heizsystems hohe Wirtschaftlichkeit erzielen.

Nachtabsenkung der Temperatur

Die Heizgewohnheiten können einen entscheidenden Beitrag zur Energieeinsparung leisten. An erster Stelle ist die Nachtabsenkung der Temperatur zu nennen. Dabei wird die im Thermostat eingestellte Temperatur nachts um 3 – 5 °C gesenkt. Das ist gleichzeitig für das Wachstum der Pflanzen besonders vorteilhaft, denn ohne Licht ruht die Assimilation, so daß nachts – und auch tagsüber bei trüber Witterung – weniger Wärme benötigt wird. Untersuchungen haben ergeben, daß die nächtliche Temperaturabsenkung einen günstigen Einfluß auf das Pflanzenwachstum hat. Damit der Temperaturregler nicht abends und morgens neu eingestellt werden muß, sollten Thermostate mit lichtabhängiger Nachtabsenkung durch Fotozelle verwendet werden. Sie sorgen dafür, daß

Isolierung mit Hartschaumplatten

die Temperatur nachts um den eingestellten Wert vermindert wird. Bei starker Bewölkung im Winter wird die Temperatur auf diese Weise stufenlos um einige Grad vermindert. Dadurch läßt sich eine erhebliche Energieeinsparung erzielen.

Die Temperaturabsenkung läßt sich leicht mit einem Minimum-Maximum-Thermometer kontrollieren, das zum Zubehör eines Gewächshauses gehört.

Richtige Verglasung

Auch die Auswahl der Verglasung hat einen beträchtlichen Einfluß auf die Höhe der Heizkosten. Mit der richtigen Verglasung läßt sich die meiste Energie einsparen.

Allerdings sind auch hier Grenzen gesetzt, denn schon bei einer Dreifachverglasung muß auch der verminderte Lichteinfall berücksichtigt werden, der sich in den Wintermonaten negativ auf das Wohl der Pflanzen auswirken kann. Versuche, bei denen durch zusätzliche Abdeckung der Verglasung eine höchstmögliche Wärmedämmung erreicht wurde, brachten für die Pflanzenkultur sehr ungünstige Ergebnisse.

Überhaupt werden mit der theoretisch möglichen Einsparung von Heizenergie von manchen Gewächshausherstellern mitunter übertriebene Erwartungen geweckt. Ginge es nach den Angaben in Prospekten, und rechnet man alle Energiesparmaßnahmen zusammen, so ist eigentlich gar keine Heizung mehr nötig. Leider stimmt das in der Praxis nicht.

Abdichtung von Fenstern und Türen

Dagegen sind Vorkehrungen, die den Wärmeverlust im Gewächshaus vermeiden, unbedingt empfehlenswert. So soll man undichte Stellen an Türen und Fenstern vor dem Winter abdichten. Da während der kalten Jahreszeit nicht alle Lüftungsöffnungen benötigt werden, ist es sinnvoll, einen Teil fest zu verschließen.

Metall ist stets eine Kältebrücke. Das gilt besonders für die in Gewächshäusern bevorzugt verwendeten Aluminiumprofile. Als Zubehör gibt es spezielles Isoliermaterial, das von innen auf die Profile geklebt wird und so für eine bessere Isolierung sorgt. Die äußere Abdeckung der Profile mit

Isolierung mit Luftpolsterfolie

Energieschirm

Energieschirme sind in Großgewächshäusern von Erwerbsgärtnern ein Mittel zur Einsparung von Heizungswärme.

Auch das Unterspannen der Glasfläche mit einer zusätzlichen Folie bietet die Möglichkeit zur Energieeinsparung. Die Folie wird innen mit einigem Abstand zum Glas befestigt, so daß ein isolierendes Luftpolster entsteht. Neuartige, mit reflektierendem Material beschichtete Schattiergewebe können gleichzeitig als Wärmedämmung genutzt werden. In Hobbygewächshäusern ist die Verwendung jedoch in vielen Fällen nicht praktikabel, da Hängeregale und am Dach aufgehängte Pflanzgefäße die Montage behindern.

Zubehör

Kunststoffkappen kann einen geringen Beitrag zur Wärmedämmung leisten. Eine optimale Lösung könnten wärmegedämmte, aufgeschäumte Profile sein. Sie sind aber erheblich teurer als gewöhnliche.

Isolierung mit Hartschaumplatten

Hartschaumplatten bieten eine ausgezeichnete Möglichkeit, das Glashaus vor Wärmeverlusten zu schützen. Dabei werden möglichst dicke Platten mit einer Stärke von 30 – 50 mm verwendet. Diese Platten haben ein genormtes Maß von 100 x 50 cm. Man kann sie außen oder innen befestigen. Bei Einfachverglasung und undichten Gewächshäusern sollte die Isolierung besser außen angebracht werden. Auch hier muß berücksichtigt werden, daß man den Lichteinfall nicht zu stark einschränkt.

An den Glaswänden, die der Sonne zugewandt sind, werden die Hartschaumplatten – besser unter dem Markennamen Styropor bekannt – waagerecht aufgestellt. An der sonnenabgewandten Seite stellt man sie hochkant auf. Man kann sogar die

gesamte Rückwand während der Wintermonate abdecken.

Für die Heizkörper verwendet man zur besseren Isolierung Aluminiumfolie, die zwischen Heizkörper oder Heizungsrohr und der Verglasung angebracht wird.

Isolierung mit Luftpolsterfolie

Eine Wärmeeinsparung von zirka 30 – 40 % läßt sich mit Luftpolster- oder Noppenfolie erzielen. Diese lichtdurchlässige und möglichst UV-beständige Folie wird von außen über das gesamte Gewächshaus gelegt und mit speziellen Befestigungsklammern sturmfest angebracht. Lüftungsklappen mit automatischen Lüftungsöffnungen werden vorher ausgehakt, damit sie nicht bei Sonneneinstrahlung die Folie hochdrücken.

Da Luftpolsterfolie gleichzeitig für einen erheblich verminderten Lichteinfall sorgt, sollte sie nur während der kältesten Monate angebracht werden, also beispielsweise von Dezember bis Ende Februar. Nach einigen Jahren ist bei dieser Folie eine graue Verfärbung festzustellen, die den Lichteinfall behindert, sie muß dann erneuert werden.

Wer sich die vielfältigen technischen Einrichtungen der Gewächshäuser in Gärtnereien oder Botanischen Gärten anschaut, mag die Verwirklichung seines Glashaustraums schon aus finanziellen Gründen in weite Ferne gerückt sehen. Klar, je perfekter die Technik im Gewächshaus, desto vorteilhafter sind die Bedingungen für die Pflanzen und desto geringer ist der Arbeitsaufwand für den Unterglasgärtner. Die meisten Gewächshaushersteller bieten ein reichhaltiges Zubehörprogramm an. Wie ein Gewächshaus aussehen kann, das mit allen erdenklichen technischen Hilfsmitteln ausgestattet ist, zeigt die Abbildung auf Seite 40 f.

Dabei sind noch nicht einmal alle Möglichkeiten sichtbar, die dem Pflanzenfreund zur Perfektion seiner Glashausleidenschaft geboten werden. Ergänzt werden kann die Ausstattung durch eine vollautomatische Klimasteuerung, bei der Temperatur, Licht und Luftfeuchtigkeit den jeweiligen Verhältnissen angepaßt und genau aufeinander abgestimmt sind. Sinnvoll ist solche technische Perfektion jedoch nur dann, wenn wertvolle Pflanzen mit besonderen Pflegeansprüchen kultiviert werden sollen. Als Beispiel seien hier wieder die Orchideenliebhaber genannt. Es gibt allein in der Bundesrepublik mehr als 10000 Orchideenfreunde. Darunter sind viele, die sich mit seltenen und entsprechend wertvollen Exemplaren befassen, für deren Kultur kein technischer Aufwand zu groß ist.

Für die „Normalverbraucher" unter den Glashausgärtnern ist solche perfekte Technik jedoch nicht notwendig. Das heißt allerdings nicht, daß auf die Hilfe der Technik ganz verzichtet werden soll. In wichtigen Teilbereichen leistet sie wertvolle Dienste und sorgt dafür, daß das Wohlergehen der Pflanzen gefördert und die Arbeit erleichtert wird. Das betrifft vor allem die Heizung, für die eine Regelung über einen Thermostat ganz sicher kein Luxus ist. Das gilt auch für das selbsttätige Öffnen und Schließen der Lüftungsklappen. Schließlich kann auch eine automatische Bewässerung erhebliche Vorteile in der täglichen Gewächshauspraxis bringen.

Wer viel Zeit für sein Glashaus aufbringen kann, der wird jedoch auch mit weniger Perfektion Erfolg mit seinen Pflanzen haben. Abgesehen von der genannten Automation von Heizung, Lüftung und Bewässerung ist die Notwendigkeit des übrigen technischen Zubehörs von jedem Glashausgärtner individuell zu entscheiden. Sie ist vor allem abhängig von den Ansprüchen der Pflanzen, die im Gewächshaus kultiviert werden.

Unentbehrlich ist ein Minimum-Maximum-Thermometer. Darauf läßt sich nicht nur die augenblickliche, sondern auch die höchste und niedrigste Temperatur der vergangenen Stunden oder Tage ablesen. Außerdem benötigt man ein Bodenthermometer, mit dem sich feststellen läßt, ob die Temperatur im Grundbeet zum Keimen des Saatguts ausreicht. Mit einem Bodenheizkabel, das über einen zusätzlichen Thermostat gesteuert werden kann, läßt sich die Temperatur erhöhen. Ein Hygrometer zum Messen der Luftfeuchtigkeit leistet ebenfalls wertvolle Dienste.

Ein elektrischer Luftbefeuchter mit automatischem Feuchteregler ist für die Kultur tropischer Pflanzen notwendig, die auf hohe Luftfeuchtigkeit

Gut ausgestattetes, sehr großes Gewächshaus mit Frühbeetkasten, der erlaubt, daß nicht das ganze Glashaus beheizt werden muß, falls man während der Wintermonate einige Pflanzen vorziehen möchte.

angewiesen sind. Ansonsten kann man darauf verzichten. Ein Luftumwälzer bringt dagegen Vorteile für alle Glashauspflanzen.

Die Anschaffung eines Düngermischers ist nur dann empfehlenswert, wenn ein sehr großer Pflanzenbestand versorgt werden soll. Fürs Kleingewächshaus kann man sich diese Kosten sparen.

Ein Gießgerät bringt eine erhebliche Arbeitserleichterung. Stabile Gießgeräte aus Metall sind erheblich robuster als solche aus Kunststoff. Wenn Regenwasser aus einem Sammelbecken benutzt wird, braucht man einen elektrischen Gießwasserpumpautomat.

sich dafür eine weiche Waschbürste, wie man sie auch zum Autowaschen verwendet. Noch besser sind Waschbürsten mit einem Verlängerungsrohr, die als Zubehör von Gartenschlauchherstellern angeboten werden. Für die Reinigung der Glasaußenflächen kann ein wenig Feinwaschmittel oder Autoshampoo hinzugefügt werden. Säurehaltige Mittel sind nur in Ausnahmefällen, wie bei Emissionen von Zementwerken, geeignet. Man darf sie nicht bei Kunststoffen anwenden.

Das Reinigen der Glasinnenflächen ist häufiger erforderlich. Hier ist weniger der Staub die Ursache, sondern Algenbildung. Die Verminderung des Lichteinfalls ist ganz beträchtlich und kann das Wachstum der Pflanzen deutlich beeinträchtigen. In der Praxis begnügen sich Gewächshausbesitzer meistens mit einer gründlichen Reinigung (nur mit Wasser) der inneren Glasflächen im zeitigen Frühjahr und im Herbst. Das liegt daran, daß während der Sommermonate die Glasflächen weitgehend von den Pflanzen bedeckt sind. Man sollte sie aber auch zwischendurch vom gröbsten Schmutz, von Algen und Pilzen befreien.

Verschmutzte Folie wird mit Wasser abgespritzt und mit einem nassen Lappen abgewischt. Hartnäckige Schmutzstellen können mit Feinwaschmittel abgeseift werden. Auch hier sind mit einem Gartenschlauch verbundene Waschbürsten gut zum Säubern geeignet. Falls die Folie im Herbst abgenommen wird, sollte sie während der Wintermonate lichtgeschützt aufbewahrt werden. Man legt sie entweder locker zusammen oder hängt sie über eine Holzstange ohne scharfe Kanten.

Alumiumprofile und verzinkter Stahl erfordern eigentlich keine Pflege. Sie können auch mit einem Schwamm, Wasser und Feinwaschmittel gesäubert werden.

Für die Reinigung von Gewächshaussprossen und -scheiben können auch die überall im Handel erhältlichen Hochdruckreiniger verwendet werden (Kosten: mehrere hundert Mark).

Die elektrischen Einrichtungen sollten alle paar Jahre von einem Fachmann kontrolliert werden.

Die Pflege

Für solche Mitmenschen, die im Fensterputzen einen Lebenszweck sehen, muß ein Glashaus ein Alptraum sein. Doch keine Sorge: Der Pflegeaufwand für Gewächshaus und Verglasung ist äußerst gering. Die Dachverglasung wird aufgrund der Dachneigung vom Regen bereits weitgehend gereinigt. Und auch die senkrechten Glasscheiben müssen nur ab und zu mit dem Gartenschlauch abgespritzt werden. Lediglich in Gegenden mit erheblicher Luftverschmutzung durch benachbarte Industriebetriebe ist häufiges Abspülen des Staubs mit dem Gartenschlauch notwendig. Am besten eignet

Praktische Pflanzenpflege

Wer Spaß an Pflanzen hat, dem bereitet auch das Gärtnern unter Glas keine Probleme. Richtiges Wässern, Lüften und Düngen kann ganz einfach gelernt werden, genauso wie vorbeugender und naturnaher Pflanzenschutz. Ein Gewächshaus macht das grüne Hobby weitgehend unabhängig vom Wetter und bietet für Kultur und Vermehrung selbst empfindlicher Pflanzen die besten Voraussetzungen.

Wissenswertes

Gärtnern im Gewächshaus reizt zum Vorwurf der Energieverschwendung. Theoretisch können Sie im Gewächshaus das Klima nach Belieben steuern und mit Heizung und Zusatzbeleuchtung den Winter zum Sommer machen. Für den Erwerbsgärtner kann es lohnend sein, Tulpen im Dezember bei 25° C anzutreiben, um sie zu diesem frühen Zeitpunkt teuer zu verkaufen. Wegen der hohen Energiekosten ist das im Kleingewächshaus nicht ratsam. Spezialkulturen, die auf hohe Wintertemperaturen angewiesen sind, zum Beispiel Warmhausorchideen oder andere Tropengewächse, setzen eine ausgezeichnete Wärmedämmung von Glas und Gewächshauskonstruktion voraus.

Die Energiekosten eines geheizten Gewächshauses halten sich im Rahmen, wenn man sich mit einem Kalthaus zufrieden gibt, das nachts mindestens 5° C und tagsüber 10° C aufweist. Das Sortiment an Pflanzen, die sich unter diesen Bedingungen wohlfühlen, ist überraschend groß. Für ein Gewächshaus, das im Winter nur gerade frostfrei gehalten wird, kommt ebenfalls eine ganze Reihe robuster Zierpflanzen (viele Kübelpflanzen) in Frage.

Bei den Nutzpflanzen ist der Energieverbrauch gering, wenn die Gartensaison lediglich etwas verlängert wird. So können bereits ab März Salat, Kohlrabi oder Radieschen geerntet werden, die im Freiland erst zwei Monate später erntereif sind. Eine Ernteverfrühung um zwei Monate ist auch bei Tomaten oder Gurken mit geringer Zusatzheizung während der Anzuchtzeit möglich.

Die Aussaat der Sommerblumen, die dann pünktlich zu den Eisheiligen Mitte Mai blühend ausgepflanzt werden können, ist ebenfalls mit mäßigen Energiekosten verbunden; immer vorausgesetzt, daß das Gewächshaus ausreichend isoliert ist. Die weitaus meisten Sommerblumen müssen nicht vor Februar oder März ausgesät werden. Und zu diesem Zeitpunkt heizt die Sonne bereits kräftig mit.

Um gesundes Gemüse und Obst ernten und prächtige Zierpflanzen ziehen zu können, muß man über die richtige Pflege seiner Schützlinge Bescheid wissen.

Licht und Wärme

Entscheidend für das Wachstum der Pflanzen ist das Zusammenwirken von Licht und Wärme und natürlich der anderen Kulturbedingungen wie Bodenfeuchte, Düngung und andere. Wärme allein würde langtriebige, anfällige Pflanzen hervorbringen. Ausreichendes Tageslicht muß dazukommen. Zwar kann die Sonne an wolkenlosen Tagen das Glashaus schon im Januar auf 25° C aufheizen, doch Tageslichtdauer und -intensität sind erst von der zweiten Februarhälfte an ausreichend für ein zügiges Pflanzenwachstum.

In den lichtarmen Wintermonaten erweist es sich als besonders wichtig, daß das Gewächshaus den sonnigsten Standort im Garten erhält. Die meisten hier überwinternden Kübel- und Gartenpflanzen bevorzugen es hell. Erst recht ist für die frühe Anzucht von Nutz- und Zierpflanzen viel Licht nötig, damit sie sich wunschgemäß entwickeln.

Styroporplatten oder Luftpolsterfolien, die zur besseren Isolierung angebracht wurden, müssen zum Winterende rechtzeitig entfernt werden, damit der Lichteinfall nicht behindert wird. Für früheste Anzucht und Spezialkulturen verbessern Zusatzleuchten die Wachstumsbedingungen.

Umgekehrt kann es im Sommer erforderlich sein, den Lichteinfall zu vermindern. Zwar überwiegt die Zahl der Pflanzen, die im Sommer ohne Schattierung unter Glas gehalten werden können, aber es sind oft die schönsten, die gegen pralle Sonne empfindlich sind. Eine Schattiermöglichkeit verhindert zu starke Überhitzung im Sommer. Eine Dauerbeschattung mögen allerdings nur die wenigsten Pflanzen.

Ist ein Gewächshaus mit Stegdoppelplatten (16 mm) verglast, und besitzt es eine gute Lüftung, muß außer bei sehr schattenliebenden Pflanzen nie schattiert werden (siehe auch Seite 28).

Luftfeuchtigkeit und Lüftung

Ein weiterer Faktor für gutes Wachstum ist die richtige Lüftung im Gewächshaus. Die typische, feuchtwarme Treibhausluft ist für einige Pflanzen im Glashaus lebensnotwendig, aber nicht für alle. Die meisten Nutzpflanzen und auch zahlreiche Zierpflanzen bevorzugen viel Frischluft, manche sogar an – allerdings frostfreien – Wintertagen.

Bei großer Hitze im Sommer bringt dagegen das Erhöhen der Luftfeuchtigkeit allen Pflanzen im Glashaus Nutzen. Durch mehrfaches Besprühen der Bodenplatten mit Wasser läßt sich außerdem die Temperatur ein wenig senken.

Bei der Pflanzenanzucht ist hohe Luftfeuchtigkeit Bedingung. Aussaat und erst recht Stecklingsvermehrung gelingen bei „gespannter Luft" zuverlässiger.

In der kalten Jahreszeit besteht in den meisten Gewächshäusern das Problem zu hoher Luftfeuchtigkeit, sichtbar an beschlagenen Glasscheiben. Bei niedrigen Glashaustemperaturen kann die Luft weniger Wasser speichern, so daß beschlagene Glasscheiben die Folge sind. Höhere Temperaturen, Luftumwälzung und eine noch bessere Wärmedämmung können im Winter die Luftfeuchtigkeit herabsetzen. Auch durch Einschränken beim Gießen und Rückschnitt der Pflanzen (sie verdunsten so weniger Wasser) läßt sich das lästige Beschlagen der Scheiben mindern (siehe auch Seite 50 f.).

Wässern und Wasserqualität

Der Wert des Wassers für das Pflanzenwachstum wird vor allem in den Sommermonaten deutlich. Unter dem Glasdach, wo es ohne Schattierung stets noch ein bißchen heißer ist als draußen ist, sind die Pflanzen schnell vom Vertrocknen bedroht; erst recht, wenn bei Hitze die Lüftung versehentlich geschlossen bleibt. Im Winter dagegen ist maßvolles Gießen angebracht. Dann besteht eher die Gefahr, daß kühl und mäßig hell gehaltene Pflanzen, die nur geringsten Wasserbedarf haben, totgegossen werden.

Pflanzen bestehen überwiegend aus Wasser, manche bis zu 95 %. Nur ein Bruchteil der Wassermenge, die sie aufnehmen, wird gespeichert, fast alles über die Blätter wieder verdunstet. Pflanzen mit vielen Blättern und einer großen Blattoberfläche benötigen daher erhebliche Wassermengen. Grundsätzlich brauchen Pflanzen unter Glas doppelt soviel Wasser wie im Freiland. Gewächse in engen Gefäßen, vor allem in Tontöpfen, trocknen besonders rasch aus. Die Pflanzen im Grundbeet reichen mit ihren Wurzeln tiefer. Doch auch hier sollte die Wassermenge, die bei großer Hitze über die Blätter verdunstet, nicht unterschätzt werden. Unter dem Glasdach zeigen Pflanzen eher schlappe Blätter als draußen. Für das Grundbeet gilt: Lieber nicht zu häufig, dann aber ausgiebig wässern. Eine trockene Bodenoberfläche bedeutet nicht unbedingt Wassermangel. Im Zweifelsfall kann man ein 40 cm tiefes Loch graben. Ist dort die Erde noch feucht, muß noch nicht sofort gewässert werden. Der beste Zeitpunkt für das Gießen der Glashauspflanzen ist immer morgens. Das ist ganz besonders während der kalten Jahreszeit wichtig, denn nur so können die Blätter im Laufe des Tages abtrocknen. In der Mittagshitze sollte möglichst nicht gewässert werden. Falls es unbedingt erforderlich ist, sollte direkt auf die Erde gegossen werden. Wassertropfen auf Blättern können in der Sonne wie Brenngläser

wirken. Pflanzen, die ein feuchtwarmes Klima bevorzugen und im Sommer schattiert sind, kann man unter Umständen direkt überbrausen. Das Wasser sollte möglichst leicht angewärmt sein. Ideal ist sauberes Regenwasser. Leitungswasser sollte zumindest gut abgestanden sein.

Für Pflanzen, die kalkarmes Wasser brauchen, ist abgekochtes Leitungswasser eine brauchbare Notlösung.

Wie oft die Pflanzen im Glashaus gewässert werden müssen, ist in den Einzelbeschreibungen der Nutz- und Zierpflanzen angegeben. Die verschiedenen Arten der Wasserversorgung sind ab Seite 49 dargestellt.

Boden, Erdmischungen und Ersatzstoffe

Der Boden im Grundbeet

Klima und Licht, das läßt sich im Gewächshaus regeln, aber den Boden muß man schon selbst hinkriegen. Die Qualität der Erde im Grundbeet und im Topf ist ein entscheidender Faktor für die erfolgreiche Beschäftigung mit Pflanzen.

Fertige Blumenerde gibt es zu kaufen, doch das wird bei einem großen Pflanzensortimant bald zu teuer, erst recht, wenn der Boden im Grundbeet ausgetauscht werden muß. Außerdem hat ein Test ergeben, daß es viele schlechte Fertigerden auf dem Markt gibt.

Preiswerter und meistens auch besser sind einfach herzustellende, eigene Mischungen aus Gartenerde, gesiebtem Kompost und Sand. In der Regel werden die drei Zutaten im Verhältnis 4 : 4 : 1 gemischt. Hat man allerdings sehr sandigen Gartenboden, muß der Sandanteil entsprechend geringer sein. In einem neuen Gewächshaus ist der Boden unterschiedlicher Qualität. Wenn das Glashaus dort aufgebaut wird, wo vorher Nutz- oder Zierpflanzen standen, läßt der Boden selten zu wünschen übrig.

In vielen Fällen findet man jedoch nur verdichteten Baugrund vor. Zur allgemeinen Bodenverbesserung sind reichliche Torfgaben oder auch Rindensubstrat am günstigsten. Das Hinzufügen von Sand ist gerade bei lehmigen Böden angebracht, um eine bessere Wasserdurchlässigkeit zu erreichen. In jedem Fall ist tiefgründiges Umgraben unvermeidlich.

Einen fruchtbaren Boden erzielt man kaum durch Torf, Rindensubstrat und Sand allein, ebenso wenig nur durch großzügig bemessene Düngergaben. Erst mit dem Ausbringen von Komposterde läßt sich der erhoffte humusreiche Bodenzustand herstellen. Im späten Frühjahr und im Herbst wird die fertige Komposterde fingerdick auf dem Grundbeet verteilt. Die Kompostbereitung ist deshalb der erste Schritt auf dem Weg zu fruchtbarem Boden.

Das Geheimnis der guten Wirkung von Kompost auf den Boden und damit auf das Wachstum der Pflanzen ist nicht zuletzt beim Regenwurm zu suchen. Das Abfallmaterial wird zunächst von den Kleinstlebewesen im Kompost zersetzt, danach vom Wurm verdaut und mit Spurenelementen angereichert. Kompost hat einen hohen organischen Anteil, enthält viele Nährstoffe, verbessert die Wasserführung und lockert den Boden.

Der Wert des Komposts für die Bodenverbesserung wird von Biogärtnern und Vertretern des konventionellen Anbaus gleichermaßen hervorgehoben. Beim Ausbringen des fertigen Komposts auf dem Grundbeet ist nicht einmal Sieben notwendig. Was noch nicht vollständig verrottet ist, wird anschließend weggeharkt und noch einmal kompostiert.

Für die Beimischung zur Topfpflanzenerde muß der Kompost fein gesiebt und vor allem gut verrottet sein. Im Zweifelsfall zeigt ein Aussaat-Test mit Kresse, ob der Kompost reif ist. Dazu sät man sowohl in Torf wie in den Kompost eine vergleichbare Menge Kresse. Ist der Kompost reif, ähnelt sich das Aussaatergebnis. Andernfalls keimen nicht alle Samen beziehungsweise die Jungpflanzen sterben schnell ab.

Kompostherstellung im Gewächshaus

Wer über ein ausreichend großes Gewächshaus verfügt, kann sogar einen Teil der Kompostherstellung ins Glashaus verlagern. Auch Kompostsilos sind dafür gut geeignet. Im Gegensatz zum Freiland, wo bei Frost die Kompostierung ruht, geht im sonnenerwärmten Glashaus die Verrottung weiter. Die Erhitzung im Innern des Komposts, durch die Arbeit der Kleinstlebewesen hervorgerufen, kann zudem eine geringfügige Luft- und Bodenerwärmung im näheren Umfeld bewirken.

Wurmhumusherstellung im Gewächshaus

Ein frostfrei gehaltenes Gewächshaus bietet auch für die gezielte Wurmhumusproduktion mit Regenwürmern beste Voraussetzungen. Das ist keinesfalls eine Angelegenheit für versponnene Zeitgenossen, sondern eine umweltfreundliche Verwertungsmöglichkeit für Garten- und Küchenabfälle. Die von den Regenwürmern verdauten Abfälle ergeben einen Stoff mit hervorragender bodenverbessernder Wirkung, eben Wurmhumus. Egal ob aus Eigenproduktion oder fertig gekauft (er ist dann pulvertrocken), Wurmhumus läßt Pflanzen tatsächlich besser wachsen. Vergleichende Versuche brachten eindeutige Ergebnisse.

Wer einen Komposthaufen im Garten hat und mit Erfolg Abfälle zu Humuserde werden läßt, muß nicht lange nach den Regenwürmern suchen. Den wertvollen Wurmhumus produzieren sie kostenlos. Es ist allerdings zwecklos, den vom Kompostmaterial lebenden Mistwurm (Eisenia foetida) im Grundbeet auszusetzen; er ist auf organische Abfälle als Futter angewiesen. Der im Boden lebende Regenwurm (Lumbricus terrestris) gehört zu einer anderen Gattung. Sein vermehrtes Auftreten im Boden ist ein Anzeichen für fruchtbaren, gut durchlüfteten Boden. Bodenbedeckung und sanfte Bodenbearbeitung, d. h. Lockern mit der Grabegabel statt Umgraben mit dem Spaten, schont den Regenwurm.

Bodentest

Auf jeden Fall sollte der pH-Wert des Bodens festgestellt werden. Erweist sich die Erde als sauer, können geringe Mengen Kalk hinzugefügt werden. Ziel ist ein fast neutraler Boden. Ein pH-Wert zwischen 6 und 7 ist für die meisten Pflanzen günstig. Am besten man verwendet pH-Testsets aus dem Gartenfachhandel. Die geben einen Anhaltspunkt. Genauer ist selbstverständlich die Bodenanalyse eines Bodeninstitutes.

Die Analyse einer Bodenprobe aus dem Gewächshausgrundbeet bietet die beste Basis für richtige Düngung. In Untersuchungs- und Forschungsanstalten (Adressen siehe Anhang) werden Bodenproben im allgemeinen auf ihren Gehalt an Kalium, Phosphor und Magnesium untersucht und der pH-Wert festgestellt. Unbedingt sollte eine Düngeempfehlung, auf Wunsch mit rein organischen Düngern, angefordert werden.

Eine Untersuchung auf Schwermetalle kann in unmittelbarer Nähe von Betrieben metallverarbeitender Industrien sinnvoll sein. Schwermetalle wie Cadmium, Quecksilber oder Blei sind beim Nutzpflanzenanbau schon in geringen Mengen gesundheitsschädlich. Sie können auch durch Überdüngung mit Phosphaten in die Erde gelangen, ebenso durch falsche Kompostbereitung, beispielsweise mit Steinkohlenasche. Eine Untersuchung auf Schwermetalle muß mit dem Labor vereinbart werden. In der Regel ist sie nicht erforderlich.

Bodenaustausch – nötig oder nicht?

Eigentlich ist es notwendig, den Boden im Grundbeet des Glashauses alle paar Jahre auszutauschen. Vermeiden oder zumindest hinausschieben läßt sich diese schweißtreibende Tätigkeit durch konsequenten Fruchtwechsel, sorgfältige Bodenbearbeitung und -abdeckung sowie reichliche Einbringung von Komposterde. Denn in einem humusreichen, gut gepflegten Boden sind die Pflanzen weniger krankheitsanfällig.

Intensive Nutzung und unzureichender Fruchtwechsel können dazu führen, daß schon im dritten oder vierten Jahr Krankheiten auftreten, die durch die Erde übertragen wurden. Dann ist ein Austausch der Pflanzerde unumgänglich.

Wenn schon gegraben werden muß, dann möglichst tief. 50 cm sind nicht zuviel. Beim Bodenaustausch oder bei der Neuanlage des Gewächshausbeets sollte nur die beste Erde verwendet werden, denn sie wird weitaus intensiver genutzt als im Freiland. Überwiegend mineralische Düngung kann zum Versalzen des Bodens führen. Dann ist reichliches Wässern der leeren Beete zur Ausspülung der Salzreste notwendig, am besten im Spätherbst oder zum Winterbeginn.

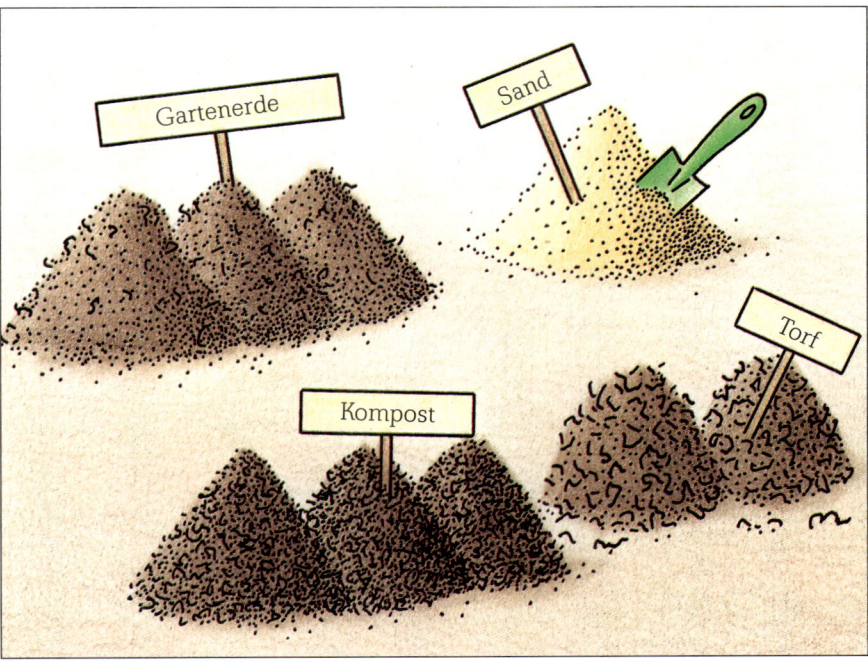

Eigene Erdmischung für die Topfkultur

Bodenentseuchung und Sterilisieren

Auf eine chemische Bodenentseuchung, wie sie früher stets empfohlen wurde, sollte man sich möglichst nicht einlassen. Unsachgemäße Anwendung kann sich leicht schädlich auf den Pflanzenwuchs auswirken.

Anders verhält es sich mit dem Sterilisieren des Bodens. Für die Anzucht von Pflanzen mit sehr langer Keimzeit kann sterile Erde notwendig sein. Geeignete Kleingeräte gibt es jedoch kaum, und das Sterilisieren im Backofen (30 Minuten bei 100° C) ist doch eine etwas umständliche Prozedur und daher nur eine Notlösung für kleinere Mengen Aussaaterde. Der Hobbygärtner muß bei verseuchter Erde den Boden austauschen.

Erdmischung für die Topfkultur

Eine eigene Erdmischung, Universalerde sozusagen, die für den größten Teil der Topfpflanzen geeignet ist, läßt sich mit mäßigem Aufwand herstellen. 3 Teile guter Gartenerde aus der oberen Bodenschicht werden mit 3 Teilen

verrottetem, gesiebtem Kompost und 2 Teilen Torf sowie einem Teil Sand gut vermischt. Ohne zusätzliche Düngung ist diese Mischung ideal für die Pflanzenanzucht. Ein Sand-Torf-Gemisch im Verhältnis 1:2 ist für Stecklinge zu empfehlen.

Für die Kultur der unterschiedlichen Topfpflanzen wird der beschriebenen Erdmischung Dünger nach dem jeweiligen Pflanzenbedarf zugefügt. Für eine Schubkarre voll Erde rechnet man durchschnittlich 1 kg organischen Mischdünger. Schwach wachsende Pflanzen bekommen weniger Dünger in die Erdmischung, starkzehrende Nutzpflanzen und wachstumsfreudige Zierpflanzen erhalten die doppelte Düngermenge. Dazu zählen zum Beispiel Tomaten oder Gurken, die in großen Töpfen wachsen, oder Kübel- und Balkonpflanzen. Geringe Mengen Stein- und Tonmehl sorgen für zusätzliche Spurenelemente und erhöhen die Wasseraufnahmefähigkeit der Erde.

Mit Sand ist nicht Bausand gemeint, weil der einen zu hohen Kalkgehalt aufweist. Zur Mischung mit Erde eignet sich am besten sauberer, nicht zu feiner Quarz- oder Flußsand.

Fertige Erden

Was im Beutel an fertiger Blumenerde angeboten wird, ist von recht unterschiedlicher Qualität. Bei Untersuchungen wurde teilweise ein zu niedriger pH-Wert und ein zu hoher Anteil minderwertigen Torfs festgestellt. Die meisten Fertigerden erfüllen jedoch die Anforderungen. Sie sind bereits mit Dünger vermischt. In der Regel sind sie mineralisch gedüngt, organische Düngung ist seltener. Angeboten werden auch Spezialerden, beispielsweise für Kakteen und andere Sukkulenten. Sie enthalten stickstoffarmen Dünger und einen höheren Sandanteil.

Auch für die Anzucht aus Samen und für die Stecklingsvermehrung gibt es Fertigerde. Bezeichnet ist sie als „Aussaat- und Pikiererde" und wird beispielsweise als TKS 1 (Torfkultursubstrat) angeboten.

Anzuchterde ist nur schwach gedüngt, denn die keimenden Pflanzen vertragen keine hohen Düngerkonzentrationen. Für Jungpflanzen mit mäßigem Düngerbedarf gibt es auch Fertigerden mit entsprechend abgestuftem Düngeranteil, zum Beispiel TKS 2.

Torf und Ersatzstoffe

Die Empfehlung, bei der Erdmischung Torf zu verwenden, erfolgt aus praktischen Gründen. Denn zur Lockerung der Erde trägt Torf in idealer Weise bei. Rindensubstrat als Ersatzstoff zum Beimischen hat sich in Versuchen als für die meisten Pflanzen bekömmlich erwiesen. In Blumenerde würden diese Pflanzen bald eingehen.

In Gärtnereien wird im großen Stil der Anbau in Steinwolle, also ohne Erde praktiziert. Dadurch kann eine Übertragung von Krankheiten durch Bodenpilze vermieden werden.

Mulchen

Die Bodenoberfläche zwischen den Pflanzen wird keinesfalls sauber geharkt, sondern während der Sommermonate mit Stroh, Grasschnitt oder anderen, vorzugsweise gehäckselten Pflanzenabfällen dünn bestreut. Gerade Häckselgut erweist sich dabei als recht dekoratives, keineswegs „unordentliches" Abdeckmaterial. Eine Mulchschicht, die recht dünn sein soll und dafür häufig erneuert wird, hält die Feuchtigkeit im Boden länger. Später sorgen die Pflanzen dann für ausreichende Beschattung des Bodens.

Containerkultur und Kultursäcke

Wenn im Glashaus ein Fruchtwechsel nicht möglich ist, weil beispielsweise jedes Jahr dieselben Pflanzen im Grundbeet angebaut werden sollen, bieten sich anstelle eines aufwendigen Bodenaustauschs noch andere Möglichkeiten: beispielsweise die Kultur der Pflanzen in Containern, also in geräumigen Kunststofftöpfen, oder in Säcken mit fertigem Torfsubstrat.

Bei der Containerkultur ist die Verwendung möglichst großer Pflanzgefäße von entscheidender Bedeutung, denn in der Sommerhitze trocknet die Erde in den Töpfen extrem schnell aus. Ideal ist hier eine automatische Bewässe-

Gemulchtes Erdbeerbeet

Gurken und Tomaten in Kultursäcken

Strohballenkultur

rung mit Tropfstellen an den einzelnen Töpfen.

Am preiswertesten sind einfache Baueimer mit 12 l Inhalt. In den Boden werden mehrere Wasserabzugslöcher gebohrt, damit keine Staunässe auftritt. Die Größe ist auch für Tomaten, Gurken oder andere Nutzpflanzen mit ausladendem Wurzelwerk geeignet, wenn die Wasserversorgung sichergestellt ist. Als Pflanzerde wird die vorher beschriebene, selbst bereitete Erdmischung (siehe Seite 69) verwendet, oder man nimmt Fertigerde.

Sogenannte Kultursäcke mit fertigem Pflanzsubstrat sind vergleichsweise teuer, dafür in der Anwendung äußerst praktisch. Man braucht lediglich in die Oberfläche ein Loch zu schneiden und setzt die Pflanze hinein. Das große Volumen von 50 oder 80 l und mehr bietet den Wurzeln ausreichend Platz. Die Erde kann später wieder verwendet werden, indem man sie auf den Kompost gibt oder im Garten auf den Beeten verteilt.

Strohballenkultur

Die Strohballenkultur bietet sich dann an, wenn im Gewächshaus kein natürlicher Boden zur Verfügung steht oder wenn der Boden für Pflanzen ungeeignet ist.

Die Strohballen müssen vor dem Bepflanzen zwei bis drei Tage gründlich gewässert werden. Dazu stellt man die Ballen in große Plastiktüten und füllt Wasser ein. Nach der Wässerung werden die Ballen ins Gewächshaus gebracht und jeder mit zirka 1,6 kg Volldünger – zum Beispiel Blaukorn – und zirka 1 kg Kalksalpeter bestreut. Dann wässert man gründlich. Nach ein paar Tagen bewirken diese Vorbereitungen eine Strohballentemperatur von 40 – 50° C. Nach dem Rückgang der Temperatur auf zirka 30° C – das mißt man mit einem Bodenthermometer – werden pro Ballen zwei Tomaten-, Gurken- oder Melonenpflanzen eingesetzt, die sich wegen der Wärme schnell entwickeln. Bis zum Ablauf der Kulturzeit zerfällt das Stroh und kann dann zum Mulchen verwendet werden.

Hydrokultur statt Erde

Hydrokultur, die Haltung in einer Nährlösung statt in Erde, ist für viele Spezialzierpflanzengärtnereien selbstverständlich geworden. Unter Glas haben Hydropflanzen die besten Bedingungen, vor allem im Hinblick auf Licht und Luftfeuchtigkeit. Wenn auch für die richtige Wärme, eventuell Schattierung gesorgt ist, bietet das Gewächshaus den Hydrogewächsen den günstigsten Ort.

Die Hydrokultur bringt Vorteile bei der Bewässerung, ist aber nicht bei allen Pflanzen möglich. Bewährt ist diese Form der erdelosen Pflanzenkultur vor allem beim Standardsortiment robuster Zimmerpflanzen mit ganzjährig gleichmäßigen Temperaturansprüchen. Weniger geeignet sind Pflanzen, die im Winter eine ausgeprägte Ruhezeit durchmachen. Dazu zählen vor allem Blütenpflanzen wie Alpenveilchen, Azalee, Bougainvillea, Gardenie, Gloxinie und Kamelie. Das Problem liegt darin, daß bei kühlen Temperaturen die Nährlösung Kälteschäden an den Wurzeln verursachen kann.

Hydropflanzen bekommen keinen gewöhnlichen Blumendünger, sondern speziellen Hydrodünger, auf Ionenaustauscherbasis, bei dem die Nährstoffe über einen langen Zeitraum abgegeben werden. Der besondere Vorteil liegt darin, daß nur alle zwei bis drei Monate gedüngt werden muß.

Grolit

Ein neuartiges Material, das unter der Markenbezeichnung Grolit 2000 angeboten wird, hat sich in der Zierpflanzenpraxis erstaunlich schnell durchgesetzt. Es verbindet die Vorteile der Erdkultur mit denen der Hydrokultur. Die Pflanzen behalten ihren Erdballen, während das Grolit hauptsächlich als Wasserspeicher fungiert.

Ähnlich wie die Blähtonkügelchen, die für die Hydrokultur verwendet werden, besteht Grolit aus gebranntem Ton. Das Material ist jedoch erheblich poröser als der für die Hydrokultur verwendete Blähton und weist unzäh-lige hauchfeine Kanäle auf. Dadurch wird eine enorme Wasserspeicherfähigkeit erzielt; Grolit kann mehr als 40 % seines Volumens an Wasser speichern, so daß die Pflanzen seltener gegossen werden müssen. Ein weiterer Vorteil: Die Pflanzenwurzeln müssen nicht wie bei der Hydrokultur von der Erde befreit werden, sondern man setzt die Pflanzen mit ihrem Wurzelballen in die mit Grolit gefüllten Pflanzgefäße.

Bei richtiger Anwendung bietet Grolit den Pflanzen beste Wachstumsbedingungen. Die Pflanzgefäße sollten mindestens doppelt so groß sein, wie der Erdballen der Pflanze mißt. Verwendet werden Gefäße ohne Wasserabzugsloch oder normale Übertöpfe. Der Boden wird mindestens 7 cm hoch mit Grolit bedeckt. Darauf setzt man den Erdballen der Pflanze und füllt mit Grolit oder gewöhnlicher Blumenerde auf. Als obere Deckschicht kann wieder Grolit verwendet werden. Das Gießwasser füllt man vorsichtig am Topfrand ein. Der Erdballen wird möglichst nicht von oben befeuchtet. Die Pflanze kann dadurch ihren Feuchtigkeitsbedarf von unten aus dem Wasservorrat decken. Es wird höchstens soviel Wasser eingefüllt, daß zwischen dem Wasserstand und dem Erdballen eine mindestens 5 cm dicke Grolitschicht bleibt. In großen Pflanzgefäßen kann der Abstand zwischen dem Wasservorrat und dem Erdballen bis zu 20 cm betragen. Aufgrund der Saugfähigkeit des gebrannten Tons ist die Pflanze auch so in der Lage, das Wasser nach oben zu transportieren. Ein Wasserstandsanzeiger, wie er auch für die Hydrokultur benutzt wird, ist unerläßlich, um einen zu hohen Wasserstand zu vermeiden. Dadurch wird verhindert, daß die Wurzeln im Wasser stehen und faulen. Dagegen schadet es den Pflanzen nicht, wenn die Wurzeln später in die Wasserschicht hineinwachsen. Für die Nährstoffversorgung werden, ähnlich wie bei der Hydrokultur, Ionenaustauschdünger verwendet.

Verschiedene Saat- und Pflanzgefäße. Vorn Mitte: Torfquelltöpfe, rechts und Mitte: Torftöpfe, links: Kunststofftöpfe, hinten: Multitopfplatten

Pflanzgefäße

Die Entscheidung, ob Töpfe aus Ton oder aus Kunststoff verwendet werden sollen, fällt in der Gewächshauspraxis zugunsten der Kunststoffgefäße aus. Sie sind erheblich leichter, so daß auf den Kulturtischen und Hängeregalen keinerlei Probleme mit einer zu großen Belastung auftreten. Sie sind außerdem leichter zu säubern, was für die Hygiene wichtig ist und bei einer größeren Anzahl eine wesentliche Arbeitserleichterung bringt. Außerdem läßt sich bei Pflanzen in Kunststofftöpfen ganz einfach feststellen, ob die Erde noch ausreichend feucht ist: Wenn sie sich beim Anheben leicht anfühlen, ist die Erde trocken; bei feuchter Erde wiegen sie deutlich mehr.

Tontöpfe sind teurer und zudem bruchgefährdet. Der Hauptunterschied zu Kunststofftöpfen besteht darin, daß durch die Tonwände Wasser verdunsten kann. Dadurch trocknet die Erde in den Gefäßen leichter aus. Dieser Nachteil kann aber auch zum Vorteil werden, denn Pflanzenschäden durch zuviel Gießen sind bei der Verwendung von Tontöpfen nicht so ohne weiteres möglich.

Wenn viele Töpfe auf geringer Fläche untergebracht werden müssen, sollte man viereckige Töpfe bevorzugen. Das ist vor allem bei der Anzucht wichtig, wenn nach dem Pikieren viele Jungpflanzen vorhanden sind, die in solchen Töpfen besonders platzsparend aufgestellt werden können.

Äußerst praktisch sind sogenannte Multitopfplatten. Sie sind aus Kunststoff und können je nach Größe mehrere Dutzend Einzelpflanzen aufnehmen, ohne daß die Wurzeln zusammenwachsen.

Außerdem gibt es Torftöpfchen, das sind Gefäße mit Torfwänden, und Torfquelltöpfe, die durch Befeuchtung aufquellen.

Düngung

Die Pflanzennährstoffe

Alle Pflanzen brauchen Nährstoffe zum Wachsen. Zu den Hauptnährstoffen zählen Stickstoff, Phosphor und Kalium, in geringerem Maß auch Magnesium. Dazu kommen Spurenelemente wie Eisen, Bor und Mangan. Stickstoff kräftigt das Blattwachstum, Phosphor verbessert Blüten- und Fruchtentwicklung, Kalium stärkt die Pflanzenzellen und macht sie robuster. Dünger werden meist als Mischdünger verkauft. Dabei weisen sie unterschiedliche Zusammensetzungen an Nährstoffen auf. Eine empfohlene Düngermenge kann daher immer nur ein Richtwert sein. Anhand einer Bodenuntersuchung (siehe Seite 68) läßt sich der Nährstoffgehalt recht genau feststellen.

In jedem Fall sollten die von den Düngerherstellern auf der Packung angegebenen, meist großzügig berechneten Mengen nicht überschritten werden. Übertriebene Stickstoffdüngung ist ungünstig, weil sie starkes Blattwachstum mit oft unzureichender Blüten- und Fruchtbildung bewirkt.

Phosphor ist im Boden in der Regel ausreichend vorhanden, so daß gezielte Phosphatdüngung nur in Einzelfällen nötig ist. Bei der Untersuchung von Bodenproben wird häufig ein viel zu hoher Anteil von Phosphor festgestellt. Auch die Anwendung reiner Kaliumdünger, beispielsweise Patentkali oder Kaliumsulfat, sollte nicht übertrieben werden, sonst können Pflanzenschäden auftreten.

Organisch oder mineralisch?

Bei der Frage, welche Dünger im Gewächshaus verwendet werden, wirkt das große Angebot verschiedener Düngerarten eher verwirrend. Hinzu kommt die unterschiedliche Auffassung zwischen den Vertretern eines naturgemäßen Anbaus, die nur organische Dünger gelten lassen, und den Befürwortern des konventionellen Anbaus, die eine mineralische Düngung, den Kunstdünger, bevorzugen. Die notwendige Versorgung der Pflanzen mit Nährstoffen ist beim Anbau im Gewächshaus durch beide Düngerarten gleichermaßen gewährleistet.

Angeboten werden auch organisch-mineralische Dünger, also Mischungen beider Arten. Voraussetzung für den Erfolg der Düngung ist in jedem Fall ein humusreicher Boden. Ist dieser nicht vorhanden, kann durch ausschließlich oder weitgehende mineralische Düngung auch kein Humus entstehen.

Organische Dünger

Organische Dünger können nicht direkt von den Pflanzen aufgenommen werden. Durch die Bodenorganismen, verschiedene Säuren und Wasser, werden die im Dünger enthaltenen Nährstoffe pflanzenverfügbar gemacht. Die Wirkung organischer Dünger ist daher langsam, hält allerdings lange an. Eine Überdüngung ist nicht so leicht möglich. Erst mit steigenden Bodentemperaturen können organische Dünger von den Bodenlebewesen leichter verarbeitet und von den Wurzeln aufgenommen werden. Unter Glas macht sich dieser Nachteil weniger bemerkbar, weil hier die Temperatur deutlich höher als im Freiland ist.

Die Tatsache, daß organische Dünger wesentlich zur Bodenbelebung beitragen und die Bodenstruktur verbessern, macht sie für den naturgemäßen Gartenbau besonders wertvoll. Sie sind gewöhnlich teurer als Mineraldünger.

Organische Stickstoffdünger

Hornspäne, Hornmehl und Blutmehl zählen zu den organischen Düngern mit hohem Stickstoffanteil (über 10 %). Hornspäne, aus Tierhufen gewonnen, wirken extrem langsam, gemahlenes Hornmehl innerhalb von zwei Wochen. Am schnellsten wirkt Blutmehl. Es enthält einen besonders hohen Stickstoffanteil und sollte sparsam verwendet werden. Sinnvoll ist die Anwendung einer Mischung dieser Dünger, um eine rasche und gleichzeitig lang anhaltende Wirkung zu erzielen. Der Laie tut sich in der Regel schwer, die verschiedenen Zutaten im richtigen Verhältnis zu mischen, besser ist es daher, auf Fertigmischungen, die es im Fachhandel gibt, zurückzugreifen.

Zu den stickstoffhaltigen organischen Düngern wird auch Rhizinusschrot gerechnet. Er wirkt noch langsamer als Hornspäne. Beide Düngerarten werden deshalb bevorzugt als Vorratsdünger schon zwei bis drei Monate vor Anbaubeginn gestreut.

Organische Phosphatdünger

Knochenmehl enthält viel Phosphorsäure, ebenso Guano (Vogelmist), wenig ist in getrocknetem Hühnermist, Pferdemist sowie Rhizinusschrot enthalten. Eine zusätzliche Phosphatdüngung ist gewöhnlich nur dann erforderlich, wenn Pflanzen besondere Ansprüche haben oder eine Bodenprobe im Grundbeet Mangel an diesem Nährstoff ergibt.

Organische Kaliumdünger

Während Ton- und Lehmböden gewöhnlich einen ausreichenden Kaliumgehalt aufweisen, können Sandböden zuwenig haben. Holzasche von unbehandeltem Holz, auch vom Grill (aber keine Steinkohlenasche) ist als Kaliumdünger bestens geeignet. Für eine ausreichende Kaliumversorgung der Pflanzerde genügt der Umweg über den Kompost. Sägemehl, Gehölzschnitt und Holzasche bringen mit ihrem hohen Kaliumgehalt meistens schon eine ausreichende Menge in den Kompost, der später für die Erdmischung verwendet wird.

Für eine gezielte Kaliumdüngung nach Bodenprobe wird im naturgemäßen Anbau zum Teil auch Patentkali verwendet. Zuviel Kali ist ungünstig, weil die Pflanze dann kein Magnesium mehr aufnehmen kann und so ein künstlich geschaffener Magnesiummangel entsteht.

Organische Magnesiumdünger

Mangel an Magnesium ist häufig ein Grund für kränkelnde Pflanzen, auch wenn von diesem Nährstoff nur geringe Mengen benötigt werden. Einen hohen Magnesiumgehalt weist Algenkalk auf. Er wird aus zermahlenen Korallalgen hergestellt und ist auch reich an Spurenelementen.

Mineralische Dünger

Mineralische Dünger sind in der Regel wasserlöslich und können direkt von den Pflanzenwurzeln aufgenommen und zur Ernährung verwertet werden. Sie wirken also schnell. Wird zuviel gedüngt, so nehmen die Pflanzen mehr Nährstoffe auf, als sie brauchen. Das Ergebnis sind mastige, sozusagen aufgeschwemmte Pflanzen, die ziemlich anfällig gegen Krankheiten und Schädlingsbefall sind.

Bei der Anwendung mineralischer Düngersalze, auch in Wasser gelöst, muß die Erde ausreichend feucht sein und hinterher gewässert werden. Dün-

gerreste auf Pflanzenteilen muß man mit Wasser abspülen.

Die meisten mineralischen Dünger sind Mehrnährstoffdünger mit einem ausgewogenen, hohen Anteil der Hauptnährstoffe. Das viel verwendete „Blaukorn" zum Beispiel enthält jeweils 12 % Stickstoff und Phosphor, 17 % Kalium und 2 % Magnesium, außerdem Spurenelemente. Bei der Zusammensetzung können einzelne Stoffe betont sein, so daß auch mit Mischdüngern eine gezielte Anwendung möglich ist. Enthält ein Dünger zum Beispiel viel Stickstoff, gibt man ihn in der Wachstumsphase. Kalium- und phosphorbetonte unterstützen Blütenbildung und Reife.

Mineralische Einzeldünger, wie sie in der Landwirtschaft gebraucht werden, sind über den Landhandel erhältlich. Allerdings erfordert die Verwendung solcher Dünger – wie schwefelsaures Ammoniak oder Superphosphat – genaueste Kenntnisse des Nährstoffbedarfs. So kann beispielsweise Harnstoff, der einen extrem hohen Stickstoffanteil von 46 % aufweist, vielfach eher schaden als nutzen.

Düngergranulate

Vorteilhaft für eine Vorratsdüngung sind sogenannte Langzeit- oder Depotdünger. Sie enthalten mineralische Düngesalze, die erst nach und nach freigesetzt werden. Solche Langzeitdünger sind vor allem für Topfpflanzen und Pflanzgefäße günstig.

Flüssigdünger

Im Sortiment der flüssigen Dünger gibt es ein riesiges Angebot, vor allem an Zimmerpflanzendüngern. In der Regel bestehen Flüssigdünger aus gelösten mineralischen Düngesalzen. Die Zusammensetzung der Hauptnährstoffe ist je nach Hersteller unterschiedlich. Auch Spurenelemente sind enthalten. Ein Vorteil der Flüssigdünger liegt in ihrer einfachen Anwendung. Flüssigdünger werden mit dem Gießwasser vermischt und können bei manchen

Bewässerungsanlagen gleich mit eingefüllt werden. Die Erde muß bei mineralischer Düngung ausreichend feucht sein. Trockene Erde ist ungünstig, weil die Pflanze sonst eine zu konzentrierte Düngermenge erhält. Benetzte Blätter werden mit klarem Wasser noch einmal überbraust. Auch bei der Anwendung von Flüssigdünger dürfen die angegebenen Mengen nicht überschritten werden.

Auch hier gilt wieder: Dünger, die viel Stickstoff enthalten, gibt man in der Wachstumsphase. Kalium- und phosphorbetonte unterstützen Blütenbildung und Reife. Rein organische Flüssigdünger sind wenig verbreitet. In der Düngepraxis läßt sich mit ihnen eine ebenso gute Wirkung wie mit mineralischen Flüssigdüngern erzielen.

Algendünger

Unter Biogärtnern schon länger verbreitet sind Algenextrakte als Zusatzdünger. Sie werden aus grünen oder braunen Blattalgen aus dem Atlantik gewonnen. Die Algen enthalten einen hohen Anteil an Spurenelementen und außerdem wachstumsfördernde Mineralstoffe und Aminosäuren. Sie wirken allgemein pflanzenstärkend und in geringem Maß auch vorbeugend gegen Pilzkrankheiten und Insektenbefall. Das Konzentrat wird stark mit Wasser verdünnt.

Man kann die Pflanzen auch direkt mit dem Algendünger überbrausen, denn die Wirkstoffe werden von Blättern und Wurzeln unmittelbar aufgenommen.

Pflanzenjauchen

Unterschiedlich wirksame Dünger in Form von Pflanzenjauchen können aus Kräutern, die im Garten oder in der Natur wachsen, selbst hergestellt werden. Ihr Gehalt an Nährstoffen ist zumeist nicht hoch, aber dafür bieten sie eine Reihe wichtiger Wirkstoffe. Pflanzenauszüge wirken vielfältig und verbessern generell Bodenzustand und Pflanzenwuchs, machen aber eine

Düngung nicht überflüssig; von der recht stickstoffhaltigen Brennessel-jauche einmal abgesehen. Zusätzlich läßt sich mit Kräuterbrühen aus Schachtelhalm, Brennessel, Rainfarn, Wermut oder Beinwell eine Wirkung gegen zahlreiche Schädlinge erzielen (siehe auch ab Seite 75).

Die Herstellung von Brennesseljauche ist einfach. Die Brennesseln werden an einem sonnigen Standort geerntet. Am wirksamsten ist die Kleine Brennessel, kurz vor der Blüte geschnitten. 1 kg Blätter läßt man in 10 l Regenwasser acht bis zehn Tage lang gären. Täglich wird umgerührt. Sonne und Wärme fördern die Gärung. Geruchsbildung läßt sich durch Zugeben von reichlich Steinmehl oder mehreren Tropfen Baldrianblütenextrakt einschränken. Man sieht die Pflanzenreste ab und gibt sie auf den Kompost. Die Jauche wird mit der zehnfachen Menge Wasser verdünnt verwendet. Für starkzehrende Nutz- und Zierpflanzen ist Brennesseljauche ein idealer Dünger.

Kalk

Kalk zählt nicht zu den Hauptnährstoffen, wohl aber zu den wichtigsten Aufbaustoffen des Bodens. Erst ein ausreichender Kalkgehalt macht verschiedene Nährstoffe für die Pflanzen verfügbar und gewährleistet ein ausreichendes Bodenleben. Im naturgemäßen Gartenbau wird bevorzugt Algenkalk verwendet. Andere Kalkarten, die zur Anhebung des pH-Werts bei sauren Böden gegeben werden, sind kohlensaurer Kalk, Magnesiumkalk, Kalkmergel für leichten Boden und Branntkalk für schweren Boden. Auch Knochenmehl und Steinmehl enthalten Kalke.

Ob viel oder wenig Kalk notwendig ist, zeigt das Messen des pH-Werts der Erde. Kalk sollte niemals in großen Mengen auf einmal gegeben werden, sonst können die Pflanzen Schaden erleiden.

Bodenverbesserungs-mittel

Steinmehl

Nicht nur unter Biogärtnern ist die Verwendung von Steinmehl längst selbstverständlich geworden. Das fein zermahlene Urgesteinsmehl, ursprünglich ein Abfallprodukt aus Steinbrüchen, wird speziell für die Verwendung im Garten und im biologischen Landbau ultrafein gemahlen. Entweder wird das graue Pulver zur direkten Bodenverbesserung im Grundbeet dünn verstäubt beziehungsweise der Topferde beigemischt, oder man streut geringe Mengen gelegentlich über das Kompostmaterial; das bindet außerdem mögliche Gerüche. Steinmehl kann auch als Zusatz in anderen Pflegemitteln oder Pflanzenbrühen verwendet werden. 50 g reichen dann für 10 l Wasser.

Steinmehl weist einen hohen Silikatanteil auf und ist ein universeller Bodenhilfsstoff mit einer breiten Wirkungspalette: Versorgung mit Spurenelementen, langsam fließende Nährstoffquelle, Bodenerwärmung, Verbesserung leichter Böden und Wasserspeicherfähigkeit.

Tonmehl

Tonmehl (Bentonit) wirkt in ähnlicher Weise bodenverbessernd wie Steinmehl. In einem humusreichen Boden sorgt Tonmehl, vornehmlich durch die Mitwirkung von Regenwürmern, für das Entstehen wertvoller Ton-Humus-Komplexe, fruchtbarer Erde also.

Tonmehl ist vor allem für leichte Sandböden und schwere Kalkböden ein ausgezeichnetes Bodenverbesserungsmittel. Es wird wie Steinmehl angewendet.

Gründüngungspflanze Phacelia

Gründüngungspflanze Gelbsenf

Gründüngung

Wenn im Grundbeet des Gewächshauses nach der Ernte nicht gleich wieder gesät oder gepflanzt werden soll, ist das Aussäen von Gründüngern empfehlenswert. Senf und Kresse wachsen besonders schnell und hinterlassen einen krümeligen Boden: Allerdings sollte Senf nicht vor oder nach Kohl wachsen. Außerdem können Raps, Ölrettich, Klee oder die blaublühende Phacelia (Bienenfreund) gesät werden. Die Pflanzen werden untergehackt, bevor sie blühen.

Pflanzenschutz und Pflanzenschäden

Allgemeines

Die Pflanzen vor Schädlingen und Krankheiten zu schützen ist gerade im Gewächshaus eine wichtige Angelegenheit. Denn unter Glas finden nicht nur Pflanzen beste Bedingungen. Die Haltung vieler Gewächse auf kleiner Fläche begünstigt auch die Ausbreitung von Schädlingen und Krankheiten. Das Klima trägt zusätzlich dazu bei: Trockene Wärme kann beispielsweise im Sommer zu vermehrtem Befall mit Spinnmilben führen, hohe Luftfeuchtigkeit bei kühlen Wintertemperaturen Pilzkrankheiten fördern.

Vorbeugender Pflanzenschutz

Gewächshausneulinge brauchen nicht zu befürchten, daß im Glashaus die Bekämpfung von Pflanzenschäden zur Hauptsache wird. Pflanzen, die ihren Ansprüchen gemäß versorgt werden, bringen selten Verdruß. Das Auftreten von Schädlingen und Krankheiten ist in den meisten Fällen durch Pflegefehler ausgelöst.

Pflanzen, die im Winter entgegen ihren Ansprüchen zu kühl, zu dunkel, zu naß oder zu trocken stehen, werden unweigerlich von Blattläusen oder anderen Insekten befallen. Fast immer läßt sich allein durch sorgfältigere, der jeweiligen Pflanze entsprechende Pflege die Ursache des Schädlingsbefalls beheben. Denn mit den zahlreichen angebotenen chemischen Insektenvernichtungsmitteln lassen sich zwar die Symptome, nicht aber die Ursachen beseitigen. Der Schädling ist schnell wieder da, und die Spritzflasche mit dem Insektizid kann dann am besten gleich im Gewächshaus verbleiben.

Zu den vorbeugenden Maßnahmen zählt die Auswahl des Saatguts. Resistente Sorten sollten bevorzugt ver-

wendet werden. Sauber ausgewaschene Töpfe, aufgeräumte Kulturtische und Pflanzenregale und das regelmäßige Entfernen verwelkter oder befallener Pflanzenteile, alles das ist wichtig, um die Übertragung von Krankheiten zu verhindern.

Eine entscheidende Funktion hat die Bodenbearbeitung und -pflege. In humusreicher Erde mit aktivem Bodenleben wachsen gesunde Pflanzen heran, die weniger anfällig gegen Krankheiten oder Schädlingsbefall sind.

Beim Anbau von Nutzpflanzen trägt die Mischkultur (siehe Tabelle) entscheidend dazu bei, Schäden zu vermeiden. Dabei werden solche Pflanzen nebeneinander angebaut, die sich gegenseitig günstig beeinflussen. Klassisches Beispiel sind Möhren und Zwiebeln: Der Geruch von Möhren vertreibt die Zwiebelfliege, während der Geruch von Zwiebelpflanzen die Möhrenfliege abwehrt.

Fruchtwechsel (siehe Tabelle) wie beim Gemüseanbau im Freiland ist im intensiv genutzten Grundbeet des Gewächshauses zwingend notwendig, um die Gefahr einer Übertragung von Krankheiten durch Bodenpilze zu vermindern.

Naturgemäßer Pflanzenschutz

Wenn trotz vorbeugender Maßnahmen doch einmal Probleme mit Schädlingen oder Krankheiten auftreten, ist die Giftspritze alter Art nicht gefragt. Dem sanften Pflanzenschutz mit giftfreien, natürlichen Mitteln gehört auch im Gewächshaus eindeutig der Vorrang.

Das gilt ganz besonders für den Nutzpflanzenanbau, bei dem rückstandsfreies Obst und Gemüse geerntet werden soll. Wenn man hier chemische Mittel verwendet, muß die auf der Packung angegebene Wartezeit unbedingt beachtet werden. Erst danach darf man das gespritzte Obst oder Gemüse verzehren.

Die meisten chemischen Insektizide haben noch eine andere schlimme Eigenschaft, die ihre Anwendung pro-

blematisch macht: Sie vernichten nicht nur Schädlinge, sondern auch die vielen nützlichen Insekten. Betroffen sind davon zum Beispiel Bienen (was eine ungünstigere Befruchtung zur Folge hat), aber auch solche Nutzinsekten, die sich von Schadinsekten ernähren. Von den robusten Schädlingen bleiben trotz Spritzung immer noch einige am Leben, die sich dann rasch wieder vermehren. Die empfindlicheren Nutzinsekten schaffen es dagegen nicht mehr, eine neue Population aufzubauen. Ohne ihre natürlichen Feinde können die Schädlinge dann ungehemmt wirken, und es muß erneut gespritzt werden: eine Spirale ohne Ende.

Alternative Pflanzenpflegemittel

Zunehmendes Umweltbewußtsein hat sich auch im Pflanzenschutz ausgewirkt. Zahlreiche Pflanzenschutzmittel, die noch Mitte der 80er Jahre zum Standardsortiment für den Gewächshausanbau zählten, wurden inzwischen von der Biologischen Bundesanstalt verboten.

Dazu zählen nicht nur Insekten- und Unkrautvernichtungsmittel, sondern auch chemische Saatgutbeizmittel. Das neue Pflanzenschutzgesetz hat zudem dem Verkauf engere Grenzen gesetzt.

Alternative Mittel finden zunehmende Verbreitung. Dazu gehören Hausmittel wie Schmierseifenlösung und vor allem Pflanzenbrühen aus Kräutern. Ihre Wirkung beispielsweise gegen Blattläuse ist zwar deutlich geringer als die der chemischen Präparate, aber dafür lassen diese Hausmittel die Nutzinsekten am Leben. Und das ist zur Herstellung eines natürlichen Gleichgewichts im Gewächshaus viel wichtiger als die kurzfristige Totalvernichtung aller Insekten.

Herstellung und Anwendung von Brühen und Jauchen

Wichtig bei der Anwendung von Pflegemitteln aus Pflanzenauszügen ist folgendes: Die Pflanzen müssen nach dem Sprühen tropfnaß sein. Eine sichere Wirkung läßt sich nur dann erzielen, wenn die Pflanzen mit organischem Dünger versorgt wurden und die sonstigen Kulturbedingungen stimmen. Außerdem muß die Behandlung in der Regel im Abstand von wenigen Tagen mehrfach wiederholt werden. Pflanzenbrühen sind nicht nur umweltfreundlich, sondern auch kostenlos. Den höchsten Wirkungsgrad haben die für Brühen verwendeten Pflanzen kurz vor und während der Blüte (Schachtelhalm im Juli). Geschnitten werden sie möglichst an sonnigen Standorten.

Ackerschachtelhalm: Der Ackerschachtelhalm (Equisetum arvense), auch Zinnkraut oder Katzenschwanz genannt, wirkt durch seinen hohen Anteil an Kieselsäure vorbeugend gegen Pilzkrankheiten. Geerntet werden die grünen Triebe, am besten von Juli bis August.

1 kg frisches (oder 200 g getrocknetes) Kraut übergießt man mit 5 l kochendem Wasser, läßt es 12 – 24 Stunden ziehen, siebt es dann durch und verdünnt es mit weiteren 5 l Wasser. Schachtelhalmjauche erhält man, wenn man 1 kg Kraut eine Woche lang in 10 l Wasser ziehen läßt. Mit der fünffachen Menge Wasser verdünnt und der Zugabe von 2 % Brennspiritus und 1 % Schmierseife wirkt sie gegen saugende und blattfressende Insekten sowie gegen Spinnmilben. Im Frühling wird die Brühe stärker verdünnt als im Sommer.

Beinwell: Comfrey (Symphytum officinale), auch Beinwell oder Beinwurz genannt, wächst wild oder kann im Garten ausgesät werden. Er braucht viel Feuchtigkeit und liebt schattige Stellen. Für die Pflanzenpflege wird das Kraut ähnlich wie Brennessel verwendet: meistens als Jauche zur Boden- und Pflanzendüngung sowie zur Kompostverbesserung. Die Herstellung entspricht der Brennesselbrühe und -jauche (siehe Seite 74 oben links). Comfrey kann gut mit allen anderen Pflanzenauszügen vermischt werden und fördert in jedem Fall die Pflanzengesundheit. Erfahrene Biogärtner verwenden sogar eine schwache Comfreybrühe bevorzugt zum Ansetzen aller möglichen Pflanzenpflegemittel.

Ackerschachtelhalm

Brennessel

Beinwell

Rainfarn

Brennessel: Die Herstellung von Brennesselbrühe als Mittel gegen Blattläuse entspricht der der Brennesseljauche, die als Dünger Verwendung findet: 1 kg Brennesseln füllt man in einen Eimer mit 10 l Wasser. Im Gegensatz zur Jauche läßt man die Brühe jedoch nur 24 Stunden (bei warmer Witterung genügen 12 Stunden) ziehen. Die Blätter siebt man ab und sprüht die Brühe unverdünnt über die Pflanzen. Das Mittel wirkt nur gegen einige wenige Blattlausarten befallsmindernd, sorgt aber für eine allgemeine Stärkung der Pflanze und macht sie so widerstandsfähiger gegen Krankheits- und Schädlingsbefall.

Rainfarn: Auch der Rainfarn (Chrysanthemum vulgare), der botanisch nicht zu den Farnen, sondern zu den Korbblütlern zählt, ergibt ein wirksames Pflanzenpflegemittel. Als Brühe (Herstellung siehe Wurmfarn) unver-

dünnt gespritzt hilft Rainfarn gegen Spinnmilben, mit der doppelten Menge Wasser verdünnt gegen Mehltau und Blattfleckenkrankheit.

Rainfarn hat giftige Inhaltsstoffe. Die Brühe muß deshalb vor Kindern geschützt aufbewahrt werden.

Wermut und Beifuß: Wermut (Artemisia absinthium) wächst in Süddeutschland, Österreich und der Schweiz wild, kann aber auch im Garten ausgesät werden. Die gesamte Pflanze, einschließlich der Blüten, wird für Brühen und Jauchen genutzt, die man gegen kohl- und blattfressende Schädlinge sprüht. Besonders intensiv wirken die oberen Blätter der Pflanze. Die Herstellung von Wermutbrühe und -jauche entspricht der der übrigen hier genannten Kräuter. 500 g frisches Kraut reichen für 10 l Wasser. Sie wird unverdünnt oder mit der doppelten Menge Wasser gespritzt.

Wermut

Wurmfarn

Beifuß

Gelbtafeln

Fast identisch in Zubereitung und Anwendung ist Beifuß (Artemisia vulgaris).

Wurmfarn: Wurmfarn (Dryopteris filix-mas) ist in der Natur häufig anzutreffen. Die Blätter wirken als Brühe gegen Blattläuse und die unangenehmen Schild- und Schmierläuse.

Für eine Brühe läßt man 1 kg Kraut eine Stunde lang in 5 l Wasser schwach kochen, siebt die Pflanzenreste ab und fügt noch einmal 5 l Wasser hinzu. Wird getrocknetes Kraut verwendet, genügen 150 g. Für die Bekämpfung der Schmier- und Schildläuse fügt man der Brühe 2 % Brennspiritus und 1 % Schmierseife zu.

Kompostextrakt: Spritzungen mit Kompostextrakten, der verdünnten Brühe des Sickerwassers im Kompost, zeigen Wirkung gegen Pilzkrankheiten. Entsprechende Versuche von Wissenschaftlern, vor kurzem veröffent-

licht, ergeben, daß die Extrakte nicht direkt hemmend auf krankheitserregende Pilze wirken, sondern daß sie einen Resistenzmechanismus bei den Pflanzen hervorrufen. Was für diese Versuche gilt, läßt sich auf viele andere Praxisergebnisse mit Pflanzenauszügen übertragen: Weshalb sie wirken, läßt sich nicht immer eindeutig feststellen. Aber für sehr viele Gartenbesitzer ist wichtiger, daß sie überhaupt wirken – und dabei die Umwelt schonen.

Schmierseifenlösung: Schmierseife ist ein altbekanntes Mittel zur Schädlingsabwehr. Sie wird, in leicht erwärmtem Wasser gelöst, hauptsächlich gegen Blattläuse gesprüht. 20 g umparfümierte Schmierseife (Grüne Seife) genügen für 1 l Wasser. Die Zugabe von Brennspiritus (30 ml auf 1 l Wasser) erhöht die Wirksamkeit, ist aber nicht unbedingt notwendig.

Schmierseifenlösung sollte nur im Notfall angewendet werden, denn allzu häufiges Besprühen nehmen manche Pflanzen übel. Die Industrie bietet der Schmierseife ähnliche Fertigpräparate (zum Beispiel Neudosan) speziell zur Schädlingsbekämpfung an. Das Mittel wirkt gegen Blattläuse, Weiße Fliegen und Spinnmilben. Die überwiegende Zahl der Schadinsekten wird vernichtet. Zur Eindämmung eines Schädlingsbefalls reicht das Mittel in der Regel aus.

Eine vollständige Vernichtung ist auch nicht unbedingt das Ziel, denn so bleibt den Nutzinsekten auch noch „Futter". Marienkäfer und Schwebfliegenlarven, die sich von Blattläusen ernähren, nehmen beim vernünftigen Spritzen mit solchen Präparaten keinen Schaden. Dagegen können die ebenfalls nützlichen Florfliegen in Mitleidenschaft gezogen werden.

Gelbtafeln

Schlichte, gelbe Kunststofftafeln, mit Leim besprüht und im Gewächshaus aufgehängt, stellen eine wirksame Falle gegen die Weiße Fliege sowie Trauermücken dar. Die Gelbtafeln werden in Pflanzenhöhe aufgehängt. Ab und zu schüttelt man an den Pflanzen. Dann fliegen die Schädlinge auf. Sie werden von der gelben Farbe angelockt und bleiben am Leim kleben. Vor allem die Verbreitung der Weißen Fliege läßt sich dadurch einschränken. Die Tafeln darf man nicht in unmittelbarer Nähe von Lüftungsklappen aufhängen, da sonst auch Nutzinsekten angelockt werden, auf den Leim fliegen und sterben.

Nutzinsekten

Was sich im Erwerbsanbau unter Glas längst als erfolgreich erwiesen hat, findet auch im Kleingewächshaus steigenden Zuspruch: der gezielte Einsatz von Nutzinsekten gegen typische Gewächshausschädlinge. Diese Lösung ist zweifellos die umweltfreundlichste von allen. Sie funktioniert in der

Schlupfwespe (zirka 60fach vergrößert)

Raubmilbe saugt an der größeren Spinn-milbe (zirka 50fach vergrößert).

Gallmücke und Blattlaus (zirka 6fach vergrößert)

Links oben: Larve der Weißen Fliege; rechts unten: die parasiterte Larve färbt sich schwarz (zirka 160fach vergrößert).

Gallmückenlarve an einer Blattlaus (zirka 25fach vergrößert)

Florfliegenlarve saugt eine Blattlaus aus.

Praxis recht zuverlässig, erfordert aber bei der Anwendung einige Sorgfalt. Wichtig ist, daß bereits ein geringer Befall mit Schädlingen vorhanden ist, denn sie dienen den Nutzinsekten, ihren natürlichen Feinden, als ausschließliche Nahrung. Bewährt hat sich das Aussetzen von Schlupfwespen gegen die Weiße Fliege, Raubmilben gegen Spinnmilben und Gallmücken sowie Florfliegen gegen Blattläuse. Die bestellten Nutzinsekten kommen per Post (Adresse siehe Bezugsquellen). Sie werden im Glashaus ausgesetzt und vermehren sich dort. Wenn sie die Schadinsekten beseitigt haben, finden sie keine Nahrung mehr und gehen ein, weil sie sich nur von den jeweiligen Schädlingen ernähren. Raubmilben fressen sich gegenseitig, wenn keine Spinnmilben mehr vorhanden sind.

Auch im bewohnten Wintergarten ist das Aussetzen von Nutzinsekten sinnvoll. Ihre Anwesenheit läßt sich nur dadurch bemerken, daß die Schädlinge erfolgreich in Schach gehalten werden.

Pyrethrummittel

Anfänglich nur von einigen Gärtnern angewendet, haben sich Pyrethrumpräparate jetzt zur schonenden Schädlingsabwehr durchgesetzt. Sie werden vorzugsweise aus natürlichem Pyrethrum, einem Blütenextrakt, hergestellt.

Die Wirkung gegen die häufigsten Gewächshausschädlinge wie Blattläuse, Weiße Fliegen und Spinnmilben ist gut. Die Anwendung sollte aber auch bei diesem Mittel nur im Notfall erfolgen. Zwar ist es bienenungefährlich (und das ist schon ein großer Fortschritt), aber Nutzinsekten wie Marienkäfer & Co. bleiben nach dem Spritzen auf der Strecke.

Pyrethrummittel sind für Warmblütler unschädlich und können auch im Nutzpflanzenanbau ohne Wartezeit verwendet werden.

Chemische Pflanzenschutzmittel

Die Industrie bietet ein großes Sortiment von Mitteln zur Schädlingsbekämpfung an. Oft wird der gleiche Inhalt unter verschiedenen Namen offeriert. Nur in wenigen Fällen kann es notwendig sein, mit durchgreifenden Mitteln gegen ganz hartnäckige Schädlinge vorzugehen. Dem Blumenfreund ist es sicher erlaubt, mit von der Biologischen Bundesanstalt zugelassenen Mitteln wertvolle Zierpflanzen vor Schädlingen zu schützen.

Aber die alte Gewohnheit mancher Gartenfreunde, beim Auftreten der ersten Blattlaus gleich alle Pflanzen mit einem Insektizid einzunebeln, sollte der Vergangenheit angehören. Das gilt erst recht für den Umgang mit solchen Pflanzenschutzmitteln im Gewächshaus, die einer Giftklasse angehören. Ohne entsprechende Schutzkleidung kann das für den Anwender zu einer gefährlichen Angelegenheit werden.

Asseln (zirka 1,5fach vergrößert)

Drahtwurm

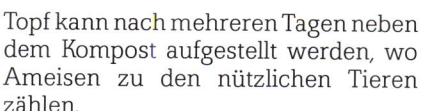

Blattläuse (zirka 10fach vergrößert)

Ameisen fördern die Ausbreitung der Blattläuse, die sie regelrecht „melken".

Schädlinge unter Glas

Ameisen

Am Rand des Grundbeets im Gewächshaus legen Ameisen bevorzugt ihre unterirdischen Nester an. Sie sind zwar selten schädlich, aber indem sie Pflanzenwurzeln unterhöhlen oder Wegplatten zum Einsinken bringen, doch recht lästig. Außerdem fördern sie die Ausbreitung der Blattläuse, „die sie regelrecht melken" und deshalb von Pflanze zu Pflanze transportieren. Häufiges Streuen von Algenkalk oder Steinmehl an den Nestausgängen ist den Ameisen lästig, erst recht das Gießen mit Wasser, dem einige Tropfen Parfum beigemischt sind.

Eine sichere, empfehlenswerte Methode, die Ameisen an einen geeigneteren Ort zu vertreiben, ist folgende: Man stellt einen Tontopf umgedreht über den Nestausgang. Die Ameisen bringen ihren Nachwuchs in dem vermeintlich besseren „Nest" unter. Der

Topf kann nach mehreren Tagen neben dem Kompost aufgestellt werden, wo Ameisen zu den nützlichen Tieren zählen.

Asseln

In dunklen Gewächshausecken und unter Töpfen fühlen sich Asseln wohl. Es sind in der Hauptsache nützliche Tiere, denn sie ernähren sich von organischen Abfällen. Nur wenn sie massenhaft auftreten, fressen sie gelegentlich auch an Pflanzen und jungen Trieben, mit Vorliebe im Gewächshaus.

Eine Bekämpfung ist nicht nötig. Das Entfernen geeigneter Verstecke wie alter Säcke oder Kisten im Gewächshaus reicht meist aus.

Man kann auch ausgehöhlte Kartoffeln verkehrt herum auslegen. Die Asseln verstecken sich darunter und können dann einfach entfernt werden.

Blattläuse

Der Befall mit Blattläusen ist in der Regel kein Problem. Eine geringe Anzahl wird von den Pflanzen meist verkraftet. Blattlauskolonien können mit einem scharfen Wasserstrahl leicht abgespült werden. Auch das Bestäuben mit Steinmehl, Algenkalk oder Holzasche schafft Abhilfe. Schmierseifenmittel mindern den Blattlausbefall deutlich, Pyrethrummittel noch durchgreifender. Unter den chemischen Mitteln gibt es speziell gegen Blattläuse das Präparat Pirimor, das gleichzeitig nützlingsschonend ist. Auch Sommeröl ist zur Bekämpfung geeignet.

Drahtwürmer

Wenn Pflanzen ohne ersichtlichen Grund kümmern und sich leicht aus dem Boden ziehen lassen, sind häufig Drahtwürmer die Ursache. Die unterirdisch lebenden, 3 cm langen, gelblichen Larven von Schnellkäfern fressen mit Vorliebe an den Wurzeln von Salat, befallen aber auch andere Pflanzen. Vorbeugend hilft gute Bodenbearbeitung mit regelmäßigem Lockern der Erde. Bewährt hat sich auch das Fangen der Larven mit Hilfe von halbierten Kartoffeln oder Möhren als Köder. Sie werden mit der Schnittfläche nach unten in die Erde gedrückt und nach einiger Zeit entfernt und vernichtet.

Schaden durch die Rettichfliege

Schmierläuse (zirka 17fach vergrößert)

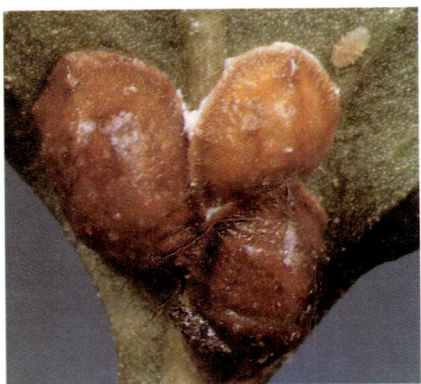

Schildläuse (zirka 22fach vergrößert)

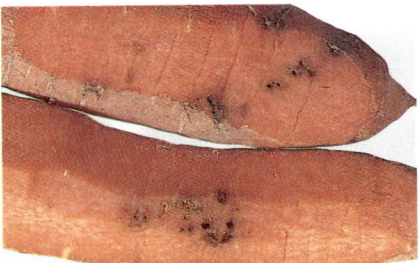

Schaden durch die Möhrenfliege

Nematoden an der Tomate, ersichtlich an den verdickten Tomatenwurzeln

Nematodenschaden (links) bei der Karotte

Gemüsefliegen

Beim Nutzpflanzenanbau können Maden verschiedener Gemüsefliegen, zum Beispiel Möhren- und Zwiebelfliegen, den Erfolg schmälern. Der im Gewächshaus früher mögliche Anbau bietet einen guten Schutz gegen diese Schädlinge, denn sie treten erst ab Mai auf.

Auch häufiges Lüften ist hilfreich. Vor allem durch Mischkultur kann bei Kombination geeigneter Pflanzen der Befall mit Gemüsefliegen verhindert oder zumindest erheblich eingeschränkt werden.

Auch das Abdecken der Pflanzen mit dem Vlies Agryl P17, was man überall im Gartenfachhandel kaufen kann, beugt einem Befall vor.

Nematoden

Nematoden sind winzige Fadenwürmer, die überwiegend im Boden leben und zumeist eine nützliche Rolle bei der Humusbereitung spielen. Einige Arten sind jedoch schädlich und saugen an und in Wurzeln oder Blättern. Ein Befall zeigt sich oft an Gallen oder Zysten. Pflanzenteile können absterben. Fruchtwechsel und Mischkultur sind der beste Schutz vor Schäden durch Nematoden. Auch das Einarbeiten von Tonmehl in den Boden im Herbst ist hilfreich.

Wurzelnematoden, die vorwiegend Tomaten, Kartoffeln und Erdbeeren befallen, können durch das Setzen von

Tagetes (Studentenblumen) wirkungsvoll bekämpft werden. Eine Randpflanzung ist zu empfehlen. Sehr effektiv ist es auch, die Studentenblumen vor dem Pflanzen der Nutzgewächse vorbeugend zu setzen. Die Ausscheidungen der Tageteswurzeln sorgen dafür, daß die Larven schlüpfen, anschließend aber an Nahrungsmangel eingehen, weil sie sich nicht von Tagetes ernähren können.

Schildläuse und Schmier- beziehungsweise Wolläuse

Die Schildlaus ist deshalb so hartnäckig, weil sie durch einen Rückenpanzer geschützt ist. Bei geringem Befall sollte man versuchen, die Insekten mit einem Wattebausch, der mit Seifenlauge oder Spiritus getränkt ist, abzuwischen. Starker Befall erfordert wiederholtes Spritzen mit Pyrethrummitteln. Gegen Wolläuse geht man auf dieselbe Weise vor.

Schnecken

Nacktschnecken mit ihrem ungeheuren Appetit sind der Schrecken vieler Gärtner. Das Glashaus schützt die Pflanzen recht gut, aber nicht vollständig gegen die schleimigen Tiere. Da auch senkrechte Glaswände für Schnecken kein Hindernis darstellen, hilft nur konsequentes Schließen der seitlichen Lüftungsklappen und der Tür am Abend. Vorher sollte man

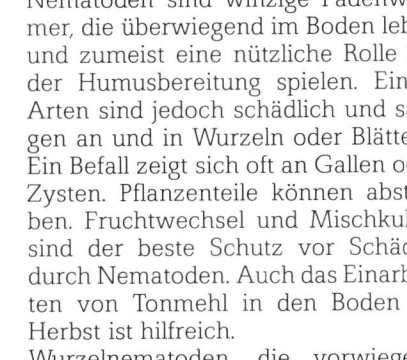

keinesfalls versäumen, den Pflanzenbestand im Glashaus nach Schnecken abzusuchen.

Im Grundbeet eingegrabene Johgurtbecher, mit Bier gefüllt, erfüllen ihre Aufgabe als Schneckenfalle im Gewächshaus besser als im Freiland. Auch das Verteilen von Steinmehl oder Holzasche rund um die gefährdeten Pflanzen hält Schnecken im Gewächshaus zuverlässig ab, das Material muß allerdings trocken bleiben.

Zeigen angefressene Blätter auf das Werk von Schnecken, so braucht man meist nur im Umfeld zu suchen. Sie verstecken sich am Tag unter Töpfen, Saatschalen und anderem.

Spinnmilben

Die winzigen Spinnmilben bemerkt der Laie meist erst durch ihr feingesponnenes Netz zwischen den befallenen Pflanzenteilen. Das Schadbild auf den Blättern, nämlich helle Flecken, ist meist früher sichtbar. Warme, trockene Luft begünstigt den Befall mit Spinnmilben. Das Erhöhen der Luftfeuchtigkeit kann bereits ein wenig Abhilfe bringen. Schmierseife wirkt befallsmindernd.

Pyrethrumpräparate helfen nur, wenn sie mehrfach in einwöchigem Abstand gespritzt werden. Beim Einsatz von Raubmilben zur natürlichen Bekämpfung dürfen gleichzeitig keine Insektizide (Insektenvernichtungsmittel) verwendet werden.

Trauermücken

Für die schwarzen, 3 – 4 mm langen Trauermücken und ihre gefräßigen Larven bieten Wärme und hohe Luftfeuchtigkeit im Glashaus beste Bedingungen. Sie befallen mit Vorliebe Pflanzen, die in humusreicher Erde wachsen; vor allem dann, wenn mit Mist gedüngt wurde.

Die Larven fressen unterirdisch an den Wurzeln und werden besonders jungen Pflanzen gefährlich. Für die Bekämpfung der Larven wird beispielsweise Ekamet empfohlen, das jedoch bei manchen Pflanzen zusätzliche Schäden hervorrufen kann. Bes-

Spinnmilben am Bohnenblatt

ser ist es, die Trauermücken bereits an der Eiablage zu hindern. Am einfachsten und ohne jede Nebenwirkung geht das mit dem Aufhängen von Gelbtafeln, die mit Leim besprüht sind.

Weiße Fliege

Erfahrene Gewächshausgärtner wissen um den Ärger, den die Mottenschildlaus, wie die Weiße Fliege auch genannt wird, gerade unter Glas bereiten kann. Die Bekämpfung dieses häufig auftretenden Schädlings ist gar nicht so schwierig, wenn man weiß, daß die Eier, die von der Mottenschildlaus auf den Blattunterseiten abgelegt werden, auch von hochwirksamen Mitteln nicht vernichtet werden. Das bedeutet, daß man mit Pyrethrumpräparaten im Abstand von fünf bis zehn Tagen insgesamt viermal spritzen muß, damit alle Schädlinge erfaßt werden.

Auch Schmierseifenlösung kann bei entsprechender Anwendung eine deutliche Verminderung des Schädlings bewirken. Überraschend gute Praxiserfahrungen wurden außerdem mit Rainfarntee gemacht.

In der Kombination mit Gelbtafeln bringt das Sprühen mit sanften Mitteln in der Regel einen ausreichenden Bekämpfungserfolg. Sonst bleibt als Lösung Einsatz von Schlupfwespen gegen die lästige Weiße Fliege.

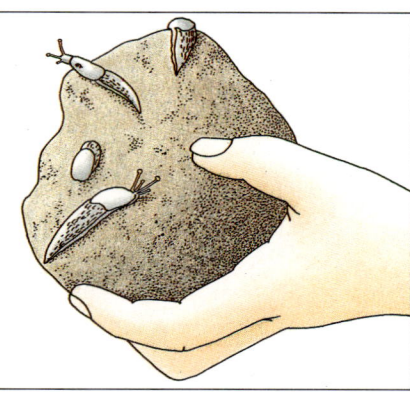
Man kann Steine oder Bretter auslegen. Darunter verstecken sich die dämmerungs- und nachtaktiven Schnecken. Dort kann man sie daher bequem aufsammeln und dann vernichten.

Trauermücke (zirka 4fach vergrößert)

Trauermückenlarve (zirka 8fach vergrößert)

Weiße Fliegen am Tomatenblatt

Pilzliche Erkrankungen

Bodenpilze

Wenn das Saatgut ungleichmäßig keimt, Sämlinge umkippen, Wurzeln verbräunen oder Wurzeln, Knollen und der Stielgrund oder Stammgrund faulen, dann sind oft Bodenpilze schuld. Diese gehören zu den Pilzgattungen Fusarium, Phoma, Phytophthora Pythium, Rhizoctonia und anderen. Beizen des Saatguts und die Verwendung sterilisierter Aussaaterde verhindert das Auftreten der Erkrankungen. Wichtig ist außerdem, daß optimale Kulturbedingungen für die Pflanzen geschaffen werden.
Ist ein Gewächs befallen, muß man die kranken Teile entfernen und in den Mülleimer werfen. Eine Heilung der Pflanze ist nicht möglich.

Grauschimmel (Botrytis)

Grauschimmel ist vielen Gartenfreunden vom Erdbeeranbau wohlbekannt. Es werden auch viele andere Pflanzen befallen. Ursache sind meistens zu hohe Luftfeuchtigkeit und zu enger Stand. Ein Befall äußert sich in einem grauen Pilzrasen, der an den oberirdischen Pflanzenteilen auftritt und zum Absterben des Pflanzengewebes führt. Zur Bekämpfung gibt es zwar spezielle Präparate, zum Beispiel Bayleton oder Euparen, aber besser ist vorbeugender Schutz durch günstige Wachstumsbedingungen. Dazu zählt vor allem ausreichende Lüftung, um die Luftfeuchtigkeit herabzusetzen, und ein weiter Pfanzabstand, damit die Lichtverhältnisse verbessert werden.
Auch mangelnde Hygiene kann Grauschimmel fördern. Abgestorbene Pflanzenteile muß man deshalb immer gleich entfernen. Übertriebene Stickstoffdüngung sollte vermieden werden. Algenpräparate wirken pflanzenstärkend und beugen dem Entstehen von Grauschimmel vor. Falls er doch auftritt, ist das auch nicht so schlimm. Man muß die befallenen Pflanzenteile sofort in den Mülleimer werfen, um die Ausbreitung dieser Pilzkrankheit zu verhindern.

Mehltaupilze

Von den Pilzkrankheiten tritt unter Glas nicht selten Mehltau auf. Dabei muß zwischen Echtem und Falschem Mehltau unterschieden werden, denn hier sind unterschiedliche Präparate notwendig. Der Echte Mehltau wird durch einen mehlartigen Belag auf der Blattoberseite sichtbar, der Falsche Mehltau zeigt sich in einem grauen Pilzbefall auf der Blattunterseite.
Gegen Echten Mehltau kann eine Erhöhung der Temperatur und bessere Lüftung vorbeugend wirken. Gegen den Befall mit Falschem Mehltau ist niedrige Luftfeuchtigkeit günstig.
Befallene Blätter müssen bei beiden Pilzerkrankungen entfernt und vernichtet werden. Generell ist vorbeugende Behandlung, vorzugsweise mit pflanzlichen Mitteln, besser als eine direkte Bekämpfung, die häufig nicht den gewünschten Erfolg bringt. Beim Samenkauf sollte man möglichst resistente Sorten wählen.

Rostpilze

Rostbraune, auch gelbliche Flecken auf der Unterseite von Blättern werden von Rostpilzen hervorgerufen. Gefährdet sind vor allem Sellerie, Erbsen, Bohnen und ganz besonders Pelargonien. Erfolg verspricht nur eine vorbeugende Bekämpfung. Geeignete Maßnahmen sind das Herabsetzen der Luftfeuchtigkeit durch häufiges Lüften, eine weite Fruchtfolge bei Nutzpflanzen und Bestäuben mit Steinmehl. Befallene Blätter muß man entfernen und sofort vernichten – am besten in den Mülleimer werfen.

Grauschimmel (Botrytis) an der Primel

Echter Mehltau an der Gurke

Stammfäule am Kaktus, hervorgerufen durch den Bodenpilz Pythium

Falscher Mehltau am Veilchen

Falscher Mehltau an Gurken

Rußtaupilze

Ein schwarzer, rußartiger Überzug auf Blättern und Früchten wird durch die Besiedelung mit Rußtaupilzen hervorgerufen. Das ist zwar kein ernsthafter Schaden, sieht aber häßlich aus. Ursache der Bildung von Rußtau sind Blattläuse, oft auch die Weiße Fliege. Diese Schädlinge scheiden den sogenannten Honigtau aus. Diese klebrige Flüssigkeit wird in der Folge sehr schnell von Rußtaupilzen besiedelt. Die Bekämpfung muß daher bei den Blattläusen, den Schild- und Schmierläusen beziehungsweise der Weißen Fliege angesetzt werden.

Bakterielle Pflanzenkrankheiten

Krebsartige Wucherungen am Stamm oder Stengel, manchmal auch Welkeerscheinungen, Naßfäule und die Ölfleckenkrankheit werden durch Bakterien verursacht. Sie treten allerdings recht selten auf. Wie bei Viruserkrankungen müssen befallene Pflanzen sofort weggeworfen werden. Eine Heilung ist nicht möglich.
Optimale Kulturbedingungen sind die beste Vorsorge. Wichtig ist vor allem die Verwendung von einwandfreiem, gesunden Saatgut.

Viruserkrankungen

Viruskrankheiten sind bei Pflanzen zwar nicht häufig, aber dafür besonders unangenehm, da sie nicht bekämpft werden können. Durch Viren hervorgerufene Schäden treten vorwiegend bei Gurken, Tomaten, Zwiebeln und Salat auf. Schadbilder sind marmorierte Blätter (gelbe Stellen im Blattgrün), gekräuselte Blätter, Wachstumsstörungen, auch Zwergwuchs, oder die Bildung verkrüppelter Früchte ist möglich.
Befallene Pflanzen müssen sofort vernichtet werden, um eine Übertragung der Krankheit zu vermeiden. Vorbeugend hilft die Auswahl virusresistenter Sorten und virusfreier Jungpflanzen.

Pelargonienrost

Rußtaupilze haben sich auf den Ausscheidungen der Schildläuse angesiedelt.

Links: stauchekranke Chrysantheme (Viruserkrankung); rechts: gesunde

Rosenrost

Ölfleckenkrankheit an der Begonie

Schadbild durch das Gurkenmosaikvirus

Aussaat 1. Die Samen werden in die mit Anzuchterde gefüllte Saatschale gestreut.

2. Dann deckt man dünn mit Erde beziehungsweise Sand ab, drückt an und wässert. Lichtkeimer werden nicht mit Erde oder Sand überstreut.

3. Wenn sich das erste Blattpaar nach den Keimblättern gebildet hat, pikiert man. Die Pflanzen werden in eine andere Saatschale mit weiterem Abstand gesetzt.

Vermehrung

Im Frühjahr steht bei den meisten Gewächshausbesitzern die Vermehrung im Vordergrund. Für die Anzucht durch Aussaat oder die Vermehrung durch Stecklinge gibt es kaum einen besseren Ort als ein heizbares Gewächshaus. Die Lichtverhältnisse sind unter dem Glasdach am günstigsten, die notwendige Luftfeuchtigkeit ist vorhanden, und die Wärme kann nach Bedarf geregelt werden.

Im Gewächshaus ist nicht nur im Frühjahr Aussaatzeit. Im heizbaren Glashaus wird praktisch ganzjährig gesät. Will oder muß man nicht das ganze Jahr über das Glashaus hoch beheizen, sollten im beheizbaren Vermehrungsbeet Jungpflanzen angezogen werden. Die Aussaat beginnt im Januar mit den ersten Sommerblumen und mit Frühgemüse, findet im Frühjahr einen Höhepunkt, geht weiter mit der Aussaat von Zweijährigen, Stauden und mit der Stecklingsvermehrung, im Herbst mit Wintergemüse. Zum Jahresende schließt sich der Kreis mit der Aussaat frühester Gemüse, einzelner Sommerblumen, Stauden sowie verschiedener Zierpflanzen.

Aussaat und Anzucht

Das Samenangebot für Zier- und Nutzpflanzen ist riesig. Die Aussaat im Gewächshaus bietet auch für Pflanzen mit langer Vorkultur beste Bedingungen.

In der Praxis werden vielfach auch solche Pflanzen unter Glas vorgezogen, bei denen eine Freilandaussaat möglich wäre, denn die Erfolgsaussichten sind im Gewächshaus ungleich größer. Außerdem läßt sich eine frühere Blüte oder zeitigere Ernte erzielen.

Aussaatzeit und Keimtemperatur richten sich nach den Ansprüchen der einzelnen Pflanzen.

Begriffe wie Licht- und Dunkelkeimer führen bei der Aussaatpraxis mitunter zu Mißverständnissen. Grundsätzlich brauchen fast alle Samen Licht zum Keimen. Eine wenige haben einen hohen Lichtbedarf und werden deshalb Lichtkeimer genannt. Man bedeckt sie nur hauchdünn mit Erde, ganz feine Samen werden nur angedrückt.

Zu den Lichtkeimern zählen Fingerhut (Digitalis), Glockenblume (Campanula), Hornveilchen (Viola cornuta), Königskerze (Verbascum), Kokarden-blume (Gaillardia), Prachtscharte (Liatris), Salvie (Salvia) und Sonnenhut (Rudbeckia).

Die sogenannten Dunkelkeimer werden keineswegs vollkommen lichtgeschützt abgedeckt, sondern man legt über die Aussaatschalen oder die Saatfläche im Beet lediglich ein Stück Zeitungspapier, damit der Lichteinfall gemildert wird. Zu den Pflanzen, die vor zuviel Licht geschützt werden müssen, gehören Enzian (Gentiana), Lupine (Lupinus), Rittersporn (Delphinium), Schleierkraut (Gypsophila), Stiefmütterchen (Viola-Wittrockiana-Hybriden), Veilchen (Viola odorata) und Vergißmeinnicht (Myosotis).

Alle anderen Pflanzen werden „normal" gesät; das heißt, daß die Samen dünn mit Erde oder Sand übersiebt werden. Nach einer Faustregel werden die Samenkörner dreimal so tief in die Erde gelegt, wie sie selbst dick sind. In der Praxis muß man es mit der Saattiefe allerdings nicht ganz so genau nehmen. Bei manchen Samen, die feiner als Sand sind, wäre das auch kaum durchführbar.

Praktisch für die Aussaat sind Saatschalen aus Kunststoff. Sie werden bis zum Rand mit Anzuchterde gefüllt oder mit einer Mischung aus Gartenerde, gesiebter Komposterde, Torf und Sand (im Verhältnis 3 : 3 : 2 : 1). Die Samenkörner sät man nicht zu dicht und drückt anschließend mit dem Handrücken an.

Beim Säen kleiner Samen empfiehlt es sich, die Samentüte mit Daumen und Mittelfinger zu halten und mit dem Zeigefinger leicht auf die Tüte zu klopfen, so daß nur wenige Samenkörner gleichzeitig herausfallen. Sehr feine Samen, beispielsweise von Petunien oder Begonien, können mit einer geringen Menge feinem Sand vermischt werden, um eine gleichmäßige, nicht zu dichte Aussaat zu erreichen.

In der Regel wird das Saatgut mit einer dünnen Sandschicht bedeckt und dann noch einmal leicht festgedrückt. Grobes Saatgut deckt man wenigstens in der Stärke des Samenkorns ab. Feine Samen werden lediglich hauchfein mit Sand übersiebt oder nur mit dem Handrücken angedrückt. Der Erdkontakt ist wichtig für die Keimung. Danach wird mit einer feinen Gießbrause gewässert. Man kann die Saat auch übersprühen. Die Anzuchterde soll schon vorher gut durchfeuchtet sein. Abzugslöcher sind wichtig, damit auf keinen Fall Staunässe entsteht.

Gespannte Luft sorgt für bessere Keimung. Im Gewächshaus, das zur Hauptaussaat im Frühjahr in der Regel ausreichend hohe Luftfeuchtigkeit aufweist, ist eine zusätzliche Abdeckung mit einer Glasscheibe oder Klarsichtfolie nicht unbedingt erforderlich, kann aber den Keimerfolg begünstigen.

Auf keinen Fall darf die Aussaaterde zwischendurch an der Oberfläche austrocknen. Sobald die Samen keimen, wird die Abdeckung, falls vorhanden, angehoben und nach einigen weiteren Tagen ganz entfernt.

Wenn die Sämlinge nach den Keimblättern das erste Blattpaar gebildet haben, ist der richtige Zeitpunkt zum Pikieren gekommen. Vorher wird noch einmal gewässert, damit die an der Wurzel haftende Erde beim Herausnehmen nicht auseinanderfällt. Den meisten Pflanzen bekommt es gut, wenn sie vor dem Pikieren mit einer schwachen Düngerlösung gegossen werden.

Mit einem Pikierstab oder einem Holzstäbchen werden die Pflanzen vorsichtig aus der Erde genommen und in größerem Abstand versetzt, damit sie sich beim Heranwachsen nicht gegenseitig behindern. Sie können statt dessen auch in Multitopfplatten aus Kunststoff oder auch in Einzeltöpfe gesetzt werden.

Das Pikieren führt trotz behutsamer Behandlung zu einem Schock der Pflanze. Erst nach ein paar Tagen erholt sie sich sichtbar. Hohe Luftfeuchtigkeit begünstigt gerade in der ersten Zeit nach dem Pikieren die Weiterentwicklung. Erst nach weiteren vier Wochen darf schwach gedüngt werden.

Die Temperaturansprüche sind gewöhnlich nach dem Pikieren deutlich niedriger als in der ersten Anzuchtphase. Einige Pflanzen müssen zweimal pikiert werden, weil sie bald nach dem ersten Mal schon wieder mehr Platz beanspruchen.

Der letzte Akt der Pflanzenanzucht aus Samen ist das Eintopfen in die endgültigen Gefäße oder das Aussetzen im Gewächshausgrundbeet im Freiland. Für die Töpfe wird fertige Blumenerde verwendet oder der selbst gemischten Erde Dünger zugefügt. Der Boden im Grundbeet oder Freilandbeet wird vor dem Auspflanzen gründlich gelockert, mit Komposterde vermischt und gedüngt.

Abhärten

Alle Pflanzen, also auch Jungpflanzen, die eine Zeitlang unter Glas gepflegt wurden, müssen, wenn sie nach draußen kommen, abgehärtet werden. Würde man sie aus dem Glashaus holen und ungeschützt der prallen Sonne aussetzen, wären Blattverbrennungen die unausweichliche Folge. Das liegt an den UV-Strahlen der Sonne, die das Glas nicht durchdringen und die Blätter bei plötzlichem Übergang ins Freie verbrennen. Falls das doch einmal passiert, erholen sich die Pflanzen zwar wieder, erleiden aber doch einen beträchtlichen Wachstumsschock, und die geschädigten Blätter fallen ab. Auch die im Folienhaus oder unter Stegdoppelplatten herangewachsenen Pflanzen werden durch plötzlichen Ortswechsel geschädigt. Da Folie und Plexiglas einen Teil der UV-Strahlen durchlassen, sind die Folgen nicht ganz so schlimm.

Abhärten heißt nichts weiter, als daß das Glashaus in der letzten Zeit vor dem Aussetzen der Pflanzen stets gut gelüftet wird. Außerdem sollen die Gewächse möglichst schon vor ihrem endgültigen Auszug aus dem Gewächshaus zwischendurch an bedeckten oder regnerischen Tagen nach draußen gestellt werden. Bei milder Witterung können sie auch nachts im Freien bleiben. Falls diese Vorbereitung nicht möglich ist, muß für das Auspflanzen trübes Wetter gewählt werden, oder man hält die Pflanzen zunächst mit Folie bedeckt und deckt sie ab, wenn keine Sonne scheint. Nach zwei bis vier Tagen haben sich die Pflanzen an das neue Klima gewöhnt und sind dann nicht mehr durch starke Sonneneinstrahlung gefährdet.

Teilung

Vor allem bei Stauden ist das Teilen des Wurzelballens in zwei oder mehr Stücke die einfachste Art der Vermehrung. Die meisten Stauden müssen sogar im Abstand von wenigen Jahren geteilt werden, weil sonst die Blütenbildung erheblich nachläßt. Auch einige Zimmerpflanzen, Farne zum Beispiel, kommen für die Teilung in Frage. Der beste Zeitpunkt ist im Frühjahr oder Herbst, nicht aber während der Vegetationszeit. Günstig ist trübes Wetter, pralle Sonne sollte während der Arbeit vermieden werden.

Teilung einer Mutterpflanze

Kopfstecklinge 1. Man schneidet einen zirka 10 cm langen Steckling dicht unterhalb eines Blattknotens. 2. Durch Tauchen in ein im Fachhandel erhältliches Bewurzelungshormon entwickeln sich schneller Wurzeln. 3. Die Stecklinge bewurzeln im Vermehrungsbeet schnell.

Blattstecklinge vom Usambaraveilchen

Stecklinge

Kopfstecklinge

Manche Pflanzen können durch Samen nicht selbst vermehrt werden, oder sie bieten in Form von Stecklingen, die abgeschnitten und bewurzelt werden, die bequemere und sichere Methode, einen Pflanzenbestand zu erhöhen. Bei den meisten Pflanzen ist die Vermehrung durch sogenannte Kopfstecklinge möglich. Dabei wird die Spitze eines Triebes abgeschnitten. Vorzugsweise von Stauden mit hohlen Stengeln wie Rittersporn oder Lupine werden Stecklinge nur im Frühjahr geschnitten, wenn die Triebe fingerlang aus dem Boden gewachsen sind. Geschnitten werden Stecklinge im Spätfrühjahr und Sommer, an einem Tag mit bedecktem Himmel, denn bei praller Sonne würden sie schnell welken. Kopfstecklinge schneidet man mit einem scharfen Messer oder mit der Gartenschere jeweils einen knappen Zentimeter unterhalb eines Blattknotens. Die Stecklinge sollten ungefähr Fingerlänge aufweisen, bei zierlichen Pflanzen weniger. Die unteren Blätter werden entfernt. Verbleibende Blätter mit großer Blattoberfläche können – wenn man es für nötig hält – beschnitten werden, um die Wasserverdunstung herabzusetzen.

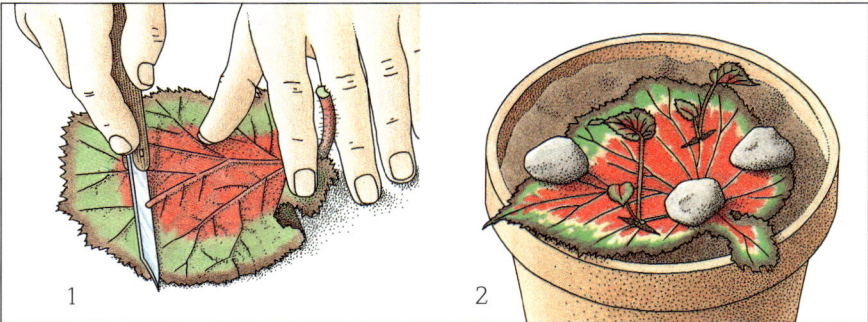

Blattstecklinge von der Begonie 1. An der Blattunterseite schneidet man die dicken Blattadern ein. 2. Das Blatt legt man mit der Unterseite nach unten auf ein feuchtes Substrat und beschwert es mit kleinen Steinchen. Nach einer Weile, wenn die Jungpflanzen genügend Wurzeln gebildet haben, vereinzelt man sie.

Bei manchen Pflanzen brauchen die Stecklinge nur in Wasser gestellt zu werden und bewurzeln problemlos. In der Regel werden sie in ungedüngte Anzuchterde gesetzt, die vorher schwach befeuchtet wird. Auch ein Gemisch aus zwei Teilen Torf und einem Teil Sand ist zu empfehlen. Stecklinge können sehr gut im beheizbaren Vermehrungsbeet bewurzelt werden. Wichtig ist, daß die Erde fest an die Stecklinge gedrückt wird. Da sie in den ersten zwei Wochen noch keine Wurzeln haben und so kein Wassernachschub erfolgt, ist das Abdecken mit durchsichtiger Folie, Glas oder einer Klarsichthaube aus Kunststoff

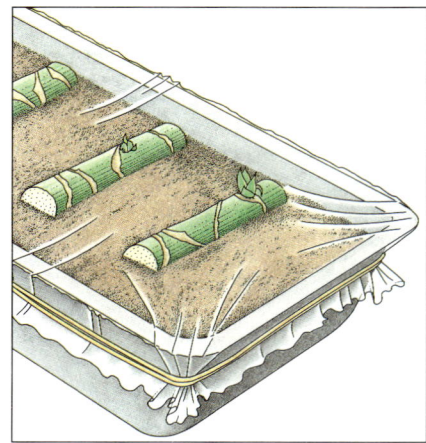

Stammstecklinge

unbedingt erforderlich, um eine hohe Luftfeuchte zu halten. Welkende Blätter muß man immer sofort entfernen, damit keine Pilzkrankheiten entstehen. Beginnender Neuaustrieb zeigt, daß die Wurzelbildung erfolgreich ist. Spätestens dann ist auch nicht mehr so hohe Luftfeuchtigkeit nötig.

Blattstecklinge

Einige wenige Pflanzen werden nicht durch Kopfstecklinge, sondern durch Blattstecklinge vermehrt. Bekanntestes Beispiel ist Saintpaulia, das Usambaraveilchen. Außerdem lassen sich auf diese Weise verschiedene Sedum-Arten (Fetthenne), Hoya (Wachsblume), Cissus, Blattbegonie, Sansevieria, Streptocarpus (Drehfrucht) und andere Gesneriengewächse vermehren.

Nicht immer ist die Bewurzelung so einfach wie bei Saintpaulia und Cissus. Hier wird ein Blatt mit einem kurzen Stück Stiel abgeschnitten und in Anzuchterde und mit einer Folie abgedeckt gesteckt. Bei Hoya läßt man zwei oder drei Blätter an einem Stiel und setzt sie in die Erde.

Zur Vermehrung der Sansevieria genügt es, einzelne Blattabschnitte zu bewurzeln. Das ergibt dann aber grüne Pflanzen. Die längsgestreiften Blattformen der Mutterpflanze erhält man nur, wenn beim Abtrennen eines Blattes auch ein Stück vom Stiel abgeschnitten wird.

Blattbegonien weisen eine individuelle Vermehrungsform auf. Dabei schneidet man auf der Blattunterseite kräftige Blattrippen ein, legt das Blatt mit der Oberseite nach oben in feuchte Anzuchterde und beschwert es mit kleinen Steinchen, damit es Erdkontakt hat. Sobald die daraus wachsenden Jungpflanzen 2 cm lang sind, werden sie herausgeschnitten und in kleine Töpfe gesetzt.

Blattstecklinge kann man auch vom Gummibaum bewurzeln. Eine neue Pflanze entwickelt sich daraus aber nur, wenn das Blatt zusammen mit einer Triebknospe am Stamm abgeschnitten wird.

Bei Streptocarpus wird aus einem Blatt die Mittelrippe herausgeschnitten. Zur Vermehrung steckt man die beiden Blatthälften mit der Schnittstelle in Anzuchterde. Aus jedem Blatt wachsen dann mehrere neue Pflänzchen heraus.

Stammstecklinge

Die Vermehrung durch Stammstecklinge wird vor allem bei Dieffenbachia und Dracaena angewandt, wenn sie im unteren Bereich kahl geworden sind. Dazu schneidet man den Stamm in mehrere Stücke, von denen jedes einen oder zwei Knoten mit einem sogenannten schlafenden Auge aufweist. Man legt die Stammteile waagerecht in Anzuchterde, mit dem Auge nach oben, und drückt sie leicht an, ohne sie ganz zu bedecken.

Ableger und Kindel

Einige Pflanzen vermehren sich, ohne daß besondere Maßnahmen notwendig sind. An erster Stelle ist hier Kalanchoë daigremontianum, das Brutblatt, zu nennen. An den Blatträndern bilden sich winzige Jungpflänzchen, die von selbst abfallen und in der Topferde bewurzeln.

Auch Tolmiea menziesii (Henne mit Küken) bildet an den Blättern Brutknospen, aus denen sich bewurzelte Pflänzchen entwickeln, die später abfallen und in der Erde weiterwachsen.

Beim Chlorophytum (Grünlilie) und beim Judenbart (Saxifraga) haben die an langen Ausläufern hängenden Jungpflanzen bereits Wurzeln, die sich munter entwickeln, sobald sie die Erde berühren.

Kindelbildung, die seitlich aus der Mutterpflanze wachsenden Ableger, ist vor allem bei Bromelien häufig anzutreffen. Die Kindel haben entweder eigene Wurzeln oder werden zusammen mit einem Wurzelstück von der Mutterpflanze vorsichtig abgetrennt und einzeln eingepflanzt.

Tochterpflanzen am Brutblatt

Ableger des Judenbarts

Kindel an einer Bromelie

Vermehrung von Zwiebel- und Knollenpflanzen

Viele Zwiebelblumen bilden Brutzwiebeln, die beim Herausnehmen aus der Erde sichtbar werden. Vor allem Krokusse und Gladiolen bilden auf diese Weise reichlich Nachwuchs. Die winzigen Zwiebeln werden extra gepflanzt, damit sie sich gut entwickeln können.

Die Knollen von Begonien, Cyclamen (Alpenveilchen) und Sinningia (Gloxinien) können auch durch Teilung vermehrt werden. Dabei ist wichtig, daß man bis zum Austreiben wartet, denn jedes Teilstück muß wenigstens eine Triebknospe aufweisen. Sobald die Knospen sichtbar sind, schneidet man die Knollen mit einem scharfen Messer in entsprechend viele Teile. Die Schnittstellen läßt man etwas antrocknen und reibt sie zur Vermeidung von Fäulnis mit ein wenig Holzkohlenstaub ein.

Knollen von Anemonen und Eranthis (Winterling) lassen sich leicht auseinanderbrechen.

Bei Dahlienknollen nimmt man einzelne Knollen oder Teilstücke der „Knollenbüschel", die ebenfalls mindestens ein Auge aufweisen müssen.

Veredelung

Das Veredeln von Pflanzen ist mehr eine Angelegenheit für Fortgeschrittene. Dabei wird, wie beim Veredeln von Obstgehölzen, eine besonders geeignete Unterlage mit einem Edelreis zusammengefügt. Am häufigsten ist die Kopulation, wobei Unterlage und Edelreis ungefähr gleich stark sind. Sie werden jeweils schräg angeschnitten, mit den Schnittflächen aufeinandergedrückt, mit Bast oder einem Gummiband verbunden und mit Baumwachs verstrichen.

Die Okulation, bekannt vor allem bei Rosen, ist selten und wird oft bei Citrus-Gewächsen angewandt. Hier wird von der Edelsorte lediglich ein „Auge" herausgeschnitten und in einen T-förmigen Rindeneinschnitt der Unterlage eingesetzt.

Das Veredeln ist besonders bei Kakteen beliebt, weil dadurch auch anspruchsvolle Arten leicht kultiviert werden können. Unterlage und Edelteil werden hier waagerecht geschnitten, aufeinandergesetzt und mit Bändern angedrückt, bis sie zusammengewachsen sind. Zu veredelnde Pflanzen müssen im vollen Trieb sein. Der Sommer ist hier ein günstiger Zeitpunkt.

Zwiebelpflanzen werden durch Brutzwiebeln vermehrt, die man von der Mutterzwiebel abtrennt.

Bevor man Knollenbegonie nach den Eisheiligen, also nach Mitte Mai, ins Freiland setzt, können sie geteilt werden. Dabei muß jedes Teilstück mindestens eine Triebknospe besitzen.

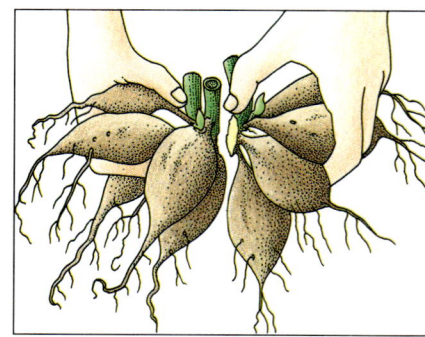

Will man Dahlien vermehren, teilt man die Knollenbüschel in Teilstücke, die mindestens ein Auge besitzen müssen.

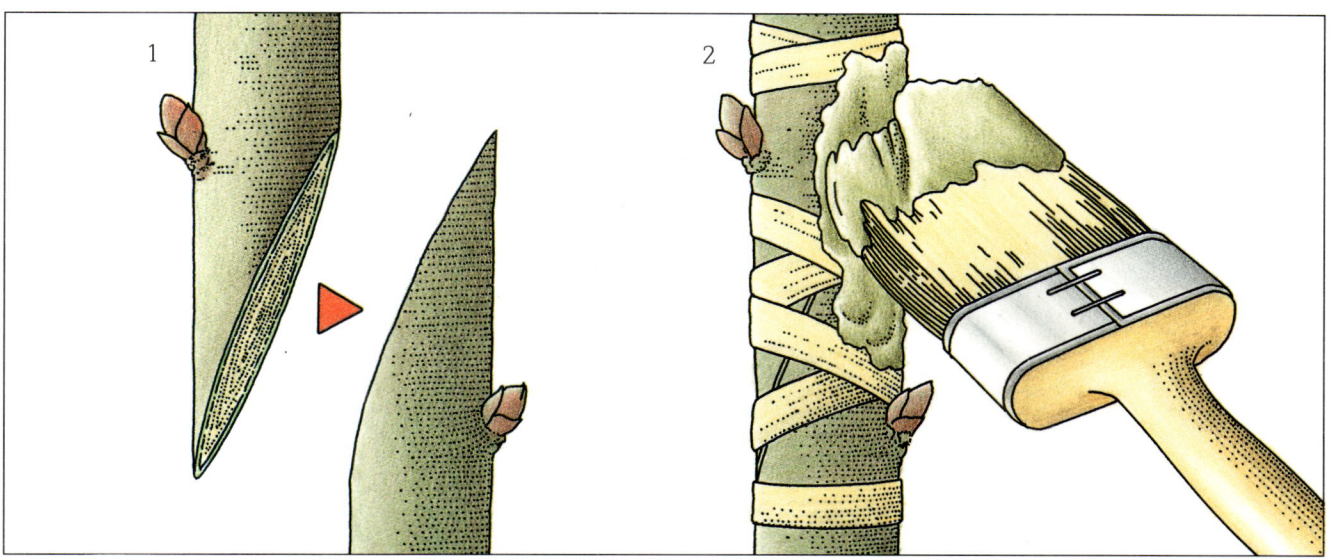

*Kopulieren   1. Sowohl Unterlage wie Edelreis werden mit einem langen Schrägschnitt mit gleichlangen Schnittflächen versehen.
2. Man legt die beiden Schnittflächen aufeinander, umwickelt mit Bast und verstreicht mit Baumwachs.*

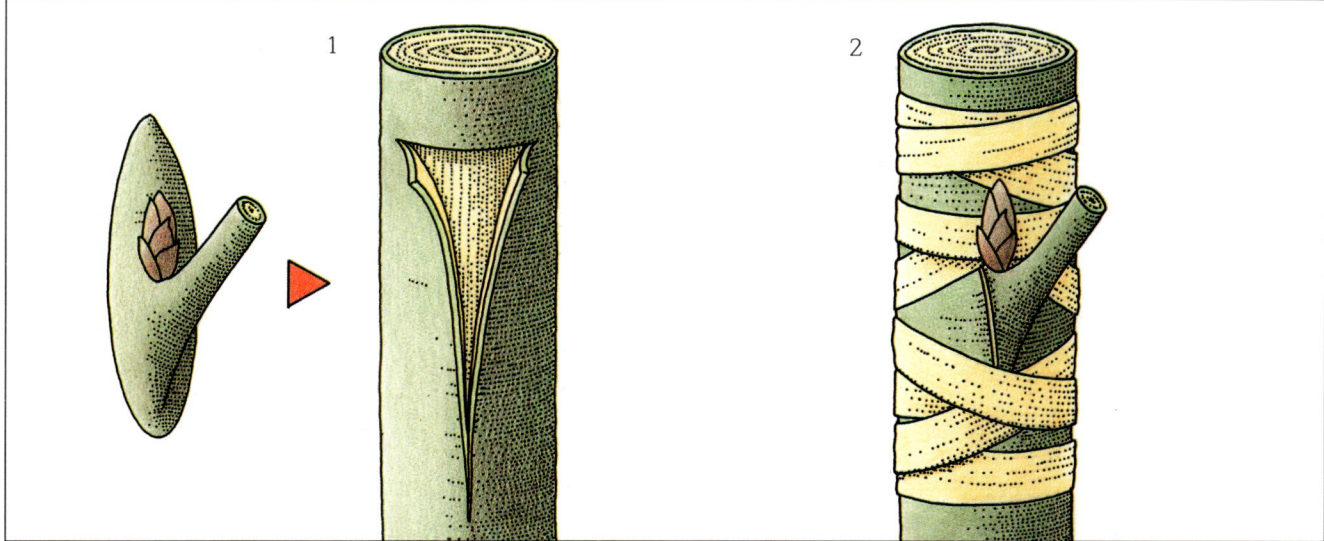

*Okulieren   1. Der Zweig, der veredelt werden soll, bekommt einen T-Schnitt. Eine Edelknospe wird mit anhaftendem Holzschild-
chen geschnitten. 2. Das Schildchen schiebt man hinter die Rinde. Danach verbindet man mit Bast.*

Praktischer Anbau von Gemüse, Kräutern und Obst

Die erfolgreiche Ernte von Paprika, Auberginen, Melonen und Citrus wird unter Glas zur Selbstverständlichkeit. Der erste Salat im Jahr, die frühesten Kohlrabis, Radieschen und Tomaten kommen aus dem Glashaus. Gesundes, selbst angebautes Gemüse und Obst ziehen und schon frühzeitig ernten, das macht das Gewächshaus zu einer nutzbringenden Einrichtung.

Allgemeines

Ein Gewächshaus soll in erster Linie dem Vergnügen dienen. Aber die Beschäftigung mit Pflanzen darf durchaus Nutzen bringen. Das Glashaus wird zur lohnenden Angelegenheit, wenn es auch für den Anbau von Gemüse genutzt wird. Dabei ist der frühe Erntetermin – bei einigen Gemüsearten ein Vierteljahr vor der ersten Freilandernte – ein wichtiges Argument für den Unterglasanbau.

Bei manchem südländischen Gemüse, Paprika und Auberginen zum Beispiel, läßt überhaupt erst der Anbau im Gewächshaus den Ernteerfolg Wirklichkeit werden. Das gilt ebenfalls für Salatgurken und mancherorts auch für Tomaten.

Schon ein ungeheiztes Gewächshaus, das kann auch nur ein Folienhaus sein, bietet frühe Anbaumöglichkeiten für zahlreiche Gemüsearten. Spinat, Feldsalat, Radieschen, Rettich, Endiviensalat, Mangold, Porree und Chicorée sind hier gut aufgehoben.

Mit einer Heizung, die vor unvorhergesehenen Kälteeinbrüchen im Frühjahr oder Herbst schützt, läßt sich das Glashaus neben den obengenannten noch für weitere Gemüsearten nutzen. Mittlere Temperaturansprüche haben Kohl, Kohlrabi, Zwiebeln, Möhren und Erbsen, von den Kräutern Petersilie und Schnittlauch.

Melonen und Paprika brauchen ein heizbares Gewächshaus. Auch Gurken und Auberginen sind in ihrem Wärmebedarf anspruchsvoll.

Etwas bescheidener, aber immer noch recht wärmebedürftig sind Tomaten, Bohnen und Neuseeländer Spinat.

Vor allem bei südländischem Gemüse muß in sonnenärmeren Regionen nicht selten im Sommer zusätzlich geheizt werden, damit die Pflanzen keine Wachstumsstockungen erleiden.

Zierpflanzen und Nutzpflanzen gemeinsam unter einem Glasdach – das ist durchaus die Praxis bei Hobbygärtnern. So wird ein Orchideenliebhaber kaum auf die Möglichkeit verzichten, das Klima im Gewächshaus nebenbei für die Anzucht von Tomaten- und Kohlpflanzen und anderem zu nutzen.

Tomatenernte

Bei manchen Gemüsen, Auberginen beispielsweise, ist der Zierwert der violetten Blüten und Früchte groß. Beim ebenfalls dekorativen Paprika ist der Unterschied zwischen Zier- und Nutzpflanzen sogar fließend: auch Zierpaprika ist eßbar.

Wer seine Zierpflanzen mit chemischen Schädlingsbekämpfungsmitteln behandelt, muß vor der Anwendung beim Gemüse unbedingt darauf achten, daß das Präparat überhaupt für Nutzpflanzen zugelassen ist. Besser ist es ohnehin, nur solche Mittel anzuwenden, bei denen keine Wartezeit bis zur Ernte erforderlich ist.

Beim Hobbyanbau setzt sich der sanfte Pflanzenschutz ohne Chemie immer stärker durch – mit Verzögerung auch unter Glas.

Für den Anbau auf kleinen Flächen reichen in der Regel schon harmlose Mittel wie Schmierseifenlösung oder entsprechende Fertigpräparate gegen Blattläuse und zur Eindämmung anderer schädlicher Insekten, selbst Spinnmilben und Weiße Fliegen, aus. Für Biogärtner mit großer Gewächshausfläche macht der Einsatz von Nützlingen gegen Schadinsekten andere Bekämpfungsmaßnahmen überflüssig. Mit dem Aufhängen von Gelbtafeln, an denen vornehmlich die wirklich unangenehme Weiße Fliege klebenbleibt, und gelegentlichem Sprühen mit

Schmierseifenlösung kann man die häufigsten Schädlinge eindämmen. Schafft man dann noch optimale Kulturbedingungen, haben Krankheiten und Schädiger wenig Chancen.

Biologischer Pflanzenschutz unter Glas heißt in keinem Fall „Abwarten", sondern gerade bei den Nutzpflanzen „Vorbeugen". Erlaubt und sinnvoll sind dabei pflanzenstärkende Mittel, deren Hauptbestandteil meistens Braunalgen sind. Zur Erhöhung der Widerstandskraft gegen Schädlinge und Krankheiten haben sich einfach herzustellende Pflanzenauszüge von Brennessel, Schachtelhalm, Zwiebelschalen, Wermut, Rainfarn und anderen bewährt. die Anwendung ist ab Seite 75 beschrieben.

Natürlich muß man auch bei den Nutzpflanzen abwägen, ob ein hoher Energieaufwand vertretbar ist. Bei Winteraussaat wärmeliebender Gemüse ist zu überlegen, ob die Kosten für Zusatzbeleuchtung und vor allem für die Heizung den Vorsprung bei der Ernte lohnen. Ein Kompromiß wäre die Anzucht im Wärmebeet – oder auch auf der Fensterbank – Anfang Februar, dann muß man nach dem Ausplanzen wegen der kostenlosen Sonnenenergie nur wenig heizen.

Anbau von Gemüse im Gewächshaus

	Januar	Febr.	März	April	Mai	Juni	Juli	August	Sept.	Okt.	Nov.	Dez.
Auberginen		A	A						E		E	
Blumenkohl	A	A	A		E	E		E				
Bohnen			A	A	E	E	E					
Brokkoli	A	A	A	A	E	E	E			E		
Endivien	E	E					A	A	A		E	E →
Erbsen		A	A	A	E	E						
Erdbeeren	A	A		E	E							E →
Feldsalat	A	A	E	E				A		E	E	E →
Gemüsefenchel					A	A				E	E	
Gurken			A	A	A	E	E					
Kartoffeln			A	A	A	E	E					
Knoblauch	A	A	E	E	E	E	E			A	A	A →
Kohlrabi	A			E	E	E					E	E →
Kopfsalat	E	E						A	A	A	E	E →
Lauch	A	E	E	E								
Mangold	A			E	E	E		A			E	E
Melonen	A	A	A	A				E	E			
Möhren	A	E	E	E	E	E	E	E	E	E	E	E →
Neuseel. Spinat												
Paprika	A	A	A				E	E	E	E		
Pflücksalat	A			E	E	E	E		A	A	E	
Radicchio			E	E			A	A	A		E	
Radieschen	E	E	E	E	E	E	E	A	A	A	E	E →
Rettich			A	E	E	E	E				E	E →
Sellerie	A					E	E	E				
Spinat	E	E	E	E				A	A	A	E	E →
Tomaten	A	A	A	A			E	E	E			
Winterportulak	E	E	E	E				A	A	A	E	E →
Zwiebeln	E	E	E	E				A	A	E	E	E →

Legend: —— Anzucht   - - - Ernte

Weniger Schadstoffe unter Glas?

Es erscheint logisch, daß unter Glas oder Folie herangezogenes Gemüse weniger mit Schadstoffen belastet ist als im Freiland. Nach dem Atomunfall von Tschernobyl konnte Salat aus dem Treibhaus weiter verkauft werden, während strahlenbelasteter Freilandsalat vernichtet werden mußte. Hier erwies sich das Glasdach als Schutz vor radioaktiv belastetem Regen. Ein Vorteil, der allein sicher niemand zum Kauf eines Glashauses bewegen wird. Tatsächlich hält das schützende Glas aber die ständig von Industrie, Kraftwerken, Heizungen und Autos produzierten Schadstoffe und den verunreinigten Regen ab.

Dennoch ist das Gewächshaus kein sicherer Schutz vor möglichen Luftschadstoffen, zum Beispiel in der Nähe von Industriegebieten. Das kommt durch die Gewächshauspraxis, denn schon im Frühjahr muß bei sonnigem Wetter reichlich gelüftet werden. Was an Luftschadstoffen tatsächlich vom Glasdach erfolgreich abgeschirmt wird, kann häufig mit verschmutztem Gießwasser aus der Tonne wieder an die Pflanzen kommen. Regenwasser sollte deshalb grundsätzlich erst dann aufgefangen werden, wenn der Regen Schmutz und Schadstoffe vom Dach gespült hat. Wie das am einfachsten geht, ist ab Seite 48 f. beschrieben.

Auch die richtige Bodenbearbeitung vermindert eine mögliche Schadstoffbelastung der Nutzpflanzen im Gewächshaus. In Versuchen wurde festgestellt, daß die Pflanzen in humusreichen Böden erheblich weniger Schwermetalle aufnehmen als in humusarmen. Auch ein neutraler Säurezustand des Bodens ist für eine Verminderung der Schadstoffaufnahme wichtig. Bei einem pH-Wert zwischen 6,5 und 7,5, in einem mehr oder weniger neutralen Boden also (pH-Wert von 7,0 ist neutral), gelangen am wenigsten Schadstoffe über die Wurzeln in die Pflanze. Kompost ist das einfachste und wirksamste Mittel, einen guten Humuszustand zu erreichen (siehe ab Seite 68).

Nitratgehalt beim Unterglasanbau

Erhöhter Nitratgehalt ist wegen der geringeren Luftintensität bei der Winterernte von Salat, Spinat und Radieschen die Regel, läßt sich jedoch durch maßvolle Düngung wiederum etwas erniedrigen. Beim Eigenanbau sind Geschmack und Nährwert ohnehin wichtiger als ein hohes Erntegewicht, deshalb sollte zumindest in den Wintermonaten unbedingt auf eine Mineraldüngung verzichtet werden. Die Bodenversorgung in dieser Jahreszeit allein mit Kompost bringt zwar nicht so stattliche Pflanzen, mit Sicherheit aber gesünderes Gemüse. Mit organischen Düngern, vor allem mit Hornspänen, ist eine Überdüngung nicht so leicht möglich. Ausgeschlossen ist sie aber nicht, denn die erhöhte Temperatur unter Glas sorgt für eine schnellere Düngewirkung als im Freiland. Auch in der Anwendung organischer Dünger darf keinesfalls übertrieben werden. Das gilt auch für tierischen Mist, der im Gewächshaus nur kompostiert ins Grundbeet kommt. Ihrer Gesundheit tun Sie keinen Gefallen, wenn Sie mitten im Winter kräftig grünen Salat auf den Tisch bringen, der sein Aussehen nur dem Düngersack verdankt. Im Zusammenspiel mit der geringen Lichtintensität an den kurzen Wintertagen ergibt das zwangsläufig eine hohe Nitratbelastung.

Fruchtfolge

Für den Anbau von Gemüse unter Glas hat die richtige Fruchtfolge eine entscheidende Bedeutung. Denn wenn im Grundbeet jedes Jahr dieselben Gemüsearten angebaut werden, sind Krankheiten und Schädlingsbefall vorprogrammiert. Deshalb muß bei Nutzpflanzen die Anbaufläche jährlich gewechselt werden. Das geschieht zweckmäßigerweise nach System – Fruchtfolge genannt – um eine einseitige Beanspruchung des Bodens zu vermeiden und den Nährstoffvorrat optimal auszunutzen.
Die Gemüsearten werden nach ihrem Nährstoffbedarf in drei Gruppen eingeteilt:
Starkzehrer haben einen hohen Nährstoffbedarf. Zu dieser Gruppe zählen Tomaten, Gurken, Kohlarten, Lauch, Sellerie, Auberginen, Kartoffeln und Kürbisgewächse, beispielsweise Zucchini. Das Beet wird gründlich mit Kompost versorgt und erhält reichlich Düngergaben. Während des Wachstums werden die Pflanzen zusätzlich mit Dünger oder auch mit Brennesseljauche versorgt.
Mittelzehrer haben einen mittleren Nährstoffbedarf. Zu dieser Gruppe werden die meisten Gemüsearten gezählt: Salat, Zwiebeln, Möhren, Chinakohl, Rettiche, Radieschen, Mangold, Endivien, Feldsalat, Rote Bete, Kohlrabi, Spinat, Melonen, Paprika und andere. Der Boden erhält vor dem Anbau Kompost und während der Wachstumszeit mäßige Düngergaben.
Schwachzehrer erhalten zur Bodenverbesserung Kompost, aber keine zusätzlichen Düngergaben, Chicorée, Knollenfenchel und alle Kräuter rechnet man zu dieser Gruppe. Dazu gehören auch Hülsenfrüchte wie Bohnen und Erbsen, die selbst über ihre Wurzeln Stickstoff anreichern und deshalb keinen oder nur wenig Dünger erhalten.
Nicht alle Pflanzen lassen sich exakt in dieses Schema zwängen. So wird Salat gelegentlich auch zu den Starkzehrern gezählt, während Radieschen, Feldsalat, Spinat, Kohlrabi und auch Zwiebeln wegen ihres geringen Düngerbedarfs

häufig in die Gruppe der Schwachzehrer eingereiht werden. Eine genaue Anbaufolge der verschiedenen Zehrer nacheinander läßt sich zudem in der Praxis nicht immer einhalten, wenn gleichzeitig die Regeln der Mischkultur Anwendung finden (siehe unten). Das hört sich kompliziert an, ist aber in der Praxis gar nicht schwierig. In jedem Fall sollte dafür gesorgt werden, daß eine Gemüseart erst nach drei Jahren wieder auf derselben Beetfläche angebaut wird. Das wirkt sich positiv auf Wachstum und Gesundheit der Pflanzen aus.
Auf einem Beet, das im ersten Anbaujahr mit Starkzehrern bepflanzt ist, folgen im zweiten Mittelzehrer und im dritten Schwachzehrer. Im vierten Jahr beginnt man dann wieder mit den Starkzehrern. Das Grundbeet wird daher am besten in drei Anbauflächen unterteilt.

Mischkultur

Eine zusätzliche Maßnahme, die die Wachstumsbedingungen verbessern und zudem Krankheiten und Schädlingsbefall vorbeugen kann, ist die Mischkultur. Dabei werden solche Gemüsearten nebeneinander gesät beziehungsweise gesetzt, die sich im Wachstum gegenseitig positiv beeinflussen. Denn es ist keineswegs gleichgültig, welche Pflanzen nebeneinander heranwachsen. In jahrelangen Beobachtungen und Aufzeichnungen wurde festgestellt, daß manche Pflanzen besonders gut harmonieren, andere sich dagegen „nicht riechen" können. Das ist zum Teil wörtlich zu nehmen, denn verantwortlich dafür sind oft Wirkstoffe der Pflanzen, die über Wurzeln, Blätter, Blüten oder Früchte abgegeben werden. So fördern beispielsweise die Wurzelausscheidungen von Sellerie das Wachstum der Tomaten, während Erbsen oder Kartoffeln das Wohlergehen der Tomaten ungünstig beeinflussen.
Auch bei der vorbeugenden Schädlingsabwehr kann die Mischkultur mit-

Mischkultur-Tabelle

Mischkultur-Tabelle	Auberginen	Buschbohnen	Chicorée	Dill	Endivien	Erbsen	Erdbeeren	Feldsalat	Gemüsefenchel	Gurken	Kartoffeln	Knoblauch	Kohlgewächse	Kohlrabi	Kopfsalat	Lauch (Porree)	Mangold	Melonen	Möhren	Neuseeländerspinat	Paprika	Petersilie	Pflücksalat	Radicchio	Radieschen/Rettich	Rote Bete	Sellerie	Spinat	Stangenbohnen	Tomaten	Zucchini	Zwiebeln
Auberginen																					O									O		
Buschbohnen						O	×		O	×	×	O	×	×	×	O	×		×				×		×	×	×			×		O
Chicorée									×					×		×														×	×	
Dill					×				×					×		×							×		×							×
Endivien						×							×			×														×		
Erbsen		O		×					×	×	×	O	×	×	O				×						×	×				O	O	
Erdbeeren		×						×				×	×		×	×							×		×	×	×					×
Feldsalat							×						×	×		×														×		×
Gemüsefenchel		O		×	×					×						×							×	×						O	O	
Gurken		×	×		×		×					×	×												O	×	×			×		×
Kartoffeln		×			×							×	×												O	O	O			O		
Knoblauch		O			O	×			×				O						×						×					O	×	
Kohlgewächse		×		×	×	×	×	×		×	×	O		O	×	×	×	×					×	×	×	×	×	×				O
Kohlrabi		×			×		×			×			×		×										×	×	×	×				
Kopfsalat		×	×	×		×	×		×	×			×	×			×		×			O			×	×	×	×				×
Lauch (Porree)		O		×		O	×		×				×	×	×				×					×		O	×			O	×	
Mangold		×											×						×							×						
Melonen													×		×											×			×			
Möhren		×	×	×		×							×			×	×									×				×		×
Neuseeländerspinat																														×		
Paprika	O																													O		
Petersilie						×									O											×				×		
Pflücksalat		×	×						×				×												×	×				×		
Radicchio									×				×			×														×		
Radieschen/Rettich		×			×	×				O			×	×	×		×	×				×	×							×	×	
Rote Bete		×			×	×			×	O	×		O			O							×									×
Sellerie		×							×	O			×	×	×	×													O	×	×	×
Spinat							×						×												×		×					
Stangenbohnen			×		×	O		×	O	×		O	×		×		×							×	×		×	×		×	×	O
Tomaten	O	×	×		O				O	O	O	×	×	×	×	×			×	×			×	×	×		×	×	×			
Zucchini																												×				×
Zwiebeln		O		×		×	×		×				O		×				×						×			O			×	

O = ungünstig für Mischkultur   × = günstig für Mischkultur

helfen, die Anwendung von Pflanzenschutzmitteln zu vermindern oder ganz überflüssig zu machen. Klassisches Beispiel ist der gemeinsame Anbau von Zwiebeln und Möhren: Der Geruch der Zwiebeln vertreibt die Möhrenfliege, während der Duft der Möhren die Zwiebelfliege abhält.

Eine Hilfestellung für den Anbau geeigneter Gemüsenachbarn gibt die Tabelle. Gemüsearten, die miteinander gut harmonieren, sich also im Wachstum positiv beeinflussen, sind mit +, Gemüsearten, die nicht miteinander harmonieren, mit – gekennzeichnet. Alle übrigen, nicht gekennzeichneten Gemüsearten verhalten sich neutral zueinander.

Neulinge im Gemüseanbau haben mitunter Schwierigkeiten bei der Aufstellung eines Anbauplans für das Gewächshaus, wenn Fruchtfolge und Mischkultur kombiniert werden. Wichtig ist lediglich, daß zwischen die Starkzehrer keine Schwachzehrer gesetzt werden, weil diese dann zuviel Dünger abbekommen. Aber wenn die Starkzehrer geerntet sind, können auf der Beetfläche ohne weiteres Schwachzehrer folgen, weil viele Nährstoffe bereits von den vorangegangen Pflanzen verbraucht wurden. Starkzehrer und Mittelzehrer können dagegen durchaus gemeinsam auf einem Beet angebaut werden, nur sollte ihr Hauptwachstum nicht in den-

selben Zeitraum fallen. Völlig unproblematisch ist es, schnell wachsende „Lückenbüßer" wie Salat, Kresse, Radieschen oder Kohlrabi zu säen. Sie wachsen zwischen Stark-, Mittel- und Schwachzehrern gleich gut.

Über die Verträglichkeit von Gemüsepflanzen gibt es bislang nur wenige Untersuchungen. Die in der Tabelle genannte positive oder negative Beeinflussung beruht auf Erfahrungswerten und kann von individuellen Erfahrungen abweichen. Für Gemüsearten, deren Anbau noch nicht lange üblich ist, beispielsweise Auberginen, Paprika oder Zucchini, sind die Erfahrungswerte noch unvollständig.

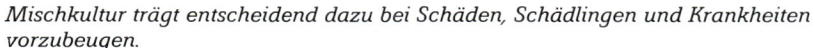

Mischkultur trägt entscheidend dazu bei Schäden, Schädlingen und Krankheiten vorzubeugen.

Aussaat

Für erfolgreiche, frühe Anzucht ist ein heizbares Vermehrungsbeet, selbst gebaut oder fertig gekauft, eine nützliche Einrichtung. Die erhöhte Temperatur bewirkt schnelles Keimen, und der dabei erzielte Wachstumsvorsprung hält bis zur Ernte.

Die meisten im Glashaus gezogenen Gemüse werden zunächst in Saatschalen oder Töpfen ausgesät. Das erfordert zunächst wenig Platz, die Beete können bis zum Setzen der Jungpflanzen anderweitig genutzt werden.

Bei Direktsaat im Grundbeet muß der Boden ausreichend warm sein. Wenn beispielsweise Radieschen im Januar bei 5° C Bodentemperatur gesät werden, dauert es drei Wochen bis zum Keimen. Bei Aussaat Ende Februar ist nur geringe Zusatzheizung erforderlich, um sie bei 12° C in knapp einer Woche zum Keimen zu bringen. In der Übergangszeit kann ein Bodenheizkabel im Grundbeet den Keimvorgang erheblich beschleunigen.

Gemüseanbau im Gewächs- haus

Aubergine, Eierfrucht

Die Vorliebe für die Küche Frankreichs und Italiens hat dieses edle Gemüse auch in nördlicheren Regionen verbreitet. Anders als in den Mittelmeerländern kann hier nur der Anbau unter Glas eine erfolgreiche Ernte bringen. Auberginen im Gewächshaus heranzuziehen ist kaum schwieriger als der Anbau von Tomaten. Die Ansprüche sind ähnlich, nur daß Auberginen noch ein bißchen mehr Wärme benötigen – mehr noch als Paprika.

Aussaatzeit: Januar bis April
Keimtemperatur: 20 – 25°C
Keimdauer: 8 bis 16 Tage
Ernte: August bis November
Anzucht: Ab 20°C keimen die groben Samenkörner zuverlässig innerhalb von zwei Wochen. Auch nachts sollte die Temperatur nicht unter 18°C sinken. Schon während der Anzucht, aber auch später, sind Auberginen licht- und wärmebedürftig. Eine frühere Aussaat ist schon im Dezember oder Januar möglich, doch eine noch frühere Ernte läßt sich dann nur durch aufwendige Zusatzbelichtung im Frühsommer erzielen.

Sobald sich zwei Blattpaare entwickelt haben, kann in Töpfe pikiert werden. Diese muß man so hell wie möglich aufstellen, zum Beispiel auf einem Hängeboard, und bei sonnigem Wetter rechtzeitig gießen. In den ersten Wochen nach der Aussaat ist das Wachstum noch schwach. Ausgepflanzt wird im April mit mindestens 60 cm Abstand, mehr ist besser. Auch im Mai kann man noch auspflanzen, denn die Fruchtbildung erfolgt ohnehin erst später.

Pflege: Die Pflanzen werden, je nach Sorte, 60 – 100 cm hoch. Sie entwickeln sich zwar kräftig, sollten jedoch zusätzlich einen Stützstab erhalten. Im Vergleich zu Tomaten tragen Auberginen verhältnismäßig wenige Früchte.

Auberginen lassen sich auch gut im Topf pflegen.

Damit diese bei der Ernte größer sind, läßt man nicht alle Fruchtstände ausreifen. Deshalb werden entweder die Triebe hinter dem zweiten Fruchtansatz gekappt, oder man läßt sie wachsen und dünnt statt dessen die Fruchtstände aus. Die Arbeit mit der Schere ist aber nicht zwingend vorgeschrieben. Es genügt schon, wenn die Pflanze durch minimales Beschneiden im Wuchs kompakt gehalten wird. Der Fruchtansatz kann gefördert werden, wenn bei sonnigem Wetter tagsüber gut gelüftet oder der Blütenstand leicht geschüttelt wird, um die Bestäubung der Narbe durch die Pollen zu sichern.

Da Auberginen nicht vor April ins Grundbeet gepflanzt werden, steht der Platz vorher für Kohlrabi, Salat und Radieschen zur Verfügung.

Temperatur: Hohe Luftfeuchtigkeit bekommt den Auberginen nicht. Sie brauchen es möglichst warm und benötigen gleichzeitig viel Frischluft. Bei mehr als 25°C sollte gelüftet werden. Der gemeinsame Anbau mit ebenfalls frischluftbedürftigen Tomaten oder Paprika ist daher gut möglich. Dagegen ist von einer Pflanzung zusammen mit Gurken abzuraten, weil in der von Gurken bevorzugten schwülwarmen Luft der Fruchtansatz der Auberginen zurückbleibt.

Boden und Düngung: Auberginen haben einen mäßig hohen Nährstoffbedarf. Neben der Bodenverbesserung mit Kompost ist eine Grunddüngung mit organischem Dünger anzuraten. In der Folge sollte dem Gießwasser alle zwei Wochen etwas Flüssigdünger zugefügt werden.

Wasserbedarf: Die großen Blätter der Aubergine verdunsten viel Wasser, wenn im Sommer die Temperatur unter dem Glasdach steigt. Der Boden darf zu keinem Zeitpunkt trocken werden, man muß also regelmäßig wässern. Durch Mulchen, also Abdecken der Bodenoberfläche mit Gras oder Stroh, kann man die Wasserverdunstung verringern.

Pflanzenschutz: Bei zu trockenem Stand während der Anzucht werden Auberginen oft von Blattläusen befallen. Auch später muß man stets auf feuchten Boden achten. Als direkte Maßnahme gegen Schadinsekten sprüht man mit Schmierseifenlösung. Die Weiße Fliege wird mit Gelbtafeln eingedämmt. Durch hohe Luftfeuchtigkeit kommt es verstärkt zu Grauschimmel (Botrytis), deshalb muß man tagsüber gut lüften.

Ernte: Für die Fruchtbildung braucht die Aubergine die langen Sommertage, deshalb ist selten vor Ende Juli mit einer befriedigenden Ernte zu rechnen. Die Früchte sind erst reif, wenn die Schale glänzt.

Sorten: Für den Unterglasanbau gibt es in Form und Farbe verschiedene Sorten. Sehr wirkungsvoll sind die weißen, hühnereierförmigen Früchte des Eierbaums. Sie färben sich später gelb.

Selten angeboten, obwohl sehr dekorativ, sind Eierbäume mit leuchtendroten und rotgelben Früchten. Die eßbaren Früchte des Eierbaums wachsen auch bei Topfhaltung gut heran (Mindestgröße 2 l oder mindestens 25 cm Durchmesser). Sie sind kompakter als Auberginen und werden meist nur 50 cm hoch.

Blumenkohl

Dem Blumenkohl sollte, wenn im Gewächshaus noch Platz ist, ein Stück Beetfläche eingeräumt werden. Er beansprucht allerdings recht viel der ja stets knapp bemessenen Unterglasfläche.

Winterkultur, also Aussaat im September, Pflanzung im Dezember und Ernte im April, erfordert ein geheiztes Gewächshaus und möglichst auch Zusatzbelichtung. Die Energiekosten lohnen nur dann, wenn Blumenkohl sozusagen nebenbei angebaut wird.

Bei Frühjahrskultur unter Glas mit Anzucht im Februar und Ernte ab Juni fallen die Heizkosten kaum ins Gewicht. Ende Februar, Anfang März werden Jungpflanzen für zusätzliche, späte Freilanderntern herangezogen, die sich bis in den Spätherbst erstrecken.

Aussaatzeit: September für Winterkultur, Januar bis März für frühen Blumenkohl im Gewächshaus, März für die Freilandpflanzung

Keimtemperatur: 12 – 20° C

Keimdauer: 6 bis 12 Tage

Ernte: im April bei Winterkultur, sonst ab Ende Mai

Anzucht: Hohe Temperaturen begünstigen die Keimung. Blumenkohl wird deshalb zunächst im beheizten Vermehrungsbeet ausgesät. Nach drei Wochen pikiert man in Töpfe mit 5 cm Durchmesser. Ins Grundbeet wird im Abstand 50 x 40 cm, ins Freiland 50 x 50 cm, ausgepflanzt.

Pflege: Während der Anzucht und auch später noch braucht Blumenkohl viel Licht, darf also nicht von anderen Pflanzen beschattet werden. 12 – 14° C Wärme, nachts 10° C, sind genug. Zuviel Hitze verträgt die anspruchsvollste aller Kohlpflanzen nicht. An sonnigen Tagen muß man reichlich lüften, schon bei Erreichen einer Innentemperatur von 18 – 20° C.

Damit der Kohl schön weiß bleibt, bindet man vor der Ernte die Blätter zusammen.

Kohl braucht jährlichen Beetwechsel, auch unter Glas. Mischkultur mit vielen anderen Gemüsearten ist möglich, zum Beispiel mit Bohnen, Rettich, Salat, Spinat und Tomaten.

Damit der Blumenkohl schön weiß bleibt, bindet man die Blätter zusammen.

Boden, Düngung und Pflanzenschutz: Die biologische Anbauweise bringt in der Gewächshauskultur von Kohl Vorteile, weil sich der Boden unter Glas schneller erwärmt und organische Dünger früher als im Freiland in pflanzenverfügbare Nährstoffe umgewandelt werden. Als Starkzehrer braucht Blumenkohl mit Komposterde versorgten Boden. Zusätzlich sollte man eine Handvoll Dünger pro m² geben.

Besonders wichtig ist, wie bei allen Kohlarten, zusätzliches Streuen von Kalk, im Bioanbau Algenkalk. Er verbessert die Wachstumsbedingungen und schränkt die Gefährdung durch Kohlhernie ein. Gegen Kohlfliegen kann das Anhäufeln der Pflanzen bis über die ersten beiden Blätter hilfreich sein.

Wasserbedarf: Blumenkohl hat einen hohen Wasserbedarf. Es muß auf gleichmäßige Bodenfeuchtigkeit geachtet werden.

Sorten: Für den Unterglasanbau sind Treib- und frühe Freilandsorten zu bevorzugen.

Buschbohne

Buschbohnen sind auf den ersten Blick keine typischen Gewächshauspflanzen. Meistens zieht man sie hier nur vor, um sie später im Freiland auszupflanzen. Der durchgängige Anbau unter Glas ist jedoch unbedingt lohnend, vor allem wegen des frühen Erntetermins im Mai. Um diese Zeit kann im Freiland erst gesät beziehungsweise gepflanzt werden.

Bohnen sind wegen ihrer bodendüngenden Wirkung, sie sammeln mit Hilfe der Knöllchenbakterien in ihren Wurzeln Stickstoff, auch günstig als Vorkultur für andere Gemüsearten.

Bei einer Aussaat Anfang März sind die Buschbohnen im Mai geerntet und räumen das Beet für die Hauptkulturen, zum Beispiel Tomaten oder Gurken. Buschbohnen können auch in transportablen Kästen gesät werden. Diese nehmen auf Hängeregalen wenig Platz in Anspruch.

Aussaatzeit: Anfang März bis Mai

Keimtemperatur: 20 – 25° C

Keimdauer: 3 bis 10 Tage

Ernte: Mai bis August

Anzucht: Buschbohnen sind leicht anzuziehen und wachsen bei genügend Wärme schnell heran. Es reicht, sie Anfang März in Töpfen vorzukultivieren, denn schon nach knapp drei Wochen sind die Bohnen fertig zum Auspflanzen im Abstand 40 x 40 cm. Etwas länger dauert die Anzucht bei Direktaussaat im Beet: Die Bohnen werden in Reihen einzeln 2 cm tief mit 6 – 8 cm Abstand ausgelegt.

Für eine Freilandpflanzung zieht man Bohnen Anfang Mai unter Glas vor.

Pflege: Leichtes Anhäufeln mit Erde erhöht die Standfestigkeit der Jungpflanzen. Die kompakt wachsenden Buschbohnen brauchen auch später keine Stütze. Sie werden nur 50 cm hoch. Leichte Beschattung durch Nachbarpflanzen wird gut vertragen. Günstig sind Mischkulturen mit Fenchel, Gurken, Knollensellerie, Kohl, Kohlrabi, Lauch, Rettich, Salat und Tomaten.

Temperatur: Übermäßig viel Wärme bekommt den Bohnen nicht sonderlich gut. Bei mehr als 25° C müssen die Lüftungsklappen unbedingt geöffnet

Verschiedene Buschbohnensorten, 'Royal Burgundy': blau, 'Goldetta': gelb und 'Delinel': grün

sein, denn feuchtwarmes Treibhausklima würde die Pflanzen verweichlichen und anfälliger für Krankheiten und Schädlinge machen. Die unterste Temperaturgrenze ist 12° C. Im Notfall, zum Beispiel bei Heizungsausfall, kann die Temperatur kurzfristig bis auf 2° C absinken.

Boden und Düngung: Bohnen reichern durch Knöllchenbakterien in ihren Wurzeln Stickstoff aus der Luft im Boden an. Sie produzieren also „Stickstoffdünger", bei 10 m² Anbaufläche im Gewächshaus rund 600 g. Das spart Düngekosten für nachfolgende Pflanzungen. Günstig ist humusreicher, sandiger und dadurch gut wasserdurchlässiger Boden. Als Dünger genügt dann ausgereifte Komposterde.

Bohnen sind Schwachzehrer und haben nur geringe Nährstoffansprüche. Sie sind dadurch gut für Beete geeignet, in denen vorher oder nachher Starkzehrer wie Kohl oder Tomaten wachsen.

Wasserbedarf: Die noch jungen Pflanzen darf man nur morgens gießen, weil Stengel und Blätter leicht faulen. Zunächst wird mäßig gegossen, mit Beginn der Blüte und auch während der Fruchtreife reichlicher. Trockenheit, auch kurzfristige, muß man unbedingt vermeiden, weil sonst die gerade heranwachsenden Früchte abgeworfen werden.

Pflanzenschutz: Gegen Läusebefall sät man unbedingt als Zwischenpflanzung Bohnenkraut. Außerdem sollte man krankheitsresistente Buschbohnensorten verwenden.

Ernte: Sobald die ersten Bohnen reif sind, werden sie vorsichtig einzeln abgepflückt. Fortlaufende Ernte bringt einen höheren Ertrag als einmalige. Die Erntemenge ist im Vergleich zu Stangenbohnen deutlich geringer, aber der frühe Erntetermin (Anfang Mai) rechtfertigt den Aufwand, zumal es den gedüngten Boden gratis dazu gibt.

Sorten: Neben den grünen werden zunehmend blaue Buschbohnen angeboten, die sich beim Kochen dunkelgrün färben. Außerdem gibt es gelbe Wachsbohnen, die etwas anspruchsvoller in der Pflege sind, und auch Feuerbohnen als Buschbohnen, zum Beispiel die Sorte 'Hammonds Dwarf'.

Brokkoli, Spargelkohl

Brokkoli ist in Anzucht und Kultur mit dem verwandten Blumenkohl (Seite 98) fast identisch. Im Geschmack ist er feiner, aber im Anbau etwas weniger empfindlich als Blumenkohl.

Brokkoli ist nicht so hitzeanfällig. Dennoch sollte ab 20° C im Glashaus gelüftet werden, weil Brokkoli sonst schnell aufblüht und dann für die Küche unbrauchbar ist.

Der richtige Erntezeitpunkt ist gekommen, wenn die Blütenstände prall gefüllt, aber noch grün sind. Nach der Haupternte wachsen an Seitentrieben neue Blütenknospen heran, die fortlaufend weitere Ernten ermöglichen.

Chicorée

Nur auf den ersten Blick scheint der Anbau von Chicorée kompliziert, weil dazu mehrere Arbeitsgänge erforderlich sind.

Ausgesät wird zunächst im Freiland, wo der Chicorée bis zum Herbst zu stattlichen, salatähnlichen Pflanzen heranwächst. Die Blätter sind nicht genießbar und werden entfernt. Die Wurzeln setzt man ins Gewächshaus-Grundbeet, bringt sie durch Wärme zum Austreiben und kann schon ab November die ersten zarten Chicorée ernten. Das Glashaus ist ein idealer Platz für die Treiberei.

Aussaatzeit: Mai
Keimtemperatur: 12 – 20° C
Keimdauer: 6 bis 20 Tage
Ernte: November bis März
Anzucht: Im Mai wird Chicorée im Freiland ausgesät. Die Samenkörner

Die Chicoréewurzeln werden dicht an dicht im Gewächshausbeet oder, wie hier dargestellt, in einen Behälter mit Erde eingestellt und angegossen. Das Abdecken mit einer Erdschicht ist nur bei älteren Sorten notwendig.

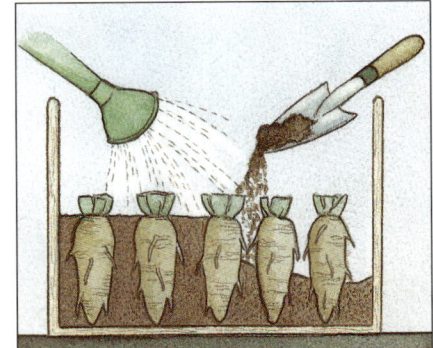

legt man 1 – 2 cm tief. Der Reihenabstand beträgt 40 cm, später verzieht man die Pflänzchen auf 15 cm Einzelabstand. Für gutes Wachstum braucht Chicorée unbedingt einen gut gedüngten, humusreichen Boden.

Mehr als gelegentliches Unkrauthakken ist zur Pflege nicht nötig.

Antreiben: Ende Oktober, Anfang November nimmt man die Pflanzen mitsamt Wurzeln mit einer Grabegabel aus dem Boden und schneidet die Blätter bis auf einen 3 cm langen Rest ab. Die Wurzeln werden, falls nötig, eingekürzt und dicht an dicht im Gewächshausbeet in die Erde gestellt. Dann gießt man gründlich an. Das Abdecken mit einer 15 cm dicken Erdschicht ist nur bei älteren Sorten notwendig. Bei neuen Sorten, die ohne Deckerde treiben, genügt eine luftige Folienabdeckung. Günstige Bedingungen zum Treiben sind hohe Luftfeuchtigkeit und Wärme (15 – 22° C). Es geht auch kühler, dauert dann aber länger.

Erbsen können auch im Balkonkasten gezogen werden. Man kann diese gut auf die Regale stellen und so den Platz im Gewächshaus ausnutzen.

Erbse

Erbsen beanspruchen den Platz im Gewächshaus nicht lange. Bei Aussaat im März kann bereits im Mai geerntet werden. Erbsen haben ähnliche Ansprüche wie Bohnen, sie brauchen es aber nicht ganz so warm. Der Anbau im ungeheizten Gewächshaus bereitet keine Schwierigkeiten. Niedrige Sorten brauchen nicht unbedingt eine Stütze.

Aussaatzeit: Februar bis April
Keimtemperatur: 12 – 20° C
Keimdauer: 8 bis 22 Tage
Ernte: Mai bis Juni
Anzucht und Pflege: Ausgesät wird direkt ins Beet oder auch in einen transportablen Balkonkasten, der auf Hängeregalen wenig Platz in Anspruch nimmt. Bei Reihensaat legt man alle 3 cm eine Erbse, der Reihenabstand beträgt 50 cm. Bei früher Aussaat muß man auf genügend warmen Boden achten, sonst dauert es „ewig", bis die Erbsen keimen. Als Nachbarpflanzen sind neben Möhren und Salat vor allem Gurken günstig, mit denen die Erbsen abwechselnd in einer Reihe gepflanzt werden.

Als Düngung genügt Komposterde. Wie Bohnen reichern sie über ihre Wurzeln den Boden mit Stickstoff an, hinterlassen also beste Erde für die nachfolgenden Pflanzen.

Unter Glas muß frühzeitig gelüftet werden, denn zuviel Wärme bekommt Erbsen nicht. Auch beim Gießen ist Sorgfalt angebracht. Es wird nur morgens gewässert, damit die Blätter bis zum Abend abgetrocknet sind.

Feldsalat

Feldsalat schließt eine Anbaulücke im Gewächshaus. Zwischen August und Oktober ausgesät, bietet er eine pausenlose Ernte bis März. Feldsalat ist im Winter vor allem wegen seines hohen Gehalts an Vitamin C begehrt.

Er ist anspruchslos und wächst auch im ungeheizten Glashaus. Außerdem beansprucht Feldsalat kaum Platz und ist robust gegen Krankheiten.

Aussaatzeit: August bis Oktober
Keimtemperatur: 10 – 20° C
Keimdauer: 8 bis 16 Tage
Ernte: Oktober bis März
Anzucht: Die Aussaat kann breitwürfig erfolgen, doch zur besseren Erkennung von Unkraut sollte gleich in Reihen mit 10 – 15 cm Abstand dünn gesät werden. Die Samen legt man in 1 – 2 cm tiefe Saatrillen und drückt anschließend die Erde gut fest. Ausgesät wird ab Mitte August. Die Samen keimen im sommerwarmen Beet schnell. Ab Oktober beginnt die Ernte. Wenn der Platz im Gewächshaus erst später frei wird, kann auch noch bis Ende Oktober gesät werden. Dann liegt die Ernte im Dezember.

Pflege: Feldsalat kann gut zwischen anderen Gemüsereihen angebaut werden. Mischkultur ist mit Lauch, Winterzwiebeln, Knoblauch, Petersilie und Schnittlauch möglich. Die Ansprüche an den Boden könnten kaum bescheidener sein. Dem Feldsalat reicht das, was vorher im Beet angebaute Pflanzen an Nährstoffen übriglassen. Nur in humusarmen Böden ist ein wenig Komposterde, eventuell eine halbe Handvoll organischer Dünger pro m² nötig. Überdüngung sollte unbedingt vermieden werden.

Feldsalat braucht viel frische Luft – auch im Winter. Häufiges Lüften (ab 18° C Innentemperatur) ist besser als übermäßige Sonnenwärme. Frost macht dem Feldsalat nichts aus.

Sorgfältiges Wässern, nur in den Vormittagsstunden, verhindert Mehltau. Vor allem in den Wintermonaten müssen die Blätter bis abends wieder abgetrocknet sein. In der frühen Wachs-

Gemüsefenchel

Feldsalat ist anspruchslos und kann im ungeheizten Gewächshaus im Winter gezogen werden.

Getriebener Grünspargel zu Weihnachten

tumsphase ist der Feuchtigkeitsbedarf hoch, besonders beim Anbau im Spätsommer. Später muß man auf gleichmäßige Wasserversorgung achten.

Die Ernte erfolgt fortlaufend. Mit einem scharfen Messer werden die Blätter knapp über dem Boden abgeschnitten. Sie treiben mehrmals nach. Ab März beginnt der Feldsalat zu blühen. Er räumt dann den Platz.

Sorten: Bei Problemen mit Mehltau sind resistente Sorten zu bevorzugen.

Gemüsefenchel

Knollenfenchel findet als Gemüsedelikatesse zunehmende Wertschätzung bei Hobbygärtnern. Erst durch neuere Sorten ist ein früher Unterglasanbau und eine erste Ernte schon im Mai möglich. Vorteile bringt aber auch die Aussaat im Sommer.

Aussaatzeit: ab Februar, ältere Sorten Juli bis August

Keimtemperatur: 16 – 20° C

Keimzeit: 8 bis 14 Tage

Ernte: ab Mai, bei Sommeraussaat im Oktober

Anzucht: Die Fenchelsamen sät man in Saatschalen, pikiert in 5-cm-Töpfe und pflanzt nach vier Wochen aus. Bei späterer Anzucht ist auch Direktsaat

ins Beet möglich, aber die Vorkultur ist günstiger. Die Pflanzen brauchen viel Platz. Der Reihenabstand beträgt 40 cm, der Pflanzenabstand 30 cm. Für die früheste Ernte im Mai wird im Februar gesät. Für eine Ernte im Herbst muß bis Mitte August gesät sein.

Pflege: Mischkulturen sind möglich mit Bohnen, Gurken, Kohlrabi und Salat. Der Boden muß humusreich, darf aber nicht zu stark gedüngt sein, damit sich der Gemüsefenchel gut entwickelt. Kompost und Steinmehl genügen zur Bodenverbesserung.

Auf gleichmäßige Feuchtigkeit muß man achten – Fenchel braucht viel Wasser. Anhäufeln verbessert die Qualität der Knollen.

Sorten: Für die Frühjahrskultur sind nur tagneutrale Sorten geeignet, zum Beispiel 'Zefa Fino'. Für die Herbsternte können auch alte Sorten verwendet werden.

Grünspargel

Grünspargel ist in Deutschland noch wenig bekannt. Der Spargel wird dann grün, wenn er aus der Erde heraus, also ans Licht wächst.

Es gibt grundsätzlich zwei Möglichkeiten, Grünspargel im Gewächshaus zu ziehen. Einmal können alte Spargelpflanzen im Glashaus angetrieben werden, die man von einem abgetragenen Spargelbeet hereinholt, oder man sät ihn selbst aus, kultiviert ihn drei

Jahre und treibt ihn ab dem 3. Jahr im Gewächshaus an.

Antreiben alter Spargelpflanzen: Wenn man ein Spargelbeet hat, das abgetragen ist, das man also nicht weiterpflegen will, gräbt man die alten Spargelpflanzen zum Ende der Vegetationszeit im September/Oktober aus und setzt sie abgedeckt mit Torf oder Erde in möglichst große Container. Die Gefäße bleiben einige Wochen draußen in der Kälte. Ende November/ Anfang Dezember holt man sie ins Gewächshaus und stellt sie dort auf. Sie können hier auch unter den Tischen stehen. Der Platz ist damit gut genutzt. Bei 15 – 20° C kann man dann für das Weihnachts- oder Neujahrsfestmahl Grünspargel ernten. Ist es kälter, braucht der Spargel länger.

Spargel selbst aussäen: Auch selbst ausgesäter Spargel läßt sich wie oben beschrieben vortreiben. Für die Aussaat eignen sich zum Beispiel die Sorten 'Mary Green' oder 'Ruhm von Braunschweig'. Man sät im März/April draußen auf ein separates Saatbeet in sonniger, geschützter Lage mit 20 cm Reihenabstand aus. In der Reihe wird auf 20 cm vereinzelt. Im Jahr darauf verpflanzt man zum selben Zeitpunkt. Ab dem dritten Jahr kann man den Spargel wie unter „Antreiben alter Spargelpflanzen" vortreiben.

Gurke

Salatgurken selbst zu ernten, ist für manche Gartenfreunde schon Grund genug, ein Gewächshaus zu unterhalten. Unter dem schützenden Glasdach ist für die wärme- und feuchtigkeitsliebenden Gurken der richtige Platz. Im Freiland wird man eher mit Einlegegurken, selten aber mit den empfindlichen Salatgurken Erfolg haben.

Bei richtiger Pflege bringen Salatgurken im Gewächshaus eine Ernte am laufenden Band. Sie sind allerdings recht anspruchsvolle Gewächse. Die neuen F1-Hybriden sind problemloser. Anzucht und Pflege erfordern einige Sorgfalt, doch der Ernteerfolg gleicht das allemal aus.

Aussaatzeit: Februar bis April
Keimtemperatur: 20 – 25° C
Keimdauer: 3 bis 7 Tage
Ernte: Juni bis November
Anzucht: Der hohe Wärmebedarf wird schon bei der Aussaat deutlich. Erst eine Temperatur von mehr als 20° C läßt die groben Gurkenkerne keimen. Sie entwickeln sich dann in beachtlichem Tempo. Gesät wird gleich in 10-cm-Töpfe. Die erste Aussaat ist schon ab Anfang Februar möglich.

Auch nach dem Auspflanzen im März muß es im Gewächshaus ausreichend warm sein, ideal sind 18 – 22° C. Eine Tagestemperatur von 16° C sollte nicht unterschritten werden. Gelüftet wird ab 25° C.

Drei bis vier Wochen nach dem Säen kann bereits ausgepflanzt werden. 100 cm Abstand in der Reihe mit 40 cm Pflanzabstand ist nicht zuviel. Der meist beengte Platz im Gewächshaus läßt als Kompromiß auch noch eine versetzte Pflanzung im Abstand von 50 cm zu. Die Pflanzen sehen zwar kräftig aus, müssen aber behutsam behandelt werden, weil die hohlen Stengel leicht brechen. Auch den Wurzelballen darf man beim Einpflanzen nicht beschädigen. Die Jungpflanzen werden auf einen kleinen Hügel gesetzt und mit einem ringförmigen Erdwall als Gießmulde umgeben.

Pflege: Feuchtwarme Luft und Beschatten (außer bei Stegdoppelplatten) bei sommerlicher Hitze begünstigen

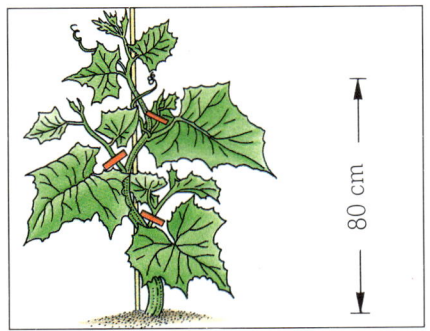

Gurkenschnitt 1. Alle Seitentriebe bis zu einer Höhe von 80 cm Höhe werden entfernt.

2. Die in mehr als 80 cm Höhe sich bildenden Seitentriebe kappt man nach dem ersten oder zweiten Fruchtansatz.

3. Hat die Pflanze das Gewächshausdach erreicht, kann man die Spitze auskneifen.

das Wachstum der Gurken. Der gemeinsame Anbau unter einem Glasdach zusammen mit anderen Nutzpflanzen, die solche Bedingungen nicht vertragen, ist dennoch möglich. Dann wird mehr gelüftet, was den Gurken kaum Nachteile bringt. Auf diese Weise können sogar Gurken und Tomaten in demselben Gewächshaus wachsen, allerdings nicht unmittelbar nebeneinander. Tomaten stehen nach Süden mit viel Seitenlüftung und Gurken mit weniger Lüftung auf der Nordseite. Bohnen, Salat und Dill sind günstige Nachbarpflanzen bei Mischkultur.

Temperatur: Gurken brauchen viel Licht. Bei großer Hitze ist es jedoch besser, in den Mittagsstunden das Glasdach zu schattieren. Aber nur dann, denn dauerndes Dämmerlicht würde sie verweichlichen und anfälliger gegen Schädlinge machen. Der Sonnenschutz vermeidet Blattverbrennungen und senkt die Gewächshaustemperatur. Bei mehr als 37° C, unter Glas nicht selten, können selbst die wärmeliebenden Gurken Hitzeschäden erleiden. Besser ist es, schon bei Temperaturen ab 25° C für ausreichende Lüftung zu sorgen.

Hohe Luftfeuchtigkeit bekommt Gurken gut, sie können auch direkt mit Wasser besprüht werden, möglichst morgens.

Schnitt: Nach dem Einpflanzen beginnen die Gurkenpflanzen bald zu wachsen und sich an vom Glasdach gespannten Schnüren hochzuranken. Bis in 80 cm Höhe entfernt man alle Seitentriebe; hier sollen noch keine Gurken wachsen. Die in mehr als 80 cm Höhe sich bildenden Seitentriebe werden nach dem ersten oder zweiten Fruchtansatz gekappt. Hat die Pflanze das Gewächshausdach erreicht, wird sie gekappt oder am Dach entlanggeleitet. Folgende Regel gilt: Lieber regelmäßig und wenig schneiden, als selten und dann radikal stutzen.

Boden und Düngung: Salatgurken ergeben eine enorme Ernte: Zwei Dutzend und mehr Früchte pro Pflanze sind keine Seltenheit. Entsprechend groß ist der Nährstoffbedarf. Wer tierischen Mist zur Verfügung hat, sollte ihn (gut verrottet) für das Gurkenbeet verwenden. Großzügige Kompostmengen und eine Handvoll organischer Dünger pro Pflanze vervollständigen das Nährstoffangebot. In der Folgezeit, vier Wochen nach dem Einpflanzen zum erstenmal, sollte dann dem Gießwasser einmal wöchentlich Flüssigdünger zugefügt werden. Statt dessen kann auch Brennesseljauche oder organischer Mischdünger verwendet werden, aber nur zwei- oder dreimal während der Wachstumszeit. Den größten Nährstoffbedarf haben Gurken, wenn sich die ersten Früchte bilden. Zu sparsame Düngung kann Ursache für unbefriedigenden Fruchtansatz sein. Für gleichmäßigen Nachschub sorgen regelmäßige Kompostgaben im Abstand von zwei Wochen.

Wasserbedarf: Gurkenpflanzen mit ihren wasserhaltigen Früchten und reichem Blattwerk haben einen enormen Wasserbedarf. Angewärmtes, abgestandenes Wasser ist für die empfindlichen Gurken am besten. Der Boden muß immer feucht sein.

Pflanzenschutz: Sorgfältig vorbereiteter Boden, ausreichend Wärme und Licht, regelmäßiges Wässern und Beschneiden sorgen für gesunde Pflanzen, die kaum Probleme bereiten. Gegen Mehltau kann vorbeugend mit Bio-Blattmitteln gespritzt werden. Befallene Blätter muß man sofort entfernen. Bei ausreichend hoher Luftfeuchtigkeit ist der Befall mit Spinnmilben selten. Gegen die Gurkenwelke gibt es kein Bekämpfungsmittel. Das Beimischen von Tonmehl zur Pflanzerde soll der Krankheit vorbeugen. Sie entsteht oft, wenn Gurken jedes Jahr in derselben Erde angebaut werden. Fruchtwechsel schafft daher Abhilfe. Erst nach drei Jahren darf man Gurken an dieselbe Stelle pflanzen.

Bei regelmäßigem Gurkenanbau ohne Wechsel der Beetfläche oder Austauschen der Erde sollte man auf den Feigenblattkürbis veredelte Gurkenstecklinge pflanzen. Diese kann man in Gartenfachgeschäften kaufen. Dann erkranken Gurken nicht an der Gurkenwelke, da die Unterlage resistent gegen diese Krankheit ist.

Sorten: Gewächshausgurken gibt es in speziellen Sorten für die Unterglaskultur. Man sollte F1-Hybriden mit reinweiblichen Blüten verwenden.

Kartoffel

Grundsätzlich können natürlich auch Kartoffeln im Gewächshaus angebaut und so früher geerntet werden. In der Anfangszeit ist geringe Zusatzheizung erforderlich. Allerdings muß genügend Platz vorhanden sein. Für Besitzer kleiner Gewächshäuser bietet sich die Möglichkeit, Kartoffeln in Eimern heranwachsen zu lassen und so mit Sicherheit die früheste Ernte des Jahres zu erreichen. Auch für das Vorkeimen von Freilandkartoffeln ist das Glashaus der richtige Platz.

Vorkeimen: Kartoffeln sollten, egal ob sie anschließend unter Glas oder im Freiland wachsen, in jedem Fall vorgekeimt werden, das verfrüht die Ernte. Die Knollen legt man in mit Zeitungen ausgelegte Obstkisten und deckt sie dünn mit Torf und Erde ab. Die Seite, die die meisten Augen (Triebspitzen) aufweist, liegt oben. Die Kisten stellt man hell auf. Für schnelles Keimen sollte die Temperatur 18 – 22° C betragen. Bei 15° C dauert es vier bis fünf Wochen.

Wenn die Keime eine Länge von 2 cm erreicht haben, ist Zeit zum Auspflanzen. Längere Keime brechen leicht. Für den Anbau im Gewächshaus können die Kartoffeln bereits ab Mitte Januar vorgetrieben werden, für Freilandpflanzungen ab Ende März.

Pflege bei Unterglaskultur: Beim frühen Unterglasanbau von Kartoffeln genügen 25 x 30 cm Pflanzabstand (im Freiland 50 x 35 cm). Kartoffeln sind Flachwurzler und müssen mehrmals angehäufelt werden, um die Knollenbildung zu verbessern. Günstige Nachbarpflanzen für Mischkulturen sind Erbsen, Kohl und Spinat.

Boden und Düngung: Kartoffeln brauchen humusreichen, nahrhaften Boden, der vor dem Pflanzen mit verrotteter Komposterde, organischem Dünger (eine Handvoll pro m²) und ein wenig Steinmehl angereichert wird. Günstig ist eine organische Düngung – auch mit Mist – im Herbst. Der Wasserbedarf ist mäßig. Wichtig ist vor allem gleichmäßige Bodenfeuchtigkeit, die ein höheres Erntegewicht bewirkt.

Temperatur und Ernte: Viel Wärme ist nur zum Vorkeimen erforderlich.

Von zwei Saatkartoffeln kann man im Container bis zu 2 kg dieses Gemüses ernten.

Danach entwickeln sich die Kartoffelpflanzen am besten bei einer Durchschnittstemperatur um 15° C. Ab 22° C muß gelüftet werden. Frühkartoffeln erntet man bereits, solange das Laub noch grün ist.

Containerkultur: Für den Anbau von Kartoffeln in Containern benötigt man große Kunststoffeimer, am besten Baueimer mit einem Volumen von 12 bis 20 l. Mehrere Wasserabzugslöcher werden in den Boden gebohrt. Dann füllt man ihn handhoch mit Erde und legt zwei Kartoffeln pro Eimer hinein. Nun schüttet man entweder bis knapp unter den Rand Erde ein oder füllt jeweils nach, sobald die Triebspitzen sichtbar werden. Die Container stellt man hell auf. Bei sonnigem Wetter ist unbedingt auf gleichmäßige Wasserversorgung zu achten, denn die Erde in den Gefäßen trocknet doch recht schnell aus.

Während der Vegetationszeit fügt man dem Gießwasser zweimal Flüssigdünger zu. Die ersten Kartoffeln können bereits Anfang Mai geerntet werden. Bei zwei Saatkartoffeln beträgt das Erntegewicht immerhin 2 kg, bei etwas mehr Geduld manchmal auch mehr.

Sorten: Man darf ausschließlich Frühkartoffeln für den Anbau in Pflanzgefäßen verwenden, zum Beispiel die Sorten 'Erstling', 'Isabell' oder 'Saskia'.

Knoblauch

Keine Sorge, mit Knoblauch bekommen Sie keine unangenehmen Gerüche ins Glashaus, jedenfalls nicht durch den Anbau. Knoblauch kann zwar auch im Freien gezogen werden, ist jedoch im Gewächshaus besser aufgehoben, weil er hier die nötige Wärme bekommt und zudem eine frühere Ernte bietet. Während im Freiland in der Regel im März oder April Knoblauchzehen gepflanzt werden, ist unter Glas von Oktober bis März Pflanzzeit.

Anbau und Pflege: Knoblauch kann zusammen mit Zwiebeln oder anderen Nutzpflanzen angebaut werden. Er beansprucht nur wenig Platz. Mischkulturen sind möglich mit Möhren, bei spätem Anbau auch mit Gurken oder Tomaten. Die einzelnen Knoblauchzehen steckt man in 15 – 20 cm Abstand 5 cm tief in die Erde. Die Ansprüche an Boden und Klima entsprechen weitgehend denen der Zwiebeln, wobei es jedoch etwas wärmer sein darf. Man muß unbedingt übertriebenes Wässern vermeiden. Kühler und nasser Boden behagt dem ansonsten genügsamen Knoblauch nicht.

Nach Möglichkeit sollte einheimischer Pflanzknoblauch gewählt werden, weil er besser an das Klima angepaßt ist. Unter Glas ist auch der erfolgreiche Anbau importierter Zehen möglich, deren höhere Wärmeansprüche hier erfüllt werden. Als Besonderheit bietet Knoblauch, in unmittelbarer Nähe von wühlmausgefährdeten Pflanzen gesteckt, Schutz vor den Nagern.

Kohlrabi

Der beste Kohlrabi ist der aus der ersten Ernte im Jahr. Und die kann unter Glas schon im März stattfinden. Im Freiland darf zu diesem Zeitpunkt erst gesät werden. Die Aussaat im temperierten Gewächshaus erfolgt bereits im November, geerntet wird dann schon ab Mitte März. Aber auch im Kalthaus kann Kohlrabi vorzeitig geerntet werden. Bei Aussaat Anfang Januar sind die ersten Kohlrabi Anfang Mai fertig.

Mischkultur mit Kohlrabi (rechts), Salat und Radieschen

Der Anbau bereitet keine Schwierigkeiten. Das anspruchslose Gemüse nutzt bei früher Anzucht den Platz im Gewächshaus nur im zeitigen Frühjahr. Anschließend steht das Kohlrabibeet Tomaten, Auberginen, Melonen oder anderen Nutzpflanzen zur Verfügung, die die Fläche erst später voll beanspruchen.

Aussaatzeit: November im Warmhaus, sonst Januar bis Juni

Keimtemperatur: 12 – 20° C

Keimdauer: 3 bis 10 Tage

Ernte: ab März bei Wintertreiberei, sonst Mai bis November

Anzucht: Kohlrabi braucht zum Keimen viel Wärme (nicht unter 12° C) und wird deshalb besser in Töpfen oder Saatschalen herangezogen. Aus Saatschalen wird noch einmal in Töpfe (5 bis 7 cm Durchmesser) oder entsprechend große Topfplatten pikiert. Der Januar ist ein günstiger Zeitpunkt für die Unterglaskultur. Für das Freiland können Jungpflanzen ab März herangezogen werden. Auch Herbstkultur mit Aussaat im August und Ernte im Dezember ist möglich.

Die Kohlrabipflanzen entwickeln sich rasch und werden vier bis sechs Wochen nach dem Pikieren in 20 bis 25 cm Abstand im Grundbeet aus-

gepflanzt. Sie werden dabei recht hoch gesetzt, den Wurzelballen bedeckt man nur knapp mit Erde, denn die begehrten, vitaminreichen Knollen sollen über dem Boden wachsen.

Pflege: Im Gegensatz zu den meisten Gemüsearten ist Kohlrabi in den Lichtansprüchen bescheiden. Auch ein Platz im lichten Schatten ist ausreichend, was den Kohlrabi zum idealen Partner für Mischkulturen zwischen anderen Gemüsereihen macht. Dabei kann er beliebig mit Bohnen, Gurken, Radieschen, Salat, Sellerie, Spinat oder Tomaten kombiniert werden.

Temperatur: Kohlrabi hat keine besonders hohen Temperaturansprüche. Manche Sorten wachsen sogar bei sparsamster Heizung und im unbeheizten Gewächshaus noch gut. Höhere Temperaturen fördern jedoch spürbar das Wachstum und beschleunigen die Erntereife. Ideal sind 15 bis 18° C, bei energiesparender Nachtabsenkung auf 12° C. Bei mehr als 20° C muß gelüftet werden. Das bekommt den Kohlrabipflanzen besser als stickige Luft.

Boden und Düngung: Um ansehnlichen Kohlrabi zu ernten, braucht man im Gegensatz zu anderen Vertretern der Kohlfamilie keine großen Düngermengen. Als Mittelzehrer ist Kohlrabi mit einem humusreichen, durch Komposterde verbesserten Boden gut versorgt. Die Erde sollte leicht kalkhaltig sein. Vor dem Pflanzen werden 30 g Volldünger pro m² Beetfläche eingearbeitet, drei Wochen später noch einmal die Hälfte.

Für eine Gründüngung zur Bodenverbesserung sollte nicht gerade Senf verwendet werden, weil er wie Kohlrabi zu den Kreuzblütlern gehört.

Wasserbedarf: Stets feuchter Boden und regelmäßige Wasserversorgung sind wichtig. Wird das vernachlässigt, sind geplatzte oder holzige Früchte die Folge.

Pflanzenschutz: Der frühe Anbau unter Glas verhindert den möglichen Befall durch die Kohlfliege und auch die Kohlhernie. Kohlrabi darf nicht auf ein Beet gepflanzt werden, in dem vorher andere Kohlgewächse standen. Blattläuse treten nur bei Trockenheit auf. Vorbeugende Schneckenabwehr ist während der gesamten Wachstumszeit nötig (siehe Seite 80 f.).

Sorten: Bei Anzucht im Winter werden früheste Treibhaussorten gewählt. Für die Augustaussaat verwendet man Herbstsorten.

Kopfsalat

Der Anbau von Kopfsalat unter Glas ist eine besonders verlockende Angelegenheit, denn wer träumt nicht von knackfrischem Salat mitten im Winter. Salat kann von September bis April im Gewächshaus kultiviert werden und liefert entsprechend ununterbrochen Ernten. Die übrige Zeit wächst er im Freilandbeet. Im Dezember unter Glas gesäter Kopfsalat ist Ende März erntereif, bei Aussaat Anfang Februar kann Ende April geerntet werden.

Aussaatzeit: Ende August bis Mai
Keimtemperatur: 5 – 15° C
Keimdauer: 5 bis 12 Tage
Ernte: Oktober bis Mai, im Sommer im Freiland
Anzucht: Zum Keimen genügt schon eine Temperatur von 5° C. Das entspricht einem Gewächshausklima, in dem Kübelpflanzen überwintern. Mehr Wärme als 15° C würde die

Kopfsalat zwischen Kohlrabipflanzen

Keimung verhindern. Bei später Aussaat, wenn die Gewächshaustemperatur ständig über 15° C liegt, kann es nötig sein, die Samen vorher drei Tage lang im Kühlschrank aufzubewahren. Pillensamen werden abends gesät und gut befeuchtet. Steht im Glashaus viel Platz zur Verfügung, kommen die Samen in Reihen von wenigstens 20 cm Abstand auf das Grundbeet, die heranwachsenden Pflänzchen versetzt man später auf 25 cm Einzelabstand. In der Regel ist jedoch die Anzucht in Torf- oder 4-cm-Töpfen besser.

Die Jungpflanzen sollen gut durchwurzelt sein, wenn sie ausgepflanzt werden. Salat muß stets auf einem Minihügel gepflanzt und darf keinesfalls „vergraben" werden. Richtig gesetzt, stehen sie in den ersten Tagen noch auf wackeligen Füßen, werden dann aber in kurzer Zeit sehr robust.

Pflege: Kopfsalat braucht soviel Sonne wie möglich, um feste Köpfe zu bilden. Er ist zwar ein idealer Lückenbüßer, weil er nicht unbedingt ein eigenes Beet braucht, darf aber nicht von hohen Pflanzen beschattet werden. Gute Nachbarpflanzen sind Bohnen, Kohlrabi, Radieschen, Spinat, Tomaten und Zwiebeln.

Temperatur: Niedrige Temperaturen

werden vom Salat gut vertragen. Als untere Grenze sind schon 5° C Nachttemperatur und 10° C Tagestemperatur im Winter ausreichend, im Frühjahr sind 10 – 15° C ideal. Selbst im Winter muß bei sonnigem Wetter tagsüber vorsichtig gelüftet werden. Frischluft ist günstiger als feuchte Wärme.

Boden und Düngung: Die langen Pfahlwurzeln von Kopfsalat reichen in Einzelfällen mehr als 100 cm tief – so gründlich muß man natürlich nicht umgraben. Es reicht, die Erde oberflächlich zu lockern. Wichtiger beim Salatanbau ist eine gute Humusversorgung mit Komposterde und zusätzlichem Mulchen. Die Nährstoffansprüche sind gering.

Gedüngt wird vor dem Bepflanzen. Auf keinen Fall darf man in den Wintermonaten zuviel düngen, weil Salat sonst zuviel Nitrat anreichert. 30 g Volldünger pro m² sind genug. Nach dem Einpflanzen wird nicht mehr gedüngt! Pflanzenjauche ist gut geeignet, jedoch auch nur vor dem Setzen der Salatpflanzen.

Wasserbedarf: Salat braucht einen stets feuchten Boden, darf aber nicht zuviel gegossen werden. Als Faustregel gilt: einmal pro Woche gründlich wässern. Dabei sollte man möglichst die Blätter nicht benetzen, um braune Flecken (= Grauschimmel, siehe Seite 82) zu vermeiden.

Pflanzenschutz: Blattläuse befallen die Pflanzen bei zu warmem Stand. Schnecken bevorzugen junge Salatpflanzen auch im Gewächshaus. (Maßnahmen siehe ab Seite 79).

Sorten: Man sollte möglichst nur Sorten für den Treibhausanbau wählen. Für spätere Aussaaten ab Ende März kommen Sommersorten in Frage, die schoßfest sind.

Lauch, Porree

Porree ist nicht das, was man als typisches Unterglasgemüse bezeichnet. Der Anbau im Gewächshaus bringt aber eine erheblich frühere Ernte. Schon ab Oktober kann ausgesät werden. Weitere Aussaaten sind fortlaufend bis März möglich, danach im Freiland.

Damit Lauch schöne, weiße Schäfte bildet, muß angehäufelt werden.

Aussaatzeit: Oktober bis März
Keimtemperatur: 15 – 20° C
Keimzeit: 12 bis 18 Tage
Ernte: Februar bis Juni
Anzucht: Die Aussaat erfolgt entweder direkt ins Grundbeet, oder man zieht zunächst Jungpflanzen in Saatschalen vor (Freilandporree wird Anfang März gesät und im Mai gepflanzt). Der Reihenabstand beträgt 25 cm, Pflanzenabstand 15 cm. Beim Einpflanzen setzt man den Porree bis zu 20 cm tief ein. Blätter und Wurzeln sollen nicht, wie so oft empfohlen, gestutzt werden.
Pflege: Damit Porree später schöne, weiße Schäfte bildet, muß in der Folgezeit mehrfach angehäufelt werden. Aufkommendes Unkraut wird dabei gleich mit entfernt. Die Ansprüche ähneln denen der verwandten Zwiebeln. Mischkulturen sind günstig mit Kohl, Möhren, Salat, Sellerie und Tomaten.
Boden und Düngung: Porree braucht einen kräftigeren Boden, also neben Komposterde auch organischen Dünger. Günstig sind Pflanzenjauchen, zum Beispiel aus vergorenen Brennesseln.
Wasserbedarf: Der Boden soll gleichmäßig feucht sein, der Wasserbedarf ist recht hoch.
Temperatur: Porree ist nicht frostempfindlich und kann gut im ungeheizten Gewächshaus angebaut werden. Die Temperatur darf nicht zu hoch ansteigen, bei 20 – 23° C muß gelüftet werden.
Pflanzenschutz: Die Lauchmotte, die im Freilandanbau häufig Ärger macht, ist bei früher Gewächshauskul-

tur keine Gefahr, bei späteren Pflanzungen vermischt man die Erde zur Vorbeugung ein wenig mit Steinmehl. Auch Mischkulturen wirken gegen den Schädling.
Ernte: Geerntet wird fortlaufend. Schon die ersten jungen, noch dünnen Porreestangen kann man verwenden. Nach der Ernte hinterläßt Porree einen gut gelockerten Boden.

Mangold

Mangold zählt in der Gunst der Gartenfreunde zu den Aufsteigern. Er wird in zwei Variationen angeboten: als Schnittmangold mit Verwendung ähnlich dem Spinat und als Stielmangold, wobei die Blattrippen wie Spargel zubereitet werden. Die Ernte kann unter Glas um drei Monate verfrüht werden.
Aussaatzeit: August für Ernte im Spätherbst, Januar bis März für Ernte im Frühjahr
Keimtemperatur: 13 – 20° C
Keimdauer: 6 bis 12 Tage
Ernte: März bis Mai
Anzucht: Im temperierten Gewächshaus wird der schnell wachsende Schnittmangold im Januar gesät und im März geerntet. Im Kalthaus erfolgt die Aussaat im Februar und die Ernte Ende April; Stielmangold braucht jeweils zwei Wochen länger. Möglich ist auch die Herbstkultur mit Aussaat im August und Ernte von Oktober bis Dezember. Ausgesät wird entweder direkt auf das Beet oder zunächst in Saatschalen. Drei Wochen später kann in kleine Töpfe pikiert werden.
Beim Aussäen oder Einpflanzen im Grundbeet muß man den beachtlichen Platzbedarf berücksichtigen. Stielmangold benötigt einen Reihenabstand von 35 cm und einen Pflanzabstand von wenigstens 25 cm. Beim Schnittmangold gelten 25 cm Reihenabstand und 15 cm Pflanzabstand als Minimum. Zu enge Pflanzung kann Krankheiten und Schädlinge begünstigen.
Pflege: Mangold braucht viel Licht und darf nicht von anderen Pflanzen beschattet werden. Mischkulturen sind günstig mit Kohl, Möhren, Radieschen, Rettich und Salat.

Roter Stielmangold

Boden, Düngung und Temperatur: Mangold hat mittelmäßige Nährstoffansprüche. Der Humusgehalt des Bodens wird durch Kompost erhöht, zusätzlich verteilt man eine Handvoll organischen Dünger pro m². Der Wärmebedarf ist gering. Nur für zügiges Keimen muß der Boden erwärmt sein. In der übrigen Zeit ist Mangold ausreichend robust, um auch in einem ungeheizten Gewächshaus problemlos heranzuwachsen. Bei sehr früher Anzucht im temperierten Haus ist eine Tagestemperatur von 15° C optimal. Ab 20° C Innentemperatur muß man lüften.
Ernte: Geerntet wird fortlaufend, wobei man nur die äußeren Blätter pflückt oder abschneidet und die inneren Herzblätter schont.
Sorten: Dekorativ im Beet (und auf dem Teller) ist roter Stielmangold mit roten Stielen und rotgrünen Blättern, zum Beispiel die Sorte 'Vulkan'.

Möhren

Möhre, Karotte

Möhren aus eigener Ernte werden meistens am selben Tag verzehrt. Die frühen, besonders zarten aus dem Gewächshaus oft an Ort und Stelle. Geerntet wird hier bereits Ende März, Anfang April. Die Aussaat erfolgt im Oktober im ungeheizten Gewächshaus. Ein besonderer Vorteil ist dabei, daß das Beet anschließend noch für Sommerkulturen zur Verfügung steht. Möglich ist auch die Aussaat im Dezember mit Ernte ab April.

Aussaatzeit: Oktober bis März
Keimtemperatur: 10 – 20° C
Keimzeit: 3 bis 4 Wochen
Ernte: April bis Juli
Anzucht: Möhren sät man trotz ihrer langen Keimzeit direkt ins Grundbeet in 3 cm tiefe Saatrillen mit einem Reihenabstand von 15 – 25 cm. Später werden die Sämlinge auf 5 cm Abstand in der Reihe verzogen. Das ist besser, als die Sämlinge später zu versetzen. Saatbänder sind für Anfänger hilfreich, weil zu dichtes Aussäen vermieden wird.
Schon 5° C genügen zur Keimung, dann dauert es jedoch fünf Wochen, ehe die ersten Keimlinge sichtbar sind.

Neuseeländer Spinat

Bei 10° C erscheinen sie nach drei Wochen, bei 20° C nach nur neun Tagen.
Man sollte einzelne Radieschensamen als Markiersaat mitsäen, damit die Reihen schneller sichtbar sind und leichter mit der Hacke bearbeitet werden können. Da sich Möhren nur langsam entwickeln, wären sie sonst in der Zwischenzeit von Unkraut überwuchert.
Pflege: Mischkulturen sind vor allem mit Erbsen und Dill, aber auch mit Radieschen, Salat und Zwiebeln möglich. Möhren sind bescheiden in ihren Temperaturansprüchen. Kühle Frischluft bekommt ihnen besser als zuviel Wärme. Spätestens bei 18°C Unterglastemperatur muß gelüftet werden.
Boden, Düngung und Wasserbedarf: Der Boden sollte möglichst tief gelockert sein, damit die Möhren nicht zu krummen Gebilden heranwachsen. Bodenverdichtungen, die zu Staunässe führen, sind ungünstig. Humusreiche Erde braucht zum Möhrenanbau weder mit Kompost noch mit Dünger oder Kalk verbessert zu werden. In den ersten Wochen ist der Wasserbedarf gering. Mit zunehmendem Wachstum muß auch mehr gewässert werden. Vor allem in leichten Böden für gleichmäßige Feuchtigkeit sorgen.
Pflanzenschutz: Bei Unterglaskultur ist der Hauptschädling, die Möhrenfliege, kein Problem. Sie legt ihre Eier erst im Juni und wird durch den frühen Anbau sozusagen ausgetrickst.
Sorten: Nur frühe Sorten sind für die Gewächshauskultur zu verwenden.

Neuseeländer Spinat

Neuseeländer Spinat ist dem üblichen Spinat nur wenig ähnlich. Die Ansprüche an Wärme und Boden sind erheblich höher. Jede Pflanze braucht viel Platz, aber dafür reicht schon ein halbes Dutzend für den Bedarf einer ganzen Familie.
Wegen seiner Frostempfindlichkeit kann Neuseeländer Spinat im Freiland erst ab Mai gesät werden. Unter Glas zieht man die Jungpflanzen ab Ende März vor und setzt sie später ins Freie. Oder man sät schon Ende Februar aus und läßt sie im Gewächshaus bis zur Ernte heranreifen. Die Kultur im Glashaus ist vor allem in ungünstiger Klimalage dem Freiland vorzuziehen, dabei sollte man erwägen, diese viel Platz in Anspruch nehmende Bodenkultur eher in Balkonkästen und Töpfen zu ziehen.

Aussaatzeit: Februar bis März, Vorkultur für Freilandpflanzung ab April
Keimtemperatur: 18 – 25° C
Keimdauer: 14 bis 25 Tage
Ernte: ab Ende Mai fortlaufend
Anzucht und Standort: Die groben Samenkörner zieht man am einfachsten in Töpfen vor, in die je zwei bis drei Körner gelegt werden. Man läßt jeweils nur den stärksten Sämling wachsen. Später werden sie mit 80 x 80 cm Abstand im Beet ausgepflanzt oder kommen in transportable Balkonkästen platzsparend auf Hängeregale. Bei knappem Platz im Glashaus kann auch etwas enger gepflanzt werden. Im Freiland setzt man die Pflanzen lieber etwas luftiger.
Pflege: Mischkultur ist günstig mit Tomaten, die ähnlich hohe Temperaturansprüche haben, außerdem mit Kohlrabi, Radieschen und Salat.
Boden und Düngung: Die Ansprüche an den Boden sind relativ hoch: Locker soll er sein und schon vor dem Pflanzen mit Kompost und organischem Dünger (50 g pro m²) versorgt werden. Auch in der Folge ist der Neuseeländer Spinat für weitere Düngungen dankbar.
Ernte: Geerntet werden die Triebspitzen. Sie wachsen später nach. Die Verwendung in der Küche entspricht dem normalen Spinat.

Paprika

Der sonnen- und wärmehungrige Paprika ist vor allem bei jüngeren Gewächshausgärtnern hochgeschätzt. Unter Glas herrschen ideale Bedingungen für Anzucht und Ernteerfolg der vitaminreichen Paprikaschoten. Im Freiland ist dagegen der Anbau selbst in mildem Klima nur an der sonnigsten und windgeschütztesten Stelle im Garten möglich.

Die Ansprüche gleichen denen von Tomaten, wobei es die Paprikapflanzen aber noch etwas wärmer mögen. Sie erreichen eine Höhe von 50 – 80 cm. Paprika läßt sich wegen seines kompakten Wuchses auch gut in Töpfen von 5 – 10 l Inhalt ziehen und dient an sonnigen Tagen gleichzeitig als dekorativer Terrassenschmuck.

Aussaatzeit: im Warmhaus Oktoberaussaat für Aprilernte, im Kalthaus Aussaat von Februar bis April, für Ernte ab Juni

Keimtemperatur: 21 – 25° C

Keimdauer: 8 bis 16 Tage

Ernte: Juni bis Oktober

Anzucht: Anfang Februar ist der günstigste Aussaatzeitpunkt, wenn der Paprika im April ins Grundbeet gepflanzt werden soll. Die Samen können problemlos einzeln ausgesät werden, so daß auch Direktsaat in Töpfe oder Torftöpfe möglich ist. Bei einer Keimtemperatur von 20° C dauert es zwei bis drei Wochen, ehe die Sämlinge sichtbar sind. Mehr Wärme verkürzt die Keimdauer. Optimal sind 24° C Tagestemperatur und 20° C nachts. Nach dem Bilden des zweiten Blattpaars werden die in Saatschalen herangezogenen Pflänzchen in 8-cm-Töpfe pikiert. Sie brauchen es jetzt nicht mehr so warm, aber immer noch mindestens 15° C Tagestemperatur. Es geht auch etwas kühler, aber dann ist das Wachstum sichtbar schwächer und die Krankheitsanfälligkeit erhöht.

Pflege: Zwar bieten Paprika eine günstige Unterpflanzung für Tomaten, doch müssen sie dabei volles Sonnenlicht bekommen. Der Pflanzabstand untereinander sollte mindestens 40 cm betragen. Bei genügend Platz im Glashaus setzt man sie lieber etwas weiter

Gelber Paprika unter Glas

auseinander, damit die Paprikapflanzen luftig stehen. Die hoch wachsenden Sorten bekommen einen Stützstab, bei den kompakten, 50 cm hohen Sorten reicht meist schon das Anhäufeln für die genügende Standfestigkeit.

Alle Paprikafrüchte sind zunächst grün und können bereits in diesem unreifen Stadium geerntet werden. Später färben sich die Früchte je nach Sorte gelb oder rot.

Als Vorkultur sind Kohlrabi, Radieschen, Salat und Spinat geeignet. Als Unterpflanzung können Kräuter wie Basilikum, Bohnenkraut und Majoran gewählt werden.

Temperatur: Der Wärmebedarf der Paprikapflanzen macht deutlich, weshalb die Kultur im Winter nicht unbedingt lohnend ist. Bei 23 – 25° C entwickelt sich Paprika am besten. Man sollte allerdings auch nicht des Guten zuviel tun, deshalb muß bei höheren Temperaturen, die unter dem Glasdach schnell erreicht sind, gelüftet werden.

Boden und Düngung: Man sieht es den zierlichen Paprikapflanzen nicht unbedingt an, daß sie zu den Starkzehrern zählen. Ihr Düngerbedarf ist nur wenig geringer als der von Tomaten. Neben der auch hier unbedingt erfor-

derlichen großzügigen Humusversorgung mit Komposterde wird vor der Pflanzung organischer Dünger verteilt. Vier Wochen nach dem Setzen der Jungpflanzen muß man mit regelmäßiger Düngung beginnen. Am einfachsten gibt man wöchentlich mit dem Gießwasser Flüssigdünger. Vergorene Brennesseljauche wird als Zusatzdünger gut vertragen.

Wasserbedarf: Gleichmäßige Bodenfeuchtigkeit ist Voraussetzung für ungestörtes Wachstum. Eine Tröpfchenbewässerung kann das gewährleisten. Der Wasserbedarf ist bei sonnigem Wetter sehr hoch. Unregelmäßige Wasserversorgung kann das Abfallen von Blüten zur Folge haben. Mulchen mit Stroh oder Grasschnitt vermindert die Verdunstung.

Pflanzenschutz: Blattläuse treten schon bei den Jungpflanzen auf, wenn sie zu kühl gehalten werden. Im Sommer kann zu dichter Stand und zuwenig Licht Blattläuse begünstigen. Direkte Abwehr ist mit Schmierseife möglich. Gelbtafeln sollte man beim ersten Auftreten der Weißen Fliege aufhängen. Hohe Luftfeuchtigkeit kann Grauschimmel (Botrytis) verursachen, daher ist rechtzeitig zu lüften.

Pflücksalat

Austernseitlinge auf Stroh

Champignons

Radicchio Sorte 'Palla Rossa'

Sorten: Alle Paprikasorten sind für den Anbau unter Glas geeignet. Bevorzugt wird der großfrüchtige, milde Gemüsepaprika in gelben Sorten, zum Beispiel 'Golden Bell' und 'Pusztagold', oder mit roter Fruchtfärbung.
Zierpaprika mit kleinen Früchten ist eßbar. Er läßt sich gut im Topf halten.

Pflücksalat, Schnittsalat

Pflücksalat und Schnittsalat bieten gegenüber Kopfsalat einen besonderen Vorteil. Sie sind noch früher erntefertig, weil sie keine Köpfe bilden, und können danach sozusagen am laufenden Band, bis zu vier Monate hintereinander, geerntet werden. Die Anzucht von Pflücksalat mit Folgesaaten kann im Gewächshaus schon im Oktober starten. Erntetermin ist dann bereits ab Dezember. Schnittsalat wird ab Februar unter Glas ausgesät.
Aussaat und Pflege entsprechen weitgehend dem Kopfsalat, wobei die Temperatur noch niedriger sein kann. Sogar im unbeheizten Gewächshaus ist die Kultur von Pflücksalat möglich. Schnittsalat benötigt 15 cm Reihenabstand, Pflücksalat 25 cm.

Bei der Ernte werden nur die äußeren Blätter gepflückt oder geschnitten. Aus dem Herz der Pflanze treiben ständig neue Blätter nach. Auch Kopfsalat kann wie Schnittsalat geerntet werden, wenn er dicht an dicht in Reihen gesät und später mit der Schere geerntet wird.

Pilze

Der Platz unter den Gewächshaustischen läßt sich gut für die Pilzkultur nutzen. Es kommen hier Champignons, Austernseitlinge oder Braunkappen in Frage. Für diese Kulturen gibt es im Handel fertig beimpfte Präparate in Säcken oder Plastikbehältern, die nach der jeweiligen Kulturanleitung gepflegt werden müssen.

Radicchio

Radicchio, der feinbittere Salat aus Italien, hat in den vergangenen Jahren erheblich an Bedeutung gewonnen. Für den Anbau unter Glas ist vor allem 'Palla Rossa' mit seiner dekorativen, roten Blattfärbung bekannt geworden. Er wird ab August ausgesät und nach vier Wochen im Gewächshaus ausgepflanzt. Möglich ist auch Direktsaat mit einem Reihenabstand von 20 cm und 15 cm Pflanzabstand. Geerntet wird im März. Sät man bereits im Juli, kann man unter günstigen Bedingungen schon ab Herbst ernten. Boden- und Klimaansprüche entsprechen den eng verwandten Winterendivien.

Diese Radieschen wurden in einer Multitopfplatte gezogen.

Große, lange Pflanzrettiche

Radieschen

Radieschen sind im Gewächshaus für schnelle Erfolgserlebnisse bestens geeignet. Erntezeit unter Glas ist von Winteranfang bis April.

Die ersten Radieschen, im September gesät, kommen noch im alten Jahr frisch auf den Tisch. Im Januar gesät, sind sie schon Anfang März erntereif. Die frühen Unterglasradieschen sind zarter und weniger pelzig als die im Freiland. Dabei sind die dankbaren Pflanzen ideale Lückenbüßer. Zwischen anderen Gemüsereihen ausgesät, beanspruchen sie wenig Platz, beschatten und lockern den Boden. Man kann Radieschen auch in Torfplatten kultivieren, die auf Hängeregalen Platz finden.

Aussaatzeit: September bis März, danach im Freiland bis August
Keimtemperatur: 5 – 20° C
Keimdauer: 4 bis 10 Tage
Ernte: ganzjährig
Anzucht: Der Ernteerfolg hängt von der richtigen Aussaat ab, denn die Radieschensamen brauchen ausreichenden Abstand (5 cm) und müssen 1 cm tief gelegt werden. Zu dicht oder zu flach gesät, bilden sie nicht die erwünschten verdickten Wurzeln. Der Reihenabstand kann 6 – 10 cm betragen. Damit das Saatgut schnell keimt, ist in den ersten Tagen höhere Bodenwärme (16 – 18° C) erwünscht. Später reichen schon 10° C Mindesttemperatur.

Pflege: Radieschen beanspruchen den Platz im Grundbeet nur wenige Wochen. Sie können beliebig zwischen andere Gemüsearten gesät werden. Gute Nachbarn sind Bohnen, Kohl, Möhren, Salat, Spinat und Tomaten. Radieschen werden wegen ihrer kurzen Keimzeit auch gern als Markiersaat genutzt, um die ausgesäten Gemüsereihen, beispielsweise bei den langsam keimenden Möhrensamen, rasch sichtbar zu machen.
Radieschen können unter Glas auch in ungenutzten Balkonkästen gezogen werden. Die Kästen stehen rechtzeitig wieder für die Sommerblumenbepflanzung zur Verfügung.

Temperatur: Zuviel Wärme behagt Radieschen nicht. Am besten wachsen sie in einem Klima, das auch den im selben Glashaus überwinternden Kübelpflanzen behagt. Spätestens bei 20° C Innentemperatur muß gelüftet werden. Als Idealtemperatur reichen schon 10 – 12° C aus. Eine Mindesttemperatur von 4° C sollte nicht unterschritten werden.

Boden und Düngung: Auch in der Düngung sind Radieschen anspruchslos und mit dem zufrieden, was andere Pflanzen übriglassen. In einem humus-

Jungpflanzen für die Pflanzrettichkultur

reichen Boden ist nicht einmal Kompostdüngung nötig. Gezielte Stickstoffgaben bewirken verstärkte Blattbildung, nicht aber dickere Wurzeln.
Wasserbedarf: Gleichmäßige Bodenfeuchtigkeit ist besonders wichtig, denn schon kurzfristige Trockenheit kann den Geschmack der Radieschen beeinträchtigen; sie schmecken dann scharf.

Sellerie

Rettich

Rettich ist in seinen Ansprüchen dem Radieschen ähnlich. Unter Glas wird er vorzugsweise ab Januar ausgesät, um von März bis Mai ernten zu können. Für die Winterernte kann im September noch einmal gesät werden.

Aussaatzeit: Januar bis März und wieder im September
Keimtemperatur: 16 – 20° C
Keimdauer: 4 bis 10 Tage
Ernte: März bis Mai und November, Dezember
Pflege: Das Pflanzbeet muß besonders tief gelockert sein. Es wird nur schwach gedüngt. Wichtig ist ein ausreichender Pflanzabstand von wenigstens 25 cm. Die Sämlinge können in der Anfangszeit gut versetzt werden. Vorkultur in Saatschalen ist bei früher Aussaat empfehlenswert, um die Anzuchtphase zu beschleunigen. Beim Verpflanzen muß man darauf achten, daß die Wurzel kerzengerade in den Boden kommt.

Klima, Pflege und Wasserbedarf entsprechen der Kultur von Radieschen. Häufiges Lüften, ausreichender Pflanzabstand und Fruchtwechsel beugen Krankheiten vor.

Pflanzrettiche: Der Pflanzrettich ist eine bayerische Spezialität. Dazu wird der Rettich ganz dicht in einen Topf ausgesät und warm (20° C) kultiviert. Wenn das sogenannte Hypokotyl (= Teilstück zwischen Keimblatt und Wurzel) zirka 5 – 6 cm lang ist, werden die Pflänzchen aus dem Topf genommen und mit 25 cm Reihenabstand und 25 cm Pflanzenabstand gepflanzt. Dabei muß man darauf achten, daß die Wurzel gerade und nicht geknickt in das Pflanzloch gesteckt wird. Das Erdreich muß tiefgründig locker sein, um schöne, lange Rettiche zu ernten.

Sellerie

Knollensellerie kann unter Glas angebaut werden, damit man nicht zu lange vom Lagersellerie zehren muß. Ausgesät wird vorzugsweise ab Februar, dann ist die erste Ernte ab Juni möglich.

Aussaatzeit: Januar bis Februar
Keimtemperatur: 14 – 20° C
Keimdauer: 15 bis 25 Tage
Ernte: ab Juni
Anzucht: Knollensellerie hat eine lange Keimzeit, wenn direkt im Beet ausgesät wird. Bei nur 10° C vergehen sechs Wochen bis zur Keimung. Günstiger ist immer die Anzucht in Saatschalen, möglichst bei 20° C. Die feinen Samenkörner werden nur angedrückt, nicht mit Erde bedeckt. In den ersten Wochen muß man die Jungpflänzchen vor praller Sonne schützen. Die Sämlinge werden noch einmal in 5-cm-Töpfe pikiert und im April unter Glas ausgepflanzt.
Pflege: Beim Auspflanzen sollte man Sellerie lieber etwas zu hoch setzen, sonst bilden die Flachwurzler nicht die erhofften Knollen. Bei früher Kultur sind sie ohnehin kleiner als beim späteren Freilandanbau. Der Pflanzabstand beträgt 25 cm bei 40 cm Reihenabstand. Mischkultur ist mit Blumenkohl, Buschbohnen, Lauch, Möhren und Tomaten günstig.

Knollensellerie benötigt nahrhafte Erde, die mit Kompost und organischem Dünger verbessert wurde. Eine Besonderheit: Als ursprünglicher Küstenzonenbewohner braucht die Pflanze Salz. Da Seetang kaum als Mulchmaterial zur Verfügung steht, kann später ein ganz klein wenig aufgelöstes Kochsalz gegossen werden.
Ernte: Bei früher Ernte wird stets ein Teil der Blätter mitverzehrt. Auch später sollte man zumindest das Herz der Blätter mitverwenden.

Spinat

Spinat ist der ideale Lückenbüßer im Glashaus. Da er nur geringe Platzbedürfnisse hat und schnell wächst, kann er leicht zusammen mit anderen Nutzpflanzen angebaut werden.

Am begehrtesten ist Spinat dann, wenn draußen noch nicht geerntet werden kann. Winteranbau benötigt kaum Heizenergie, denn Spinat übersteht auch leichte Minusgrade. Die Gefahr unerwünschter Nitratanreicherung bei Kultur in den lichtarmen Wintermonaten ist leider gegeben.

Pflanzenschutz: Gelegentlich treten Erdflöhe auf. Ihnen kann man durch ausreichendes Wässern und eine Zwischenpflanzung mit Salat vorbeugen.
Sorten: Für die frühe Anzucht sind nur Treibhaussorten zu verwenden. Gelegentlich werden Samen unterschiedlicher Radieschenformen und -farben angeboten. Sommersorten sät man für späteren Freilandanbau.

Spinat Sorte 'Monnopa'

Aussaatzeit: Oktober bis März
Keimtemperatur: 10 – 15° C
Keimdauer: 7 bis 18 Tage
Ernte: Dezember bis Mai
Anzucht: Schon im Oktober kann gesät werden, doch ist der Dezember besser geeignet, weil Spinat dann bis zur Ernte im März mehr Licht erhält. Die Aussaat erfolgt in 25 cm breiten Reihen, damit später besser gehackt werden kann. Die einzelnen Samenkörner legt man nicht zu dicht in 2 bis 3 cm tiefe Rillen. Die Keimung erfolgt bereits ab 2° C, aber dann nur langsam. Bei einer Bodentemperatur von 15° C keimt Spinat nach einer Woche. Auch in der Folge ist Spinat mit niedrigen Temperaturen zufrieden. 6 – 8° C reichen aus. Spätestens ab 20° C Innentemperatur müssen die Lüftungsklappen und die Tür des Gewächshauses geöffnet werden. Hitze läßt Spinat schnell aufblühen, die Blätter schmecken dann bitter.
Pflege: In der Mischkultur ist Spinat eine ideale Nachbarpflanze für die meisten Gemüsearten, an erster Stelle Bohnen, Kohl, Radieschen und Tomaten. Die Spinatpflanzen sorgen dabei bis zur Ernte für eine natürliche Bodenschattierung. Nach der Ernte bleiben die Wurzeln im Boden, sie verrotten von selbst und wirken auf die nächste Bepflanzung wachstumsfördernd.
Boden und Düngung: Als Schwachzehrer ist Spinat mit humusreichem Boden zufrieden, der mit Kompost aufgefrischt wird. Zusätzliche Stickstoffdüngung würde zwar für schöne, dunkelgrüne Blätter sorgen, gleichzeitig aber den Nitratgehalt erhöhen. Spinat reagiert besonders stark mit einer Nitraterhöhung ohne entsprechende Lichtmenge.
Wasserbedarf: Gleichmäßige Bodenfeuchtigkeit ist wichtig. Vor allem kurz vor der Ernte darf nicht mit Wasser gespart werden, sonst beginnt Spinat bald zu blühen. Erntetermin ist bei günstigsten Bedingungen schon sechs Wochen nach der Aussaat, bei Winteranbau dauert es freilich länger.
Ernte: Sobald die ersten Blätter groß genug sind, können fortlaufend die äußeren Blätter vorsichtig gepflückt werden. Das Herz der Pflanze darf man dabei nicht beschädigen. So können Ernteertrag und Erntedauer gesteigert werden. Folgesaaten sorgen für weitere Ernten.
Spinat ist reich an Mineralstoffen und Vitaminen und kann auch roh als Salat verzehrt werden.
Sorten: Man sollte nur Sorten für den frühen Anbau verwenden. Mehltauresistente Sorten sind zu bevorzugen.

Sommerendivien

Römischer Salat, Bindesalat oder Lattich sind andere übliche Begriffe für Sommerendivien. Er ist etwas frostempfindlicher als Kopfsalat, neigt dafür bei großer Wärme nicht so leicht zum Schossen. Sommerendivien wird ab März im Kalthaus herangezogen. Zusätzliche Wärme ist in manchen Fällen bei der Aussaat hilfreich, in der Folge aber nicht mehr nötig. Bei Sonne muß man rechtzeitig lüften. Ansprüche und Pflege gleichen denen des Kopfsalats.

Stangenbohne

An Stangen ranken diese Bohnen unter Glas hoch, deshalb sind niedrig bleibende Sorten, wie zum Beispiel 'Chantal' zu empfehlen. Sie demonstrieren ihr beeindruckendes Wachstumstempo an Schnüren, die von einem

Stangenbohnen, frühe Sorte 'Neckarkönigin'

unter dem Dach gespannten Draht herabhängen. Sie brauchen nicht einmal festgebunden zu werden, sondern klimmen von selbst nach oben.
Die Ansprüche sind ähnlich wie die der Buschbohnen, Stangenbohnen sind aber etwas empfindlicher und wärmebedürftiger, außerdem reifen sie später. Dafür bieten sie eine längere und reichere Ernte. Sie nutzen die Gewächshaushöhe voll aus.
Sackkultur (siehe Seite 70), auch als Folgekultur, ist empfehlenswert.
Aussaatzeit: März bis Mai
Keimtemperatur: 20 – 25° C
Keimdauer: 5 bis 14 Tage
Ernte: ab Juni
Anzucht: Schon im Januar können Stangenbohnen gesät werden. Sinnvoll ist das jedoch nur im Warmhaus, weil die Pflanzen ausreichend warmen Boden zur guten Entwicklung brauchen. In der Regel wird ab März gesät, dann kann schon im Juni geerntet werden. Die Bohnensamen zieht man in Töpfen vor, jeweils drei bis fünf Samen in einem Gefäß. Schon knapp vier Wochen nach der Aussaat wird ausgepflanzt.
Bei der Aussaat im April kann auch direkt im Gewächshausgrundbeet gesät werden. Üblich ist dort ebenfalls Horstsaat mit drei bis fünf Bohnen pro Saatstelle, bei Feuerbohnen nicht mehr als drei Stück. Reihenabstand und Pflanzabstand beträgt jeweils 60 cm.

Feuerbohne

Tomate

Tomaten sind ideal für den Anbau im Gewächshaus. Selbst im sonnenverwöhnten Weinbauklima lohnt es sich, ein paar Tomatenpflanzen unter Glas zu kultivieren – schon um möglichst früh ernten zu können. Erst recht ist der Anbau in Regionen lohnend, in denen das Erntevergnügen im Freiland sehr vom Wetter abhängig ist. Die Anzucht aus Samen ist einfach, die Pflege bereitet keine besonderen Probleme.

Allgemeines: Eine Tomatenernte in den Wintermonaten ist nur mit teurer Zusatzheizung (20° C im Winter) und intensiver künstlicher Beleuchtung möglich. Daher ist sie nicht empfehlenswert. Mit geringem Energieaufwand läßt sich jedoch die Dauer der Tomatenernte im heizbaren Gewächshaus auf einen Zeitraum von sechs Monaten (Mitte Juni bis Dezember) und länger ausdehnen.

Selbst ohne Zusatzheizung bringt das Glashaus noch eine beachtliche Ernteverlängerung. Die Ende November grün geernteten Tomaten reifen im Zimmer nach.

Bei Aussaat im Januar bringen frühe Sorten schon Ende Juni die ersten Tomaten unter Glas. Für die späte Ernte im Jahr werden im Sommer Tomatenpflanzen nachgesät.

Pflege: In der Praxis werden Stangenbohnen gern abwechselnd mit Tomaten in einer Reihe gepflanzt. Sie brauchen dann aber 100 cm Abstand voneinander. 120 cm sind besser, da das der Sprossenabstand ist; die Sprossen geben gute Befestigungsmöglichkeiten für die Schnüre. Mischkulturen sind außerdem möglich mit Gurken, Kohl, Kohlrabi und Salat. Stangenbohnen sind unter Glas keine Problempflanzen. Schneiden oder Festbinden ist nicht nötig.

Düngung: Beim gleichzeitigen Anbau mit anderen Gemüsen sollen Bohnen aber nicht zuviel Dünger bekommen. Als Schwachzehrer brauchen sie lediglich Kompost und das, was die Nachbarpflanzen übriglassen.

Wasserbedarf: Während der Anzucht müssen die Bohnen in den Töpfen gut feucht gehalten werden. Nach dem Auspflanzen mit zunehmendem Wachstum wird reichlicher gegossen.

Ernte: Die Ernte erfolgt bei frühen Sorten nach zehn Wochen, die reifen Bohnen werden dann fortlaufend gepflückt.

Feuerbohnen: Neben Stangenbohnen können auch Feuerbohnen unter Glas angebaut werden. Sie haben dekorative, rote Blüten und sind noch robuster als Stangenbohnen. Frühe Sorten sollten bevorzugt werden.

Tomaten lassen sich hervorragend auf Strohballen anbauen, wenn der Gewächshausboden ungeeignet oder kein natürliches Erdreich vorhanden ist (siehe Seite 70).

Aus- oder Entgeizen der Tomatenpflanze

Damit die Tomate zuverlässig Früchte ansetzt, muß man im Gewächshaus bei der Bestäubung nachhelfen. Zum einen muß man häufig lüften, zum anderen kann man die Pflanze schütteln, dann fällt der Blütenstaub auf die Narben der Blüten und es kommt zur Fruchtbildung. Das Schütteln sollte um die Mittagszeit erfolgen.

Als Unterpflanzung sind Kohlrabi, Kopfsalat, Radieschen und Petersilie besonders gut geeignet; außerdem Tagetes als dekorative Lösung, die gleichzeitig der Abwehr von Nematoden dient.

Aussaatzeit: Ende Januar bis April
Keimtemperatur: 20 – 25° C
Keimdauer: 8 bis 14 Tage
Erntezeit: Ende Juni bis Anfang Dezember
Anzucht: Tomaten im Gewächshaus heranzuziehen gelingt immer. Es muß nur ausreichend warm sein. Empfehlenswert ist die Anzucht im Vermehrungsbeet. Die groben Samenkörner, die sich auch von ungeübten Händen leicht aussäen lassen, kommen am besten in Saatschalen oder gleich in Töpfe. Man legt jeweils drei Samenkörner aus und läßt den kräftigsten Sämling heranwachsen. Es kann auch direkt in Torftöpfe gesät werden.

Nach vier Wochen pflanzt man in 10- cm-Töpfe um. Wenn der Platz im Grundbeet des Gewächshauses noch von anderen Pflanzen beansprucht wird, brauchen die Tomaten noch einmal ein größeres Gefäß, ehe sie im Grundbeet ausgepflanzt werden. Die ersten Blüten sind dann bereits ausgebildet.

Zu frühes Auspflanzen kann Wachstumsstörungen verursachen, weil nicht nur die Luft, sondern auch der Boden ausreichend erwärmt sein muß. Ein zusätzliches Bodenheizkabel zur Bodenerwärmung läßt ein früheres Einpflanzen zu.

Bei jedem Umtopfen und erst recht beim späteren Einsetzen ins Beet wird die Tomatenpflanze, und das ist eine Besonderheit, jeweils ein Stück tiefer eingepflanzt. Sie bildet dann zusätzliche Seitenwurzeln und kann dadurch mehr Wasser und Nährstoffe aufnehmen.

Pflege: Wenn unter Glas nur wenig Tomaten heranreifen, ist meistens mangelnde Bestäubung schuld. Die Fruchtbildung klappt zuverlässig, wenn die Tomatenblüten im Frühjahr durch häufiges Lüften bestäubt werden. Zusätzlich sollte man in den Mittagsstunden bei sonnigem Wetter möglichst oft die Blütenstände leicht schütteln. Findige Hobbygärtner haben dafür Akku-Zahnbürsten als ideales Hilfsmittel entdeckt. Die Vibration läßt den Blütenstaub auf die Narbe rieseln. Für den Familienbedarf an Tomaten reicht jedoch die manuelle Methode.

Schmackhafte Tomaten

Nur die kleinen Buschtomaten, die auch gut in Töpfen wachsen, brauchen nicht unbedingt eine Stütze. Alle anderen Tomatenpflanzen benötigen einen kräftigen, 200 cm langen Stützstab. Oder sie werden an Schnüren, die am Dach befestigt sind, nach und nach hochgebunden. Starkwüchsige Sorten treiben sogar unterm Dach horizontal weiter.

Wichtig ist regelmäßiges „Entgeizen" der aus den Blattachseln herauswachsenden Seitentriebe. Am besten bricht man sie mit der Hand heraus, um die Übertragung von Pilzkrankheiten durch die Schere zu vermeiden. Solche Geiztriebe bringen kaum Früchte hervor und schwächen die Pflanze unnötig. Andererseits können die ausgebrochenen Geiztriebe als Stecklinge neu bewurzelt und danach für eine späte Ernte gepflanzt werden.

Im Jahreslauf braun werdende Blätter, zunächst im unteren Bereich, schneidet man ab. Wieviel Blütenstände im Glashaus heranwachsen sollen, hängt von der Heizungswärme ab, die man im Frühjahr und Herbst zusätzlich bietet. In der Regel lohnt es nicht, mehr als zehn Blütenstände ausreifen zu lassen.

Die sich danach entwickelnden kneift man einfach aus.

Temperatur: Sonne und Wärme sorgen für Wachstum und Aroma der Früchte. Nachts sollte es möglichst nicht kühler als 10° C sein, optimal sind 15° C. Zuviel Wärme, wenig Luftbewegung und hohe Luftfeuchtigkeit sind im Sommer ungünstig. Tomaten bekommt es besser, wenn schon bei mäßig hoher Temperatur (23 – 25° C) gelüftet wird. Auch ein ausreichend weiter und damit luftiger Pflanzabstand ist für das Wohlbefinden mitentscheidend. 40 – 50 cm Abstand sollten es bei versetzter Pflanzung mindestens sein. Wenn im Gewächshaus genug Platz zur Verfügung steht, ist es besser, 60 – 70 cm auseinanderzupflanzen.

Boden und Düngung: Tomaten brauchen reichlich Dünger. Der Boden sollte bereits vor dem Einpflanzen, zum erstenmal schon im Spätherbst davor, großzügig mit organischem Dünger und Kompost versorgt werden. Steinmehl und Holzasche wirken bodenverbessernd. Vier Wochen nach dem Einpflanzen wird zum erstenmal nachgedüngt, dann weiter bis Ende September im vierwöchentlichen Abstand.

Brennesseljauche hat sich bei Tomaten besonders gut als Zusatzdünger bewährt.

Wasserbedarf: Gleichmäßig feuchter Boden ist für Tomaten besonders wichtig. Bei sonnigem Wetter verdunsten sie über ihr reiches Blattwerk erhebliche Wassermengen und brauchen entsprechend viel Nachschub. Unregelmäßiges Wässern führt zu platzenden Früchten, Einrollen der Blätter und leistet außerdem Krankheiten Vorschub.

Pflanzenschutz: An den Jungpflanzen finden bei falscher Pflege Blattläuse Gefallen, die durch Sprühen mit Schmierseifenlösung leicht in Schach gehalten werden. Befall mit Weißer Fliege verhindern in unmittelbarer Nähe der Pflanzen aufgehängte Gelbtafeln.

Sorten: Das Angebot ist umfangreich. Für den Unterglasanbau sind fast alle Sorten geeignet.

Gelbfrüchtige Tomaten, zum Beispiel 'Goldene Königin', haben einen süßlichen Beigeschmack und bieten einen

Endivien

dekorativen Anblick sowohl an der Pflanze wie auch in der Salatschüssel. Es gibt kleinfrüchtige Tomaten, die traubenförmig wachsen, Kochtomaten in ovalen Formen, Fleischtomaten mit 400 g Gewicht ('Super Marmande'), Topftomaten von nur 30 cm Höhe und kombinierte Formen, zum Beispiel kleinfrüchtige, gelbe Tomaten.

Winterendivien

Winterendivien überbrückt die Zeit, wenn im Winter kein Kopfsalat zur Verfügung steht. Bei Aussaat im August und Septemberpflanzung im Gewächshaus kann schon im Dezember und Januar geerntet werden. Der Geschmack von Endivien ist leicht bitter, im gebleichten Innern angenehm mild.

Aussaatzeit: Juli bis Anfang August
Keimtemperatur: 10 – 20° C
Keimdauer: 8 bis 18 Tage
Ernte: Dezember bis Februar
Anzucht: Die Aussaat erfolgt in Reihen mit 25 cm Abstand. Die Samenkörner werden 1 cm tief gelegt. Nach dem Keimen verzieht man die Sämlinge so, daß auch der Pflanzabstand 25 cm beträgt. Enger Stand ist wichtig, damit der Endivien fest und innen bleich bleibt. Bei größerem Pflanzab-

stand von 30 x 30 cm kann das Bleichen durch Zusammenbinden der Blätter verstärkt werden. Viele neue Sorten sind selbstbleichend.

Wenn das Grundbeet noch mit anderen Pflanzen besetzt ist, sollte zunächst in Torftöpfchen gesät werden.

Pflege: Die Temperaturansprüche sind gering. Bis zu – 4° C wird in der Regel vertragen, so daß sogar die Kultur im ungeheizten Gewächshaus, eventuell mit Zusatzheizung, möglich ist. Man muß so häufig wie möglich lüften. Endivien braucht viel Wasser, ist aber gerade in den Wintermonaten empfindlich gegen ständig „nasse Füße". Am besten wächst er, ähnlich Kopfsalat, in mäßig gedüngtem, humusreichem Boden.

Winterportulak

Winterportulak wird recht selten angebaut, ist jedoch aufgrund der problemlosen Anzucht und kurzen Kulturzeit unbedingt empfehlenswert. Unter Glas wird ab Mitte August gesät. Folgesaaten sind bis zum Frühjahr möglich.

Günstig ist das Kalthaus, denn die Keimtemperatur soll nicht mehr als 12° C betragen. Gesät wird entweder breitwürfig oder in Reihen mit 20 cm Abstand direkt im Grundbeet. Die feinen Samenkörner dürfen nicht zu dicht gesät werden. Sie keimen innerhalb von 14 Tagen. Nach weiteren vier Wochen kann bereits zum erstenmal geerntet werden. Danach sind weitere Ernten möglich. Mit beginnender Blütenbildung wird der Rest untergegraben.

Der Geschmack von Winterportulak ähnelt dem von Spinat. Entsprechend ist die Zubereitung: entweder als Salat oder gedünstet.

Zuckermelone

Die Aussicht, süße Honigmelonen selbst zu ernten, läßt jedes Gärtnerherz höher schlagen. Im Freiland wird ein solches Erfolgserlebnis nur in warmen Klimazonen Wirklichkeit. Auch im Gewächshaus läßt sich der Erfolg nicht erzwingen. Zwar sorgt regelmäßiges Beschneiden für ausreichende Fruchtbildung, doch die Sonne muß schon mitspielen, damit die Früchte wie gewünscht ausreifen. Ganz ohne Pflegeaufwand geht es nicht, sonst wächst ein unentwirrbarer Busch heran, an dem man vergeblich Früchte sucht. Es lohnt sich nicht, Wassermelonen im Gewächshaus zu ziehen.

Aussaatzeit: Februar im Warmhaus, sonst Ende März bis April

Keimtemperatur: 22 – 28° C

Keimdauer: 3 bis 10 Tage

Ernte: September bis November, bei Februaraussaat im Warmhaus Ernte von Juli bis Oktober

Anzucht: Die Aussaat der dicken Melonenkerne ist einfach. man steckt jeweils zwei Samen in einen 10-cm-Topf und zieht den schwächeren Keimling später heraus. Da sie sich schnell entwickeln, ist noch im April Zeit zum Säen.

Die Jungpflanzen sind wärmebedürftig. Bei günstigen Bedingungen – mehr als 20° C – entwickeln sie ein beachtliches Wachstumstempo und können schon vier Wochen nach dem Aussäen als kräftige Jungpflanzen ins Grundbeet gesetzt werden. Die hohlen Stengel muß man vorsichtig behandeln, weil sie leicht brechen. Vom Dach werden Schnüre mit Schlaufen gespannt, an denen sich die Melonen bald munter hochranken – bis unters Dach. Den Haupttrieb kann man auf Hängeborden unter dem Dach weiterleiten.

Pflege: Melonen streben nach oben und brauchen im unteren Bereich nicht allzuviel Platz. Ein Pflanzabstand von 60 cm ist das Minimum, besser werden die einzelnen Pflanzen 80 cm auseinander gesetzt. Luftiger Stand fördert das Wohlergehen der Melonenpflanzen.

Hohe Luftfeuchtigkeit wird nur in der Anzuchtphase gut vertragen. Wie Tomaten, Auberginen und Paprika bevorzugen Melonen Frischluft. Zusammen mit diesen Gemüsearten können Melonen gemeinsam unter einem Glasdach angebaut werden.

Als Unterpflanzung sollte Phacelia, der blaublühende Bienenfreund, oder Borretsch gesät werden. Beide locken Insekten an und verbessern so die Fruchtbildung.

Bei Melonen gibt es, anders als bei Gurken, keine reinweiblich blühenden Pflanzen. Wer ganz sichergehen will, daß die Bestäubung klappt, drückt männliche Blüten auf die weiblichen (erkennbar am Fruchtknoten). Man kann auch mit einem Pinsel bestäuben. Meist reicht jedoch ausreichende Luftbewegung, vor allem in den Mittagsstunden sonniger Tage. Ein Expertentip bei mangelhafter Fruchtbildung: kurzfristiger Wasserstop bis zum leichten Welken der Blätter läßt verstärkt weibliche Blüten entstehen.

Schnitt: Erst das richtige Beschneiden sorgt dafür, daß eine reichliche Ernte überhaupt möglich wird. Das ist keine schwierige, eher eine zeitaufwendige, Angelegenheit; denn das Beschneiden ist während der Kultur mehrmals nötig. Den Haupttrieb läßt man wachsen und bindet ihn fortlaufend an einer kräftigen Schnur fest. Bis in 80 cm Höhe entfernt man alle Seitentriebe und Fruchtansätze. Die bis in 150 cm Höhe sich entwickelnden Seitentriebe werden nach dem ersten Blatt gekappt. Alle anderen, also die, die in mehr als 150 cm Höhe herauswachsen, kappt man nach dem zweiten oder dritten Blatt. Nur so läßt sich ungestümes Wachstum bremsen, denn pro Pflanze wird man ohnehin selten mehr als ein halbes Dutzend, im günstigen Fall auch mal zehn Melonen ernten.

Temperatur: Melonen zählen zu den wärmebedürftigsten Gewächshauspflanzen. Der hohe Wärmebedarf mit wenigstens 22° C bei der Aussaat bleibt auch in der Folgezeit bestehen. Hohe Luftfeuchtigkeit wird nicht vertragen. Bei mehr als 27° C muß man lüften.

Boden und Düngung: Eine Pflanze, die sich so ungestüm entwickelt und gewichtige Früchte hervorbringt, benötigt reichlich Dünger. Das ist zwar richtig, denn Melonen zählen in der Fruchtfolge zu den Starkzehrern, aber

Die schweren Früchte liegen hier auf den Regalen.

Den Haupttrieb läßt man wachsen und bindet ihn fortlaufend an einer kräftigen Schnur fest. Bis in 80 cm Höhe entfernt man alle Seitentriebe und Fruchtansätze. Bis 150 cm Höhe kappt man die Seitentriebe nach dem ersten Blatt, weiter oben wachsende nach dem zweiten oder dritten Blatt.

Melonen in Kunststoffnetzen

Kalebassenkürbis

Die Höckermelone kann man selbst aus Samen ziehen. Dazu kauft man sich eine Frucht, entnimmt die Samen und sät sie aus. Gepflegt wird diese Pflanze ähnlich wie die Zuckermelone. Hier haben die Gewächse ein Stützgerüst aus Draht.

im Vergleich zu Tomaten oder Kohl gibt sich die Melonenpflanze bescheiden. Der Boden wird mit reichlich Komposterde und einer Handvoll organischem Dünger pro m² versorgt. In der Regel reicht das bereits, wenn der Boden humusreich ist. Gut gemeinte, kräftige Düngung hat verstärktes Blattwachstum zur Folge, ist aber nicht unbedingt dem Fruchtansatz dienlich.

Wasserbedarf: Melonen brauchen viel Wasser, denn die Gesamtheit der Blätter weist eine enorme Oberfläche auf und verdunstet entsprechend viel. Gleichmäßig feuchter Boden ist günstig für die Entwicklung der Melonenpflanzen. An kühlen Tagen sollte aber nur bei Bedarf gewässert werden, denn zuviel Bodennässe bekommt ihnen auch nicht. Das Gießwasser wird für die anspruchsvollen Melonenpflanzen angewärmt und am besten morgens verabreicht.

Pflanzenschutz: Häufig zeigen sich braune Ränder an den Blättern, die schnell das Blatt welk aussehen lassen. Ursache ist die Welkekrankheit, die durch zu kühle Temperaturen in der ersten Wachstumsphase bis August begünstigt wird. Später ist eine Temperaturabsenkung ohne Auswirkung. Bei

ungünstiger Bodenbeschaffenheit und zu wenig Frischluft können Pilzkrankheiten entstehen. Vorbeugend kann man mit Biomitteln auf Algenbasis sprühen.

Ernte: Man muß schon Geduld aufbringen, denn die Früchte sind erst dann reif, wenn sie den typischen süßen Melonenduft verströmen. Voll ausgereift, was am Einreißen der Schale um den Stiel erkennbar ist, fallen sie von selbst ab. Deshalb ist es besser, man schützt sie mit dünnen Kunststoffnetzen vor dem Abfallen, die es speziell für die Melonenkultur zu kaufen gibt. Die Stütze sorgt gleichzeitig dafür, daß nicht Teile der Pflanze durch das Gewicht der Früchte abknicken.

Lagenaria siceraria: Der Kalebassenkürbis wird ähnlich wie die Melone kultiviert. An Schnüren luftig aufgehängt, verholzt die Schale schon bald, und das Fruchtfleisch trocknet aus. Die getrocknete Frucht wird in südlichen Ländern als Rhythmusinstrument benutzt.

Wenn man die Früchte schmirgelt und mit farblosem Lack einsprüht oder bemalt, lassen sie sich sehr gut für allerlei Dekorationen verwenden.

Kelsae-Zwiebel, die Riesenzwiebel

Zwiebel

Zwiebeln sind nicht gerade typische Nutzpflanzen fürs Glashaus. Für den Anbau spricht die Möglichkeit, das ganze Jahr, auch im Winter, frische Zwiebeln zur Verfügung zu haben.

Der Energieaufwand für eine Winterernte ist gering. Auch im ungeheizten Gewächshaus können Zwiebeln gezogen werden. Bei Herbstaussaat sind sie Anfang April erntereif. Für die Herbst- und Winterkultur, eventuell auch im Container oder Topf, sind besonders die kleinen Frühlingszwiebeln geeignet. Möglich ist auch eine Verfrühung der Sommerernte bei Aussaat im Februar.

Mit Steckzwiebeln geht es schneller. Sie können in die Erde gesetzt werden, sobald sie im Handel sind. Die riesige Kelsae-Zwiebel zieht man ab Februar unter Glas vor, um sie später im Freiland auszupflanzen.

Aussaatzeit: August für Herbsternte, sonst Januar bis März
Keimtemperatur: 10 – 20° C
Keimdauer: 12 bis 25 Tage

Ernte: Oktober bis Juni
Anzucht: Ausgesät wird in Reihen mit 20 cm Abstand. Die Samen drückt man 2 – 3 cm tief in die Erde, Perlzwiebelsamen sogar 5 cm tief. Nach dem Keimen wird auf 10 cm Abstand ausgedünnt.
Pflege: Mischkulturen sind günstig mit frühen Möhren, Salat und Dill, aber auch mit Gurken und Tomaten, denn die Zwiebeln räumen das Beet, bevor sich die anderen ausbreiten. Humusreicher, gut gelockerter Boden bekommt den Zwiebeln am besten. Zusätzlicher Dünger ist nur in mageren Böden erforderlich. Gleichmäßige Bodenfeuchtigkeit begünstigt das Wachstum. Mit dem Gießen darf man es aber nicht übertreiben, vor allem nicht in den Wintermonaten.
Ernte: Die Ernte erfolgt fortlaufend. Schon die ersten kleinen Zwiebeln, die beim Verziehen aus der Erde gezogen werden, sind zum Verzehr geeignet. Frühlingszwiebeln werden mit Vorliebe bereits dann geerntet, wenn sich der Zwiebelhals zu verdicken beginnt, das frische Laub kann man ohne weiteres mitessen.

Kräuteranbau im Gewächshaus

Kräuter sind einfach zu ziehen. Oft genügt ein helles Küchenfenster, um im Winter vitaminreiche Gewürzkräuter zu ernten. Im Gewächshaus finden diese Pflanzen ideale Bedingungen. Die meisten können platzsparend in Töpfen gepflegt werden.

Basilikum

Basilikum wird bevorzugt unter Glas angebaut, weil es in kühlen Sommern im Freiland oft nicht befriedigend wächst. Ausgesät wird von Dezember bis Mai in Saatschalen oder direkt ins Beet oder Kästen. Die Samen drückt man nur an, sie werden nicht mit Erde bedeckt. Ausgepflanzt wird auf 25 x 20 cm Abstand, dabei setzt man die Pflänzchen büschelweise zusammen. Die spätere Wuchshöhe beträgt 20 bis 50 cm.

Der Wärmebedarf ist hoch, die Temperatur sollte nicht unter 10° C absinken. Gute Nachbarpflanzen sind Fenchel, Gurken und Tomaten. Den Boden muß man gleichmäßig feucht halten.

Basilikum ist einjährig und kann auch in Töpfen kultiviert werden. Bei regelmäßigem Entspitzen verzweigt sich die Pflanze besser. Die jungen Blätter werden fortlaufend geerntet, sie können auch gut getrocknet werden.

Das kleinblättrige Basilikum ist feiner im Geschmack als die großblättrigen Sorten, die dafür robuster sind.

Bohnenkraut

Das frostempfindliche Gewürzkraut, das im Freiland erst ab Mai ausgesät werden kann, findet im Gewächshaus beste Bedingungen. Hier ist bereits ab Dezember die Anzucht möglich. Ausgesät wird in Reihen mit 20 cm Abstand oder in Töpfe. Die Samen bedeckt man nur dünn mit Erde und drückt gut an. Die Pflanzen werden später auf 25 cm Einzelabstand verzogen, denn Bohnenkraut braucht viel Platz, um reichlich Blätter zu bilden. Der Wasserbedarf ist gering. Bohnenkraut liebt es eher zu trocken als zu naß. Die Ernte erfolgt fortlaufend, sobald die Pflanzen groß genug sind; vor und während der Blüte sind die Blätter besonders aromatisch. Sie werden büschelweise abgeschnitten und getrocknet. Für Mischkulturen mit Buschbohnen ist Bohnenkraut eine ideale Nachbarpflanze.

Neben dem einjährigen Bohnenkraut gibt es auch mehrjährige Pflanzen, die aber nicht so fein im Geschmack sind.

Borretsch

Der Borretsch, auch schlicht Gurkenkraut genannt, braucht mit einer Wuchshöhe bis 80 cm viel Platz, ist aber mit seinen blauen Blüten auch recht dekorativ.

Die Aussaat kann schon im Januar beginnen, mit Folgesaaten bis Juni. Die Samen werden in Reihen mit 25 cm Abstand gelegt. Borretsch zählt zu den Dunkelkeimern und muß deshalb bis zum Keimen mit Zeitungen oder schwarzer Folie abgedeckt werden. Die rasch wachsende, einjährige Pflanze läßt sich später schlecht versetzen, daher ist Direktaussaat besser.

Borretsch ist eine günstige Nachbarpflanze für Kohl und Kohlrabi. Im Gegensatz zu den meisten anderen Kräutern ist Borretsch für nahrhaften Boden dankbar. Man kann hier auch mit Pflanzenjauche düngen. Der Wasserbedarf ist hoch.

Die jungen, zarten Blätter werden fortlaufend geerntet. Auch die Blüten sind eßbar. Sie locken außerdem Bienen ins Glashaus.

Dill

Die Aussaat des frostempfindlichen, einjährigen Gewürzkrauts beginnt im heizbaren Gewächshaus schon im Dezember. Ab Ende Februar können dann die grünen Fiederblättchen laufend geerntet werden. Bei späterer

Borretsch, das Gurkenkraut

Basilikum im Balkonkasten, den man gut auf die Regale stellen kann.

Dill im Balkonkasten

Aussaat bis April verkürzt sich die Dauer vom Aussäen bis zur Ernte auf sechs Wochen. Ab Ende April ist auch Freilandsalat möglich. Die Samen drückt man mit dem Handrücken in der Erde fest, aber deckt sie nicht ab. Der Reihenabstand beträgt 20 cm. Späteres Verpflanzen verträgt Dill schlecht.

Während die Pflanze im Freien eine Höhe bis 150 cm erreicht, wird der junge Dill unter Glas bereits mit 30 cm Höhe geerntet. Geerntet werden vorzugsweise die zarten Triebspitzen. Einige Pflanzen kann man zur Samenreife kommen lassen, dann sät sich Dill selbst aus.

Mischkulturen mit Gurken, Kohl und Salat sind vorteilhaft.

Estragon

Estragon ist mehrjährig und wird unter Glas gewöhnlich nur vorgezogen, ehe er im Mai ausgepflanzt wird. Wir unterscheiden zwischen zwei Typen: Französischer Estragon ist besonders aromatisch, aber nicht winterhart und kann nur durch Stecklinge oder Teilen vermehrt werden. Der Russische oder Deutsche Estragon weist weniger Aroma auf.

Estragon wird unter Glas ab Januar ausgesät. Die Samen hält man bis zum Aufgang bedeckt. Beim Auspflanzen muß man auf reichlich Abstand achten, 30 – 40 cm ist angebracht. Estragon kann eine Wuchshöhe bis 100 cm erreichen. Mehr als zwei oder drei Pflanzen werden kaum benötigt. Den Boden muß man stets gleichmäßig feucht halten.

Die jungen Triebspitzen können fortlaufend gepflückt werden. Man verwendet sie in der Küche frisch oder friert sie ein. Getrocknet verliert Estragon zuviel an Aroma.

Kerbel

Der einjährige Kerbel erreicht eine Wuchshöhe von 20 – 50 cm. Unter Glas ist die Aussaat von Dezember bis Mai möglich, am besten mit 15 cm Reihenabstand direkt ins Beet oder in Töpfe, denn Kerbel läßt sich schlecht verpflanzen.

Kerbel ist nicht frostempfindlich. Er wächst auch noch im lichten Schatten. Nach zwei Monaten können bereits die ersten kleinen Blätter geschnitten werden. Es wird geerntet, bis die Blüte einsetzt. Für weitere Ernten sät man mehrfach aus.

Kresse

So schnell wie Kresse wächst kein anderes Gewürzkraut heran. Knapp eine Woche dauert es von der Anzucht bis zur Ernte, eine Temperatur um 18 bis 20° C vorausgesetzt. Bei weniger Wärme dauert es einige Tage länger, aber das Tempo ist immer noch beachtlich.

Für laufende Ernte der für die Küche jeweils nötigen kleinen Portionen wird am besten ein- bis zweiwöchentlich in Töpfe gesät. Nicht einmal Torf oder Erde ist für die Aussaat der anspruchslosen Gewürzpflänzchen notwendig. Es genügt auch Watte oder Zellstoffpapier, welche gut angefeuchtet sind. Bei Aussaat ins Beet ist ein Reihenabstand von 10 cm ausreichend. Die Erntezeit dauert nicht allzu lange, denn im Frühjahr schoßt Kresse bald.

Lavendel

Als Mittelmeergewächs braucht Lavendel viel Wärme und ist deshalb unter Glas gut aufgehoben. Ausgesät wird ab Januar. Auch die Vermehrung durch Stecklinge des Halbstrauchs ist möglich. Im Mai pflanzt man draußen an einem sonnigen Standort aus. Man kann Lavendel allerdings auch weiter im Gewächshaus pflegen. Der Pflanzabstand beträgt 30 cm.

Lavendel ist genügsam. Der Boden sollte wasserdurchlässig und möglichst leicht kalkhaltig sein.

Die Pflanze erreicht eine Wuchshöhe von 50 cm. Nach der Blüte ist ein leichter Rückschnitt fällig.

Majoran

Der im Mittelmeerraum beheimatete, einjährige Majoran ist besonders wärmebedürftig. Im heizbaren Gewächshaus ist die Pflanze, zumindest in einem kühlen Sommer, besser aufgehoben als im Freiland.

Draußen kann sie wegen ihrer Frostempfindlichkeit nicht vor Mai gesät werden, unter Glas geschieht das zwi-

Kresse

Majoran

schen Dezember und Mai im warmen Vermehrungsbeet. Auch danach darf Majoran nicht zu kühl gehalten werden. Beim Auspflanzen setzt man im Abstand von 30 cm jeweils drei Pflänzchen zusammen. Sie erreichen eine Höhe von 35 – 50 cm. Man kann auch Einzelpflanzen in Töpfe setzen.

Frische Triebspitzen können laufend geerntet werden. Die beste Erntezeit ist vor der Blüte.

Petersilie

Petersilie ist ein sehr häufig ausgesätes Gewürzkraut. Allerdings bleibt der Erfolg oft aus, denn die Anzucht im Freiland birgt einige Tücken. Das beginnt mit der langen Keimzeit. Zwar keimen die Samen bereits, sobald es frostfrei ist, aber unendlich langsam. Bei 10° C dauert es immer noch vier Wochen. Schnecken haben außerdem die Petersiliensämlinge „zum Fressen gern".

Mehr Erfolg verspricht die Aussaat im Gewächshaus. Saattermin ist hier Januar bis August, die erste Ernte im April. Petersilie kann direkt ins Beet oder in Töpfe gesät werden. Der Reihenabstand beträgt 25 – 30 cm. Ganz sichergeht, wer zunächst in Saatschalen aussät. Bei 20° C Anzuchttemperatur werden schon nach zwei Wochen die Sämlinge sichtbar. Diese lassen sich später leicht ins Freiland auspflanzen. Petersilie ist zweijährig. Da sie jedoch im zweiten Jahr nicht mehr so aromatisch ist, wird jährlich neu gesät.

Dieses Kraut braucht unbedingt jedes Jahr einen anderen Platz im Beet, da es mit sich selbst unverträglich ist. Günstig sind Mischkulturen mit Lauch, Radieschen, Tomaten und Zwiebeln.

Die Pflanze wächst auch im lichten Schatten und braucht einen gleichmäßig feuchten Boden, auch schon in der Anzuchtphase. Sie ist gegen Frost unempfindlich und kann auch im ungeheizten Glashaus überwintert werden. Die optimale Temperatur liegt zwischen 10 – 15° C.

Wie beim Schnittlauch ist auch das Treiben von im Herbst ausgegrabenen Wurzelstücken vorteilhaft. Es genügt bereits, die Wurzelballen im Grundbeet auszupflanzen und feucht zu halten. Bei einer Temperatur von 5 – 10 °C treiben fortlaufend neue Blätter nach. Angeboten werden breitblättrige Sorten, außerdem solche mit gewellten Blättern (Sorte: 'Mooskrause'). Die breitblättrigen sind würziger, die anderen auf dem Teller dekorativer.

Rosmarin

Rosmarin ist ein immergrüner Strauch, der eine Höhe bis 150 cm erreichen kann. Da er nur begrenzt winterhart ist, wird er im Glashaus überwintert (auch als Kübelpflanze) oder gleich im Gewächshaus ausgepflanzt.

Man vermehrt Rosmarin durch Aussaat ab Januar oder durch Stecklingsvermehrung im August. Die Anzucht aus Samen ist langwierig, deshalb muß für eine hohe Aussaattemperatur gesorgt werden. Der Pflanzabstand beträgt 30 x 50 cm. Zwei Pflanzen reichen in der Regel.

Die Blätter lassen sich auch trocknen. Die Blüten können ebenfalls verwendet werden.

In den Wintermonaten muß man Rosmarin recht kühl halten, wenig gießen.

Antreiben von Schnittlauch 1. Im Herbst gräbt man einige Wurzelstücke aus und läßt sie durchfrieren.

2. Anschließend topft man sie im warmen Gewächshaus ein, stellt sie hell auf und gießt an.

Salbei

Der wärmeliebende Salbei bildet einen 50 cm hohen Strauch. Im Freiland ist er nicht zuverlässig winterhart. Es ist besser, ihn im Winter unter Glas zu kultivieren. Da die Pflanze später verholzt, kann man alle zwei Jahre neu säen.

Die Anzucht beginnt im Februar, für die Freilandpflanzung genügt eine Aussaat im April. Auch Stecklingsvermehrung ist möglich. Kalkhaltiger, durchlässiger Boden wird bevorzugt.

Das Heilkraut und Gewürz vermag durch seinen scharfen Geruch Blattläuse und Raupen in der unmittelbaren Pflanzennachbarschaft abzuwehren. Die Blätter lassen sich frisch oder getrocknet verwenden. Bei der Ernte darf man die Pflanze nicht allzusehr stutzen.

Schnittlauch

Als Standard-Gewürzpflanze darf Schnittlauch nicht fehlen. Die Aussaat unter Glas ist ab Dezember möglich. Gesät wird zunächst in Saatschalen. Sechs Wochen später setzt man die Sämlinge büschelweise, jeweils ein Dutzend zusammen, mit 25 cm Abstand ins Beet. Trotz der Vorkultur dauert es lange, ehe zum erstenmal geerntet werden kann.

Um im Winter frischen Schnittlauch zur Verfügung zu haben, ist eine andere Methode besonders zu empfehlen: das Antreiben. Dazu gräbt man im Herbst einige Wurzelstücke vom Schnittlauchbeet aus, läßt sie vom Frost gut durchfrieren und topft sie anschließend im warmen Gewächshaus ein. Dort werden sie hell aufgestellt und gegossen, schon nach vier Wochen ist Erntezeit. Wenn der Wurzelballen vor dem Antreiben 8 bis 16 Stunden in ein 40° C warmes Wasserbad gestellt wird, treibt er noch schneller. Schnittlauch wird jedes Jahr neu gesät.

Senf

Als Gründünger ist Gelber Senf im Gewächshaus hochgeschätzt. Er wird bald untergehackt und hinterläßt einen lockeren Boden für die nachfolgenden Pflanzen (Ausnahme: Kohl). Viel zu wenig bekannt ist jedoch die Verwendung der jungen Senfpflanzen als wertvolles, frisches Küchengewürz.

Senf wächst fast so schnell wie Kresse heran und kann nach 10 bis 20 Tagen (je nach Temperatur) bereits geerntet werden. Man hält den Boden nicht zu feucht. Mit der Schere werden die jungen Triebspitzen abgeschnitten und als Gewürz in der Küche verwendet.

Um Senfkörner zu ernten, müssen die Pflanzen erheblich länger im Beet bleiben. Dafür ist es besser, Senf im Freiland zu kultivieren.

Thymian

Der hohe Wärmebedarf von Thymian läßt in Gegenden mit rauhem Klima die ganzjährige Kultur im Gewächshaus ratsam erscheinen. Da Thymian das Verpflanzen nicht so gut verträgt, wird ab Februar, März direkt ins Grundbeet oder in einen Topf gesät. Als Abstand genügen 20 cm, überzählige Sämlinge werden herausgezogen. Leicht kalkhaltiger Boden wird bevorzugt. Die Blätter können auch getrocknet werden.

Die ungewöhnlichen Früchte der Andenbeere

Reife Frucht der Andenbeere

Schmackhafte Treiberdbeeren

Obstanbau im Gewächshaus

Andenbeere

Ungewöhnliche Früchte bringt die noch wenig bekannte Andenbeere (Physalis peruviana) hervor. Die zunächst grünen, beim Heranreifen gelb- bis orangefarbenen Früchte sind von papierartigen Hüllen umgeben, die an Lampionblumen erinnern. An den süßsäuerlichen Geschmack der Beeren, zwischen Stachelbeeren und Mirabellen angesiedelt, kann man sich gut gewöhnen. Auch soll man daraus gute Marmelade bereiten können.

Anzucht und Pflege: In ihrer Heimat Südamerika wächst die Andenbeere mehrjährig. Da sie jedoch nicht frosthart ist, wird sie bei uns einjährig gezogen. Im zeitigen Frühjahr bei 20° C ausgesät und nach drei bis vier Wochen in Einzeltöpfe pikiert, wächst sie problemlos heran. Man kann sie entweder im Grundbeet auspflanzen oder in sehr geräumige Pflanzkübel setzen.

Die Ansprüche bei Anzucht und Kultur sind fast identisch mit denen der Tomaten. In einem nicht allzu warmen Sommer ist nur der Anbau unter Glas erfolgversprechend. Viel Sonne und Wärme, reichlich Wasser und mittlere Düngergaben sorgen für gutes Wachstum und lohnende Ernten.

Der Platzbedarf von Andenbeeren ist recht groß. Sie werden 200 cm hoch und verzweigen sich, so daß ein Abstand von wenigstens 100 cm zu den Nachbarpflanzen nötig ist. Im Gewächshaus wird der Strauch zweckmäßigerweise an Schnüren, die vom Dach herabhängen, befestigt. Da die großen Blätter viel Licht wegnehmen, sollten die Pflanzen am besten an die Rückwand des Gewächshauses gesetzt werden.

Exotische Kapstachelbeere: Identisch in der Pflege ist die Kapstachelbeere. Ihre Früchte sind kirschrot und ebenfalls süßsäuerlich im Geschmack.

Erdbeeren

Erdbeeren zu ernten, zählt zu den schönsten Tätigkeiten im Garten. Das Gewächshaus steigert das Erfolgserlebnis durch einen noch früheren Erntetermin. Allerdings ist der Erfolg mit einigem Aufwand verbunden.

Geeignet sind nur frühe Sorten. Die Vorbereitungen beginnen im Juli, wenn von den ertragreichsten Pflanzen Ableger gewonnen werden. Entweder schneidet man diese ab und setzt sie im Freiland auf ein Extrabeet oder man gräbt zwischen den Erdbeerreihen kleine Töpfe mit Anzuchterde ein und leitet die Ableger direkt in die Töpfe. Steine als Beschwerung sichern die Bewurzelung. Sobald die neuen Erdbeerpflanzen zu wachsen beginnen, kappt man die Verbindung zur Mutterpflanze und setzt sie in etwas größere Töpfe. Etwas später erhalten sie zusätzlich zwei- bis dreimal Flüssigdünger ins Gießwasser, damit sich kräftige Pflanzen entwickeln.

Frosteinwirkung ist wichtig, um den Blütenansatz zu fördern. Vor Kahlfrösten werden die Erdbeerpflanzen mit einer lockeren Laubdecke geschützt. Mitte Dezember beginnt dann die Treiberei. Die Töpfe werden ins Gewächshaus gebracht und möglichst hell aufgestellt. Ideal ist zu diesem Zeitpunkt eine Temperatur um 10° C. Die Pflanzen müssen ab jetzt regelmäßig gewässert werden und dürfen zu keinem Zeitpunkt austrocknen. Häufiges Lüften begünstigt das Wohlergehen. Vom Spätwinter an werden die Erdbeerpflanzen auch wieder gedüngt.

Die Temperatur kann allmählich auf 15 – 20° C gesteigert werden. Im Frühjahr kann gelegentlich Schattieren erforderlich sein, um eine Überhitzung zu vermeiden.

Mit der beginnenden Blütenbildung müssen die Pflanzen künstlich befruchtet werden. Das geschieht entweder mit einem feinen Pinsel, mit dem der Blütenstaub auf die Narbe übertragen wird, oder durch Rütteln der Pflanze an sonnigen Tagen während der Mittagszeit.

Erntezeit ist im Gewächshaus ab April, bei kühleren Treibtemperaturen ab Mai. Danach können die Erdbeerpflanzen wieder im Freiland gesetzt werden.

Süße Feigen aus dem Gewächshaus

Feige

Der Echte Feigenbaum ist ein enger Verwandter des Gummibaums und der kleinblättrigen Birkenfeige, beide verbreitete Zimmerpflanzen. Er bietet nicht nur dekorative Blätter, sondern bei guten Bedingungen auch einen stattlichen Ertrag wohlschmeckender Früchte. Nur im Weinbauklima kann er an einem geschützten Platz im Freien ausgepflanzt werden, aber auch dort ist das wegen nicht ausreichender Frosthärte ein Risiko.

In der Regel steht der Feigenbaum während des Sommers in einem geräumigen Pflanzkübel auf der Terrasse und in der kalten Jahreszeit im Gewächshaus. Im Pflanzgefäß bleibt zudem das Wachstum begrenzt, denn ausgepflanzt kann der Feigenbaum eine Höhe bis 600 cm und mehr erreichen.

Pflege: Um Früchte ernten zu können, ist ein wenig Sorgfalt bei der Pflege erforderlich. Der Fruchtansatz erfolgt bereits im Herbst, entwickelt sich jedoch während der Wintermonate kaum weiter. Damit die Feigen im darauffolgenden Spätsommer ausreifen, muß die Pflanze vom Frühjahr an regelmäßig gegossen und alle ein bis zwei Wochen gedüngt werden.

Günstig ist lehmige, nährstoffreiche Erde. Von erfahrenen Gartenfreunden wird auch das Bedecken der Topfoberfläche mit Kuhmist empfohlen. Schon kurzfristige Ballentrockenheit führt zum Abfallen der Früchte. Ab August wird weniger gegossen und nicht mehr gedüngt, damit die grünen Feigen ausreifen können.

Wichtig ist ein heller Standort, allerdings sollte die Pflanze von Mai bis August vor praller Mittagssonne geschützt werden. Solange der Feigenbaum noch im Glashaus steht, ist ebenfalls Überhitzung zu vermeiden. Wenn im Frühjahr bei starker Sonneneinstrahlung nicht gelüftet wird, kann das ebenfalls Abfallen der Früchte zur Folge haben.

Abhärtung: Damit der Feigenbaum im warmen Glashaus nicht zu früh austreibt, stellt man den Pflanzkübel schon ab März nach draußen. Leichte Spätfröste machen ihm nichts aus. Entscheidend ist allmähliches Gewöhnen an die Sonne. Andernfalls färben sich die Blätter rot und fallen schließlich ab. Sie treiben zwar später wieder aus, lassen die Pflanze aber bis dahin wenig attraktiv erscheinen.

Vermehrung: Die Vermehrung durch Stecklinge ist nicht allzu schwierig. Man schneidet sie in einer Länge von 15 – 20 cm am besten von Mitte Januar bis Ende April. Für die erfolgreiche Wurzelbildung ist eine Temperatur von 25° C oder mehr notwendig, ideal ist daher ein Vermehrungsbeet mit regelbarer Bodenheizung.

Im Sommer werden die fruchttragenden Zweige der Kiwi in der Regel nach dem 5. bis 7. Blatt gekappt.

Kiwi

Sicher bekommen Kiwis nur in Gegenden mit Weinbauklima, an einer Süd- oder Südwestwand gepflanzt, das begehrte Aroma in den Früchten. Doch selbst hier können die Pflanzen bei frühzeitigem Austrieb durch Spätfröste Schäden erleiden. Eine sichere Ernte bietet dagegen das Auspflanzen unter Glas. Allerdings sind nur sehr große Gewächshäuser oder Wintergarten für die Kiwikultur geeignet. Eine Heizung ist nicht unbedingt nötig. Lediglich während der Blüte und noch einmal zur Erntezeit im Spätherbst ist eine Zusatzheizung von Vorteil.

Düngung und Wasserbedarf: Kiwis bevorzugen einen leicht sauren Boden, deshalb wird schon beim Einpflanzen die Erde mit Torf vermischt. Sie darf keinesfalls Kalk erhalten. Zur Düngung können kalkfreie Dünger, wie sie beispielsweise für Rhododendron angeboten werden, verwendet werden. Auch Hornspäne sind gut geeignet. Während der Wachstumszeit sollte mit Dünger nicht gegeizt werden.

Die Pflanzen brauchen viel Wasser. Gleichmäßige Bodenfeuchtigkeit ist wichtig für erfolgreiche Fruchtbildung.

Schnitt: Kiwipflanzen brauchen ein möglichst geräumiges Gewächshaus oder einen großen Wintergarten, denn sie erreichen leicht eine Höhe von 400 cm und mehr. Um das Wachstum in Grenzen zu halten und den Fruchtansatz zu fördern, schneidet man die Pflanzen im Spätwinter bis auf wenige Triebe radikal zurück und kürzt im Sommer noch einmal den Neuaustrieb. Dabei werden die fruchttragenden Zweige in der Regel nach dem 5. bis 7. Blatt gekappt.

Kiwipflanzen brauchen ein Spalier als Stütze für die langen Triebe. Die Haltung in Pflanzkübeln ist daher unpraktisch. Bevorzugt werden Kiwis an der Seitenwand eines Wintergartens hochgezogen, wobei sie im Sommer gleichzeitig eine erwünschte, schattenspendende Funktion ausüben.

Pflege und Ernte: Bei einer einzelnen Kiwipflanze wird man vergeblich auf die begehrten Früchte warten. Für eine oder mehrere weibliche Pflanzen ist stets eine männliche Pflanze zur Befruchtung notwendig. Kiwis sind in der Pflege zwar nicht problematisch, aber durchaus eigenwillig. So ist es völlig normal, wenn auf ein Jahr mit reicher Ernte im folgenden Jahr eine magere folgt. Während der Blütezeit

muß gut gelüftet werden, damit Bienen oder Hummeln eine Chance zur Bestäubung haben. Andernfalls muß mit dem Pinsel für die Befruchtung gesorgt werden.

Maracuja

Wer an die leckeren, exotischen Maracujafrüchte (Passiflora edulis) denkt, ahnt kaum, daß sie im Gewächshaus völlig problemlos wachsen und selbst dem Anfänger eine reiche Ernte bescheren.

Bei guter Pflege entwickelt die Pflanze, im Grundbeet auf der Nordseite einmal ausgesetzt, einen beachtlichen Ausbreitungsdrang und muß mit der Schere daran gehindert werden, sich über das ganze Glashaus auszudehnen. Mit ihren großen, hellgrün glänzenden Blättern kann sie auch als attraktive Dachschattierung im Wintergarten oder als Sonnenschutz beispielsweise für Gurken dienen.

Wie der botanische Name verrät, ist die Maracuja mit der Passionsblume (Passiflora caerulea) eng verwandt. Sie bildet ebenfalls aufregende Blüten, die die Schönheit anderer Passionsblumen allerdings nicht ganz erreichen. Anders als sie entwickelt Passiflora edulis jedoch eßbare, äußerst wohlschmeckende Früchte. Sie wachsen ab dem zweiten oder dritten Jahr nach der Aussaat, sind zunächst grün und färben sich später bräunlich bis violett.

Anzucht: Vermehrung und Kultur entsprechen weitgehend der Passionsblume (Beschreibung siehe Seite 161). Man kann sie aus Samen heranziehen, wobei sie eine Keimtemperatur von etwa 25° C benötigen. Die Keimdauer beträgt knapp vier Wochen. Wer keine Samen erhält, kann die Kerne von gekauften Maracujafrüchten trocknen und gleich danach aussäen.

Möglich ist auch die Vermehrung durch Stecklinge. Dabei werden leicht verholzte Stecklinge verwendet. Am günstigsten dafür ist die Zeit zwischen Februar und April. Später kann man sie in größere Töpfe und schließlich in geräumige Kübel setzen oder im Grundbeet auspflanzen. Etwas empfindlich reagieren junge Pflanzen auf

Unreife Früchte und Blüte der Maracuja

Reife, aufgeschnittene Passionsfrucht aus dem Gewächshaus

Tomatenbaum mit Früchten

niedrige Wintertemperaturen. Bei einer Temperatur von 10° C kommen sie gerade noch über die Runden.

Pflege: Auch ausgewachsene Maracujas mögen keine allzu niedrigen Wintertemperaturen. Bei weniger als 10° C beginnen die Blätter zu verkümmern, doch in der Regel treibt die Pflanze im Frühjahr wieder aus. Gleichmäßige Wasserversorgung und regelmäßige Düngergaben vom Frühjahr bis zum Spätsommer sorgen für eine üppige Ernte. Im Winter wird die Pflanze dagegen recht trocken gehalten. Staunässe bekommt ihr gar nicht. Gelb werdende Blätter sind ein Zeichen für Nährstoffmangel. Trotz ihres exotischen Charakters wird die Maracuja im Gewächshaus selten von Schädlingen befallen.

Pfirsich

Pfirsiche eignen sich ausgezeichnet als Spalierobst im Anlehngewächshaus oder Wintergarten. Diese Obstart kann im frostfrei gehaltenen Glashaus angebaut werden. Ein temperiertes Gewächshaus mit wärmeliebenden Pflanzen ist dagegen nicht geeignet.

Der Pfirsichbaum würde zum vorzeitigen Austreiben angeregt werden, was in der Regel das Abfallen der Knospen zur Folge hat.

Pflege: Vor dem Pflanzen wird die Erde tief ausgehoben und mit grobem Kies für guten Wasserabzug gesorgt. Den Boden vermischt man mit reichlich Komposterde, und schon vor dem Einsetzen des Wurzelballens fügt man Hornspäne oder Knochenmehl hinzu. In der Regel genügt ein einzelner Pfirsichbaum, denn die Triebe breiten sich im Laufe der Zeit nach jeder Seite 300 cm weit aus. Als Spalier werden entweder imprägnierte Holzlatten an der Wand befestigt oder im Abstand von knapp 40 cm waagerecht verlaufende Spanndrähte gezogen, an denen die neuen Triebe später fächerförmig festgebunden werden.

Schnitt: Von Anfang an ist der richtige Schnitt von entscheidender Bedeutung für die erwünschte Wuchsform und reichlichen Fruchtertrag. Der Neuaustrieb wächst aus den Triebknospen, die im Gegensatz zu den dicken, runden Blütenknospen schmal und spitz sind. Man läßt nur diejenigen Triebe wachsen, die parallel zur Wand austreiben. Zu dicht stehende Triebe werden ebenfalls entfernt. Auch der Mitteltrieb wird gekappt, so daß ein symmetrischer Wuchs in Form eines Fächers entsteht.

Bei der Fruchtbildung im Sommer muß man noch einmal schneiden. Zu dicht wachsende Früchte werden abgeschnitten, damit sie sich nicht gegenseitig behindern und große Pfirsiche heranwachsen.

Düngung, Wasserbedarf und Bestäubung: Sobald die Fruchtansätze deutlich sichtbar sind, wird der Baum zweimal ausgiebig gedüngt. Während der gesamten Wachstumszeit ist auf regelmäßige Wasserversorgung zu achten. Damit die Bestäubung zuverlässig klappt, muß in der Blütezeit unbedingt reichlich gelüftet werden, am besten in der Mittagszeit bei sonnigem Wetter. Wer ganz sicher gehen will, kann mit einem weichen Pinsel den Blütenstaub auf die Narbe übertragen.

Tomatenbaum

Die Früchte des Tomatenbaums (Cyphomandra betacea) sind zwar eßbar, doch die ungewöhnliche Pflanze wird eher wegen ihrer dekorativen Wirkung gepflegt. Sie ähnelt dem Tomatenstrauch, ist jedoch mehrjährig und bildet einen kräftigen, später verholzenden Stamm. In jedem Fall wird man mit dem Tomatenbaum die Aufmerksamkeit jedes Gewächshausbesuchers erregen. Neben den auffälligen, roten Früchten besitzt die Pflanze große Blätter mit intensivem Duft und zeigt vom

Frühjahr bis zum Spätherbst laufend kleine, rosa Blüten.

Die Früchte erscheinen erst im zweiten Jahr. Ihr säuerlicher Geschmack ist nicht jedermanns Sache; durch Bestreuen mit Zucker wird er angenehmer. Vor dem Verzehr muß die Außenhaut abgezogen werden.

Anzucht: Die Anzucht ähnelt der Tomate, ist jedoch etwas langwieriger. Drei bis vier Wochen dauert es, ehe die Samen keimen. Sie brauchen dafür eine Temperatur von 20 – 25° C. Zwar ist grundsätzlich eine ganzjährige Aussaat möglich, doch am günstigsten ist dafür das Frühjahr.

Gesät wird in Saatschalen. Die Keimlinge müssen anschließend zwei- bis dreimal umgepflanzt werden, ehe sie groß genug sind, um in die endgültigen Gefäße gesetzt zu werden. Der Pflanzkübel sollte möglichst geräumig sein, da sonst während der Sommermonate die Gefahr des Austrocknens besteht.

Temperatur, Düngung und Wasserbedarf: Während der Sommermonate steht der Tomatenbaum am besten im Freien. Er bevorzugt einen warmen, windgeschützten Standort, da sonst die empfindlichen Blätter leicht „zerzaust" werden.

Für eine ausreichende Fruchtbildung braucht der Tomatenbaum vom Frühjahr bis zum Spätsommer viel Wasser und reichlich Dünger. Wöchentliche Düngergaben werden in dieser Zeit gut vertragen.

Winterpflege: Bei guter Pflege erreicht die Pflanze eine Höhe von 400 cm. Vor dem Einräumen ins Glashaus im Herbst können zu lange Triebe problemlos gekappt werden. Während der Überwinterung im Gewächshaus ist der Tomatenbaum schon mit niedrigen Temperaturen wenig über dem Gefrierpunkt zufrieden, muß aber vor Frost geschützt werden. In der kalten Jahreszeit düngt man nicht und gießt gerade soviel, daß der Wurzelballen nicht austrocknet. Staunässe ist unbedingt zu vermeiden.

Weintrauben aus dem eigenen Gewächshaus

Wein

Weinreben wachsen sehr stark. Das muß man bedenken, wenn man sich dieses Obst ins Glashaus holt. Früher gab es ausgesprochene Weinhäuser. Der Vorteil des Weinrebenanbaus im Glashaus ist die frühere Ernte.

Pflanzung: Gepflanzt wird im Frühjahr oder im Herbst. Man kauft starke Weinpflanzen mit Ballen und setzt sie in ein vorbereitetes Pflanzloch. Die Erde muß nährstoffreich und tief gelockert sein. Im Abstand von 80 cm werden quer Drähte gespannt, an denen man später die Triebe festbindet. Nach der Pflanzung wird die Rebe bis auf zwei Augen zurückgeschnitten.

Schnitt: Die ersten zwei Jahre läßt man den Wein einfach wachsen, damit er Blattmasse bilden kann. Ab dem dritten Jahr muß regelmäßig geschnitten werden.

Am besten zieht man Wein wie ein Spalier. Es werden Triebe senkrecht nach oben geführt und an den quergespannten Drähten festgebunden. Zirka alle 80 cm – eben im Abstand der Drähte – läßt man Nebentriebe stehen, die man dann quer, also im Verlauf der Spanndrähte, befestigt. Diese Triebe begrenzt man Ende des Winters auf sechs bis acht Augen. Aus diesen Quertrieben wachsen dann die Fruchttriebe.

In der Wachstumszeit dünnt man die Fruchttriebe so aus, daß nur alle 15 bis 20 cm jeweils einer stehenbleibt. Bei Fruchtansatz muß man nach dem fünften Blatt nach der kleinen Frucht stutzen. Außerdem kneift man regelmäßig die Geiztriebe in den Blattachseln der Fruchttriebe aus.

Pflege: Gedüngt wird bis zum Frühsommer stickstoffbetont. Im Sommer gibt man dann kalium- und phosphorbetonten Dünger. Ab August darf kein

Stickstoff mehr gedüngt werden, damit das Holz ausreifen kann.

Man sollte regelmäßig wässern. Allerdings sind kurze Trockenperioden nicht so schlimm, da der Wein sehr tief wurzelt und sich so aus unteren Bodenschichten mit Feuchtigkeit selbst versorgt.

Güte Lüftung ist ausgesprochen wichtig. Wird darauf nicht ausreichend geachtet, kommt es schnell zu Schädlingsbefall und Krankheiten. Ein Beispiel ist der Mehltau, der den Wein besonders gerne plagt.

Zitrone und Orange

Zitronen selbst zu ernten ist ein Spaß, den sich jeder Gewächshaus- oder Wintergartenbesitzer gönnen kann. Dazu ist nicht besonders viel Wärme nötig. Im Gegenteil: Bei einer kühlen Wintertemperatur von nur 4 – 6° C fühlen sich Citrusgewächse am wohlsten. Wichtig ist in dieser Zeit ein heller Standort und möglichst viel Frischluft. Im Sommer stehen die dekorativen Pflanzen bevorzugt in Kübeln auf der Terrasse.

Zu den Citrusgewächsen zählen Zitronen, Orangen, Mandarinen und Grapefruits. Kerne dieser Früchte hat wohl jeder schon einmal als Kind ausgesät. Die Freude über das grüne Pflänzchen, falls es überhaupt keimte, war jedoch nie vollkommen, denn Früchte bringt ein aus Samen gezogenes Citrusbäumchen erst nach vielen Jahren oder nie. Besonders dekorativ sind die sperrigen Gewächse bis dahin nicht. Besser ist in jedem Fall die Stecklingsvermehrung.

Pflege: Die Pflege der Citrusgewächse ist problemlos. Sie brauchen nahrhafte Erde und müssen in den Sommermonaten reichlich gewässert werden. Abgestandenes, leicht angewärmtes Wasser bekommt ihnen besonders gut. Einmal pro Woche sollten die Pflanzen gedüngt werden. Ab Mitte August wird das Düngen eingestellt und weniger gegossen. Im Winter wässert man nur sparsam und zwar: gerade soviel, daß der Wurzelballen nicht vertrocknet. Auch in dieser Zeit muß man möglichst angewärmtes Wasser verwenden, um den Pflanzen nicht zu schaden.

Mandarinen, Citrus reticulata, lassen sich unter Glas ziehen

Pampelmusen, Citrus maxima, aus dem Gewächshaus

Orangen, Citrus sinensis

Rückschnitt und Umtopfen: Ein kräftiger Rückschnitt im Herbst oder im zeitigen Frühjahr ist meistens unumgänglich, denn bei guten Bedingungen wachsen Citrusgewächse sehr breit. Damit sie nicht nach einigen Jahren zu groß fürs Gewächshaus werden und die Gefäße schließlich nicht mehr transportiert werden können, sollten die Pflanzbehälter einen Durchmesser von maximal 24 cm aufweisen. Zwar werden die Pflanzen dann weiterhin in jedem Frühjahr umgetopft, aber man schüttelt dann nur noch einen Teil der alten Erde ab und ergänzt frische Erde. Der Topf bleibt derselbe.

Zwergorange: Das Problem mit ungestümem Wachstum hat man nicht, wenn Kleinformen verwendet werden, wie man sie auch als Zimmerpflanzen kaufen kann. Die Chinesische Zwergorange behält ihre bescheidene Größe und bietet wie ihre großen Verwandten ebenfalls eßbare, kleine Früchte.

Pflanzenschutz: Schildläuse können gelegentlich Probleme bereiten. Sie treten in der Regel nur beim zu warmen Winterquartier und Frischluftmangel auf. Laubfall im Winter ist meistens durch zuviel Wärme und hohe Bodenfeuchtigkeit verursacht.

Vermehrung durch Stecklinge: Man muß nicht unbedingt die Methode des Gärtners anwenden, der durch Okulieren oder Aufpropfen schneller früchtetragende Pflanzen gewinnt. Einfacher werden Citrusgewächse durch Stecklinge vermehrt. In der Regel gelingt es dem Laien allerdings nur, Zitronenstecklinge unter Verwendung von in Fachgeschäften käuflichen Bewurzelungshormon (zum Beispiel „Wurzelfix") zu bewurzeln. Die beste Zeit dafür ist von April bis September, ideal sind 18° C Bodenwärme.

Als Stecklinge verwendet man gut 10 cm lange Triebspitzen, knapp unter einem Blattknoten geschnitten, entfernt die unteren Blätter und drückt sie fest in ein Gemisch aus Sand und Torf oder in Aussaaterde.

Vermehrung aus Samen: Wer die Samenaussaat probieren möchte, steckt jeweils drei Kerne 1 cm tief in einen Topf mit Erde und hält sie bis zum Keimen warm (zirka 13° C) und dunkel. Sobald sie bewurzelt sind, setzt man sie in 10-cm-Töpfe.

Praktischer Anbau von Zierpflanzen

Es müssen nicht immer Orchideen sein, die das Gewächshaus füllen. Egal, ob es sich um die Anzucht von Sommerblumen, Stauden und Zimmerpflanzen, das Vortreiben der Zwiebel- oder Knollengewächse, die optimale Überwinterung der Kübelpflanzen, die Beschäftigung mit Kakteen oder Bromelien handelt – das Glashaus ist ein Paradies für die Haltung von Zierpflanzen aller Art – exotische Gewächse eingeschlossen.

Schöne Sommerblumen

Einjährige Sommerblumen

Für die Anzucht von Sommerblumen ist ein Gewächshaus eigentlich unentbehrlich. Was beim Aussäen auf der Fensterbank ein Experiment mit ungewissem Ausgang ist, findet im Glashaus optimale Bedingungen: Licht, Wärme und Luftfeuchtigkeit. Im Warmhaus ist die Anzucht am einfachsten, weil hier ein ideales Klima für ein rasches Keimen der Samenkörner herrscht. Die heranwachsenden Jungpflanzen brauchen in der Folgezeit, sobald sie Blätter entwickelt haben, weniger Wärme als bei der Aussaat.

Um die hohen Keimtemperaturen (bei manchen Sommerblumen bis 20° C) zu erreichen, muß nicht gleich das ganze Gewächshaus aufgeheizt werden.

Für die frühe Anzucht ist ein Vermehrungsbeet mit eingebauter Heizung praktisch, das mit einem Klarsichtdeckel ausgestattet ist und in dem die Wärme konstant gehalten wird. Vermehrungsbeete mit thermostatisch geregelter Heizung sind vielfältig einsetzbar, weil hier neben den Sommerblumen auch Zimmerpflanzen und exotische Nutzpflanzen, die besonders hohe Temperaturansprüche haben, aus Samen herangezogen werden können.

Aussaat schon im Januar ist nur bei Calceolarien und Begonien erforderlich; außerdem bei Pelargonien, die auf Seite 144 ff. extra beschrieben werden. Für einen kleinen Teil ist der Februar der günstigste Aussaatmonat. Die weitaus meisten Sommerblumen werden im März gesät, einige Nachzügler im April.

Es lohnt sich kaum, die Aussaattermine vorzuziehen, denn vor Mitte Mai ist es für die meisten Sommerblumen ohnehin zu früh zum Auspflanzen. Dagegen ist es durchaus möglich, generell erst Mitte März mit dem Aussäen unter Glas zu beginnen. Dann

muß nur noch geringe Heizenergie aufgewendet werden. Wenn es nicht darauf ankommt, unbedingt alle Sommerblumen im Mai blühend auszupflanzen, ist das die wirtschaftlichste Form der Pflanzenanzucht.

Beschreibungen der wichtigsten ein- und zweijährigen Sommerblumen finden Sie auf den folgenden Seiten. Die nachfolgende Übersicht auf Seite 138 zeigt die nötigen Keimtemperaturen und die günstigsten Aussaattermine sowie die Blütezeiten für die wichtigsten Einjahresblumen.

Die Tabelle gibt jeweils Richtwerte an. Die Keimtemperatur kann geringfügig nach unten oder oben abweichen; dadurch verlängert beziehungsweise verkürzt sich die Keimdauer. Auch der Zeitpunkt der Aussaat kann verändert werden. Bei sehr früher Aussaat kann es später Platzprobleme im Gewächshaus geben. Bei späteren Aussaatterminen muß mit einer Verzögerung der Blüte gerechnet werden. Wuchshöhe und Pflanzabstände sind je nach Sorte unterschiedlich.

Ageratum
Leberbalsam

Der blaue Leberbalsam blüht ununterbrochen von Mai bis zum Frostbeginn. Er braucht viel Wasser und regelmäßig Dünger. Empfehlenswert sind vor allem die niedrigen Sorten.

Für eine frühe Blüte im Mai sät man bereits Ende Januar bis Ende Februar aus. Wenn die Sämlinge genügend kräftig sind, werden sie in 8- bis 10-cm-Töpfe gesetzt. Etwas später kann man sie einkürzen, um kompakte Pflanzen zu erhalten. Die Triebspitzen pflanzt man dann wieder als Stecklinge und vermehrt so den Bestand.

Antirrhinum
Löwenmaul

Es gibt hochwachsende Sorten, die bis 100 cm Höhe erreichen, aber auch niedrige, die gerade 20 cm hoch werden. Empfehlenswert ist die frühe Aussaat Ende Januar, Anfang Februar, weil sich

Callistephus, Sommeraster

Antirrhinum, Löwenmaul

Begonia-Semperflorens-Hybride

Calceolaria integrifolia 'Heterosis Goldari'

die Sämlinge zunächst langsam entwickeln.

Ein entscheidender Vorteil der meist in bunten Mischungen angebotenen Blumen ist ihre Robustheit und lange Blühdauer. Sie können bereits ab Mitte April ins Freie ausgepflanzt werden. Leichte Fröste übersteht die Pflanze schadlos. Bei regelmäßiger Nährstoffversorgung blüht sie bis zum Spätherbst.

Begonia
Begonie

Begonia-Semperflorens-Hybriden werden bei uns einjährig gezogen, sind aber in ihrer Heimat ausdauernd.

Die winzigen Samenkörnchen von Begonien (7000 Körner wiegen nur 1 g) erfordern ein wenig Fingerspitzengefühl bei der Aussaat. Begonien wachsen zunächst nur sehr langsam. Die Aussaat sollte deshalb schon Ende Dezember, Anfang Januar erfolgen. Zweimaliges Pikieren ist erforderlich, zunächst in Schalen, später in Töpfe. Ausgepflanzt werden darf erst nach Mitte Mai, wenn keine Nachtfröste mehr drohen.

Nicht nur die blühfreudigen Begonia-Semperflorens-Hybriden können aus Samen gezogen werden, sondern auch die knollenbildende Begonie, deren Knollen überwintern und die jedes Jahr neu gepflanzt werden kann.

Brachycome iberidifolia
Blaues Gänseblümchen

Für den Garten ist diese hübsche Sommerblume erst vor kurzem wieder entdeckt worden. Ausgesät wird im März, spätestens Anfang April. Nach einmaligem Pikieren wird sie Mitte Mai im Freiland ausgepflanzt.

Mit einer Höhe von 30 cm ist das Blaue Gänseblümchen, das in Mischungen auch weiße und violette Blüten aufweist, auch für Balkonkästen und Pflanzschalen geeignet. Wenn der erste Blütenfolger vorbei ist, wird kräftig zurückgeschnitten, damit sich neue Blüten bilden.

Calceolaria
Pantoffelblume

Die Züchtung hat dieser schlichten Pflanze mit den ungewöhnlichen Blüten einen beachtlichen Farbenreichtum beschert. Die Pantoffelblume zählt zu den wenigen schattenverträglichen Sommerblumen – bei der Aussaat braucht sie allerdings einen hellen Platz. Die Anfälligkeit für Blattlausbefall ist der einzige Nachteil dieser Pflanze.

Gesät wird im Januar oder Februar. Man pikiert einmal und setzt die Jungpflanzen in 8- bis 10-cm-Töpfe. Mitte Mai kann sie dann blühend ausgepflanzt werden.

Callistephus
Sommeraster

Die Aster ist in Deutschland nach wie vor die beliebteste Sommerblume, die aus Samen selbst angezogen wird. Im Gewächshaus bereitet die Anzucht keine Probleme. Gesät wird ab Anfang März bei mäßiger Wärme, 12 – 15° C sind ausreichend.

Einmaliges Pikieren in 8-cm-Töpfe genügt. Da Astern spät blühen, lohnt es sich, bis in den Mai hinein Folgesaaten heranzuziehen. Sie können später beliebig umgepflanzt werden, ohne Schaden zu nehmen.

Schwierig bei der Asternkultur ist allein die Auswahl – es gibt unzählige Blütenformen und -farben und jede beliebige Wuchshöhe zwischen 20 und 90 cm, außerdem sind die Blühzeiten unterschiedlich. Hoch wachsende Astern werden besonders gern für Sträuße verwendet, während sich die niedrigen ausgezeichnet für Beeteinfassungen eignen.

Beim Samenkauf sollte unbedingt auf welkeresistente Sorten geachtet werden. Tritt die gefürchtete Asternwelke doch einmal auf, dürfen auf dem Beet mehrere Jahre lang keine Astern mehr gepflanzt werden.

Celosia argentea, Federbusch

Cobaea scandens, blaublühende Glockenrebe

Chrysanthemum carinatum

Celosia argentea
Federbusch, Celosie

Die ungewöhnliche Pflanze ist mit dem Fuchsschwanz verwandt, wirkt jedoch mit ihren Blütenähren in leuchtendem Gelb, Orange oder Feuerrot noch auffälliger. Die Anzucht beginnt im März, anschließend wird ein- oder zweimal pikiert.
Am besten wächst die Celosie an einem vollsonnigen und geschützten Standort in kalkhaltigem Boden. Regelmäßige Düngung und ausreichendes Wässern bei Trockenheit ist Voraussetzung für einen reichen Blütensegen.

Chrysanthemum
Margerite, Wucherblume

Neben den mehrjährigen Arten zählen auch zahlreiche attraktive Einjahresblumen zum Chrysanthemensortiment. Besonders farbenprächtig ist Chrysanthemum carinatum. Sehr hübsch ist auch Chrysanthemum paludosum, nur 20 cm hoch und mit weißen Blüten. Die Samen keimen schon bei mäßiger Wärme, so daß auch die Aussaat im Kalthaus, am besten schon Ende März, möglich ist.

Cleome spinosa
Spinnenpflanze

Mit einer Höhe von knapp 100 cm ist die Spinnenpflanze unübersehbar. Die weißen, rosafarbenen oder violetten Blüten bestechen durch ihre ungewöhnliche Form. Die schnellwüchsige Pflanze wird Anfang März gesät und zweimal pikiert. Da sie wärmeliebend ist, darf man die Spinnenpflanze erst Ende Mai im Freiland auspflanzen.

Cobaea scandens
Glockenrebe

Die blaublühende Glockenrebe zählt zu den schönsten Kletterpflanzen. Nur frühe Aussaat im Gewächshaus, Anfang März bei knapp 20° C, bringt den erhofften Blütensegen, der selten vor Anfang August einsetzt. Im Freien hält die Glockenrebe nur bis zum Herbstfrost, kann aber im Gewächshaus überwintert und mehrjährig kultiviert werden. Die groben Samenkörner werden in Einzeltöpfen flach in die Erde gesteckt und nicht abgedeckt.
Bei wöchentlicher Düngung und regelmäßiger Bewässerung erreicht die Glockenrebe bis zu 600 cm Höhe und bildet äußerst dekorative, glockenförmige Blüten.

Cosmos bipinnatus
Kosmee, Schmuckkörbchen

Die schöne Kosmee, auch Schmuckkörbchen genannt, paßt gut in naturnahe Gärten. Bei Direktsaat im Beet blüht sie erst im Spätsommer. Um einen frühen Blütenbeginn zu erzielen, sollte schon zeitig im März unter Glas ausgesät werden. Die Aussaat ist auch für Anfänger problemlos, am einfachsten direkt in Torftöpfe.
Die Kosmee blüht besser, wenn sie nur wenig Dünger erhält. Sie wird höher als 100 cm und eignet sich hervorragend als Schnittblume.

Delphinium
Rittersporn

Den meisten ist der Rittersporn nur als Staude bekannt. Eine der schönsten Ritterspornarten ist einjährig: Delphinium ajacis, der mit seinen farbenprächtigen Blüten jedes Beet verzaubert.

Cosmos bipinnatus, Schmuckkörbchen

Delphinium ajacis, Rittersporn

Auch der Zwergrittersporn, Delphinium chinensis, ist bei uns nicht winterhart und wird deshalb einjährig kultiviert. Er weist leuchtendblaue Blüten auf und wird nur 25 cm hoch. Rittersporn verlangt nahrhaften, leicht kalkhaltigen Boden, dann entwickelt er sich am besten.

Dianthus
Nelke

Auch bei den Nelken gibt es einige einjährige Arten. Die Chinesernelke, Dianthus chinensis, bietet ein attraktives Farbenspiel in Weiß, Rosa oder Rot, einige sind zweifarbig. Neue Sorten werden nur 20 cm hoch und sind damit für Randbepflanzungen, aber auch für Schalen und Balkonkästen bestens geeignet. Höhere Sorten bringen großblütige Schnittblumen, wenn die Seitentriebe vorher entfernt werden.
Die Aussaat erfolgt im März bei mäßigen Temperaturen.

Dimorphotheca
Kapkörbchen

Das wärmeliebende Kapkörbchen ist noch wenig bekannt. Saatgut wird zumeist von der Sorte 'Tetra Goliath' angeboten. Diese ist knapp 50 cm hoch, mit großen, orangefarbenen Blüten und brauner Mitte. Da die Pflanze trockenen Boden bevorzugt, eignet sie sich auch für Extremstandorte, wie zum Beispiel das Blumenbeet an der Hauswand oder nach Süden ausgerichtete Trockenmauern. Ausgesät wird am besten schon im März, danach einmal pikiert. Erst Ende Mai pflanzt man aus.

Gazania
Gazanie, Mittagsgold

Die Gazanie ist ein Schmuckstück in jedem Sommerblumenbeet. Sie verlangt einen sonnigen Standort, weil sie nur bei Sonne ihre Blüten öffnet. Die Farbskala reicht von Weiß über Gelb und Orange bis Braunrot. Diese anspruchsvolle, aber schöne Pflanze eignet sich gut für Steingärten.
In kühlen, nassen Sommern ist ein wasserdurchlässiger Boden besonders wichtig, denn Staunässe bekommt der Gazanie gar nicht. Es muß regelmäßig gedüngt und bei Trockenheit reichlich gewässert werden. Aussaattermin ist im März, anschließend muß man zügig weiterkultivieren.

Helichrysum bracteatum
Strohblume

Neben den hoch wachsenden Strohblumen gibt es jetzt auch Zwergmischungen, die nur 30 cm hoch werden. Die Sorte 'Hot Bikini' bringt leuchtende Farben ins Beet. Nicht nur im Garten ist die Strohblume äußerst dekorativ, sondern auch in Trockensträußen. Zum Trocknen werden die Strohblumen bei sonnigem Wetter noch vor dem vollständigen Entfalten der Blüten geschnitten und mit den Köpfen nach unten luftig aufgehängt.

Impatiens-Walleriana-Hybriden
Fleißiges Lieschen

Das Fleißige Lieschen trägt seinen Namen zu Recht: Vom Mai bis zum Frostbeginn blüht es unermüdlich. Es ist eine ideale Pflanze für schattige und halbschattige Standorte, wächst auch in voller Sonne, muß dann aber reichlich gewässert werden. In Pflanzschalen und Balkonkästen ist dagegen ein vollsonniger Standort weniger günstig. Die Aussaat erfolgt im Februar oder Anfang März. Wichtig: Die Samenkörner darf man nicht mit Erde bedecken, sondern lediglich andrücken und schwach befeuchten. Zuviel Nässe verhindert die Keimung. Um kompakte Pflanzen zu erhalten, werden die Triebspitzen vor dem Auspflanzen abgeschnitten.

Lathyrus odoratus, Wicke

Moluccella laevis, Muschelblume

Lathyrus odoratus
Wicke

Wicken blühen nicht nur in hübschen Pastelltönen, sondern haben auch einen angenehmen Duft. Meistens werden sie als Kletterpflanzen angeboten, mit einer durchschnittlichen Wuchshöhe von 200 cm. Es gibt aber auch kompakte, nur 25 cm hohe Sorten, die sich für Beeteinfassungen und Balkonkästen eignen.

Wicken sind mit Erbsen verwandt und reichern ebenso wie diese den Boden mit Stickstoff an, benötigen aber dennoch regelmäßige Düngung. Sie sind empfindlich gegen Trockenheit und brauchen stets feuchten Boden.

Für die Anzucht genügt mäßige Wärme zwischen 10 und 15° C. Gesät wird ab Mitte März, vorzugsweise direkt in Torfanzuchttöpfe.

Lavatera trimestris
Bechermalve

Die neuen Züchtungen zählen zu den Favoriten der Blumenliebhaber. Die hoch wachsenden Pflanzen weisen besonders attraktive Blüten in Rosa oder Weiß auf. Mit einem Blütendurchmesser bis zu 10 cm sind sie im Garten unübersehbar.

Durchlässiger, nicht zu nährstoffreicher Boden ist ideal für die Bechermalve. Mit der Aussaat unter Glas kann bis Mitte April gewartet werden, denn die Pflanze wächst sehr schnell. Je nach Sorte wird sie später bis 100 cm hoch.

Lobelia erinus
Lobelie, Männertreu

Die meisten Sorten werden nur 10 cm hoch und bestechen durch ihre blaue Farbe. Für Tröge und Balkonkästen sind vor allem die hängenden Sorten geeignet. Sie gedeihen in voller Sonne ebenso wie im lichten Schatten. Nach dem ersten Blütenflor muß die Lobelie unbedingt zurückgeschnitten und erneut gedüngt werden, damit sie weiter bis zum Frostbeginn blüht.

Aussaatbeginn ist Ende Februar, Anfang März. Die feinen Samen drückt man nur an, sie werden nicht mit Erde bedeckt. Beim Pikieren setzt man jeweils mehrere Sämlinge büschelweise in einzelne Töpfe. In diesen Büscheln werden sie auch gepflanzt.

Moluccella laevis
Muschelblume

Nicht die unscheinbaren weißen Blüten, sondern die hellgrünen Kelchblätter machen diese ungewöhnliche Pflanze so attraktiv. Die hoch aufragende Muschelblume kommt am besten zur Geltung, wenn sie zwischen niedrigen Sommerblumen, zum Beispiel Tagetes, gepflanzt wird. Auch für Sträuße und zum Trocknen läßt sie sich gut verwenden. Gesät wird im März. Später verlangt die Muschelblume einen geschützten Standort, damit sie sich gut entwickelt.

Nemesia
Elfenspiegel, Nemesie

Fröhlich bunte Farben bietet die verspielte Nemesie, die in Gärten viel zu selten anzutreffen ist. Nach dem ersten Blütenflor wird kräftig zurückgeschnitten und zusätzlich gedüngt, dann zeigt sich noch einmal eine üppige Nachblüte. Nemesien sind anspruchslos, brauchen aber einen nährstoff- und humusreichen Boden. Es genügt, sie Anfang April auszusäen.

Petunia
Petunie

Die vor allem als Balkonschmuck beliebte Blume erfordert wegen des sehr feinen Saatguts bei der Aussaat Fingerspitzengefühl. Bereits Anfang Februar wird in sandige, durchlässige Erde gesät. Man drückt die Samen nur an, sie werden nicht bedeckt. Man darf sie auf keinen Fall zu naß halten. Die zunächst schwach wachsenden Sämlinge müssen zweimal pikiert werden. Danach entwickeln sie ein beachtliches Wachstumstempo und können Mitte Mai blühend ausgepflanzt werden.

Ein sonniger Standort sorgt für reiche Blütenfülle. Verblühtes muß immer gleich abgeschnitten werden, damit die Kraft nicht in die Samenkapseln geht. Wenn zu lang gewordene Triebe verkahlt sind, können sie kräftig zurückgeschnitten werden, um den Neuaustrieb anzuregen.

Petunien gibt es in unzähligen Farbvariationen von Weiß über Rosa bis Blau und Violett. Man kann sogar gelbblühende Sorten kaufen.

Phlox drummondii
Einjahresphlox, Flammenblume

Der einjährige Sommerphlox ist nicht so bekannt wie der Staudenphlox, aber nicht weniger attraktiv. Für eine gute Blütenentwicklung benötigt die Pflanze einen sonnigen, geschützten Standort. Da der Phlox das Umpflanzen schlecht verträgt, wird er nach der Aussaat am besten in Torftöpfe pikiert. Für kompakten Wuchs ist das Abschneiden der Triebspitzen empfehlenswert. Im Gegensatz zu den meisten Sommerblumen dauert die Blütezeit beim Phlox kaum länger als von Juli bis August.

Ein Rückschnitt nach der Blüte mit gleichzeitigem Düngen sorgt noch einmal für einen Neuaustrieb.
Empfehlenswert ist die Pflanzung im Staudenbeet oder in Kombination mit anderen im Hochsommer blühenden Pflanzen.

Rudbeckia hirta
Sonnenhut

Leuchtendgelbe Blüten machen den Sonnenhut auch noch aus der Ferne effektvoll. Das Sortiment einjähriger Rudbeckien ist durch besonders attraktive Neuzüchtungen ergänzt worden, von denen 'Marmalade' und 'Goldilocks' zu den schönsten Sorten gehören.
Die Aussaat erfolgt im März, anschließend genügt einmaliges Pikieren. Die Blütezeit beginnt im Juli, dauert dann aber bis in den späten Herbst. Einige Sorten überstehen auch problemlos leichte Fröste.

Salpiglossis sinuata
Trompetenzunge

Die Trompetenzunge ist sozusagen ein wiederentdeckter Oldtimer. Sie eignet sich gut als Beet- und Topfpflanze und ist auch als Schnittblume sehr zu empfehlen. Wegen ihrer nostalgischen Farben eignet sie sich hervorragend für Biedermeiersträuße.
Ab Ende März kann Salpiglossis im Glashaus angezogen werden – am besten im beheizbaren Vermehrungsbeet. Für eine Winterblüte wird sie im Gewächshaus Mitte August ausgesät. Die Keimdauer beträgt 20 – 25 Tage bei 18 – 20° C. Die Jungpflanzen werden auf 10 – 20 cm Abstand in der Reihe und 40 – 50 cm zwischen den Reihen verpflanzt. Eventuell benötigen ältere Salpiglossis einen Halt.
Die Trompetenzunge blüht im Freiland ab Juli bis zum Frostbeginn. Während der Wachstumszeit wird regelmäßig gewässert. Die Pflanzen setzt man in normale Blumenerde.

Petunia, Petunie

Salpiglossis sinuata, Trompetenzunge

Nemesia, Elfenspiegel

Salvia
Salvie, Salbei

Unter den Salvien gibt es zwei völlig unterschiedliche Arten: die feuerrote Salvia splendens, die mit ihren leuchtenden Blütenständen im Beet oder Balkonkasten unübersehbar ist, und die blaublühende Salvia farinacea, die sich mehr für naturnahe Pflanzungen eignet.

Aussaattermin für beide Arten ist Anfang März. Die Keimtemperatur sollte nicht weniger als 18° C betragen. Die rote Salvie ist in der Anzucht weniger anspruchsvoll. Nach dem Pikieren wird sie entspitzt, damit sie Seitentriebe bildet und buschig heranwächst. Der abgeschnittene Spitzentrieb kann als Steckling bewurzelt werden und vermehrt so den Pflanzenbestand.

Während Salvia splendens mit einer Wuchshöhe zwischen 25 und 30 cm recht kompakt bleibt, erreicht die blaue Salvie bis zu 75 cm Höhe. Sie verträgt auch leichte Fröste.

Tagetes
Studentenblume

Wer noch keine Erfahrungen mit der Vorkultur von Sommerblumen hat, sollte mit Tagetes beginnen, denn die Anzucht und das Pikieren dieser robusten Pflanze ist wirklich kinderleicht. Bei zeitiger Aussaat ab Ende Februar können die ersten Exemplare schon Mitte Mai blühend ausgepflanzt werden. Bis Anfang April sind Folgesaaten möglich. Beim Säen muß man auf ausreichenden Abstand achten und nach vier Wochen in 8-cm-Töpfe pikieren, hoch wachsende Tagetes in 10-cm-Töpfe.

Die Auswahl verschiedener Sorten ist riesig: von kleinwüchsigen Sorten, die nur 20 cm hoch werden, bis zu Riesentagetes, die 80 cm Höhe erreichen. Dabei gibt es unterschiedliche Formen mit chrysanthemen-, nelken- oder kugelartigen und natürlich mit einfachen Blüten. Das Farbspektrum bewegt sich zwischen hellem Gelb und Dunkelrot mit reizvollen Kombinationen.

Tagetes blühen ununterbrochen bis zum Frostbeginn und können auch später noch problemlos umgepflanzt werden. Außerdem wirken sie bodenverbessernd, weil sie Nematoden vertreiben. Auch als Randbepflanzung im Gemüsebeet haben sie eine positive Wirkung auf die Nachbarpflanzen, besonders bei Tomaten. An gefährdeten Stellen müssen Tagetes unbedingt vor Schneckenfraß geschützt werden.

Thunbergia alata
Schwarzäugige Susanne

Reizvolle Blüten in Gelb oder Orange mit schwarzer Mitte zeichnen diese Kletterpflanze aus. Als Raritäten gibt es auch Sorten mit weißen Blüten.

Im Freien wird die Schwarzäugige Susanne einjährig kultiviert, weil sie nicht frostbeständig ist, aber im geheizten Gewächshaus kann sie auch überwintert werden. Ihre Wuchshöhe beträgt knapp 150 cm, sie kann aber auch als eine hübsche Hängepflanze gepflegt werden.

Ausgesät wird ab Anfang März bei 18 – 20° C Keimtemperatur, anschließend pikiert man in 8- bis 10-cm-Töpfe. Später braucht sie einen sonnigen, geschützten Standort.

Tropaeolum
Kapuzinerkresse

Bei der Kapuzinerkresse wird meistens Direktsaat empfohlen, doch für Gewächshausbesitzer ist die Vorkultur günstiger, weil so eine frühere Blüte erzielt werden kann. Neben der Rankenden Kapuzinerkresse gibt es auch kleinwüchsige Arten, die mit einer Höhe von 25 cm ideal für Beeteinfassungen und Randbepflanzungen von Gemüsebeeten sind. Auf der Baumscheibe von Obstgehölzen gepflanzt, wirkt die Kapuzinerkresse dekorativ und gleichzeitig bodenverbessernd. Gesät wird sie ab Anfang April, wobei die groben Samenkörner am besten gleich in Torftöpfe gelegt werden, damit sie später besser anwächst. Die anspruchslose Pflanze kann auch im

Tagetes (gelb) im Gemüsebeet

Verschiedene Zinniensorten

Tropaeolum, Kapuzinerkresse

Halbschatten gepflanzt und sollte nur mäßig mit stickstoffhaltigem Dünger versorgt werden, weil sonst das Blattwachstum übermäßig angeregt, die Blütenbildung aber vernachlässigt wird.

Besonders reizvoll sind die gelben, gefransten Blüten der Kanarischen Kresse, Tropaeolum peregrinum. Sie wird bereits ab Mitte März ausgesät und braucht später einen sonnigen und geschützten Standort, außerdem regelmäßige Düngung.

Verbena
Eisenkraut, Verbene

Die Verbene muß zeitig ausgesät werden, am besten schon im Februar. Die Blüte beginnt dann bereits Ende Mai und währt bis zum Herbst. Verbenen gibt es in unterschiedlichen Farben mit duftenden Blütendolden. Für Blumenkästen und Pflanzschalen sind Hängeverbenen besonders gut geeignet. Bei der Anzucht ist ausreichende Wärme (mindestens 18° C) nötig. Für buschigen Wuchs werden die Jungpflanzen nach dem Pikieren entspitzt. Verbenen brauchen einen vollsonnigen, geschützten Standort und für gute Blütenentwicklung reichlich gedüngten Boden.

Thunbergia alata,
Schwarzäugige Susanne

Zinnia
Zinnie

Zinnien bringen leuchtende Farben ins Blumenbeet und eignen sich zudem ausgezeichnet als Schnittblumen.

Da sie zügig heranwachsen, ist die erste Aprilhälfte als Aussaattermin ausreichend. Die großen Samen können direkt in Einzeltöpfe oder Torfanzuchttöpfe gelegt werden. Da Zinnien kälteempfindlich sind, ist das Auspflanzen erst in der letzten Maiwoche empfehlenswert.

Vorsicht vor Schnecken! Sie fressen bevorzugt Zinnien. Auch eingewachsene Pflanzen sind vor ihnen nicht sicher. Am besten wachsen Zinnien an einem geschützten, sonnigen Standort. Es gibt sie in verschiedenen Farben.

Verbena, Eisenkraut

Die Einjahresblumen

Botanischer Name	Deutscher Name	Keimtemperatur in °C	Pflanzabstand in cm	Höhe in cm	Aussaatzeit Jan.	Feb.	März	Apr.	Mai	Blütezeit Jun.	Jul.	Aug.	Sept.	Okt.
Ageratum	Leberbalsam	18–20	15–20	15–60	––	––––				———	———	———	———	———
Antirrhinum	Löwenmaul	18–20	20–40	20–100	–	––––	–			———	———	———	———	———
Begonia	Begonie	20–22	15–20	15–25	––––	–			———	———	———	———	———	———
Brachycome	Blaues Gänseblümchen	15–18	15–20	25–30				––––	–	———	———	———	———	
Calceolaria	Pantoffelblume	20–22	20–40	20–40	–––	––				———	———	———	———	———
Callistephus	Sommeraster	12–15	20–40	20–80			––––	––				———	———	
Celosia	Federbusch	15–18	20	20–60		–	––––				———	———		
Chrysanthemum	Wucherblume	12–15	30–40	20–80			––––	–		———	———	———	———	———
Cleome	Spinnenpflanze	18–20	50	80–100			–––			———	———	———	———	
Cobaea	Glockenrebe	18–20	25–35	bis 600			–––				———	———	———	———
Cosmos	Kosmee	15–18	40	80–120			––––	–			———	———	———	———
Delphinium	Einj. Rittersporn	12–18	20–25	25–110			––––			———	———	———	———	———
Dianthus	Sommernelken	18–20	25–40	15–40		–	––––			———	———	———	———	———
Dimorphotheca	Kapkörbchen	12–15	15–20	25–50			––––	–		———	———	———	———	———
Dorotheanthus	Mittagsblume	15–18	8–10	5–10			–––			———	———	———	———	———
Gazania	Gazanie	18–20	20–25	20–25		––				———	———	———	———	———
Helianthus	Sonnenblume	12–15	30–80	40–300				––––			———	———	———	
Helichrysum	Strohblume	12–15	25–30	30–80			––––			———	———	———	———	———
Heliotropium	Sonnenwende	18–20	20–25	30–50		–	––––	–		———	———	———	———	———
Impatiens	Fleiß. Lieschen	15–18	20–25	15–30		––	––––			———	———	———	———	———
Lathyrus	Wicke	10–15	15–20	bis 200				––	–	———	———	———	———	———
Lavatera	Bechermalve	12–18	40–60	80–120				––	––		———	———	———	———
Lobelia	Lobelia	15–18	20–25	10–15			––––			———	———	———	———	———
Matthiola	Levkoje	10–12	20–30	30–90		–	––––	––		———	———	———	———	———
Mimulus	Gauklerblume	15–18	20–30	25–30				––				———	———	———
Moluccella	Muschelblume	15–18	30–40	60–90			–––					———	———	
Nemesia	Elfenspiegel	12–15	15–20	25–35				––––		———	———	———	———	———
Nicotiana	Ziertabak	18–20	30–40	30–150		––––	–			———	———	———	———	———
Nigella	Schwarzkümmel	10–15	20–25	40–50			––––	–		———	———	———	———	
Petunia	Petunie	20–22	20–25	25–70	–	––––			———	———	———	———	———	———
Phlox	Einjahresphlox	12–15	15–25	15–60			–––				———	———	———	
Portulaca	Portulak	10–15	12–15	15			––––			———	———	———	———	———
Rudbeckia	Sonnenhut	12–15	25–40	70–100			–––			———	———	———	———	———
Salvia	Salbei	18–20	25–40	20–80			–––			———	———	———	———	———
Schizanthus	Spaltblume	12–15	20–30	25–40		–	––––				———	———	———	
Tagetes	Studentenblume	12–15	20–50	15–90		––	––––			———	———	———	———	———
Thunbergia	Schwarzäugige Susanne	18–20	20–25	bis 200			–––			———	———	———	———	———
Tropaeolum	Kapuzinerkresse	15–18	20–30	bis 400				––	––	———	———	———	———	———
Verbena	Verbene	18–20	20–30	15–100		––––				———	———	———	———	———
Zinnia	Zinnie	18–20	20–40	30–90			––––	––		———	———	———	———	———

Zweijährige Sommerblumen

Der Name Zweijährige sorgt häufig für Mißverständnisse. Diese Gruppe der Sommerblumen blüht in der Regel nicht zwei Jahre hintereinander, sondern weist eine zweijährige Entwicklungszeit auf. Im ersten Jahr wird gesät und ausgepflanzt, und erst im folgenden, zweiten Jahr blühen die Pflanzen. Die Begriffsverwirrung entsteht dadurch, daß einige bei zeitiger Aussaat schon im ersten Jahr, und zwar im Herbst, einzelne Blüten zeigen, um sich im zweiten Jahr in vollem Blütenschmuck zu zeigen. Viele Zweijahresblumen blühen auch noch im dritten Jahr. Die Blüten sind dann aber meist unansehnlich. Aber auch hier gibt es Ausnahmen, bei denen die Weiterkultur im dritten und sogar im vierten Jahr noch lohnend ist. Der Übergang zu den Stauden, den mehrjährigen Pflanzen, ist bei ihnen fließend und beweist, daß sich Pflanzen nicht unbedingt in ein starres Schema pressen lassen.

Zweijahresblumen werden in der Regel durch Samen vermehrt. Aussaat und Weiterkultur erfolgt wie bei den Einjahresblumen. Ein entscheidender Unterschied besteht im Aussaattermin: Er liegt in der Regel zwischen Mai und Juli. Zu dieser Zeit kann zwar auch im Freiland gesät werden, doch die Anzucht in Saatschalen unter Glas ist bei den meisten Zweijährigen erfolgversprechender, weil Witterungseinflüsse keine Rolle spielen können. Ab Mitte Mai haben zudem die einjährigen Sommerblumen das Glashaus geräumt, so daß Saatschalen und Kulturtische für die Zweijährigen zur Verfügung stehen.

Heizung ist in dieser Jahreszeit nicht mehr nötig. Eher kann zuviel Wärme ein Problem sein. Bei praller Sonne muß man aufpassen, daß die Saat nicht vertrocknet. Eine Schattierung kann hilfreich sein, bis die Pflänzchen ausreichend robust sind.

Die Jungpflanzen setzt man später zunächst auf ein Reservebeet und im Frühherbst an den gewünschten Platz im Beet. Sie können aber auch direkt vom Gewächshaus an ihren endgültigen Standort gepflanzt werden.

Alcea rosea
Stockmalve, Stockrose

Die herrlich altmodisch wirkenden Stockmalven sind mit einer Höhe bis zu 200 cm im Garten unübersehbar. Ausgesät wird direkt in nicht zu kleine Torftöpfe im Mai oder Juni. Da die Stockmalven lange Pfahlwurzeln bilden, werden sie schon bald an ihren endgültigen Standort gepflanzt.

Um dem gefürchteten Malvenrost vorzubeugen, sollte ein weiter Abstand von wenigstens 50 – 60 cm gewählt und ständig für feuchten Boden gesorgt werden. Sonnige Lage und humusreicher, gut gedüngter Boden fördert das Wachstum. Günstig ist ein Platz direkt an einer Hauswand. Bei guten Bedingungen blüht die Stockmalve auch noch im dritten und vierten Jahr.

Bellis perennis
Maßliebchen

Ihre Verwandtschaft mit dem schlichten Gänseblümchen können Maßliebchen, die bei uns zweijährig kultiviert werden, nicht leugnen. Allerdings wirken sie mit ihren gefüllten Blüten wesentlich dekorativer. Es gibt sie in Weiß, Rosa, Rot oder in Mischungen dieser Farben.

Ausgesät wird im Mai oder Juni in Saatschalen, danach in kleine Töpfe pikiert. Wenn in großen Saatschalen mit ausreichendem Abstand gesät wird, können die Sämlinge, sobald sie kräftig genug sind, direkt ins Freie gepflanzt werden. Man setzt sie vorzugsweise in ein Extrabeet, weil sie zunächst noch nicht sonderlich dekorativ wirken.

Die ersten vereinzelten Blüten erscheinen bereits im Herbst. Die Hauptblüte setzt im folgenden April ein, zu einem Zeitpunkt also, wenn im Garten nur wenig blüht. Maßliebchen werden daher auch gern als Unterpflanzung für Zwiebelblumen verwendet, die zur selben Zeit blühen. Ein besonderer Vorteil ist, daß sie auch in voller Blüte noch problemlos versetzt werden können. Außerdem eignen sie sich ausgezeichnet für Tröge und Pflanzschalen.

Bellis perennis, Maßliebchen

Maßliebchen sind zwar winterhart, sollten aber bei drohenden Kahlfrösten mit einer Abdeckung aus Nadelholzzweigen geschützt werden. Es lohnt sich kaum, Maßliebchen nach der Blüte im Beet zu lassen. Sie säen sich aber leicht selbst aus, vor allem in den angrenzenden Rasenflächen, bringen dann jedoch zumeist ungefüllte Blüten hervor. Kräftige Pflanzen, die besonders üppig blühen, können auch geteilt und neu gesetzt werden.

Campanula medium
Marienglockenblume

Die meisten Glockenblumen zählen zu den Stauden. Zur Gruppe der Zweijährigen gehört allein die hübsche Marienglockenblume. Sie wird zwischen Mai und Juni gesät und blüht im Sommer des folgenden Jahres. Die feinen Samen dürfen nicht zu dicht gesät werden. Zu dicht stehende Sämlinge muß man herausziehen und die heranwachsenden Pflänzchen bald auf ein Freilandbeet setzen.

Sie erreichen je nach Sorte 40 – 90 cm Höhe und brauchen einen Abstand von 30 – 40 cm. Ein sonniger, geschützter Standort sorgt für eine reiche Blütenfülle. Die aparten, glockenförmigen Blüten sind weiß, rosa oder hellblau. Es gibt gefüllte und ungefüllte Sorten. Wichtig ist ein Winterschutz aus Nadelholzzweigen.

Cheiranthus, Goldlack

Dianthus barbatus, Bartnelke

Cheiranthus
Goldlack

Der Goldlack ist eine auffallende, farbenprächtige Zweijahresblume, wobei einige Sorten zudem angenehm duften. Als Jungpflanze wird Goldlack recht selten angeboten. Saatgut ist meistens in Mischungen erhältlich, mit leuchtendgelben, orangefarbenen, roten und braunroten Blütenfarben. Die Zwergsorten werden 30 cm, höher wachsende bis 70 cm hoch und blühen von Ende April bis Juni.
Die Aussaat ist einfach. Gesät wird zwischen Mai und Juli. Da Cheiranthus zu den Dunkelkeimern zählt, muß die Saatschale bis zum Keimen abgedeckt werden. Danach ist ein heller Standort wichtig.
Erysimum x allionii, früher Cheiranthus x allonii, ist völlig winterhart, bei den anderen Arten ist ein Winterschutz erforderlich. Oder man hält die Pflanzen den Winter über in Töpfen unter Glas, wobei auch ein Frühbeet ausreicht.
An einem sonnigen Standort und in nahrhafter, humoser Erde blüht der Goldlack am schönsten. Der Pflanzabstand beträgt je nach Wuchshöhe 25 – 35 cm.

Dianthus barbatus
Bartnelke

Bartnelken, früher in Bauerngärten selbstverständlich, sind ein wenig in Vergessenheit geraten. Dabei wirken sie mit ihren samtigen, meistens roten Blüten sehr romantisch. Ihre Blütezeit liegt zwischen Juni und August. Gesät wird im Mai, spätestens im Juni. Danach muß man sie einmal pikieren, ehe sie an ihrem endgültigen Standort ausgepflanzt werden.
Bartnelken werden 25 – 60 cm hoch und brauchen einen Pflanzabstand von 20 – 25 cm. Sie wachsen am besten in voller Sonne und benötigen einen leichten Winterschutz. Verwelkte Blüten werden nicht gleich abgeschnitten, denn die Bartnelke sät sich leicht selbst aus.

Digitalis purpurea
Fingerhut

Der Fingerhut ist vielen Gartenfreunden nur wegen seiner Giftigkeit bekannt.
Digitalis purpurea blüht auch noch im lichten Schatten. Da er kalkarmen Boden bevorzugt, wächst er außerdem gut am Rand von Rhododendronsträuchern. Einige Sorten können schon im Frühjahr gesät werden und bilden bereits im ersten Jahr Blüten. Gewöhnlich wird im Juni und Juli in Saatschalen gesät, einmal pikiert und am endgültigen Standort ausgepflanzt. Bei der Aussaat im August bleiben die Jungpflanzen während der Wintermonate im Kalthaus oder Frühbeet und werden erst im Frühjahr ausgepflanzt. Der Abstand beträgt 30 – 40 cm. Die Erde sollte vorher mit Torf vermischt werden.
Die glockenförmigen Blüten in Rot, Violett oder Weiß, manche auch mit Punkten, wachsen an bis zu 120 cm hohen Stielen. Blütezeit ist je nach Sorte im Sommer bis zum Oktober. Rechtzeitiges Abschneiden der welkenden Blütenstände sorgt für erneutes Aufblühen im dritten und sogar im vierten Jahr. Fingerhut sät sich auch leicht selbst aus.

Myosotis
Vergißmeinnicht

Die zarten, blauen Blüten des bei uns zweijährig kultivierten Vergißmeinnichts ergeben eine hübsche Unterpflanzung für Narzissen, Tulpen und andere Zwiebelblumen. Es gibt auch weiße und rosa Blütenfarben.
Die Aussaat erfolgt im Juni oder Juli. Die feinen Samen vermischt man mit Sand und zieht nach dem Auflaufen zu dicht stehende Sämlinge heraus. Pralle Sonne ist während der Keimzeit unbedingt zu vermeiden. Die Saatschale wird deshalb besser an einer schattigen Stelle des Gewächshauses aufgestellt. Sobald die Sämlinge kräftig genug sind, wird einmal pikiert und Anfang September im Freien ausgepflanzt. Der Abstand beträgt zirka 20 cm.

Papaver nudicaule
Islandmohn

Beim Stichwort Mohn brauchen Sie keine Angst zu haben, mit dem Gesetz in Konflikt zu geraten. Untersagt ist lediglich der Anbau von Schlafmohn

Viola-Wittrockiana-Hybriden, Stiefmütterchen

Fuchsien

Wissenswertes

Fuchsien finden zunehmend Bewunderer. Ihre aparten Blüten, die bescheidenen Pflegeansprüche und die Fähigkeit, an leicht schattigen Plätzchen munter zu blühen, machen die Pflanze so attraktiv. Außerdem lassen sie sich durch Stecklinge leicht vermehren. Die Vielfalt der Blütenformen und -farben ist beeindruckend. Das größte Liebhabersortiment in Deutschland umfaßt allein fast 1000 unterschiedliche Fuchsien. Die großblütigen, gefüllten und zweifarbigen Fuchsien sind am begehrtesten. Sammler bevorzugen eher kleinblütige Pflanzen.

Im Freien können Fuchsien nur von Mai bis Anfang Oktober gepflegt werden, in ungünstigen Lagen noch kürzer. Während der übrigen Zeit sind sie im temperierten Gewächshaus bestens aufgehoben. Die Temperaturansprüche sind bescheiden. Günstig ist ein Energiesparklima wie im Wintergarten, mit einer Mindesttemperatur zwischen 5° C nachts und 8 – 10° C tagsüber. Um selbst mitten im Winter blühende Fuchsien genießen zu können, muß es nur wenig wärmer sein. Im Sommer wird man die Fuchsien nur in Einzelfällen im luftigen Gewächshaus oder Wintergarten halten. Die meisten schmücken draußen von Mai bis zum Herbst Terrassen, Hauseingänge und Balkons; in jedem Fall Standorte, an denen man die dekorativen Blüten aus der Nähe bewundern kann. Daß die Fuchsie auch noch im lichten Schatten reich blüht, ist ein Vorteil, den sie den meisten anderen Pflanzen voraus hat.

Vermehrung

Fuchsien können nur durch Stecklinge sortenecht vermehrt werden. Die Vermehrung durch Samen ist lediglich bei einzelnen Wildarten möglich. Die günstigste Zeit für die Stecklingsvermehrung ist im Frühjahr oder Herbst.

(Papaver somniferum), dessen Samenkapseln im Orient zur Herstellung von Rauschgift dienen.

Vom Islandmohn werden meistens Mischungen verschiedener Rottöne angeboten. Er wird auch mehrjährig kultiviert. Er wächst 40 – 60 cm hoch und hat auffallende, zum Teil gefüllte Blüten.

Die feinen Samen werden vor dem Säen am besten mit Sand vermischt. Nach dem Keimen pikiert man gleich in kleine Torftöpfchen, da die Jungpflanzen keinen festen Wurzelballen bilden. Der Islandmohn blüht von April bis September.

Viola-Wittrockiana-Hybriden
Stiefmütterchen

Das brave Stiefmütterchen hat durch Züchtung eine riesige Blütenvielfalt erfahren. Es gibt unzählige verschiedene Formen und Farbkombinationen mit zum Teil riesigen Blüten. So werden die 'Schweizer Riesen' noch übertroffen von 'Majestic Giants'.

Die angeblich schwierige Aussaat bereitet keine Probleme, wenn die Samenkörner nur hauchdünn mit Erde bedeckt und die Saatschalen leicht schattiert werden, zum Beispiel mit einer einzelnen Zeitungsseite.

Stiefmütterchen zählen zu den Dunkelkeimern, dürfen jedoch nicht völlig abgedunkelt werden. Empfindlich reagieren sie auf zuviel Dünger, denn die Pflanzen sind extrem salzempfindlich. Auch Trockenheit in der ersten Keimphase ist schädlich. Schon kurzfristiges Austrocknen verhindert den Keimerfolg. Zwei Wochen nach dem Aussäen beginnen die Stiefmütterchen zu keimen. Sie werden in der Folge etwas trockener gehalten und nach weiteren drei Wochen in 8-cm-Töpfe pikiert oder direkt ins Beet gepflanzt.

Ausgesät wird gewöhnlich zwischen Juni und Juli. Der Termin ist vor allem empfehlenswert, wenn die Stiefmütterchen bereits im Herbst auf dem Beet blühen sollen. Bei späterer Aussaat im August bleiben die eingetopften Jungpflanzen den Winter über im kühlen, aber frostfreien Gewächshaus und werden erst im nächsten Frühjahr ins Beet gesetzt.

Stecklinge, die zwischen Juli und September bewurzelt werden, blühen schon im darauffolgenden Jahr. Im Oktober und sogar bis Anfang Dezember können noch Nachzügler bewurzelt werden; bei den späten Terminen ist für die erfolgreiche Vermehrung Zusatzbeleuchtung und -heizung nötig.

Die Qualität der Mutterpflanze, von der die Triebspitzen als Stecklinge abgeschnitten werden, beeinflußt entscheidend das spätere Vermehrungsergebnis. Wenn sie gesund sind, bereiten die meisten Fuchsien keine besonderen Probleme bei der Vermehrung. Selbst in einem Glas Wasser, an einem sonnengeschützten Standort aufgestellt, bilden Fuchsienstecklinge willig Wurzeln.

Am sichersten klappt das Bewurzeln in fertiger Aussaaterde oder einer Mischung aus einem Teil Sand und zwei Teilen ungedüngtem Torf.

Die Stecklinge werden fingerlang dicht unterhalb eines Blattknotens gerade abgeschnitten. Die Triebspitzen weisen im Idealfall vier vollständige und zwei sich gerade entwickelnde Blätter auf. Blüten, Knospen und die unteren zwei Blätter werden entfernt. Wichtig ist das Andrücken der Erde, damit der Steckling festen Halt hat. In den folgenden zwei bis drei Wochen muß man für ausreichende Luftfeuchtigkeit sorgen: entweder im Vermehrungsbeet mit Abdeckhaube oder durch Bedecken mit Folie.

Ideal ist eine Bewurzelungstemperatur zwischen 18 und 20° C am Boden. Bei Vermehrung im August ist dafür nicht einmal eine Bodenheizung erforderlich. Die Raumtemperatur kann bei der Bewurzelung geringer sein und bis auf 14° C absinken. Wenn die bewurzelten Stecklinge in Töpfe gepflanzt und angewachsen sind, ist noch weniger Wärme erforderlich.

Praktiker stecken mehrere Stecklinge im Kreis dicht an den Rand eines 8-cm-Tontopfes. Die Nähe zur Topfwand verbessert das Wachstum der sich neu bildenden Wurzeln. Es geht aber auch, wenn die Stecklinge einfach in die Sand-Torf-Mischung des Vermehrungsbeets gedrückt werden. Die Erde wird nur schwach befeuchtet, welkende Blätter entfernt man stets gleich.

Nach erfolgreicher Bewurzelung pflanzt man die Jungpflanzen einzeln in 8-cm-Töpfe und später in Töpfe mit 12 – 14 cm Durchmesser.

Pflege rund ums Jahr

Frühjahr

Die wichtigste Arbeit im zeitigen Frühjahr ist der Rückschnitt. Unter Glas wird damit bereits Mitte Februar begonnen. Der frühe Schnitt sorgt dafür, daß die Fuchsien im Mai, rechtzeitig zur Balkon- und Terrassensaison, bereits einen üppigen Blütenreichtum aufweisen. Entfernt werden schwache und nach innen wachsende Triebe. Außerdem werden alle Seitentriebe, die seit dem Vorjahr gewachsen sind, bis auf zwei oder drei Blattknoten zurückgeschnitten. Kräftiges Stutzen ist meistens unumgänglich, aber immer muß auch die erwünschte Wuchsform beachtet werden.

Kompakte Büsche lassen sich erzielen, indem man bei Jungpflanzen die Spitzen der Haupttriebe schon mit knapp 15 cm Länge stutzt und auch die daraus wachsenden Seitentriebe nicht länger wachsen läßt. Älteren Büschen werden nur die Spitzen gekappt. Bei Ampelpflanzen schont man die Leittriebe und stutzt die Seitentriebe auf ein bis zwei Blattknoten.

Nicht nur bei den aus Stecklingen vermehrten Fuchsien, sondern auch bei den meisten älteren Exemplaren ist im Frühjahr Umtopfen in frische Erde nötig. Das neue Gefäß sollte 2 cm größer als das alte sein, nicht mehr. Bei schwach wachsenden Fuchsien genügt es, denselben Topf zu verwenden und nur die Erde um den Wurzelballen herum zu ersetzen.

Fuchsien sind empfindlich gegen Spätfröste, vor allem, wenn sie gerade aus dem temperierten Glashaus kommen. Nur an besonders geschützten Standorten kann schon Anfang Mai der Aufenthalt im Freien gewagt werden. Sicherer ist es, die Fuchsien bis zu den Eisheiligen zunächst tagsüber draußen an das direkte Sonnenlicht zu gewöhnen. Nachts stellt man sie ins Gewächshaus.

Sommer

Fuchsien sind schattenverträglich. Im Beet ausgepflanzt und ausreichend gewässert, halten sie auch an einem sonnigen Standort wacker aus, reagieren aber gelegentlich mit Blühpausen. Volle Sonne wird – mit Ausnahme weniger Fuchsien-Hybriden – schlecht vertragen. Das gilt besonders für Fuchsien in Gefäßen und Kübeln. In den engen Pflanzbehältern würde die Erde ohne Dauerbewässerung allzu leicht austrocknen. Geradezu ideal für Fuchsien sind Standorte mit leichter Beschattung in der Mittagssonne und viel Luftbewegung. Ein zu warmer, windgeschützter Standort führt leicht zum Befall mit Weißer Fliege.

Einmal pro Woche fügt man dem Gießwasser Flüssigdünger zu. Regelmäßiges Wässern ist wichtig. Fuchsien verdunsten über ihre große Blattoberfläche viel Wasser und müssen in Hitzeperioden reichlich gewässert werden. Das gilt auch für in Beeten ausgepflanzte Fuchsien, sie brauchen stets einen spatentief feuchten Boden.

Herbst

Schon vom Spätsommer an sollten keine treibenden, stickstoffbetonten Dünger mehr verwendet werden, damit die Pflanzen kompakt bleiben. Beim herbstlichen Einräumen ins Glashaus ist ein grober Rückschnitt fällig. Schon aus Platzgründen wird man zu lang geratene Triebspitzen kürzen.

Im Gegensatz zu anderen, unsicheren Überwinterungsplätzen können Fuchsien im beheizten Gewächshaus oder Wintergarten noch einige Zeit munter weiter blühen. Beim Herausnehmen aus dem Beet muß man die feinen Faserwurzeln am Rand schonen. Werden die Fuchsien in Kübel gesetzt, verwendet man jetzt keine frische Blumenerde, sondern gewöhnliche Gartenerde.

Sorte 'Candlelight'

Sorte 'Little Beauty'

Sorte 'Swingtime'

Erziehung zum Hochstamm

Fuchsien zu Hochstämmchen heranzuziehen ist recht einfach. Außer Geduld und regelmäßiger Pflege sind keine besonderen Maßnahmen nötig, und die Kosten sind praktisch gleich Null. Dagegen werden für Kronenbäumchen in der Gärtnerei – weil sie begehrt sind – oft stolze Preise verlangt. Schon nach 12 bis 18 Monaten kann man ein passables Hochstämmchen heranziehen, das bei weiterer Pflege Jahr für Jahr an Aussehen gewinnt.

Die besonders wüchsige Sorte 'Deutsche Perle' eignet sich bestens für die Erziehung zum Hochstamm. Ideal ist hier eine Höhe von 90 – 120 cm. Weniger als ein Jahr dauert es, bis ein sogenannter Halbstamm von 70 – 80 cm Höhe herangewachsen ist. Eine geeignete Sorte ist beispielsweise 'Beacon'. Eine gute Wirkung erzielt man auch mit Fußstämmchen, die nur 30 – 60 cm hoch werden und dafür sechs bis neun Monate brauchen. 'Schneewittchen' und 'Charming' sind hier die bevorzugten Sorten.

Um Kronenbäumchen heranzuziehen, verwendet man ungestutzte Jungpflanzen von kräftigem Wachstum, aus Stecklingen selbst vermehrt. Man läßt sie munter nach oben austreiben, und bindet sie an einem Stützstab hoch. Seitentriebe und Blütenansätze werden stets gleich entfernt, wobei aber die Blätter am Stamm geschont werden müssen, damit genügend Laub zum Assimilieren bleibt.

Wenn die gewünschte Höhe, bei Hochstämmchen ungefähr 120 cm, erreicht ist, wird die Spitze gekappt. Die oberen drei bis fünf „Etagen" läßt man weiter austreiben.

Fuchsienexperten warten, bis die oberen Seitentriebe stark herabzuhängen beginnen, und schneiden sie dann auf das erste Blattpaar zurück. Mit dem nächsten Austrieb wird ebenso verfahren. Das sorgt für eine besonders kräftige, kompakte Krone.

Eine buschige Krone läßt sich aber auch formen, indem man die oberen Seitentriebe mehrfach einkürzt, sobald sie zu lang werden.

Winter

Die günstigste Temperatur während der Überwinterung im Glashaus können Sie entsprechend Ihren Vorstellungen wählen. Am wenigsten Energie brauchen Fuchsien, die im Winter dunkel gehalten werden, dann genügen schon 1 – 3° C. Sie werfen zwar die Blätter ab, treiben aber im Frühjahr wieder aus. Bei mäßiger Helligkeit und einer Temperatur über 5° C behalten sie ihr Laub. Bei mehr Wärme und einem vollsonnigen Standort kommt es zur Blütenbildung, aber dann ist auch wieder wöchentliches Gießen nötig.

Pflanzenschutz

Die Weiße Fliege kann ein recht unangenehmer Fuchsienschädling sein. In vielen Fällen wird das lästige Insekt überhaupt erst durch Fuchsien ins Gewächshaus verschleppt. Das ist jedoch kein Grund, auf diese prächtigen Blütenpflanzen zu verzichten. Vorbeugender Schutz gegen die Weiße Fliege und andere Insekten heißt richtige Standortwahl und angepaßte Pflegemaßnahmen. An geschützten, warmen Standorten, bei nassem, trockenem oder verdichtetem Boden tritt der Befall fast zwangsläufig auf. Viel Frischluft und nicht zu hohe Temperaturen, ausreichender Abstand und ein humoser, nahrhafter Boden sind die wichtigsten Voraussetzungen für gesunde Fuchsien. Außerdem muß die Düngung angepaßt sein; starkwüchsige Sorten brauchen mehr Nährstoffe als andere.

Blattläuse sind bei Fuchsien kein besonders großes Problem. Gefährdet sind, wie oben beschrieben, nur solche Pflanzen, die nicht richtig gepflegt werden. Andere Schäden, die besonders in den Wintermonaten gelegentlich auftreten, sind meist harmloser Natur.

Das Abfallen grüner Blätter kann durch Wurzelnässe verursacht sein. Im Winter ist an einem dunklen Standort und bei kühlen Temperaturen Laubfall normal. Im Sommer können zu hohe Temperaturen gelegentlich zum plötzlichen Laubfall führen, schlappe Blätter sind bereits ein Alarmsignal. Gelbwerden von Blättern ist in der Regel durch Ballentrockenheit bedingt. Vorzeitiges Abfallen von Blüten ist in den meisten Fällen ein Zeichen für mangelnde Nährstoffversorgung, mastige, weiche Triebe deuten dagegen auf allzu reichliche Düngung hin. Pilzbefall wird in der Regel durch zu hohe Luftfeuchtigkeit verursacht.

Beim Auftreten von Schädlingen oder Krankheiten können die ab Seite 79 genannten Abwehrmaßnahmen ergriffen werden.

Pelargonium-Peltatum-Hybride, Efeupelargonie

Pelargonien

Wissenswertes

Pelargonien, meistens unter dem Namen Geranien bekannt, sind die mit Abstand beliebtesten Balkonblumen. Im Gewächshaus ist die Überwinterung – in Kellerräumen oft ein Glücksspiel mit ungewissem Ausgang – kein Problem. Im frostfrei gehaltenen Glashaus sind sie bestens aufgehoben. Bei Wintertemperaturen zwischen 5 und 10° C, die zwischendurch sogar bis an den Nullpunkt heranreichen können, ohne daß die Pflanzen Schaden erleiden, fühlen sie sich wohl.

Auch die Vermehrung von Pelargonien, aus Stecklingen oder zunehmend aus Samen, bereitet unter Glas keine Schwierigkeiten. Durch zeitiges Zurückschneiden stehen bereits im Mai stattliche, reich blühende Pflanzen zur Verfügung. Für Balkonkästen und hochwandige Pflanzschalen werden hängende Sorten bevorzugt, während aufrecht wachsende das Sommerblumenbeet schmücken.

Man unterscheidet vier Gruppen Pelargonien: Pelargonium peltatum, die Efeupelargonie, hat efeuartige Blätter; Pelargonium zonale, die am weitesten verbreitete Zonalpelargonie, erkennt man an den charakteristischen Blättern mit dunklerer Mitte; Pelargonium-Grandiflorum-Hybriden, die Edelpelargonien, auch Englische Geranie genannt, haben auffallend große, auch zweifarbige Blüten. Pelargonium odoratissimum, die Zitronenpelargonie, ist weniger wegen der Blüten, sondern wegen ihrer duftenden Blätter gefragt.

Vermehrung

Früher war die Vermehrung von Pelargonien ausschließlich durch Stecklinge möglich. Von Efeu- und Zonalpelargonien gibt es inzwischen auch Saatgut für den Hobbybedarf. Die Aussaat dieser, leider noch recht teuren F1-Hybriden ist überraschend einfach. Entscheidend ist ein früher Aussaattermin im Januar, spätestens Anfang Februar, damit bis zum Auspflanzen Mitte Mai blühende Pflanzen zur Verfügung stehen. Die Keimtemperatur beträgt 20 – 25° C.

Schon knapp vier Wochen nach der Aussaat sind die Sämlinge groß genug, um zum erstenmal pikiert werden zu können. Während sie in der Keimphase besser im lichten Schatten stehen, brauchen sie anschließend einen möglichst hellen Standort, damit sie kompakt bleiben. Beim zweiten Pikieren setzt man sie in 10-cm-Töpfe.

Die Vermehrung durch Stecklinge ist bei allen genannten Pelargonienarten möglich und gelingt auch Anfängern auf Anhieb. Stecklinge von Efeupelargonien, die zum erfolgreichen Bewurzeln etwas länger brauchen, schneidet man ab Juli, für die anderen ist im August der günstigste Zeitpunkt; es geht aber auch noch im September. Als Stecklinge werden 10 cm lange Spitzentriebe knapp unter einem Blattknoten geschnitten. Die unteren Blätter und eventuelle Blütenansätze werden entfernt. Die Schnittfläche läßt man einige Minuten antrocknen, um Fäulnis zu vermeiden.

Gesteckt wird in Schalen mit Anzuchterde oder einer Mischung aus Sand und Torf. Bei größeren Stückzahlen kann direkt ins Vermehrungsbeet gesteckt werden, das schon bei der Aussaat im Frühjahr gute Dienste geleistet hat. Die Abdeckhaube sorgt für gespannte Luft und zuverlässige Bewurzelung. Man muß rechtzeitig lüften und beim Gießen Zurückhaltung üben, damit keine Fäulnis entsteht.

Pelargonien sind auch genügend robust, um direkt in Töpfen bewurzelt zu werden. Dabei kann dann auch gleich gedüngte Erde verwendet und das anschließende Umtopfen gespart werden. Wie beim Aussäen ist zunächst Schutz vor praller Sonne nötig. Später brauchen die Jungpflanzen aber einen möglichst hellen Standort.

Pflege rund ums Jahr

Frühjahr

Ab Ende Februar steigt der Wasserbedarf beträchtlich. Mit beginnender Blütenbildung wird dem Gießwasser einmal wöchentlich Flüssigdünger zugefügt.

Die Mutterpflanzen, also die, von denen man Stecklinge schneiden will, müssen ab März zurückgeschnitten werden, weil sie sonst zu lange Triebe entwickeln. Auch Hängepelargonien muß man kräftig stutzen, damit sie üppig austreiben.

Aus Stecklingen vermehrte Pelargonien entwickeln sich im Frühjahr schneller als die aus Samen herangezogenen. Sie müssen deshalb vor dem Auspflanzen noch ein- oder zweimal zurückgeschnitten werden. Pelargonien für Balkonkästen und Pflanzscha-

Anzucht von Pelargonien im Gewächshaus

Pelargonium-Zonale-Hybride, Zonalpelargonie

len können bereits ab Ende März in die endgültigen Gefäße gesetzt werden. Sie haben dann Mitte Mai, wenn sie ins Freie kommen, einen beachtlichen Vorsprung.

Nach den Eisheiligen können Pelargonien nach draußen gestellt werden, damit sie abhärten. Am besten ist dafür trübes Wetter, weil sich die Blätter bei plötzlicher, praller Sonne verfärben

und später abfallen. Sie erholen sich davon zwar wieder, sind aber im Wachstum zunächst gebremst. Man kann auch einen schattigen Standort wählen.

Sommer und Herbst

Während des Freilandaufenthalts im Sommer brauchen alle Pelargonien einen sonnigen Standort. Wichtig ist regelmäßiges Gießen. Gedüngt wird einmal pro Woche. Braun werdende Blütenstände müssen immer gleich bis zum Stengelansatz entfernt werden, damit sich ein ständiger Blütenflor ergibt. Bei den Edelpelargonien ist nach dem ersten, üppigen Blütenflor eine Sonderbehandlung nötig: Sie werden nach der Blüte zurückgeschnitten, weil sich sonst zu lange, schwächliche Triebe entwickeln. Bis zum Neuaustrieb schränkt man bei ihnen das Gießen ein wenig ein.

Winter

Während der Wintermonate brauchen Pelargonien im Gewächshaus nur gerade soviel Wasser, daß die Erde nicht austrocknet. Sie sind äußerst temperaturbescheiden und kommen bei nur 5° C bestens über den Winter. Viel Frischluft bekommt ihnen besser als feuchte Wärme und vermeidet das Entstehen von Pilzkrankheiten. Beim Einräumen im Herbst sollten die Pflanzen ein wenig zurückgeschnitten werden. Man kann sie im Grundbeet auspflanzen oder einfach bis zum Frühjahr in den Pflanzgefäßen belassen.

Pflanzenschutz

Probleme kann Pelargonienrost verursachen, der sich durch Flecken an den Blattunterseiten bemerkbar macht. Befallene Blätter muß man sofort entfernen. Vorbeugend können Mittel gegen Pilzkrankheiten verwendet werden. Bei der Stecklingsvermehrung ist auf gesunde Mutterpflanzen zu achten.

Stauden

Das Gewächshaus ist bestens geeignet, um Stauden durch Aussaat zu vermehren. Diese Gewächse werden, das weiß jeder Gartenfreund, in der Regel durch Teilung vermehrt. Aber es gibt auch zahlreiche Stauden, die sich recht gut aus Samen ziehen lassen. Staudenliebhabergesellschaften schicken an ihre Mitglieder jährlich umfangreiche Samenlisten, so daß auch seltene Arten selbst herangezogen werden können. Und auch das Angebot im Gartenfachhandel nimmt zu.

Die Erfolgsquote bei der Aussaat von Stauden ist nicht so hoch wie bei den problemloseren Sommerblumen, und sie ist auch langwieriger. Aber es lohnt sich. Bei Aussaat im Gewächshaus sind die Bedingungen besser als im Freiland, weil hier keine störenden Witterungseinflüsse oder Schädlinge, beispielsweise Schnecken, den Erfolg beeinträchtigen.

Die Aussaattechnik entspricht weitgehend der Sommerblumenanzucht (siehe Seite 130). Der günstigste Zeitpunkt für die Aussaat ist bei den meisten Stauden das Frühjahr. Anders als bei den Sommerblumen, die Keimtemperaturen zwischen 18 und 20° C benötigen, werden Stauden im Kalthaus oder temperierten Glashaus, also bei mäßigen Temperaturen zwischen 10 und 18° C, gesät. Die jeweilige Keimtemperatur ist in den entsprechenden Pflanzenbeschreibungen angegeben. Grundsätzlich sollte möglichst frisches Saatgut verwendet werden.

Bis zum Keimen der Samen ist für gleichmäßige Feuchtigkeit zu sorgen. Eine Abdeckung des Vermehrungsbeets mit lichtdurchlässiger Folie oder einem Klarsichtdeckel erhöht den Keimerfolg. Günstig ist ein leicht schattiger Standort.

Nach dem Keimen entfernt man die Abdeckung und stellt die Saatschalen anschließend heller auf. Da die Stauden recht langsam heranwachsen, ist Pikieren in der Regel gar nicht nötig. Lediglich zu dicht stehende Sämlinge werden versetzt. Bis Ende Mai haben sich die Jungpflanzen so weit entwickelt, daß sie direkt an ihren endgültigen Standort ins Beet gesetzt werden können. Damit sie bei den im Frühjahr steigenden Gewächshaustemperaturen nicht verweichlichen, werden die Saatschalen schon vorher ab und zu nach draußen gestellt.

Besondere Ansprüche haben die sogenannten Frostkeimer unter den Stauden. Dazu zählen unter anderem Aconitum (Eisenhut), Bergenia (Bergenie), Cimicifuga (Silberkerze, Dicentra (Tränendes Herz), Dictamnus (Diptam), Gentiana (Enzian), Heuchera (Blutströpfchen), Iris, Paeonia (Pfingstrose), Primel, Saxifraga (Steinbrech) und Trollius (Trollblume). Sie brauchen Frosteinwirkung, um zu keimen. Man sät die Frostkeimer daher im Dezember aus und stellt die Saatschalen zunächst ins Freie, wo sie Schnee und Kälte ausgesetzt sind. Ende Februar werden sie ins Gewächshaus geholt und bei mindestens 15° C Wärme zum Keimen gebracht. Sobald die Sämlinge kräftig genug sind, werden sie in einzelne Töpfe gepflanzt oder in den Saatschalen so versetzt, daß sie nicht zu dicht wachsen. Damit sich die Pflanzen gut entwickeln, müssen sie anschließend wieder kühler gehalten werden. Der Ratschlag, Frostkeimern durch einen mehrwöchigen Aufenthalt im Kühlschrank oder in der Gefriertruhe die nötige Kälteperiode zu gewähren, ist zwar häufig zu lesen, führt aber selten zum erhofften Erfolg. Eher ist es möglich, viele dieser Pflanzen zusammen mit den anderen Stauden im Frühjahr oder zu einem anderen Zeitpunkt auszusäen, ohne sie vorher dem Frost auszusetzen.

Bei der Aussaat sogenannter Prachtstauden, wie Rittersporn oder Phlox, gibt es zahlreiche hochgezüchtete Sorten, deren Nachkommen andere Blütenfarben zeigen als die Ursprungsform. Beim Saatgutkauf ist es daher besonders wichtig, daß möglichst nur hochwertige Mischungen verwendet werden, die, wie der Fachmann sagt, „treu aus Samen fallen", also tatsächlich die gewünschten Blütenfarben bringen. Die Züchter haben gerade auf diesem Gebiet in den vergangenen Jahren erhebliche Fortschritte gemacht, die die Staudenanzucht aus Samen auch für den Hobbygärtner zum Erfolgserlebnis machen.

Achillea tomentosa, Schafgarbe

Aconitum, Eisenhut

Achillea
Schafgarbe

Mit leuchtendgelben Blütendolden ist die Schafgarbe immer ein Blickfang im Garten. Für die Vermehrung aus Samen ist vor allem Achillea filipendulina, die Edelgarbe, gut geeignet. Gesät wird zwischen April und Juli. Die Keimtemperatur sollte 12 bis höchstens 18° C betragen, deshalb ist ein früher Aussaattermin im Gewächshaus günstig. Bis zu vier Wochen dauert es, ehe die Samen keimen.

Aster novae-angliae, Rauhblattastern

Centaurea macrocephala, Riesenflockenblume

Aconitum napellus
Eisenhut

Der Eisenhut weist zwei besondere Eigenschaften auf, die ihn für jeden Garten unentbehrlich machen: die eindrucksvolle, blaue Blütenfarbe und seine Schattenverträglichkeit. Die Pflanze braucht zum guten Wachstum feuchten, gut gedüngten Boden. Vorsicht: Die Pflanze ist giftig; besonders die Wurzeln. Als Frostkeimer wird der Eisenhut im Winter gesät.

Aquilegia
Akelei

Die schöne Pflanze mit der aufregenden Blütenform wächst am besten im lichten Schatten. Die eigene Aussaat gelingt auch Anfängern problemlos. Gesät wird zwischen April und August bei einer Keimtemperatur von 15 – 20° C. Die Keimdauer beträgt zwei bis vier Wochen. Empfehlenswert ist vor allem die Aussaat neuer Sorten von Aquilegia-Caerulea-Hybriden mit zweifarbigen Blüten.

Aster
Staudenaster

Staudenastern werden gewöhnlich durch Teilung vermehrt. Für die Aussaat ist von den Hochzüchtungen besonders die kleinwüchsige Aster alpinus 'Happy End' geeignet. Entsprechendes Saatgut gibt es auch von der Rauhblattaster, Aster novae-angliae. Zum Säen ist der Zeitraum zwischen Mai und Juli günstig. Die Keimtemperatur spielt eine untergeordnete Rolle; sie kann zwischen 10 und 20° C betragen.

Campanula carpatica
Karpatenglockenblume

Die anspruchslose Staude wächst auch im Halbschatten zufriedenstellend, ist aber ebenso für Trockenmauern geeignet. Die günstigste Aussaatzeit liegt zwischen Mai und Juli. Die Keimtemperatur beträgt 12 – 20° C.

Centaurea
Flockenblume

Die einjährigen Arten sind unter dem Namen Kornblumen bekannt, während die mehrjährigen als Flockenblumen bezeichnet werden. Man sät sie im Juni oder Juli aus. Sie brauchen 18 – 22° C zum Keimen.

Centranthus ruber
Spornblume

Die anspruchslose Pflanze wirkt mit ihren üppigen, karminroten Blüten äußerst attraktiv und ist auch für naturnahe Gartenteile ein Blickfang. Am besten wächst sie an einem sonnigen Standort in kalkhaltigem Boden. Gesät wird im April oder Mai bei einer Keimtemperatur von 18 – 20° C. Die Keimzeit beträgt zwei bis drei Wochen.

Chrysanthemum
Margerite

Mit ihren zahlreichen, weißen Blüten, die sich vom Juli bis September öffnen, dominiert Chrysanthemum maximum, die Sommermargerite, stets im Staudenbeet. Üblich ist die Vermehrung durch Teilung. Man kann auch im Mai oder Juni bei einer Keimtemperatur zwischen 12 und 20° C aussäen. Dieselben Aussaatbedingungen gelten für die Bunte Frühlingsmargerite, Chrysanthemum coccineum, die im Mai und Juni in rosa und roten Pastelltönen blüht, und für die ebenfalls zu dieser Zeit blühende, weiße Frühlingsmargerite.

Coreopsis
Mädchenauge

Diese hübsche Staude hat eine besonders ausgedehnte Blütezeit. Die gelben Blüten öffnen sich ab Ende Juni und bieten bis Oktober einen prächtigen Anblick. Am leichtesten zu säen ist Coreopsis grandiflora, die zudem eine besonders üppige Blüte aufweist. Die günstigste Aussaatzeit ist im Juni oder Juli. Bei einer Temperatur von 15 – 20° C keimen die Samen nach zwei bis drei Wochen.

Delphinium
Rittersporn

Für die Aussaat eignen sich vor allem die prächtigen 'Pazific'-Hybriden und die etwas robusteren Hybriden von Delphinium cultorum. Ausgesät wird zwischen März und Juni bei 10 – 18° C. Die Keimzeit beträgt drei bis vier Wochen. Bei früherer Aussaat blüht Delphinium schon im Frühsommer.

Dicentra spectabilis
Tränendes Herz

Diese Staude mit den herzförmigen Blüten wächst am besten im lichten Schatten. Ein sonniger Standort wird nur vertragen, wenn für gleichmäßige Feuchtigkeit gesorgt ist. Als Frostkeimer wird Dicentra im Herbst oder Winter gesät.

Dictamnus
Diptam, Brennender Busch

Ihren Namen hat diese Pflanze von der ungewöhnlichen Eigenschaft, bei schwüler Hitze ätherisches Öl zu verströmen, das sich bei Windstille mit einem Streichholz entzünden läßt. Im hiesigen Klima gelingt das allerdings kaum. Der Diptam ist nicht leicht zum Keimen zu bringen. Er wird entweder als Frostkeimer mit Aussaat im Winter behandelt oder bei mäßigen Temperaturen zwischen 12 und 15° C im April oder Mai gesät.

Gaillardia
Kokardenblume

Die Staude mit den auffallenden, rotgelben Blüten bringt nur dann dauerhafte Freude, wenn verwelkte Blüten stets gleich abgeschnitten werden. Die Aussaat erfolgt am besten im Frühjahr und erfordert eine hohe Keimtemperatur zwischen 18 und 25° C. Rund drei Wochen dauert es bis zur Keimung.

Geum
Nelkenwurz

Die orangefarbenen oder roten Blüten dieser kleinwüchsigen Staude sind von enormer Leuchtkraft und äußerst attraktiv. Die Aussaat erfolgt im April oder Mai bei 12 – 18° C Keimtemperatur. Die Keimzeit dauert drei bis vier Wochen.

Helenium
Sonnenbraut

Die hoch wachsende Pflanze zählt zu den dankbarsten Stauden im Garten. Die gelben Blüten, die auf Bienen eine magische Anziehungskraft ausüben, erscheinen zwischen Juli und September; niedrigere Sorten blühen früher. Die günstigste Aussaatzeit liegt im Juni oder Juli. Die Keimtemperatur beträgt 15 – 20° C.

Helleborus
Christrose

Christrosen sind standorttreu und sollen nicht umgepflanzt werden. Sie brauchten nährstoff- und kalkreichen, lehmigen Boden für eine gute Blütenentwicklung. Ungewöhnlich ist die Blütezeit. Die weißen Blüten öffnen sich mitten im Winter, wenn rundherum noch Schnee liegt. Als Frostkeimer wird diese Staude zwischen Oktober und Februar ausgesät.

Hemerocallis
Taglilie

Die schönen Taglilien dürfen im Staudensortiment nicht fehlen. Für die Aussaat bieten sich verschiedene Möglichkeiten an. Entweder man sät zwischen April und Juli bei 18 – 22° C oder im November/Dezember im Kalthaus. Die Keimung erfolgt dann mit steigenden Temperaturen im Spätwinter. In der Praxis hat sich auch die Aussaat gleich nach der Samenernte im Herbst

bewährt. Das Saatgut keimt noch vor dem Winter. Die Schalen mit den Sämlingen werden dann bis zum Frühjahr im Frühbeet, Kalthaus oder ungeheizten Gewächshaus abgestellt.

Heuchera
Blutströpfchen, Purpurglöckchen

Die meisten Sorten können nur durch Teilung vermehrt werden. Für die Aussaat ist vor allem Heuchera sanguinea geeignet. Als Frostkeimer muß sie im Winter gesät werden.

Hibiscus moscheutos
Sumpfeibisch

Der Blütendurchmesser dieser auffälligen Pflanze beträgt 20 – 25 cm, wobei das Farbspiel der zumeist in Mischungen angebotenen Blüten von Weiß über Rosa bis Karminrot reicht. Sie überwintert entweder im Kalthaus oder wird im Freien mit einer dicken Laubschicht abgedeckt. Für eine Blüte schon im ersten Jahr wird zwischen Januar und März gesät. Dabei ist unbedingt eine hohe Keimtemperatur zwischen 20 und 28° C erforderlich.

Iris
Iris

Iris sind Frostkeimer und werden im Winter ausgesät. Sie keimen jedoch erst ab Mai. Die Vermehrung durch Samen ist vornehmlich auf die Wildarten beschränkt. Im Handel kann man Saatgut der Gelben Sumpfschwertlilie, Iris pseudacorus, kaufen, die zwischen März und Mai ausgesät wird.

Delphinium-Hybride, Rittersporn

Dicentra spectabilis, Tränendes Herz

Hemerocallis, Taglilie

Kniphofia-Hybride, Fackellilie

Helleborus niger, Christrose

Hibiscus moscheutos, Sumpfeibisch

*Paeonia-Lactiflora-Hybride,
Edelpfingstrose*

Kniphofia uvaria
Fackellilie

Die rotgelben, wie eine Fackel aus-
sehenden Blüten haben dieser Pflanze
einen treffenden Namen verliehen. Sie
brauchen eine sonnige Lage und stets
gleichmäßig feuchten Boden. Im Winter reagiert die Pflanze allerdings empfindlich auf zuviel Nässe und braucht
eine dicke Laubschicht als Frostschutz.
Die Aussaat gelingt am ehesten zwischen April und Juli bei 18 – 20° C.

Leontopodium alpinum
Edelweiß

Edelweiß braucht einen sonnigen
Standort und möglichst trockenen
Boden. Die Aussaat dieser in freier
Natur geschützten Pflanze ist gar nicht
schwierig. Gesät wird im April oder
Mai bei einer Keimtemperatur von 15 –
18° C. Zwei bis drei Wochen dauert es
bis zum Keimen.

Paeonia
Pfingstrose

Die Paeonie zählt zu den schönsten
Gartenstauden. Sie braucht nahrhaften, möglichst lehmigen Boden und
einen sonnigen Standort. Für die Aussaat der Pfingstrose kommen nur die
Wildarten in Frage. Die Aussaat ist
allerdings nicht einfach, denn die
Samen benötigen Frosteinwirkung und
keimen oft erst nach mehr als einem
Jahr.

Phlox paniculata
Staudenphlox

Der hohe Staudenphlox wird am besten zwischen Oktober und Februar gesät, denn er braucht zum Keimen Frosteinwirkung. Da die Pflanze zu den hochgezüchteten Prachtstauden zählt, erreichen die Sämlinge nicht das Aussehen der Mutterpflanze bei der Selbsternte des Saatguts.

Physalis alkekengi
Lampionblume

Nicht die unscheinbaren Blüten, sondern die lampionförmigen, roten Kelche machen diese Staude so interessant. Sie halten sich als Trockenblumen sehr lange. Die Lampionblume zählt zu den Frostkeimern und wird im Winter ausgesät.

Primula acaulis
Kissenprimel

Die bunten Kissenprimeln werden meistens als Mischungen angeboten. Sie sind winterhart, mit Ausnahme der blauen Blütenfarbe, die bei Kahlfrösten mit einer Laubdecke geschützt werden sollten. Ausgesät wird hauptsächlich zwischen März und Juni. Man kann aber unter Glas auch schon ab November säen, um im folgenden Winter besonders früh blühende Exemplare fürs Zimmer zu haben. Zum Keimen genügt eine Temperatur zwischen 10 und 15° C.

Rudbeckia
Sonnenhut

Die leuchtendgelbe Farbe und lange Blütendauer macht diese Pflanze zu einer der begehrtesten Gartenstauden. Dabei ist sie recht anspruchslos. Nahrhafter, gleichmäßig feuchter Boden sorgt für gutes Wachstum. Die Vermehrung erfolgt bei den meisten Arten durch Teilung. Rudbeckia fulgida

Rudbeckia, Sonnenhut

Scabiosa caucasica, Skabiose

wird zwischen März und Juni bei einer Keimtemperatur von 15 – 18° C ausgesät.

Salvia superba
Salbei

Der Salbei wirkt gut in naturnahen Pflanzungen. Ein sonniger Standort und kalkhaltiger Boden fördern das Wohlergehen. Ausgesät wird zwischen Januar und Mai bei einer Keimtemperatur von 18 – 20° C.

Scabiosa caucasica
Skabiose

Die pastellfarbenen Blüten dieser anmutigen Staude halten lange. Sie blühen den ganzen Sommer hindurch und zeigen sogar nach den ersten Frösten noch vereinzelt Blüten. In sonniger Lage wachsen sie am besten. Für die Aussaat eignet sich vor allem die Züchtung 'Compliment'.

Trollius
Trollblume

Die reizende Trollblume mit den runden Blüten braucht nahrhaften und vor allem während der Vegetationszeit gleichmäßig feuchten Boden. Die Blütenfarben sind gelb bis rotorange, wobei die ausgesäten Gartenformen ein wenig an Farbkraft verlieren. Als Frostkeimer wird die Trollblume im Winter ausgesät.

Verbascum
Königskerze

Ein sonniger Standort und sandiger Boden fördert das Wachstum der bis zu 200 cm hoch aufragenden Königskerze. Einige Arten sind nur zweijährig, säen sich jedoch leicht selbst aus. Die günstigste Aussaatzeit ist im Mai und Juni. Die Keimtemperatur beträgt 15 – 20° C.

Gehölze

Gehölze sind nicht gerade typische Pflanzen für das Gewächshaus. Gefragt sind sie zumeist als Kübelpflanzen, die nur in der kalten Jahreszeit im Glashaus untergebracht sind und während der Sommermonate ins Freie gestellt werden. Einige Gehölzarten sind bei den Kübelpflanzen (siehe Seite 152 ff.) beschrieben. Andere Gehölzarten mit eßbaren Früchten, beispielsweise Kiwi, Granatapfel, Pfirsich, Citrus oder Maracuja, werden im Kapitel „Obstanbau im Gewächshaus" (siehe Seite 122 ff.) ausführlich behandelt. Für die Bepflanzung von Wintergärten gibt es jedoch noch andere Gehölze, die man gewöhnlich nicht im Zusammenhang mit Glashäusern nennt. Darunter sind auch einige, die bislang nur Kennern bekannt waren, mit der zunehmenden Beliebtheit von Wintergärten jedoch häufiger angeboten werden. Die hier genannte, kleine Auswahl umfaßt vor allem robuste Gehölze, die im Winter mit niedrigen Temperaturen (dem Kalthaus entsprechend) auskommen und im Sommer auch höhere nicht übelnehmen; ideal also für den Wintergarten.

Cestrum, Hammerstrauch

Acacia dealbata
Fiederakazie

Die schnellwüchsige Pflanze wird auch als Mimose bezeichnet, weist aber nicht die besondere Eigenschaft der Mimosa pudica auf, die bei Berührung ihre Blätter abknickt (siehe Seite 170). Die Fiederakazie braucht viel Sonne und muß reichlich gewässert und gedüngt werden. In regelmäßigen Abständen verliert sie ihre Blätter, treibt aber willig wieder aus.

Acacia saligna
Weidenblättrige Akazie

Ähnlich wie die Fiederakazie wächst dieser Baum sehr rasch und muß regelmäßig gestutzt werden. Die zahlrei-chen, gelben Blüten, die im Frühjahr erscheinen, wirken sehr dekorativ und duften außerdem. Eine weitere angenehme Eigenschaft dieser Pflanze ist ihre Robustheit. Wichtig ist allein ein sonniger Standort.

Ceratonia siliqua
Johannisbrotbaum

Leider werden die eßbaren Früchte, die dem Baum den Namen geben, unter Glas nur in Ausnahmefällen reif. Aber die Pflanze ist mit ihren blaugrünen Blättern auch so sehr dekorativ. Sie wächst recht langsam. Abgesehen von einem hohen Lichtbedarf stellt der Johannisbrotbaum keine hohen Pflegeansprüche.

Cestrum elegans
Hammerstrauch

Mit einer Wuchshöhe von knapp 300 cm ist dieser Strauch ideal für den Wintergarten. Besonders dekorativ wirkt der lang anhaltende Blütenflor mit rosa bis violetten Blütentrauben. Abgeblühte Pflanzenteile werden entfernt. Der Hammerstrauch braucht einen hellen Standort, soll im Sommer aber vor praller Sonne geschützt werden. Er benötigt reichlich Wasser und regelmäßige Düngung. Er ist unter Glas ein wenig anfällig für Blattlausbefall.

Eriobotrya japonica
Japanische Wollmispel

Die Pflanze mit dem exotisch klingenden Namen ist aus mehreren Gründen für Wintergärten empfehlenswert: Sie hat mit einer Wuchshöhe von knapp 300 cm ein ideales Maß und wirkt mit ihren zahlreichen, großen Blättern recht attraktiv. Ihre Blütezeit, und das ist ungewöhnlich, währt vom Herbst bis zum Frühjahr. Wichtig ist ein sonniger Standort. Außerdem muß reichlich gewässert und regelmäßig gedüngt werden.

Jacobinia pauciflora, Jacobinie

Schinus molle, Peruanischer Pfefferbaum

Verschiedene Kübelpflanzen im Gewächshaus

Eucalyptus globulus
Blaugummibaum

Bei starker Sonneneinstrahlung weist schon der Duft dieses Baumes, nämlich nach Eukalyptus, auf seinen botanischen Namen hin. Mit einem Höhenzuwachs bis zu 300 cm pro Jahr ist er eher ein Gewächs für sehr hohe Wintergärten. Ein regelmäßiger Rückschnitt ist unumgänglich, auch, um eine breite Krone zu erzielen. Der Baum verträgt pralle Sonne und kann mit seinen graublauen Blättern im Wintergarten als Schattenspender dienen.

Jacobinia pauciflora
Jacobinie

Der Strauch zählt zu den wenigen schattenverträglichen Gehölzen für Wintergärten. Er wird nur 100 cm hoch, dafür aber ausladend breit. Bei regelmäßiger Bewässerung und nicht zu knapper Düngung erscheinen im Spätherbst gelborange Blüten, die der Pflanze den ganzen Winter über ein attraktives Aussehen verleihen.

Jasminium polyanthum
Kletterjasmin

Der immergrüne Kletterstrauch wächst am Spalier und ist besonders raschwüchsig. Ein Rückschnitt wird gut vertragen. Besonders hübsch sind die zahlreichen, weißen Blüten, die im Spätwinter erscheinen und einen wohlriechenden Duft verströmen. Am besten blüht die Pflanze an einem sonnigen Standort. Ansonsten ist sie recht anspruchslos.

Schinus molle
Peruanischer Pfefferbaum

Der immergrüne Baum, der oft als Strauch gezogen wird, besitzt interessante, herabhängende Blätter mit schmalen Fiedern. Eine Besonderheit ist der harzig-pfeffrige Duft, der im Wintergarten als besonders angenehm empfunden wird. Ein sonniger Standort fördert Wachstum und Duftintensität.

Kübelpflanzen

Kübelpflanzen schaffen in den Sommermonaten rund ums Haus eine besondere Atmosphäre. Sie können sich aber nur dann zufriedenstellend entwickeln, wenn das Überwinterungsproblem gelöst ist. Ein Platz im Treppenhaus oder im Keller ist oft nur eine Notlösung. Das Gewächshaus bietet allen Kübelpflanzen ein ideales Winterquartier. Unter dem Glasdach stehen sie ausreichend hell. Die Klimabedingungen sind für den größten Teil

Abutilon, Schönmalve

der Wurzelballen nicht austrocknet. Je wärmer und heller der Standort, desto mehr muß gegossen werden. Ob und wann ein Rückschnitt fällig ist, wird bei den jeweiligen Pflanzen beschrieben. Einige Kübelpflanzen sind als Samen erhältlich und können unter Glas selbst herangezogen werden.

Nicht immer läßt sich eine Pflanze eindeutig den Kübel- oder Zimmergewächsen zuordnen. Die Yucca zum Beispiel wächst im Zimmer so gut wie im Wintergarten oder Gewächshaus. Und manche Zimmerpalme ziert im Sommer die Terrasse oder den Balkon. In den Kapiteln „Topf- und Zimmerpflanzen" (ab Seite 164) sind weitere Pflanzen beschrieben, die für Gewächshaus und Zimmer gleichermaßen geeignet sind. Kübelpflanzen mit eßbaren Früchten finden Sie im Kapitel „Obstanbau im Gewächshaus" (ab Seite 122).

Abutilon
Schönmalve

Die Schönmalve wird auch als Zimmerpflanze angeboten, entfaltet jedoch erst beim Freilandaufenthalt im Sommer die ihrem Namen entsprechende Schönheit. Sie erreicht bald eine Höhe von mehr als 200 cm und ist dann fürs Zimmer ohnehin nicht mehr geeignet und während der Wintermonate im Gewächshaus auch besser aufgehoben. Die nicht allzu anspruchsvolle Pflanze besticht mit großen Blättern und besonders hübschen Blüten in Rot, Orange, Rosa, Gelb oder Weiß. Zwischen Frühjahr und Herbst entfalten sich pausenlos neue Blüten.

Abutilon benötigt regelmäßige Wassergaben und wird bis zum Spätsommer einmal wöchentlich gedüngt. Häufig sieht man ihn im Sommerblumenbeet ausgepflanzt, wobei er die übrigen Pflanzen weit überragt. Er eignet sich aber ebensogut für die Haltung in Pflanzkübeln und kann in geräumigen Behältern mit anderen Blumen dekorativ umpflanzt werden, ohne die Topfnachbarn zu behindern. Ein großes Gefäß ist schon wegen der Standfestigkeit erforderlich, weil die hoch wachsende Pflanze

durch ihre Kopflastigkeit bei stürmischem Wetter gefährdet ist.

Vor dem Einräumen ins Gewächshaus wird Abutilon, falls erforderlich, zurückgeschnitten. Das ist vor allem bei im Sommer ausgepflanzten Exemplaren erforderlich, weil nach dem Herausholen aus der Erde auch ein Teil der Wurzeln gekürzt werden muß. Während der Überwinterung verliert die Pflanze den größten Teil ihrer Blätter, treibt aber im folgenden Frühjahr wieder willig aus. Zu dieser Zeit ist noch einmal ein Rückschnitt fällig. Die günstigste Wintertemperatur beträgt 10° C. Während dieser Zeit benötigt sie einen hellen Standort und wird nur schwach gegossen.

Die Vermehrung durch Samen ist überraschend einfach und kann auch dem Anfänger empfohlen werden. Saatgut wird von Abutilon-Hybriden angeboten, die bei zeitiger Aussaat schon im Januar oder Februar bereits im ersten Sommer in unterschiedlichen Farben blühen. Es kann aber auch zu einem späteren Zeitpunkt gesät werden. Bei einer Temperatur von 20 – 25° C keimen die Samen bereits nach einer Woche. Sie werden sechs Wochen später pikiert und wachsen danach sehr schnell.

der Kübelpflanzen ähnlich: Sie sind mit mäßiger Wärme zwischen 5° C nachts und 10° C tagsüber zufrieden, so daß nur geringe Heizenergie notwendig ist. Schon im Spätwinter bringt die Sonne soviel zusätzliche Wärme, daß die Pflanzen sich rascher entwickeln und früh mit der Blütenbildung beginnen.

Im Sommer brauchen Kübelpflanzen in der Regel viel Sonne, täglich Wasser und im ein- bis zweiwöchigen Abstand Dünger. In den Wintermonaten sind sie erheblich bescheidener: Vom Herbst bis zum Frühjahr wird nicht gedüngt, im Winter nur soviel gewässert, daß

Agapanthus
Schmucklilie

Der beliebte Agapanthus zeigt seine prächtigen Blüten nur wenige Wochen im Jahr. Die auffallenden, vielblumigen Dolden mit blauen, seltener weißen Blüten erscheinen zwischen Juli und August. Aber mit ihren schmalen, langen Blättern ist diese Kübelpflanze auch so eine äußerst attraktive Erscheinung.

Nur wenige Schmucklilienarten sind winterhart und können mit einer Laubdecke als Frostschutz ganzjährig im Gartenbeet bleiben. Sie verlieren vorher ihre Blätter und treiben im Frühjahr wieder aus. Der am häufigsten anzutreffende Agapanthus africanus behält sein Laub und ist während der Wintermonate im Gewächshaus am besten aufgehoben.

Kühl, aber unbedingt frostfrei, das sind die günstigsten Bedingungen in der kalten Jahreszeit. Zuviel Wärme im Winter läßt den Agapanthus zwar schön aussehen, schränkt aber die Blütenentwicklung von vornherein ein. Nur bei sehr kühler Überwinterung, bei einer Temperatur knapp über dem Gefrierpunkt und höchstens 5° C, hat er die notwendige Ruhezeit und treibt im folgenden Sommer besonders viele Blüten. Er braucht in dieser Zeit nicht besonders hell zu stehen und wird nur schwach gewässert. Wenn der Agapanthus im Gewächshaus zusammen mit anderen, wärmebedürftigeren Pflanzen überwintert wird, braucht er einen helleren Standort und muß auch häufiger gegossen werden.

Vom Frühjahr bis zum Herbst benötigt der Agapanthus viel Wasser, nimmt jedoch Staunässe übel. Empfindlich ist die Pflanze auch in der Nährstoffversorgung. Gedüngt wird zunächst einmal pro Woche. Nach der Blüte folgt nur noch eine mäßige Nachdüngung, wobei bevorzugt ein stickstoffarmer Kakteendünger verwendet werden sollte. Auch zu häufiges Umtopfen kann ein Grund für mangelnde Blütenbildung sein. Die Pflanze braucht erst dann ein (nur wenig) größeres Gefäß, wenn das alte gut durchwurzelt ist. Ausgewachsene Exemplare müssen

Agapanthus, Schmucklilie

gewöhnlich nur alle drei Jahre umgetopft werden.

Die Vermehrung erfolgt meistens durch Teilung. Im Samenfachhandel wird aber auch Saatgut angeboten. Das ist zwar eine langwierige, aber keineswegs schwierige Angelegenheit. Bei 20° C Keimtemperatur dauert es drei bis vier Wochen, ehe die Sämlinge sichtbar sind. Im ersten Jahr wird zweimal umgetopft, im zweiten Jahr noch einmal. Die Blüten erscheinen frühestens im zweiten, häufig erst im dritten Jahr nach der Aussaat.

Agave
Agave

Die Agave zählt zu den anspruchslosesten Kübelpflanzen, die man sich nur vorstellen kann. Da sie aus Gebieten stammt, in denen es häufig wochenlang keinen Niederschlag gibt, ist sie auch im Garten eine wahre Überlebenskünstlerin. Der Pflegeaufwand ist praktisch Null. Lästig kann allein die Tatsache sein, daß die Pflanze immer größer wird und schließlich kaum noch transportiert werden kann. Dafür bildet sie aber laufend Ableger, die dann leicht abgetrennt werden können und als Jungpflanzen in Töpfen neu heranwachsen.

Auf Blüten wird man gewöhnlich vergeblich warten. Das kann mehrere Jahrzehnte (!) dauern, und danach

Agave

stirbt die Agave in der Regel ab. Allerdings hat sie in der Zwischenzeit so viele „Kinder" bekommen, daß man ohnehin einen viel zu großen Bestand hat. Wegen ihrer Anspruchslosigkeit wird die Pflanze gern an solchen Stellen plaziert, wo regelmäßiges Gießen Schwierigkeiten bereitet. Gelegentliches Wässern und ab und zu etwas Dünger ins Gießwasser dankt die Agave mit bestem Wachstum. Der Standort sollte möglichst sonnig sein. Die gefährlichen, dornenartigen Blattspitzen, an denen man sich leicht verletzt, können mit einer Zange abgeknipst werden, ohne daß dies der Pflanze schadet.

Agaven sind recht robust und können im Herbst noch lange im Freien gehalten werden. Sie überstehen noch Fröste bis – 4° C. Während der Wintermonate stehen sie fast trocken in einer Gewächshausecke und brauchen in dieser Zeit keine Pflege. Allein ständig hohe Luftfeuchtigkeit und erst recht Staunässe kann ihnen zu schaffen machen.

Bougainvillea
Bougainvillie

Einen deutschen Namen hat diese Pflanze nicht, die nach ihrem französischen Entdecker benannt wurde. Als Zimmerpflanze ist sie nur bedingt geeignet, da sie im Winter eine Ruhe-

Bougainvillea, Bougainvillie

Callistemon, Zylinderputzer

zeit benötigt und kühl gehalten werden muß. Zumindest für die Überwinterung ist daher ein Gewächshaus unerläßlich. Im Sommer kann die Bougainvillea im Freien stehen, oder man hält sie das ganze Jahr über unter Glas. Ausgepflanzt ergibt sie hier, an einem Spalier festgebunden, eine prächtig blühende Kletterpflanze, die jeden Wintergarten ziert.

Als Gewächse der Tropen und Subtropen braucht die Bougainvillea im Sommer einen sonnigen und warmen Standort. Auch bei ganzjähriger Haltung unter Glas ist keine Schattierung erforderlich. Die Entwicklung wird durch humusreiche, gut gedüngte Pflanzerde gefördert. Zusätzlich muß während der Wachstumszeit jede Woche gedüngt und reichlich gewässert werden. Attraktiv sind nicht die unscheinbaren Blüten, sondern die meist violett gefärbten Hochblätter.

Vom Frühherbst an wird nicht mehr gedüngt, und auch das Gießen muß dann erheblich eingeschränkt werden. Das ist wichtig für die beginnende Ruhezeit, die von November bis Anfang Februar dauert. Gegossen wird in dieser Zeit nur noch gerade soviel, daß der Wurzelballen nicht ganz austrocknet. Laubfall ist in dieser Zeit völlig normal. Im Winter soll die Bougainvillea weiterhin hell, aber möglichst kühl stehen. Optimal ist eine Temperatur zwischen 6 und 8° C. Mit steigenden Temperaturen im zeitigen Frühjahr wird auch wieder mehr

gewässert. Die Pflanze treibt dann überraschend schnell aus und erhält ihr dekoratives Aussehen zurück.

Für die Vermehrung ist der Spätwinter am günstigsten. Die noch nicht ganz verholzten Stecklinge werden recht tief in kleine Töpfe gesetzt. Für die Bewurzelung ist eine hohe Temperatur von 25 – 30° C notwendig, die man nur in einem heizbaren Vermehrungsbeet erreicht.

Callistemon
Zylinderputzer

Zauberhafte Blüten mit bürstenartigen, roten Staubfäden haben dieser Pflanze den eigenartigen Namen beschert. Am häufigsten ist Callistemon citrinus, dessen Blätter beim Zerreiben schwach nach Zitronen duften. Im Weinbauklima kann der Zylinderputzer sogar im Freien überwintert werden, aber in der Regel ist er während der kalten Jahreszeit besser im Gewächshaus aufgehoben. Die Blüten erscheinen zwischen Mai und Juni, bei zeitigem Antreiben im Gewächshaus oder Wintergarten auch schon früher. Der Zylinderputzer zählt zu den Myrtengewächsen und verträgt wie alle Pflanzen aus dieser Familie keinen Kalk. Die Pflanzerde sollte deshalb mit Torf vermischt werden. Im Sommer verlangt der Zylinderputzer einen sonnigen Standort im Freien und regelmä-

ßige, aber nicht allzu reichliche Wassergaben.

Gedüngt wird wöchentlich bis Mitte August. Damit die Pflanze nicht allzu hoch wächst (in ihrer Heimat Australien wird sie 300 cm hoch), wird die Spitze gelegentlich gekappt. Das sorgt gleichzeitig für eine gute Verzweigung. Nach der Blütezeit ist auch ein leichter Formschnitt günstig, um einen allzu ausladenden Wuchs zu vermeiden.

Die Überwinterung bereitet keine Probleme. Der Zylinderputzer bevorzugt in dieser Zeit kühle Temperaturen, wobei auch gelegentliches Absinken unter den Nullpunkt nichts ausmacht. Aufpassen muß man dagegen im Frühjahr. Die Pflanze wird dann vorsichtig abgehärtet, indem man sie zunächst nur bei trübem Wetter ins Freie stellt und langsam an die Sonne gewöhnt. Bei Gefahr von Spätfrösten wird der Pflanzkübel abends besser wieder ins Gewächshaus gestellt.

Die Vermehrung erfolgt vorzugsweise im Spätwinter. Die Stecklinge werden knapp fingerlang geschnitten. Neue Pflanzen kann man ganzjährig aus Samen heranziehen. Günstig für die Aussaat ist das Frühjahr. Als Keimtemperatur sind mindestens 20° C Voraussetzung, mehr Wärme, bis 25° C, läßt die Samen nach drei Wochen keimen. Nach dem Eintopfen genügen für die Weiterkultur im Gewächshaus Temperaturen zwischen 12 und 15° C. Blüten erscheinen erst im dritten Jahr der Anzucht.

Camellia japonica
Kamelie

Die schönen Blüten der Kamelie faszinieren jeden Betrachter, aber dafür ist sie auch nicht gerade anspruchslos. Am besten kommt man mit Kamelien zurecht, wenn sie wie Azaleen behandelt werden. Kalkfreie Dünger und mit Torf angereicherte Pflanzerde, möglichst auch kalkarmes Gießwasser, sind Voraussetzung für dauerhafte Freude an dieser hübschen, aber empfindlichen Pflanze. Kamelien als Zimmerpflanzen zu halten, ist selten von Erfolg gekrönt, denn trockene Heizungsluft nehmen sie stets übel. Unter Glas haben sie im Winter weitaus bessere Bedingungen, während sie den Sommer auf jeden Fall im Freien verbringen sollen.

Für die Überwinterung im Gewächshaus ist eine Temperatur um 10° C optimal, nach der Blüte wird auch weniger Wärme gut vertragen. Bei guten Bedingungen beginnt die Blütezeit im Spätwinter. Das oft beklagte Abfallen der Blütenknospen ist meistens auf veränderte Wachstumsbedingungen zurückzuführen. Ganz besonders während des Knospenansatzes muß für gleichmäßige Pflege gesorgt werden, das gilt für Temperatur und Gießen gleichermaßen. Auch ein Standortwechsel hat in dieser Zeit abfallende Knospen zur Folge.

Beim Ausräumen ins Freie im Mai sind krasse Gegensätze ebenfalls unbedingt zu vermeiden. Am besten stellt man die Pflanzen bei trübem Wetter nach draußen. Ein Daueraufenthalt im Glashaus ist nur bei guter Schattierung möglich, weil die Kamelie zu große Hitze nicht verträgt. Am besten behagt ihr ein windgeschützter Standort im lichten Schatten. Im Sommer muß für gleichmäßige Feuchtigkeit gesorgt werden. Gedüngt wird nur von Mai bis Ende Juli.

Camellia-Hybride ‘Bob Hope’

Coffea arabica, Kaffeebäumchen

Camellia japonica ‘Shiro Botan’

Chrysanthemum frutescens, Strauchmargerite

Chrysanthemum frutescens
Strauchmargerite

In Standardwerken über Kübelpflanzen wird man eine der beliebtesten Kübelpflanzen vergeblich suchen. Margeritenhochstämmchen sind erst in der jüngsten Zeit in Mode gekommen. Als Balkon- und Beetpflanze ist die Strauchmargerite schon länger bekannt, und findige Gärtner haben daraus ein attraktives Kronenbäumchen gemacht, das mit seinen zahlreichen, weißen Blüten in jedem Fall hübsch anzusehen ist.

Im Sommer ziert das Margeritenbäumchen einen sonnigen Platz auf der Terrasse. Neben regelmäßigen Wassergaben und Dünger in zehntägigem Abstand muß die Schere häufig benutzt werden, um Verblühtes und welke Blätter abzuschneiden. Die Vermehrung durch Stecklinge bereitet keine Probleme, wenn sie schon im Juli oder August zum Bewurzeln in Töpfe gesetzt werden. Vor dem Einräumen im Herbst schneidet man die Pflanze nur mäßig zurück, weil sie in der Folge noch einige Nachblüten zeigt. Der Hauptrückschnitt erfolgt erst im zeitigen Frühjahr.

Die üblichen Überwinterungsprobleme, die viele Margeritenbäumchen an zu warmen und dunklen Standorten eingehen lassen, treten bei Gewächshausbesitzern nicht auf. Kühl, optimal bei 5 – 10° C, müssen sie im Winter stehen. Besonders wichtig ist ausreichende Helligkeit. Gewässert wird in dieser Zeit nur soviel, daß der Wurzelballen nicht austrocknet, gedüngt gar nicht.

Cyperus, Zypergras

Coffea arabica
Kaffeebäumchen

Aus (ungerösteten) Kaffeebohnen, die im Samenfachhandel erhältlich sind, läßt sich ein dekoratives Kaffeebäumchen heranziehen. Drei bis vier Jahre dauert es, bis die Pflanze Blüten hervorbringt, aus denen leuchtendrote Früchte wachsen. Theoretisch können Sie daraus sogar Ihren eigenen Kaffee rösten, aber das ist eher eine Sache für experimentierfreudige Blumenfreunde. In jedem Fall erhalten Sie eine ansehnliche Pflanze, die im Laufe der Jahre 200 cm hoch wird und schöne dunkelgrüne, lederartige Blätter aufweist.

Als tropisches Gewächs hat das Kaffeebäumchen andere Ansprüche als die meisten Kübelpflanzen. Am besten wird es das ganze Jahr über im Gewächshaus oder zwischendurch im Zimmer gehalten. Im Sommer sollte pralle Sonne möglichst vermieden werden. Der Wasserbedarf ist in dieser Zeit recht hoch, deshalb darf auch das Pflanzgefäß nicht zu klein gewählt werden. Hohe Luftfeuchtigkeit sorgt für bessere Wachstumsbedingungen. Gedüngt wird vom Frühjahr bis zum Spätsommer wenigstens alle zehn Tage.

Auch in der Winterpflege unterscheidet sich das Kaffeebäumchen von den anderen Kübelpflanzen, die in dieser Zeit kühl gehalten werden. Eine Mindesttemperatur von 15° C, eher mehr, ist notwendig, damit keine Schäden eintreten. Für die Überwinterung ist deshalb ein temperiertes Gewächshaus erforderlich. Steht ein solches nicht zur Verfügung, hält man das Kaffeebäumchen während der kalten Jahreszeit besser im Zimmer, und zwar an

einem möglichst hellen Standort. Die Wassergaben werden reduziert, das Düngen ganz eingestellt.

Für die Vermehrung ist es wichtig, daß frisches Saatgut verwendet wird und die Keimtemperatur um 25° C beträgt. Ein geheiztes Vermehrungsbeet ist dafür am besten geeignet. Günstig für die Aussaat ist das zeitige Frühjahr, weil die heranwachsenden Jungpflanzen in der Anfangszeit noch etwas empfindlich sind und es ihnen besser bekommt, wenn sie sich bis zum Herbst zu ausreichend robusten Exemplaren entwickeln können.

Cyperus
Zypergras

Das Zypergras ist in der Beliebtheitsskala in den vergangenen Jahren weit nach oben gerückt. Das mag daran liegen, daß diese Pflanze ebenso anspruchslos wie dekorativ ist und sich zudem kinderleicht vermehren läßt. Das Erscheinungsbild ist recht eindrucksvoll: An meterhohen Blattstielen entfalten sich regenschirmartige Blätter, aus denen büschelweise weiße Blüten herauswachsen.

Die Pflege ist unkompliziert, wenn berücksichtigt wird, daß das Zypergras eine Sumpfpflanze ist. Mit feuchter Erde allein ist sie nicht zufrieden. Stattdessen braucht sie einen Topf ohne Abzugslöcher oder einen Übertopf, der stets bis zum Rand mit Wasser gefüllt ist. Ideal ist das Zypergras, wenn im Gewächshaus oder Wintergarten ein kleiner Teich angelegt wird. Aber die Pflanze kann ebenso zeitweise im Zimmer stehen oder in der warmen Jahreszeit im Gartenteich eingesenkt werden. Gewöhnliche Blumendünger dürfen nicht verwendet werden. Entweder nimmt man Wasserpflanzendünger oder – bei Topfhaltung – Dünger für Hydropflanzen.

Auch im Winter zeigt sich das Zypergras unkompliziert. Kühler als 10° C sollte es nicht stehen, aber nach oben hin sind die Temperaturansprüche nicht begrenzt. In dieser Zeit kann man wegen der niedrigeren Temperaturen beim Wassernachfüllen auch mal etwas nachlässiger sein. Verwelkende

Blätter sind normal. Sie werden möglichst weit unten abgeschnitten. Vom zeitigen Frühjahr an ist der Neuaustrieb dann wieder beachtlich.

Das Vermehren von Zypergras können Sie getrost Ihren Kindern überlassen. Die Blattrosetten werden auf Fünfmarkstücksgröße zurückgeschnitten und mit einem zirka 2 cm langen Stielstück in einen mit Wasser gefüllten Behälter geworfen. Sie bilden innerhalb von drei bis vier Wochen Wurzeln und können dann wieder neu gepflanzt werden. Zu groß gewachsene Zypergräser lassen sich auch durch Teilen vermehren.

Datura
Engelstrompete, Stechapfel

Die Blüten der Datura zählen zu den schönsten aller Kübelpflanzen. Ältere Exemplare entwickeln eine Vielzahl von Blüten, die jeden Gartenbesucher zum Staunen bringen. Die Vielfalt der Datura-Arten ist verwirrend. Gemeinsam haben sie die großen Blätter und trichterförmige Blüten, von denen die meisten einen angenehmen Duft verströmen. Im Sommer ziert die Datura die Terrasse, während sie im Winter mit mäßiger Wärme im Gewächshaus auskommt. Ideal für Wintergärten sind vor allem Datura aurea, weil sie bei nicht zu kühler Haltung um 10° C auch im Winter blühen.

Die häufigste Blütenfarbe ist weiß. Einige wenige weisen rosa Blüten auf. Datura sanguinea und Datura aurea haben prächtige orangefarbene Blüten. Blaue, allerdings recht blaß wirkende Blüten zeigen allein einjährige Arten wie Datura stramonium. Sie wächst in Süddeutschland auch wild und ist hochgiftig. Bei den mehrjährigen Arten sind vor allem Blüten, Samen und Früchte giftig. Die weißblütigen Datura-Arten wachsen im allgemeinen kräftiger als die übrigen. Sie bilden hohe Stämme, die sich oben verzweigen und der Pflanze eine dekorative Krone bescheren.

Datura sind wahre „Düngerfresser". Hier liegt auch schon das Erfolgsrezept für gutes Wachstum. Vom zeitigen

Datura, Engelstrompete

Frühjahr bis zum Spätsommer brauchen sie jede Woche Dünger. Außerdem müssen sie regelmäßig reichlich gewässert werden. Ein möglichst großer Pflanzkübel verhindert zu schnelles Austrocknen.

Im Garten ausgepflanzt entwickelt sich die Datura besonders gut. Es empfiehlt sich dabei die Verwendung eines Kartoffel- oder Drahtkorbs, damit der Wurzelballen kompakt bleibt und beim Einräumen im Herbst keine Probleme entstehen. Wichtig ist ein sonniger, aber möglichst windgeschützter Standort, weil die Triebe bei stürmischem Wetter leicht brechen. Engelstrompeten kann man auch ganzjährig unter Glas halten, dort brauchen sie aber viel Frischluft.

Während der Überwinterung im Gewächshaus darf die Datura nicht ganz ohne Pflege bleiben. Günstig ist eine Temperatur zwischen 5 und 10° C. Zuwenig Licht führt zu Blattlausbefall. Je wärmer der Standort, desto mehr Wasser braucht die Pflanze. Bei zu kühlem Stand verliert sie ihre Blätter, treibt allerdings im Frühjahr wieder aus. Zu diesem Zeitpunkt ist dann auch ein kräftiger Rückschnitt fällig, wobei die Pflanze bis zu einem Drittel ihrer Länge eingekürzt wird.

Hibiscus, Roseneibisch

Stecklinge bewurzeln recht schnell. Es genügt, beim Einräumen im Herbst einige Triebe abzuschneiden und ins Grundbeet zu stecken. Ein heizbares Vermehrungsbeet ist nicht nötig. Nur Datura sanguinea braucht längere Zeit zum Bewurzeln. Von Datura suaveolens, die besonders duftende Blüten aufweist, wird auch Saatgut angeboten, das ganzjährig bei einer Temperatur von 20 – 25° C ausgesät werden kann.

Hibiscus
Roseneibisch

Wenn vom Hibiscus gesprochen wird, ist meistens Hibiscus rosa-sinensis, der Roseneibisch, gemeint. Als Zimmerpflanze bringt er leider oft mehr Probleme als Freude. Als Kübelpflanze dagegen, die während der Sommermonate im Freien steht und den Winter im temperierten Glashaus verbringt, kann der Hibiscus seine volle Blütenpracht entfalten. Zwar zählt er nicht gerade zu den pflegeleichten Pflanzen, doch dafür dankt er richtige Behandlung mit einer fast ununterbrochenen Blütezeit. Die großen, meist roten Blüten sind eine echte Augenweide.

Wärme ist das Erfolgsgeheimnis für eine lange Blütezeit, denn unter 16° C bilden sich keine Knospen. Allerdings darf es auch nicht zu heiß sein. Deshalb ist im Sommer ein Freilandaufenthalt dem Glashaus vorzuziehen, am besten an einem Standort im lichten Schatten,

Lantana, Wandelröschen

Musa, Banane (rechts)

denn pralle Sonne mag der Hibiscus nicht. Auch mit Wasser darf nicht gegeizt werden. Schon kurzfristige Ballentrockenheit führt zum Abfallen der Blütenknospen. Andererseits muß aber auch Staunässe vermieden werden. Gedüngt wird vom zeitigen Frühjahr bis Ende August, danach werden die Nährstoffgaben verringert und schließlich ganz eingestellt.

Man muß den Roseneibisch jedes Jahr schneiden, sonst verkahlt er und blüht nicht mehr.

Bei guten Wachstumsbedingungen wird aus dem Hibiscus ein stattlicher Strauch von 200 cm Höhe. Man kann ihn aber recht leicht zu einem Hochstämmchen heranziehen, indem Seitentriebe regelmäßig entfernt werden. Wenn die Pflanze zu groß fürs Glashaus wird, kann sie im Frühjahr kräftig zurückgeschnitten werden.

Probleme bereitet der Hibiscus meistens dann, wenn die Wachstumsbedingungen entscheidend verändert werden, beispielsweise beim Einräumen ins Glashaus im Herbst und beim Herausstellen im Mai. Hier ist eine vorsichtige Gewöhnung an das veränderte Klima nötig. Im Winter muß die Pflanze hell stehen. Als Mindesttemperatur braucht sie 10° C, für die Blütenbildung ist jedoch, wie bereits erwähnt, mehr Wärme erforderlich.

Die Vermehrung erfolgt mit schwach verholzten Stecklingen im späten Frühjahr. Am ehesten gelingt sie im geheizten Vermehrungsbeet, denn zur Bewurzelung brauchen die Stecklinge eine Bodentemperatur um 25° C.

Tellergroße Blüten, die einen Durchmesser von mehr als 25 cm aufweisen, bringt Hibiscus moscheutos hervor, dessen Samen jetzt auch im Gartenfachhandel angeboten werden. Gesät wird ab Februar. Bei 20° C Bodenwärme keimen die Samen nach einer Woche. Auch in der Folgezeit müssen die Jungpflanzen noch warm stehen. Im August entfalten sich die riesigen, eindrucksvollen Blüten. Die Überwinterung dieser hübschen Pflanzen erfolgt im Gewächshaus bei mäßiger Wärme.

Lantana
Wandelröschen

Als Balkon- und Beetpflanze ist die schöne Lantane recht bekannt. Oft wird sie aus Unwissenheit im Herbst zusammen mit den Einjahresblumen auf den Kompost geworfen. Dabei blüht sie – im kühlen Gewächshaus überwintert – jedes Jahr aufs neue. Von besonderem Reiz ist die Lantana als Hochstämmchen, denn so kommen die hübschen Blütenstände am besten zur Geltung.

Ein vollsonniger Standort sorgt im Sommer für beste Wachstumsbedin-

gungen. Gewässert und gedüngt wird nicht zu knapp, nachlassende Blühwilligkeit ist meistens eine Folge von Nährstoffmangel. Im Frühjahr wird die Pflanze zurückgeschnitten, damit sie kompakt wächst. Danach dauert es einige Wochen, ehe sich die ersten Blüten zeigen. Aber das Farbenspiel der kleinen, aparten Blütenstände entschädigt für die Geduld. Fast immer sind es mehrfarbige Blüten in Pastelltönen oder kräftigem Orange und Rot.

Während der kalten Jahreszeit ist die Lantane äußerst anspruchslos, allerdings auch wenig dekorativ. Sie kommt mit Temperaturen zwischen 8 und 10° C aus und braucht dann nur geringste Wassermengen. Die Vermehrung erfordert ein wenig Fingerspitzengefühl. Stecklinge werden am besten schon im August geschnitten. Um genügend Wurzeln zu entwickeln, brauchen sie eine Überwinterungstemperatur von 10 – 12° C. Im Frühjahr werden die Triebspitzen gekappt, um von Anfang an buschige Pflanzen zu erhalten.

Musa
Banane

Im geheizten Gewächshaus Bananen zu ernten hört sich zwar reizvoll an, ist aber nicht unbedingt realistisch. Denn für die Pflanzen braucht man ein größeres Gewächshaus oder einen großen Wintergarten. Außerdem sind Bananen schwer zu beschaffen und nur über Schößlinge zu vermehren. Empfehlenswert ist die Zierbanane, Musa ensete, die allein durch ihre riesigen Blätter eine Zierde ist. Kleinwüchsig ist auch sie allerdings nicht. Sie wird daher vorzugsweise in Kübeln gehalten, denn beim Auspflanzen erreicht sie bald das Glashausdach und müßte gekappt werden.

Ein weiterer Vorteil der Zierbanane ist die einfache Anzucht. Samen erhält man im Gartenfachhandel. Sie keimen bei einer Temperatur von mindestens 20° C innerhalb von zwei bis vier Wochen. Die Pflänzchen entwickeln sich rasch zu stattlicher Größe. Gesät wird in Saatschalen oder direkt in

Töpfe mit Aussaaterde. Wärme begünstigt das Wachstum.

Als Tropengewächse benötigen Bananen im Sommer möglichst viel Wärme. Am günstigsten stehen sie im Freien an einem windgeschützten Standort, das verhindert gleichzeitig Schäden an den empfindlichen Blättern. Für gutes Wachstum benötigen die Pflanzen reichlich Wasser und regelmäßige, nicht zu geringe Düngergaben. Besonders gut entwickeln sie sich, wenn sie in Draht- oder Kunststoffkörben ausgepflanzt werden. Man kann sie dann im Herbst leichter ausgraben. Oft entwickelt sich die Banane in den Sommermonaten so üppig, daß sie anschließend im Gewächshaus keinen Platz mehr findet. Man läßt sie dann draußen erfrieren und zieht im Spätwinter unter Glas neue Bananenbäumchen heran. Das zügige Wachstum der neuen Pflanzen entschädigt für den Verlust.

Während der Überwinterung im Gewächshaus ist die Banane schon mit einer Durchschnittstemperatur von 10° C zufrieden. Mehr Wärme führt zum Austrieb weicher Blätter, die leicht abknicken. Während der Überwinterung ist es normal, daß die Blätter nach und nach verwelken. Wenn schließlich nur noch der Stamm übrig ist, schneidet man ihn so tief zurück, bis der grüne Neuaustrieb sichtbar ist. Ohne diese Pflegemaßnahme hat die Pflanze im Frühjahr häufig nicht mehr genügend Kraft, um neue Blätter aus den abgestorbenen Blattresten auszutreiben.

Eine Banane, die auch im ungeheizten Gewächshaus überwintern kann, ist Musa basjoo, die selten angebotene Japanische Faserbanane. Sie wird ebenfalls im Kübel gehalten und erreicht mit knapp 400 cm eine noch eben vertretbare Höhe, kann aber auch problemlos gekappt werden, ohne Schaden zu nehmen. Bei günstigen Bedingungen bildet sie auch Früchte, die allerdings nicht genießbar sind.

Musa acuminata, bis 200 cm hoch, bringt bei guter Düngung innerhalb von 18 – 24 Monaten gut schmeckende, kleine Bananen. Diese Banane wird auf den Kanarischen Inseln angebaut. Durch Schößling kann sie vermehrt werden.

Nerium oleander
Oleander

Der Oleander ist die wohl bekannteste Kübelpflanze. Als Gewächs des Mittelmeerraums braucht sie im Sommer viel Wärme und ist in dieser Zeit an einem sonnigen Plätzchen auf der Terrasse am besten aufgehoben. Im Winter wird sie in einem schwach geheizten Gewächshaus untergebracht. Der Oleander ist zwar recht robust und übersteht auch leichte Fröste bis – 4° C, ist aber leider ein wenig anfällig gegen Krankheiten. Die Blüten sind je nach Sorte gefüllt oder ungefüllt, meist rosafarben oder rot, seltener weiß oder gelb. In regenreichen Sommern wartet man allerdings häufig vergeblich darauf, daß sich die Knospen entfalten.

An einer Südwand, windgeschützt, aber in voller Sonne hat der Oleander die besten Aussichten, reich zu blühen. Voraussetzung ist humusreiche, möglichst lehmhaltige Erde. Von März bis Anfang September wird regelmäßig und reichlich gegossen, außerdem einmal pro Woche dem Gießwasser Dünger zugefügt. Ein kleiner Trick kann manchmal die Blütenbildung beschleunigen: Blätter, die unmittelbar unter den Blütenknospen austreiben, werden entfernt, damit sie den Blüten keine Kraft nehmen. Verblühte Blütenstände schneidet man zunächst nicht ab, weil aus ihnen oft noch eine Nachblüte treibt.

Ein Nachteil des Oleander ist, daß er im Laufe der Jahre immer größer wird und schließlich kaum noch im Gewächshaus untergebracht werden kann. Umgetopft wird erst dann, wenn der Pflanzkübel vollständig durchwurzelt ist. Vor dem Einräumen ins Gewächshaus ist bei älteren Exemplaren außerdem ein kräftiger Rückschnitt erforderlich. Das erhöht gleichzeitig die Blühwilligkeit im nächsten Jahr, denn die unteren, neuen Triebe weisen mehr Blütenknospen auf. Mit dem Rückschnitt kann man aber auch bis zum Spätwinter warten. Vorsicht beim Schneiden, denn Blätter und auch Blüten des Oleanderstrauchs sind äußerst giftig und können bei Hautverletzungen gefährlich werden.

Passiflora caerulea, Passionsblume

Nerium oleander, Oleander

Die Überwinterung entspricht der der meisten anderen Kübelpflanzen. Der Platz im Gewächshaus soll hell sein, die Temperatur zwischen 5 und 10° C liegen. Gegossen wird nur wenig. Zu hohe Luftfeuchtigkeit und auf die Blätter tropfendes Kondenswasser kann Pilzkrankheiten verursachen. Befallene Pflanzenteile sollten stets gleich entfernt werden. Das gilt auch für die Haltung im Sommer.

Die Vermehrung des Oleanders ist eine simple Angelegenheit. Man schneidet

Plumbago, Bleiwurz

Passiflora caerulea
Passionsblume

Die Passionsblume läßt sich schwer in ein Schema einordnen. Als Zimmerpflanze wird sie schnell zu groß, falls der Wachstumsdrang nicht durch enge Gefäße und regelmäßiges Beschneiden in Grenzen gehalten wird. Als Kübelpflanze kann sie im Sommer unter Glas oder im Freien stehen. Sie braucht dann eine Stütze, die von den wüchsigen Trieben schnell berankt wird. Im Wintergarten ist es auch möglich, sie im Grundbeet auszupflanzen, allerdings sollte sie hier in einem Topf ohne Boden wachsen, der in der Erde versenkt wird. Nur so läßt sich der enorme Ausbreitungsdrang der Wurzeln eindämmen. Andernfalls bildet sie lange Wurzelausläufer, an denen laufend neue Triebe aus dem Boden herauswachsen.

Als Kletterpflanze berankt die Passionsblume in kurzer Zeit die Wände von Wintergärten und bietet so eine ideale Schattierung. Mit ihren ungemein dekorativen Blüten, die fortlaufend erscheinen, fasziniert sie jeden Besucher. Man kann sie aber auch im Gewächshaus hochranken lassen und die Triebe unter dem Glasdach entlang leiten. Sie bilden so eine wirkungsvolle Schattierung beispielsweise für Gurken oder andere Pflanzen, die pralles Sonnenlicht nicht vertragen. Im Winter kommt die Passionsblume mit einer Temperatur wenig über 0° C aus und ist mit maximal 8° C zufrieden. Sie verliert dabei einen Teil ihrer Blätter – ein im Wintergarten durchaus erwünschter Effekt, weil in der lichtarmen Jahreszeit Schatten nicht erwünscht ist. Im Herbst und bei Bedarf noch einmal im Frühjahr wird die Pflanze kräftig zurückgeschnitten. Ein heller und warmer Standort begünstigt im Sommer die Blütenbildung. Gedüngt wird nur mäßig, um das Wachstum nicht zu stark zu fördern. Ältere Pflanzen muß man dennoch meistens auch im Sommer regelmäßig stutzen. Die Anzucht aus Samen ist recht einfach. Bei wenigstens 20° C keimt die Passiflora rasch. Wenn sie anschließend in Töpfen gehalten wird, kann es mitunter lange dauern, bis die Blüten-

bildung einsetzt. Es ist allerdings ein Märchen, daß aus Samen gezogene Passionsblumen nicht blühen. Bei ausreichend Sonne und Wärme wird man nicht vergeblich auf Blüten warten. Erst recht nicht, wenn sich die Pflanze im Gewächshausbeet entfalten kann. Einfach ist auch die Vermehrung durch Stecklinge. Diese schneidet man am besten schon im zeitigen Frühjahr, wenn die Triebe noch leicht holzig sind. Später sind sie zu weich. Man kann dann stattdessen von den Wurzeln aus der Erde wachsende Triebe mit einem Wurzelstück abschneiden und in Töpfe pflanzen.

Plumbago
Bleiwurz

Die blauen Blüten, die diese robuste Kübelpflanze vom Frühjahr bis zum Spätherbst ohne Unterbrechung schmücken, machen den Plumbago so begehrt. Voraussetzung für einen dauerhaften Blütensegen ist ein vollsonniger, windgeschützter Standort im Sommer. Im Beet ausgepflanzt zeigt die Pflanze noch besseres Wachstum. Allerdings sollte man sie besser in einem Drahtkorb in den Boden setzen. So wird allzu üppiges Wurzelwachstum verhindert, und der Plumbago kann im Herbst problemlos wieder eingetopft werden.

Die Bleiwurz ist recht anspruchslos. Während der Sommermonate muß man häufig schneiden, um die schnell wachsenden Triebe zu stutzen und so für kompakten Wuchs zu sorgen. Auch die Blüten müssen regelmäßig entfernt werden, weil sie nicht von selbst abfallen. Wer Spaß daran hat, kann die Bleiwurz zu einem dekorativen Kronenbäumchen heranziehen. Oder man läßt ihn, zum Beispiel im Wintergarten, an einem Spalier hochwachsen, wo er besonders attraktiv wirkt.

Den Winter verbringt die Bleiwurz an einem hellen Standort bei mäßiger Temperatur bis höchstens 8° C im Gewächshaus. Sie verträgt auch weniger Licht und noch kühlere Temperaturen bis nahe 0° C. In diesem Fall ist vor dem Einräumen jedoch ein radikaler Rückschnitt erforderlich, im Frühjahr

Triebspitzen ab, entfernt die unteren Blätter und stellt sie an einem nicht zu kühlen Ort in ein Glas Wasser. Sobald sich Wurzeln bilden, wird in kleine Töpfe gepflanzt. In der Folge müssen die Jungpflanzen mehrfach gestutzt werden, weil sie sonst zu sperrig wachsen. Die Aussaat frisch geernteter Samen bringt kompaktere Pflanzen, die aber meistens nur einfache Blüten aufweisen. Es ist also zu überlegen, ob man auf Blüte oder aber auf Pflanzenwuchs mehr Wert legt.

treibt die Pflanze wieder willig aus. Hält man die Bleiwurz im Winter kühl, ohne sie zu stutzen, welkt das Laub zum größten Teil. Da es jedoch nicht abfällt, verleiht es der Pflanze ein krankes Aussehen. In jedem Fall aber treibt die Bleiwurz im Frühjahr bei zunehmender Helligkeit und steigenden Wassergaben zuverlässig wieder aus.

Die Vermehrung ist im zeitigen Frühjahr oder auch im Frühherbst möglich. Die Stecklinge benötigen nur mäßige Bodenwärme zur Bewurzelung.

Punica granatum
Granatapfelbaum

Der Granatapfelbaum ist eine traumhaft schöne Kübelpflanze, die man leider viel zu selten sieht. Das mag daran liegen, daß viele Blumenfreunde schlechte Erfahrungen mit den als Zimmerpflanzen angebotenen Zwergformen gemacht haben. Wenn sie im Winter im geheizten Zimmer stehen, gehen sie fast unweigerlich ein. Im Gewächshaus findet der Granatapfelbaum hingegen die besten Bedingungen zum Überwintern, als Zwergform ebenso wie als strauchartig wachsende Kübelpflanze.

Der Granatapfelbaum hat eine lange Geschichte, die bis in die Zeit vor Christi Geburt zurückreicht. Neben seiner Verwendung als Nutzpflanze wurde er schon immer wegen seines attraktiven Äußeren gemocht. Als Kübelpflanzen kommen vor allem die Ziersorten in Frage. Von fruchttragenden Sorten wird man im heimischen Klima selbst bei fachgerechter Überwinterung im Glashaus nur in Ausnahmefällen reife Früchte ernten können. Neuere Sorten, die zur Fruchtbildung nicht ganz so hohe Temperaturen benötigen, sind bis jetzt nur schwer zu bekommen.

Die am häufigsten angebotene Zwergsorte ist 'Nana'. Sie wird durch Stecklinge vermehrt, ist blühfreudiger als andere und zeigt ihre dekorativen, orangefarbenen Blüten oft schon im ersten Jahr. Eine Vermehrung aus Samen ist weniger empfehlenswert, weil die Nachkommen zumeist ein sperriges Wachstum zeigen. Die

Punica granatum, Granatapfelbaum

Zwergsorten erreichen eine Höhe von wenig mehr als 50 cm, im Alter bis 100 cm. Andere werden mehr als 200 cm hoch. Attraktiv sind vor allem die als Kronenbäumchen herangezogenen Pflanzen.

Im Sommer braucht der wärmeliebende Granatapfelbaum einen geschützten, aber unbedingt vollsonnigen Platz im Freien. Das gilt auch für die Zwergformen. Frischluft bekommt ihnen in jedem Fall besser als ein Daueraufenthalt im Zimmer. Nur bei sehr guter Gewächshauslüftung können sie auch während des Sommers im Glashaus bleiben. Von März bis Mitte Juli wird alle zwei Wochen großzügig gedüngt, danach nicht mehr.

Gewässert wird im Schnitt jeden zweiten Tag, wobei die Pflanze auch gelegentliche Trockenheit schadlos verträgt. Ab August halbiert man die Wassergaben zunächst, um sie anschließend noch weiter zu verringern. Hier liegt bereits der Schlüssel für die erfolgreiche Blütenbildung im nächsten Jahr. Die Triebe müssen ausreifen, denn schon jetzt erfolgt die Anlage der Blütenknospen. Wird weiter gewässert und gedüngt, treiben viele neue Blätter, aber der erhoffte Blütensegen bleibt aus. Im Herbst steht der Granatapfelbaum, im Gegensatz zu den meisten anderen Kübelpflanzen, noch möglichst lange draußen. Er ist so robust, daß er sogar leichte Minusgrade

Yucca

Tibouchina

schadlos übersteht. Bereits vor dem Einräumen werden die Triebe kräftig zurückgeschnitten, schwache Triebe schneidet man ganz ab.

Keine Panik, wenn der Granatapfelbaum zum Winter die Blätter abwirft, das ist normal. Während der kalten Jahreszeit steht er im schwach geheizten Gewächshaus bei 2 – 8° C. Die unbelaubten Pflanzen brauchen in der Folgezeit nur noch minimale Wassergaben. Sofern es die Witterung erlaubt, wird möglichst häufig gelüftet.

Im Frühjahr ist ganz besonders darauf zu achten, daß die Pflanze nicht zu früh austreibt, denn dann wird man im Sommer vergeblich auf Blüten warten. Ab Ende März kann sie schon zwi-

schendurch zum Abhärten nach draußen gestellt werden, endgültig aber erst Mitte Mai, wenn keine Frostgefahr mehr besteht.

Bei Bedarf wird im Frühjahr umgetopft. Das sollte aber nicht öfter als alle drei Jahre geschehen, bei älteren Pflanzen noch seltener. Die neuen Gefäße dürfen nur wenig größer als die alten sein. Die Vermehrung erfolgt im zeitigen Frühjahr. Die noch unbelaubten Stecklinge werden in einer Länge von 10 cm geschnitten und ins geheizte Vermehrungsbeet gesteckt.

Krankheiten und Schädlinge treten in der Praxis selten auf.

Tibouchina
Tibouchine

Ihren Namen kennen bislang erst wenige Blumenfreunde. Aber die prächtige Pflanze mit den großen, tiefblauen Blüten fasziniert jeden, der sie einmal gesehen hat. Wer sie besitzt, sollte unbedingt wissen, daß sie nur durch regelmäßiges Beschneiden ihren kompakten Wuchs behält. Wird die Schere nicht oder zu spät angesetzt, gibt es lange Triebe, die am unteren Ende bald verkahlen. Ansonsten ist die Tibouchina eine problemlose Pflanze mit einer lang anhaltenden Blütezeit, die auch für Wintergärten ausgezeichnet geeignet ist.

Im Sommer verträgt die Tibouchina einen leicht schattigen Standort. Sie braucht geräumige Töpfe, weil der Wurzelballen sonst leicht austrocknet. Die Erde sollte kalkarm sein. Man vermischt sie am besten mit Torf.

Gegossen wird während der Wachstumszeit reichlich. Alle ein bis zwei Wochen sollte man düngen.

Würde man die Pflanze munter wachsen lassen, so überragt sie bald den Besitzer, wirkt dann aber wenig dekorativ, weil die Blüten nur an den Triebspitzen erscheinen. Der Rückschnitt erfolgt laufend. Am besten stutzt man die neuen Triebe direkt hinter dem ersten Blattpaar, um so eine verzweigte und möglichst kompakt wachsende Pflanze zu erhalten.

Vor dem ersten Frost wird die Tibouchina ins Glashaus gebracht, wo sie bei

Temperaturen zwischen 8 und 12° C ideale Bedingungen findet. An einem hellen Standort und bei weiteren, allerdings eingeschränkten Wassergaben blüht sie oft noch bis in den Winter hinein. Die Vermehrung ist durch Stecklinge möglich, die im Frühjahr geschnitten und im Vermehrungsbeet bei 20 – 25° C bewurzelt werden.

Yucca
Yucca

Anspruchslosigkeit zeichnet die Yucca aus. Meistens als Zimmerpflanze gekauft, wird sie für das Dasein auf der Fensterbank bald zu groß. Im Gegensatz zur Yucca filamentosa, der winterharten Palmlilie, müssen Yucca aloifolia und Yucca gloriosa frostfrei überwintert werden. Das Kalthaus ist hierfür ein idealer Standort.

In den Sommermonaten braucht die Yucca reichlich Wasser, zusätzlich von April bis August regelmäßig Dünger. Am besten entwickelt sie sich an einem möglichst warmen Standort, wobei ihr auch pralle Sonne recht ist. Auf die dekorativen, langen Blütenrispen muß man oft jahrelang warten. Aber auch ohne diese ist die Yucca eine stattliche Pflanze, die mit ihrem mächtigen Blattschopf, der aus dem Stamm austreibt, recht exotisch wirkt. Während der kalten Jahreszeit kommt die Yucca mit geringsten Wassergaben aus. In dieser Zeit wird nur gerade soviel gegossen, daß der Wurzelballen nicht völlig austrocknet. Wichtig bei der Überwinterung ist ausreichende Helligkeit.

Gelegentlich bilden ältere Exemplare am Fuß des Stamms Seitentriebe. Man kann sie abtrennen und neu einpflanzen. Um Fäulnis zu vermeiden, muß die Schnittstelle vorher antrocknen.

Topf- und Zimmerpflanzen

Zimmerpflanzen fühlen sich im Gewächshaus wohler als im Zimmer, wo trockene Heizungsluft und Lichtmangel während der kalten Jahreszeit problematisch sein können. Kränkelnde Zimmerpflanzen erholen sich in den meisten Fällen, wenn sie für eine Übergangszeit ins Gewächshaus gebracht werden. Was auf der Fensterbank dahinkümmert, findet im Glashaus erheblich günstigere Klimabedingungen. Allein die hohe Luftfeuchtigkeit bekommt den Pflanzen sichtbar besser.

Welcher Temperaturbereich erforderlich ist, richtet sich nach den Wärmeansprüchen der einzelnen Pflanze. Einige brauchen die Winterkühle des Kalthauses, ein großer Teil fühlt sich nur im Warmhaus wohl. Die größte Gruppe ist im temperierten Gewächshaus am besten aufgehoben.

Viele Gewächshausbesitzer halten Zimmerpflanzen nur während der Blütezeit auf der Fensterbank oder im Blumenfenster. Die übrige Zeit bleiben sie im Gewächshaus. Das hat den Vorteil, daß blühende Exemplare stets bewundert werden können, während das Gewächshaus als Anzucht- und Erholungsort dient.

Die Möglichkeit, Zimmerpflanzen selbst aus Samen heranzuziehen, sollten Glashausgärtner nicht ungenutzt lassen. Die hohen Temperaturen, die manche Samen zum Keimen brauchen, erreicht man am besten in einem heizbaren Vermehrungsbeet. Für zahlreiche Zimmerpflanzen ist Saatgut erhältlich. Die Anzucht ist bei manchen langwierig, in jedem Fall aber viel preiswerter als der Kauf von Pflanzen. Auch die Vermehrung durch Stecklinge läßt sich im Gewächshaus unter günstigen Bedingungen meist recht erfolgreich durchführen.

Allamanda, Goldtrompete

Allamanda
Goldtrompete

Die Allamanda hat sich als Zimmerpflanze noch nicht recht durchgesetzt, denn auf der Fensterbank findet sie selten günstige Bedingungen. Im geheizten Gewächshaus können ihre Ansprüche besser erfüllt werden: ein heller Standort, im Sommer mit leichter Schattierung, hohe Luftfeuchtigkeit in der warmen Jahreszeit. Reichliches Gießen und wöchentliches Düngen ist während der Wachstumszeit vom Frühjahr bis zum Herbst erforderlich. Im Winter liebt es die Allamanda warm. Sie wird dann nur mäßig gegossen und nicht gedüngt. Die prächtigen, gelben Blüten halten nicht sehr lange, aber dafür wachsen vom Sommer bis zum Herbst ständig neue heran.

Ohne Rückschnitt wird aus der Pflanze ein langtriebiger Strauch. Die Triebe können an Spalieren oder Drähten hochgeleitet werden. Das Zurückschneiden erfolgt zwischendurch oder während der Vegetationsruhe im Winter. Erkennbare Knospenansätze sollten dabei geschont werden.

Aphelandra squarrosa, Glanzkölbchen

Aphelandra
Glanzkölbchen

Die Aphelandra wird zwar wegen ihrer exotisch wirkenden Blüte gern gekauft, aber auf der Fensterbank währt ihr Dasein meist nur begrenzte Zeit. Das Gewächshaus bietet am ehesten Gewähr, die schöne Pflanze weiterzukultivieren und in den Folgejahren erneut zum Blühen zu bringen. Aphelandra squarrosa ist die einzige, die überhaupt für Zimmerkultur in Frage kommt, alle anderen Arten sind auf das Warmhaus angewiesen.

Entscheidend für gutes Wachstum ist hohe Luftfeuchtigkeit. Auch im Winter soll die Temperatur möglichst nicht unter 18° C sinken. Direktes Sonnenlicht ist unbedingt zu vermeiden. Beim Gießen (im Sommer reichlich) darf man nur angewärmtes Wasser verwenden.

Wenn die Blüte vertrocknet ist, wird sie zusammen mit zwei oder vier Blättern abgeschnitten. Bei älteren Exemplaren ist ein kräftiger Rückschnitt möglich. Wenn die Pflanze unten schon zu viele Blätter verloren hat, ist die Weiterkultur nicht mehr lohnend.

Die Vermehrung erfolgt durch Stecklinge. Dazu werden im Frühsommer Triebspitzen geschnitten und bei wenigstens 25° C im Vermehrungsbeet bewurzelt.

Clivia miniata, Klivie

Asplenium nidus, Nestfarn

Asplenium nidus
Nestfarn

Der Nestfarn ist nicht ganz so anspruchsvoll, wie er manchmal dargestellt wird. Aber er zählt zu den wärmebedürftigen Pflanzen, die auch im Winter eine Temperatur um 18 – 20° C brauchen. Nachts sollte es dann nicht kühler als 15° C sein.

Im Warmhaus bekommt der Nestfarn einen halbschattigen bis schattigen Standort. Gewässert wird im Sommer normal, im Winter nur sparsam. Gerade an einem schattigen Platz sollte der Wurzelballen im Winter nur ganz schwach feucht gehalten werden. In dieser Zeit sollte auch das Besprühen der Blätter, das ihnen im Sommer sichtlich gut bekommt, eingestellt werden. Beim Düngen – von April bis August im Abstand von zwei bis drei Wochen – gibt sich der Nestfarn mit der halben Menge anderer Topfpflanzen zufrieden.

Clivia
Klivie

Sie zählt zu den anspruchslosen Pflanzen, aber ihre prächtigen Blütenständen zeigt die Klivie nur bei richtiger Pflege. Eine Eigenart, die beachtet werden muß, ist ihre Standorttreue. Der Topf soll immer (!) denselben Platz behalten. Ein Hölzchen oder eine Kerbe als Lichtmarke verhindert, daß der Topf gedreht wird.

Wichtig ist außerdem das Einhalten der Ruhezeit von September bis Februar. Die Überwinterung im Kalthaus bereitet keine Probleme. Temperaturen bis 7° C, auch gelegentlich darunter, verkraftet die Klivie mühelos. Gegossen wird in dieser Zeit äußerst sparsam. Im Kalthaus genügt es, alle drei bis vier Wochen die Erdfeuchtigkeit zu prüfen. Ab Februar wird wieder zunehmend gewässert und auch regelmäßig gedüngt. Die Temperatur sollte nach der Ruhezeit bei 13° C liegen.

Die Blüten erscheinen zwischen März und Juni. Ein heller Standort begünstigt das Wachstum, aber die Klivie ist auch mit etwas weniger Licht zufrieden und gedeiht dann auch gut.

Die Vermehrung erfolgt durch Seitensprosse, die mit Wurzeln abgetrennt und in kleine Töpfe mit Anzuchterde gesetzt werden. Man darf nur bei älteren Klivien Seitensprossen abnehmen, damit die Blühwilligkeit nicht beeinträchtigt wird.

Mit zunehmender Lebensdauer muß man nur noch selten umtopfen.

Codiaeum
Kroton

Die farbenprächtigen Blätter machen den Kroton so attraktiv. Er ist im Winter auf das Warmhaus angewiesen, denn bei Temperaturen unter 14° C ist Laubfall die Folge. Ideal ist eine Tagestemperatur um 18° C. Zuviel Wärme während der Ruhezeit im Winter kann sich ungünstig auswirken. Im Sommer braucht die Pflanze unbedingt Schutz vor praller Sonne. Lichter Schatten bekommt ihr am besten.

Der Kroton gehört zu den Gewächsen, die ein feucht-warmes Klima bevorzugen. Vom Frühjahr bis zum Spätsommer braucht er ziemlich viel Wasser und wird wöchentlich gedüngt.

Cordyline
Keulenlilie

In ihrer Heimat, Australien und Indien, werden manche Arten der Cordyline bis 15 m hoch. Für Warmhaus- oder Zimmerkultur ist vor allem die kompakt wachsende Cordyline fruticosa mit roten und rotgrünen Blättern geeignet.

Während die grünblättrigen Formen robust und im Winter mit 5° C zufrieden sind, braucht die genannte Art in den Wintermonaten ein Minimum von 15° C. Pralle Sonne ist bei der buntblättrigen Cordyline zu meiden.

Gewässert wird normal: im Winter mäßig, im Sommer reichlicher. Düngung ist vom Frühjahr bis zum Spätsommer erforderlich.

Cyclamen
Alpenveilchen

Bei Alpenveilchen lohnt sich die Anzucht aus Samen. Von der Aussaat bis zur Blüte dauert es zwar wenigstens ein Jahr, aber der Erfolg versöhnt für die langwierige Kultur. Die Aussaat ist im Prinzip ganzjährig möglich. Günstig ist der Sommer, weil dann die notwendige Keimtemperatur von 20° C ohne Aufwand erreicht wird. Im heizbaren Gewächshaus, möglichst mit Zusatzbeleuchtung, ist auch die Aussaat im Winter realistisch. Aus Samen gezogene Alpenveilchen müssen zweimal pikiert werden, ehe man sie in ihre endgültigen Töpfe (12–14 cm Durchmesser) setzt.

Da die Pflanzen im Sommer gern kühl stehen, ist das Einsenken der Töpfe im Grundbeet, möglichst im lichten Schatten, sinnvoll. Bei Hitze sollte für hohe Luftfeuchtigkeit gesorgt werden. Zuviel Wärme ist in jedem Fall zu vermeiden. Im Sommer beträgt die Idealtemperatur nicht mehr als 15° C, im Winter 10° C.

Während der Blütezeit, die normalerweise im Herbst beginnt und weit in den Winter hineinreicht, braucht die Pflanze ziemlich viel Wasser. Allerdings darf die Erde nicht zu naß gehalten werden. Knollen und Blätter sollte

man beim Gießen nicht benetzen. Verwelkte Blüten und Blätter werden nur angedreht, nicht abgeschnitten. Nach der Blüte kann man die kräftigsten Pflanzen weiterkultivieren. Bis zum Sommer wird dann nur noch sparsam gegossen und erst ab Juli mit allmählich steigenden Wassergaben und Besprühen der Neuaustrieb angeregt.

Dieffenbachia
Dieffenbachie

Dieffenbachien sind am besten im Warmhaus aufgehoben. Im Sommer sind Temperaturen um 20° C ideal, im Winter sollte das Thermometer nicht unter 16° C absinken. Größere Temperaturschwankungen muß man vermeiden.

Hohe Luftfeuchtigkeit vom Frühjahr bis zum Spätsommer (in dieser Zeit wird auch wöchentlich gedüngt) bekommt der Pflanze sichtbar gut. Der Standort sollte leicht beschattet sein. Im Sommer wird die Topferde gleichmäßig feucht gehalten, im Winter nur mäßig gewässert.

Für die Vermehrung ist eine hohe Bodentemperatur um 25° C erforderlich. Entweder bewurzelt man Kopfstecklinge oder legt einfach fingerlange Teilstücke des Stamms waagerecht in Anzuchterde und bedeckt sie ein wenig. Die Stammstücke müssen mindestens eine Blattachsel mit Triebknospe aufweisen. Die Schnittstellen läßt man zunächst zwei bis drei Tage trocknen.

Dipladenia
Dipladenie

Die Dipladenie mit den hübschen rosa Blüten kommt erst im Gewächshaus richtig zur Geltung, denn hier kann sie auch ihre Eigenschaften als Kletterstrauch zeigen. Im Topf werden die Triebe an Drähten geleitet.

Während der Wintermonate muß für eine Mindesttemperatur von 12° C gesorgt werden, im Sommer für wenigstens 20° C. Gegossen wird im Winter nur sparsam. Während der Sommer-

Euphorbia pulcherrima, Weihnachtsstern

Cyclamen persicum, Alpenveilchen

monate muß man reichlich wässern, aber Staunässe vermeiden. Mit steigendem Wärmebedarf ab Frühjahr braucht die Dipladenie auch höhere Luftfeuchtigkeit, außerdem Dünger im zweiwöchigen Abstand bis zum Spätsommer.

Für die Vermehrung durch Stecklinge ist das Frühjahr ein günstiger Zeitpunkt. Zur erfolgreichen Bewurzelung der Stecklinge muß das Vermehrungsbeet 25° C aufweisen.

Dracaena
Drachenbaum

Von Dracaena werden viele Arten angeboten. Am häufigsten sind Dracaena draco, D. fragans und D. hookeriana, die für Zimmerkultur geeignet sind. Noch besser gedeihen sie im Glashaus, wenn für die richtige Temperatur gesorgt wird: im Sommer 18 – 20° C und mehr, im Winter 14 – 16° C. Häufiges Besprühen bekommt ihnen in der warmen Jahreszeit gut. Dann wird auch regelmäßig gegossen und im 14tägigen Abstand gedüngt. Im Winter unterbleibt das Besprühen, man muß nur noch mäßig gießen und nicht düngen. In den lichtarmen Monaten November bis Januar ist es besonders wichtig, daß die Erde nicht zu naß ist. Dracaena draco kann aus Samen vermehrt werden. Bei 25° C dauert es vier Wochen, bis das Saatgut keimt.

Euphorbia pulcherrima
Weihnachtsstern

Der Weihnachtsstern mit den typischen roten Hochblättern ist zur Weihnachtszeit hochgeschätzt. Die leuchtendrote Farbe – manche blühen auch in Rosa oder Weiß – wirkt in dieser Jahreszeit besonders anziehend. Die Pflanzen mögen es im Winter warm; unter 18° C sollte die Temperatur nicht absinken.

Wenn die Blütezeit vorbei ist, beginnt für den Weihnachtsstern eine Ruhezeit. Er wird dann kräftig zurückgeschnitten Vorsicht: Der weiße Milchsaft ist giftig. Ab Anfang Juni ist

Dieffenbachia-Hybride

dann wieder mehr Wasser erforderlich. Gleichzeitig düngt man einmal wöchentlich bis zum Oktober. Während der Wachstumszeit darf man nicht zu knapp wässern und muß für hohe Luftfeuchtigkeit sorgen.

Die Vermehrung durch Kopfstecklinge ist im Juli und August möglich. Man stellt sie nach dem Schneiden erst in Wasser, ehe sie in Anzuchterde gesteckt werden. Die Bewurzelung gelingt nur bei hoher Luftfeuchtigkeit. Bei uns dauert es bis Januar, ehe sich zu den grünen Blättern rote Hochblätter gesellen. Voraussetzung ist allerdings, daß die Pflanzen nachts von keiner Lichtquelle beschienen werden. Schon das Licht einer Straßenlaterne genügt, um die Rotfärbung zu verhindern.

Mit einem etwas aufwendigen Verfahren kann man die Rotfärbung auch termingerecht zu Weihnachten hinkriegen: Man muß die Pflanzen ab Ende Oktober sorgfältig abdecken, so daß sie acht Wochen lang nur jeweils zehn Stunden Tageslicht bekommen.

Exacum affine
Blaues Lieschen

Das Blaue Lieschen, nicht verwandt mit dem Fleißigen Lieschen, ist nur einjährig. Eine Weiterkultur lohnt nicht.

Die leichte Anzucht aus Samen ist jedoch ein Grund, einmal einen Versuch mit der blaublühenden Pflanze zu wagen. Die Samen werden im Frühjahr oder Herbst bei einer Keimtemperatur von knapp 20° C ausgesät. Beim Pikieren können gleich mehrere Pflänzchen in einen Topf gesetzt werden. Später braucht das Blaue Lieschen einen halbschattigen Standort bei 15° C. Häufiges Lüften ist günstig. Gegossen wird mäßig.

Ficus
Gummibaum, Birken- und Geigenfeige

Der Gummibaum (Ficus elastica) und seine Verwandten F. benjamina (Birkenfeige) und F. lyrata (Geigenfeige) sind eigentlich keine typischen Pflanzen fürs Glashaus. Unter dem Glasdach sind sie aber zur Pflege zwischendurch und zur Vermehrung wohlgelitten. Im Wintergarten findet zudem mancher Gummibaum sein Quartier, der fürs Zimmer zu groß geworden ist. Alle Ficus-Arten stehen gern hell, aber unbedingt ohne direktes Sonnenlicht. Ihr Standort sollte nicht verändert werden. Ein Freilandaufenthalt im Sommer ist nicht ratsam.

Vom Frühjahr bis zum Spätsommer wird reichlich gewässert und im 14tägigen Abstand gedüngt. Kräftige Pflanzen bekommen wöchentlich Dünger. Im Winter muß man nur noch so viel gießen, daß der Wurzelballen nicht austrocknet.

Die Temperatur sollte in der kalten Jahreszeit nicht unter 13° C sinken. Buntblättrige Ficus-Arten sind anspruchsvoll. Sie brauchen mehr Wärme und auch hohe Luftfeuchtigkeit.

Die Vermehrung erfolgt durch Kopfstecklinge oder durch Blattstecklinge, die aber eine Triebknospe aufweisen müssen. Bei einigen Ficus-Arten, zum Beispiel bei der Birkenfeige, ist auch eine Anzucht aus Samen möglich. Am besten gelingt das bei 25° C Keimtemperatur im Spätwinter. Die Samenkörner drückt man nur an. Mit Erde darf man sie nicht bedecken.

Gardenia
Gardenie

Der Duft ihrer attraktiven Blüten macht die Gardenie sehr anziehend. Der immergrüne Strauch blüht vom späten Frühjahr bis zum Herbst. Im Winter zeigt Gardenia jasminoides 'Veitchii' ihre gefüllten Blüten.

Im Winter fühlt sich die Gardenie bei wenigstens 15 – 18° C wohl. Im Sommer steht sie von Juni bis Mitte Sep-

tember draußen. Pralle Sonne sollte zu jeder Zeit vermieden werden.

Gegossen wird möglichst mit enthärtetem Wasser. In den Sommermonaten werden die Blätter häufig überbraust. Als kalkfeindliche Pflanze hat die Gardenie ähnliche Ansprüche wie Azaleen. Beim Einpflanzen oder Umtopfen wird deshalb Azaleenerde verwendet. Gedüngt wird ab Austriebsbeginn mit organischem Dünger ohne Kalk. Nach dem Verblühen kann ein leichter Rückschnitt erforderlich sein. Die Vermehrung erfolgt durch Kopfstecklinge bei 25° C Bodenwärme.

Gerbera
Gerbera

Die Pflanzen wollen einen sonnigen Platz; die sommerlichen Nachttemperaturen sollten zirka 18° C betragen. Im Winter stehen ältere Pflanzen bei 10 – 12° C, jüngere bei etwas höheren Temperaturen.

Gerbera will regelmäßig gegossen und wöchentlich gedüngt werden. Umgetopft wird in nährstoffreiche Blumenerde.

Die Vermehrung findet durch Aussaat oder Teilung statt. Wertvolle Sorten können auch durch Stecklinge vermehrt werden.

Hedera
Efeu

Der Zimmerefeu ist gleichermaßen für Fensterbank oder Gewächshaus geeignet. Nur sollte seine Vorliebe für kühle Wintertemperaturen beachtet werden. Dabei reicht ein frostfrei gehaltenes Glashaus; mehr als 10° C sollten es nicht sein. Als Standort ist dem Efeu ein halbschattiges Plätzchen recht. Vor allem die buntblättrigen Arten dürfen keine pralle Sonne erhalten.

Während der Ruhezeit in den Wintermonaten bei kühlen Temperaturen wird nur sparsam gegossen, im Sommer reichlich. Gedüngt wird vom Frühjahr bis zum Spätsommer.

Aus Stecklingen lassen sich mühelos neue Pflanzen ziehen.

Gerbera

Hedera, Efeu

Hippeastrum
Amaryllis, Ritterstern

Rittersterne wirken mit ihren riesigen Blüten in leuchtendem Rot, Orange, Weiß, Rosa beziehungsweise Pink faszinierend. Zum Antreiben und während der Blütezeit stehen sie bevorzugt am Zimmerfenster, weil sie dann viel Wärme brauchen: zum Antreiben bis 25° C, danach um 20° C. Später verliert Amaryllis im Zimmer an Attraktivität und wird gern vom Frühjahr bis zum Herbst im Glashaus gehalten. Im Sommer kann die Pflanze allerdings auch im Freien stehen – an einem leicht schattigen Ort.

Hippeastrum-Hybride, Amaryllis

Kalanchoë, Flammendes Kätchen

Kalanchoë
Flammendes Kätchen

Die Kalanchoë zählt mit sehr vielen Blütenvariationen zur Gruppe der meistverkauften Zimmerpflanzen. Nach der Blüte wird sie häufig weggeworfen, weil sie dann erheblich an Attraktivität verliert. Im Gewächshaus gelingt hingegen die Weiterkultur mühelos. Älteren Pflanzen kann ein Rückschnitt wieder zu kompaktem Wuchs verhelfen.

Die Kalanchoë blüht gewöhnlich im Winter. Früher blühende Exemplare erhalten Profigärtner, indem sie den Pflanzen vier Wochen lang nur zehn Stunden Tageslicht gönnen – ähnlich der Behandlung des Weihnachtssterns. Während der Blüte braucht die Kalanchoë einen hellen Platz bei wenigstens 14 °C. Im Sommer steht sie lieber halbschattig. Damit die Pflanze im nächsten Winter wieder blüht, braucht sie eine Ruhezeit. Ab September wird deshalb nicht mehr gedüngt und das Gießen allmählich eingeschränkt.

Die Vermehrung durch Kopfstecklinge gelingt im Frühjahr oder Spätsommer am besten.

Kalanchoë daigremontiana, das Brutblatt, hat zwar einen komplizierten Namen, ist aber äußerst einfach in der Pflege. Seine hervorstechenden Merkmale sind die Brutknospen, die von den Blatträndern abfallen und in der Topferde Wurzeln schlagen.

Eine Besonderheit der Amaryllis ist die strikte Ruhezeit ab September, Oktober. Das Düngen wird schon ab August eingestellt, danach auch das Gießen. Die Gefäße können unbeachtet in einer Ecke stehen, bis die Blätter völlig vertrocknet sind. Danach werden die Zwiebeln neu angetrieben. Man setzt sie in ausreichend große Töpfe mit frischer Blumenerde. Die Zwiebel muß wenigstens zu einem Drittel aus der Erde schauen. Das ist wichtig, um dem „Roten Brenner", eine häufig auftretende Pilzkrankheit, vorzubeugen. Dafür brauchen die Pflanzen dann später unter Umständen einen Stützstab. Die Töpfe stellt man hell auf und gießt sie in den ersten Wochen nur wenig. Sobald sich die Blütenknospe herausschiebt, werden die Wassergaben gesteigert und (in zehntägigem Abstand) gedüngt. Das Antreiben kann erfolgen, wenn im November die ersten Amaryliszwiebeln angeboten werden und bis Anfang März fortgesetzt werden. Entscheidend für gutes Wachstum der Amaryliszwiebeln und noch reichere Blütenbildung in den Folgejahren ist die Pflege nach der Blütezeit. Vom Frühjahr bis zum Spätsommer wird die abgeblühte Amaryllis weiter gewässert und im zehntägigen Abstand gedüngt. Gute Pflege zeigt sich in kräftigen, dunkelgrünen Blättern.

Die Haltung in Hydrokulturgefäßen ist problemlos möglich. Von Vorteil ist sie vor allem deshalb, weil der Rote Brenner in der erdelosen Hydrokultur seltener auftritt. Auch hier werden die Zwiebeln nur zur Hälfte oder höchstens zu zwei Dritteln in den Blähton gesetzt. Bei hoch wachsenden Amaryllis muß man unbedingt einen Stützstab (aus Kunststoff, nicht aus Holz) einsetzen. Während der Ruhezeit darf kein Wasser im Topf sein. Zum Antreiben wird Wasser eingefüllt und Hydrodünger hinzugefügt.

Im Glashaus muß die Pflanze vor Schnecken sicher aufgestellt werden, die Blätter und Zwiebel fressen.

Howeia
Kentiapalme

Die Kentiapalme verbreitet im Sommer Mittelmeeratmosphäre auf der Terrasse. Sie bevorzugt leichten Schatten. In der kalten Jahreszeit ziert sie den Wintergarten oder wird im Gewächshaus gehalten. Der robusten Pflanze genügt dann eine Mindesttemperatur von 12 °C.

Im Sommer wird reichlich gewässert, im Winter weniger. Dünger erhält die Kentiapalme wöchentlich, aber nur vom Frühjahr bis zum Sommer.

Die Vermehrung durch Samen ist langwierig und erfordert unbedingt frisches Saatgut.

Lithops
Lebende Steine

Lithops sind reizvolle Gewächse. Sie gehören zur Familie Aizoaceae. Sie sehen tatsächlich bunten Kieselsteinen ähnlich. Erst recht ziehen sie während ihrer Blütezeit die Aufmerksamkeit auf sich. Die richtige Wasserversorgung ist entscheidend für den Erfolg mit dieser Pflanze. Gegossen wird nur mäßig von Mai bis November. In der übrigen Zeit bekommen Lithops kein Wasser.

Monstera deliciosa, Fensterblatt

Oxalis purpurea, Sauerklee

Pentas lanceolata, Pentas

Mimosa
Mimose

Die Eigenschaft, ihre Blattstiele und Blattfiedern bei Berührung abknicken zu können, um sie nach einigen Minuten wieder aufzurichten, macht die Mimose zu einer faszinierenden Pflanze. Als Topfpflanze oder zum Aussäen wird zumeist Mimosa pudica angeboten. Die Anzucht aus Samen ist nicht schwierig. Gesät wird im Frühjahr bei 20° C Keimtemperatur.
Mimosen zeigen sich empfindsam gegen Zugluft und Kälte. Am besten behagt ihnen eine Mindestemperatur von 18° C und hohe Luftfeuchtigkeit. Erst unter solchen Bedingungen, vor allem bei der richtigen Temperatur, zeigen die Blätter den bekannten Berührungsreiz.

Monstera
Fensterblatt

Ähnlich wie der Gummibaum findet das Fensterblatt im Glashaus meistens dann Quartier, wenn es vermehrt werden soll oder fürs Zimmer zu groß geworden ist. Im Winter genügen der robusten Monstera 10–12° C. Die Pflanze wird während der Ruhezeit (von Oktober bis Februar) nur mäßig gegossen und nicht gedüngt. Im Sommer wird die Erde gleichmäßig feucht

gehalten und wöchentlich gedüngt. Pralle Sonne behagt der Monstera nicht, aber sie sollte recht hell gehalten werden, dann sind die Blattschlitze ausgeprägter.
Die Vermehrung ist auf drei Arten möglich: 1. Die Aussaat kann jederzeit erfolgen, aber die Anzucht dauert lange. 2. Kopfstecklinge mit Luftwurzeln werden am besten im Sommer geschnitten und eingepflanzt. 3. Stammstücke bewurzeln in Anzuchterde, brauchen aber 28° C Bodenwärme. Philodendron: Pflege und Vermehrung entsprechen der Monstera.

Oxalis purpurae
Sauerklee

Der Sauerklee ist eine schöne und dankbare Topf- und Ampelpflanze, die Farbe ins Glashaus bringt.
Die Pflanzen wollen kühl stehen; das Kalthaus eignet sich also hervorragend. Man düngt während des Wachstums wöchentlich mit einer schwachen Düngerlösung und gießt regelmäßig. Bei höheren Temperaturen muß man mehr wässern. Umgetopft wird in normale Blumenerde.
Die Pflanze entwickelt viele Brutknöllchen, über die sich auch vermehrt wird.
Zur gleichen Gattung gehört Oxalis deppei, der Glücksklee, der vor allem zu Neujahr in den Gärtnereien ange-

boten wird. Diese Pflanze kann man ganz einfach im Gewächshaus heranziehen und zu Silvester verschenken. Dazu legt man vier bis sechs Knöllchen Mitte September in Töpfe und bedeckt sie mit 1 cm Erde. Dann stellt man die Gefäße bei 6–8° C auf und gießt sparsam. Wenn sich die ersten Blättchen bilden, wird die Temperatur auf zirka 14° C erhöht. So erhält man schöne Pflanzen zu Neujahr.

Pentas lanceolata
Pentas

Pentas liebt das temperierte Glashaus – also Temperaturen zwischen 14 und 16° C. Auch mehr Wärme wird vertragen. Die Pflanze sollte alle ein bis zwei Wochen gedüngt und regelmäßig gewässert werden. Umgetopft wird in normale Blumenerde.
Pentas blühen während der ganzen Wachstumsperiode, die Blüte hält sehr lange.
Vermehrt werden sie im März/April durch Stecklinge – am besten im beheizbaren Vermehrungsbeet.

Primula, Primel

Rhododendron-Simsii-Hybriden, Azaleen

Phoenix
Dattelpalme

Die Kanarische Dattelpalme, Phoenix canariensis, ist ein höchst dekoratives Gewächs für Wintergarten oder Gewächshaus. Auf eßbare Früchte wird man allerdings vergeblich warten. Die bietet nur die Echte Dattelpalme, Phoenix dactylifera, die aber mit ihrem Höhendrang nicht unters Glasdach paßt. Die Kanarische Dattelpalme ist äußerst robust und verträgt die Überwinterung im frostfrei gehaltenen Gewächshaus. In dieser Zeit wird nur mäßig gegossen. Im Sommer muß man reichlich gießen, aber Staunässe vermeiden. Vom Frühling bis zum Sommer wird wöchentlich gedüngt.
Die Vermehrung aus Samen ist möglich, aber wie bei den meisten Palmen langwierig.

Primula
Primel

Die Kissenprimel, Primula vulgaris, ist zweifellos die vielseitigste in der großen Primelfamilie. Sie wird im Winter unter Glas vorgetrieben und blühend vorwiegend für die Fensterbank angeboten. Nach der Blüte pflegt man die Pflanzen an einem kühlen, aber hellen Standort weiter, ehe sie im Frühjahr an einer halbschattigen Stelle im Garten gepflanzt werden. Spätfröste machen ihnen nichts aus, aber krasse Übergänge sollte man vermeiden. Auch Wintergärten, die im Winter nur mäßig beheizt werden, sind ideale Aufenthaltsorte für die Kissenprimel.
Während der Blütezeit braucht die Pflanze viel Wasser, das möglichst kalkfrei sein sollte, außerdem im zehntägigen Abstand Dünger.
Die Anzucht von Kissenprimeln und auch von der hübschen Kugelprimel, Primula denticulata, aus Samen ist einfach und macht viel Spaß. Kissenprimeln können mit Ausnahme der Sommermonate ganzjährig gesät werden. Kugelprimeln sät man zwischen März und Mai.
Primula malacoides, die Fliederprimel, ist einjährig und nicht frosthart. Sie wird im Mai oder Juni gesät.

Rhododendron simsii
Azalee

Die Azalee blüht zwar nur einige Wochen im Jahr, aber ihre üppige Blütenfülle mitten im Winter entschädigt für das wenig attraktive Aussehen des immergrünen Strauchs während des übrigen Jahres. Die Zimmerazalee ist – wie ihr enger Verwandter, der Gartenrhododendron – kalkfeindlich und hat daher besondere Ansprüche. Als Topferde dient fertige Azaleenerde oder eine eigene Erdmischung mit einem höheren Torfanteil und kalkfreiem Dünger. Gewöhnliche Blumenerde im Beutel ist ungeeignet.
Auch Gießwasser und Dünger sollen möglichst wenig Kalk enthalten. Gedüngt wird nur vom Ende der Blütezeit bis Juli. Azaleen brauchen während der Blütezeit und auch in der Wachstumsphase viel Wasser.
Im Sommer kann man die Pflanzen an einem halbschattigen Plätzchen im Garten einsenken. Sie können dort nicht so schnell vertrocknen; das würde unweigerlich zum Blattfall führen.
Mit dem Einräumen ins Gewächshaus im September beginnt die Ruhezeit. Dann wird auch weniger gewässert. Im Winter kann die Azalee kühl bei 15 – 18 °C gehalten werden. Im mäßig geheizten Wintergarten oder im Kalthaus blühen Azaleen erheblich länger als im Zimmer.
Die Vermehrung aus Kopfstecklingen ist möglich, führt aber nicht immer zum erhofften Erfolg.

Saintpaulia
Usambaraveilchen

Wärme und Schatten, das sind die wichtigsten Voraussetzungen für eine erfolgreiche Kultur des Usambaraveilchens. Im Winter darf die Temperatur möglichst nicht unter 15° C absinken. Pralle Sonne muß vermieden werden. Im Sommer ist eine Schattierung erst recht notwendig.

Gewässert wird während der Blütezeit und im Sommer reichlich, sonst sparsam. Die samtartigen Blätter dürfen nicht benetzt werden, weil sie sonst Flecken bekommen. Gedüngt wird mit Ausnahme der Blühpause ganzjährig. Die Vermehrung erfolgt am einfachsten durch kurze Blattstecklinge. Sie werden während der Sommermonate geschnitten und in Anzuchterde gesteckt. Hohe Luftfeuchtigkeit ist während der Bewurzelungsphase besonders wichtig – sonst ist der Erfolg in Frage gestellt.

Sinningia
Gloxinie

Die großen, samtartigen Blüten, meistens in Rot oder Blau mit weißem Rand, machen die Gloxinie zu einem unübersehbaren Gewächshausschmuck. Gloxinien kann man blühend kaufen, als Knolle pflanzen oder aus Samen heranziehen. Sie brauchen einen hellen Standort ohne direkte Sonne. Während der Wachstumszeit gießt man mäßig, mit Knospenbildung mehr. Zusätzlich wird wöchentlich gedüngt. Nach dem Verwelken der Blüten stellt man das Gießen ganz allmählich – auf keinen Fall zu plötzlich – und schließlich so gut wie ganz ein. Die Töpfe läßt man fast trocken bei 12 – 15° C stehen, bis im Februar die Knollen herausgenommen und in Töpfen mit frischer Erde gesetzt werden. Für zügigen Austrieb ist eine Temperatur von 18° C erforderlich.

Die Anzucht aus Samen ist nicht schwierig. Sie erfolgt im Februar bei einer Keimtemperatur von 20 – 24° C. Durch Blattstecklinge wird im Sommer vermehrt.

Streptocarpus, Drehfrucht

Zantedeschia aethiopica, Kalla

Streptocarpus
Drehfrucht

Den ungewöhnlichen Namen trägt die Pflanze, weil die Samenkapseln spiralig gedreht sind. Ihre Lebensdauer ist begrenzt, da sie zu den Zweijährigen gehört. Die am häufigsten angebotene, vielleicht auch schönste Züchtung ist 'Constant Nymp'.

Streptocarpus braucht im Sommer einen – zumindest während der Mittagszeit – schattierten Platz. Hitze wird nicht gut vertragen, deshalb muß man in der warmen Jahreszeit großzügig lüften. In der Wachstumszeit benötigt die Pflanze viel angewärmtes Wasser sowie eine wöchentliche Düngung. Mäßig feucht wird sie während der Ruhezeit im Winter gehalten. Unter 16° C sollte die Temperatur dann nicht absinken.

Für die Vermehrung aus Samen ist das zeitige Frühjahr günstig. Als Keimtemperatur sind wenigstens 20° C erforderlich. Die Vermehrung durch Blattstecklinge erfolgt auf ungewöhnliche Art: Den Blättern wird die Mittelrippe herausgeschnitten, und die beiden Blatthälften steckt man mit der Schnittstelle in Anzuchterde. Aus jeder Blatthälfte können Dutzende von Jungpflanzen herauswachsen.

Zantedeschia
Kalla

Die Kalla ist eigentlich eine ideale Urlaubspflanze, denn im Sommer darf sie nicht gegossen werden. Die ausgeprägte Ruhezeit, die von Ende Mai bis Ende Juli dauert, ist entscheidend für die erfolgreiche Kultur der Kalla; genauer gesagt für die der Zantedeschia aethiopica, die häufigste Art für Zimmer- oder Gewächshauskultur.

Nach der Blütezeit wird nicht mehr gedüngt und allmählich auch das Gießen eingestellt. Anfang Juni stellt man die Töpfe in eine dunklere Ecke des Gewächshauses. Sie bleiben völlig ohne Wasser und verlieren in diesem Zeitraum fast alle Blätter.

Anfang August werden sie dann in Töpfe mit frischer Erde gesetzt. Bis zum Erscheinen der neuen Blätter muß man wenig, danach reichlich gießen und alle 14 Tage düngen. Zunächst kann es noch nötig sein, die Pflanze sonnengeschützt aufzustellen. Es ist möglich, die Kalla bis September ins Freie zu stellen. Im Winter benötigt sie mäßige Wärme im temperierten Gewächshaus. Die Kalla soll dann möglichst hell stehen. Die Blüten erscheinen zwischen Januar und Mai. Sobald sich die ersten Knospen zeigen, kann die Blüte durch höhere Temperaturen beschleunigt werden.

Zu groß gewordene Pflanzen können vor dem Umtopfen im Sommer geteilt werden.

Großes Kakteenhaus

Exotische Pflanzen

Kakteen

Die ungewöhnliche Pflanzengestalt mit den typischen Stacheln, die aus botanischer Sicht Dornen sind, dazu traumhaft schöne Blüten, das alles hat Pflanzenliebhaber schon immer an Kakteen gereizt. Für eine größere Sammlung von Kakteen ist das Gewächshaus unentbehrlich. Denn hier lassen sich am ehesten Bedingungen schaffen, die ihr Wohlergehen fördern.

Vor allem für wärmeliebende und empfindliche Arten ist das Gewächshaus wichtig. Unter Glas erhalten sie im Sommer die nötige Temperatur für die Blütenbildung. Und auch im Winter sind die Voraussetzungen ideal: Unter Glas ist es stets ausreichend hell. Da kühle Temperaturen während der winterlichen Ruhezeit erforderlich sind, hält sich der Energiebedarf in Grenzen. Gewächshaus und Wintergarten bieten auch größeren Kakteenarten Platz. Am meisten verbreitet und auch am leichtesten zu pflegen sind kleinwüchsige Kakteen der Gattungen Chamaecereus, Gymnocalycium, Lobivia, Mammillaria, Notocactus und Rebutia. Zusammen mit Selenicereus, der 'Königin der Nacht', zählen sie zu den empfehlenswerten Kakteen für Anfänger. Das Gewächshaus ist besonders für anspruchsvollere Kakteen der rechte Ort. Dem Liebhaber bieten sich hier ungeahnte Möglichkeiten.

Von Kakteen ist häufig nur bekannt, daß sie kein Wasser brauchen. Das ist teilweise ein Irrtum. Kakteen müssen in den Sommermonaten reichlich gegossen werden, nämlich immer dann, wenn die Erde im Wurzelbereich trocken ist. Die Wachstumszeit endet bei den meisten Kakteen im Frühherbst. Dann wird das Gießen eingeschränkt und in der Regel ab Ende Oktober ganz eingestellt. Die Ruhezeit ist entscheidend für die Blütenbildung. Erst im März bekommen Kakteen wieder Wasser. Zunächst werden sie nur besprüht, später richtig gegossen. Am Anfang wässert man nur ganz schwach und steigert dann die Wassermenge allmählich. Man sollte sauberes Regenwasser oder entkalktes Leitungswasser bevorzugen.

Während der Wachstums- und Blütezeit erhalten Kakteen im zwei- bis dreiwöchigen Abstand Dünger ins Gießwasser. Verwendet werden Spezialkakteendünger mit geringem Stickstoffanteil.

Kakteen sind vorwiegend in sonnigen, heißen Regionen beheimatet. Entsprechend vertragen sie im Sommer hohe Temperaturen auch über 35° C. Ab 25° C fühlen sie sich tagsüber wohl, nachts kann die Temperatur erheblich abgesenkt werden. In der Praxis bedeutet das, daß vom Frühjahr bis zum Herbst die Sonnenenergie ausreicht.

Vom Spätsommer an läßt man auch nachts Lüftungsklappen und Tür des Gewächshauses offen, denn die Temperaturunterschiede zwischen Tag

Kakteenvermehrung durch Kopfstecklinge. Man schneidet den Kopf des Kaktusses (1) ab und topft ihn, nachdem er einige Tage angetrocknet ist, in ein Gefäß mit Kakteenerde (3). Auf der Schnittstelle können sich neue Sprossen bilden (2), die man dann abschneiden und nach ein paar Tagen Antrocknungszeit neu eintopfen kann (4).

Kakteenvermehrung durch Stecklinge. Die „Scheiben" schneidet man einzeln ab, läßt sie einige Tage antrocknen und topft sie dann in ein Gefäß mit Kakteenerde.

und Nacht machen die Kakteen kräftiger und fördern zusätzlich die Blühwilligkeit.

Die Wintertemperatur ist deutlich niedriger. Sie soll bei Wüstenkakteen in der Regel nicht unter 8°C absinken und nicht höher als 15° C sein. Hochgebirgsarten genügen 4–6° C. Manche brauchen sogar eine Temperatur nahe 0° C, damit sie später reich blühen.

Hohe Luftfeuchtigkeit ist im Frühjahr besonders wichtig. Im Sommer kann tropisch-feuchte Luft unerwünschten Geilwuchs hervorrufen. In dieser Zeit benötigen Kakteen viel Frischluft.

Gewöhnliche Blumenerde ist nur für Blattkakteen brauchbar. Entweder verwendet man fertige Kakteenerde oder bereitet eine eigene Mischung. Ein Drittel besteht aus fertiger Blumenerde (auch aus eigener Herstellung), das zweite Drittel aus Sand und das dritte aus Basalt- oder Lavasplit und Styroporschnitzeln.

Beim Umtopfen muß unbedingt für eine Dränage gesorgt werden. Wichtig ist das vor allem für Kakteen mit Pfahlwurzeln; sie bekommen auch höhere Töpfe als die anderen.

Die Vermehrung von Kakteen aus Samen ist gar nicht schwer. Sie werden in Anzuchterde gesät und mit dem Handrücken festgedrückt, aber nicht mit Erde bedeckt. Entscheidend ist eine hohe Keimtemperatur zwischen 20 und 22° C. Viele Kakteen keimen rasch, aber in der Folge muß man etwas Geduld mit ihnen haben.

Bei Stecklingen muß die Schnittfläche erst einige Tage antrocknen.

Beim Umtopfen können größere Ableger abgenommen und neu gepflanzt werden.

Aporocactus
Schlangenkaktus

Ein Kaktus als Hängepflanze ist von besonderem Reiz. Die schlangenartigen Triebe, die bei guten Bedingungen Meterlänge erreichen können, geben dem Schlangenkaktus ein bizarres Aussehen.

Seine Pflegeansprüche fallen ein wenig aus dem Rahmen. Schon im Spätwinter muß er etwas wärmer gehalten und unbedingt hell aufgestellt werden, um den im Frühjahr folgenden Blütenansatz zu fördern. Während der Wachstumszeit braucht der Schlangenkaktus viel Wasser. Gedüngt wird von April bis August. Danach folgt eine Ruhezeit mit sparsamen Wassergaben. Kühle Temperaturen und ein kühler Standort während dieser Zeit lassen die Triebe ausreifen und verbessern die Blütenbildung.

Cephalocereus
Greisenhaupt

Cephalocereus senilis, das Greisenhaupt, ist der bekannteste Vertreter seiner Gattung. Die langen weißen Haare haben ihm den Namen verliehen. Viel Sonne und geringe Wassergaben sind die Hauptmerkmale der Pflege. Im Winter sind wenigstens 15° C erforderlich. Während der Ruhezeit von November bis Februar erhält die Pflanze kein Wasser. Bescheidenheit auch beim Düngen: nur vom Frühjahr bis zum Sommer im 14tägigen Abstand.

Aporocactus, Schlangenkaktus

Echinocactus grusonii, Goldkugelkaktus

Chamaecereus
Zwergcereus

Der Zwergcereus zeigt seine Blüten nur, wenn er im Winter kühl (bei etwa 8° C) gehalten wird. Blütezeit ist im Frühsommer. Die Pflegeansprüche gleichen weitgehend denen anderer Kakteen. Allerdings muß während der Sommermonate unbedingt für einen Standort im Halbschatten gesorgt werden.

Echinocactus
Kugelkaktus, Igelkaktus

Echinocactus grusonii, der Goldkugelkaktus, geläufiger als „Schwiegermuttersessel", ist der bekannteste dieser Gattung. Er ist auch der einzige, der gerade noch im Topf wachsen kann. Andere Verwandte erreichen eine Höhe bis zu 200 cm. Blüten erscheinen zumeist erst bei älteren Exemplaren. Voraussetzung ist eine kühle Überwinterung bei sparsamster Bewässerung, zeitweise auch völliger Trockenheit.

Echinocereus
Igelsäulenkaktus

Sogar geringe Frostgrade verträgt dieser robuste Kaktus, ehe er von seinem sommerlichen Freilandaufenthalt wieder ins Gewächshaus gebracht werden muß. Die Frischluftkur bekommt vor allem den grünen Echinocereen, während die weißen Arten mit Haaren oder dichten Dornen auch im Sommer unter dem Glasdach bleiben.

Im Winter steht der Igelsäulenkaktus kühl und wird kaum gewässert. Der Standort soll möglichst hell sein.

Es gibt aufrecht wachsende und niederliegende Arten.

Echinopsis
Seeigelkaktus

Im Winter kühl und trocken halten, das gilt auch bei diesem Kaktus als Erfolgsrezept für reichliche Blütenbildung. Bei zu warmer Haltung werden stattdessen zahlreiche Kindel produziert. Im Sommer ist ein Standort im lichten Schatten erforderlich. Während der Wachstumszeit gießt man normal und düngt zusätzlich.

Epiphyllum
Blattkaktus

Der Blattkaktus paßt nicht ganz ins übliche Pflegeschema. Im Winter steht er gern etwas wärmer, um 10° C, und auch beim Gießen wird er ein wenig großzügiger bedacht. Mit der Knospenbildung im Frühjahr steigt der Wärmebedarf, dann ist auch hohe Luftfeuchtigkeit erwünscht. Nach der Blüte ist ein Rückschnitt möglich.
Während der Sommermonate wässert man reichlich und düngt. Im Winter braucht der Blattkaktus einen hellen Standort, im Sommer ist lichter Schatten angenehm.
Vermehrt wird durch Stecklinge ähnlich wie bei Schlumbergera, jedoch müssen die Stecklinge zunächst mehrere Tage antrocknen.

Gymnocalycium
Gymnocalycium

Blaßgelbe und rote Blüten bringt Gymnocalycium hervor. Bekanntester Vertreter dieser Gattung ist der Erdbeerkaktus. Dabei werden Züchtungen ohne Blattgrün, die allein nicht lebensfähig sind, auf grüne Unterlagen gepfropft. Sie bleiben ohne Blüten, wirken aber auch so mit ihrem roten oder gelben Kopf äußerst dekorativ. Die Pflege entspricht der anderer Kakteen: im Winter hell, nicht unter 6° C und zeitweise völlig trocken halten.

Lobivia allegraiana, Lobivie

Lobivia
Lobivie

Die Lobivienarten zählen zu den am häufigsten angebotenen Kakteen. Ihre Ansprüche sind nicht allzu hoch. Ein Platz an der Sonne, also viel Licht, ist für gutes Wachstum wichtig. Die kleinen Lobivien erweisen sich im Sommer als recht durstig und müssen in dieser Zeit auch regelmäßig gedüngt werden. Während der Wintermonate stehen sie trocken und kühl bei einer Temperatur von 5° C.
Die Blüten erscheinen im späten Frühjahr.

Mammillaria
Warzenkaktus

Mammillaria ist eine artenreiche Gattung. Typisch ist die kranzförmige Blütenbildung. Fast alle Mammillarien bevorzugen einen sonnigen Standort. Im Sommer werden sie reichlich gewässert, im Winter stehen sie dagegen fast trocken und kühl bei 6 – 8° C. Eine Ausnahme bilden Mammillarien mit weichem Körper: Sie müssen auch im Winter schwach feucht gehalten werden und sind gegen pralle Sonne empfindlich.

Schlumbergera, Weihnachtskaktus

Gymnocalycium mihanovichii 'Rubra', Erdbeerkaktus

Lobivia famatimensis, Lobivie

Notocactus
Buckelkaktus

Der Buckelkaktus bietet mehr, als sein Name verrät. Er ist wenig anspruchsvoll und blüht zuverlässig. Der Standort sollte recht hell sein. Im Winter steht der Buckelkaktus mäßig kühl – nicht unter 10° C – und völlig trocken. Während der Sommermonate wird reichlich gewässert und zusätzlich gedüngt.

Rebutia
Rebutie

Die Rebutie ist eine pflegeleichte Zwergkaktee. Im Sommer muß man sie gut wässern, im Winter während der Ruhezeit kühl und trocken halten, das sind die Voraussetzungen für viele Blüten. Etwas empfindlich sind die Pflanzen im Frühjahr. Sie werden zunächst nur besprüht und erst später allmählich zunehmend gegossen. Bis Ende Juli erhalten sie dann auch Dünger ins Gießwasser. Vor allem im Sommer müssen Rebutien vor praller Sonne geschützt werden.

Schlumbergera
Weihnachtskaktus

Der Weihnachtskaktus zählt zu den Blattkakteen und hat gegensätzliche Pflegeansprüche. Während der winterlichen Blütezeit benötigt er mehr Wärme (wenigstens 15° C) und muß feucht gehalten werden. In einem warmen Sommer kann der Weihnachtskaktus an einem beschatteten Plätzchen im Freien stehen.
Um den Blütenansatz zu fördern, wird vom Spätsommer an nicht mehr gedüngt und mehrere Wochen lang das Gießen auf ein Minimum vermindert. Ab September stellt man die Pflanzen wieder ins temperierte Gewächshaus. Der Wärmebedarf liegt bei 15° C. Mehr Wärme bei hoher Luftfeuchtigkeit sorgt für früheres Blühen. Erst mit dem Erscheinen der Knospen werden die Wassergaben gesteigert. Den Topf darf man dann nicht mehr verrücken, weil sonst die Knospen abfallen.
Die Vermehrung durch Blattstecklinge ist einfach: Knapp fingerlange Teile werden im Frühjahr an der dicksten Stelle eines Blattgliedes abgeschnitten und sofort in Anzuchterde gesteckt.

Selenicereus grandiflorus
Königin der Nacht

Die Tatsache, daß die schönen Blüten dieser Pflanze nur nachts aufgehen, hat schon manchem ihrer Besitzer Ringe unter den Augen beschert. Die Blühwilligkeit wird durch mäßig kühle Überwinterung bei 10–12° C bei gleichzeitig sparsamem Gießen gefördert.
In der kalten Jahreszeit soll der Standort möglichst hell sein, während in den Sommermonaten ein leicht schattiges Plätzchen vorgezogen wird. Dann muß man auch reichlich gießen und regelmäßig düngen.
Die langen Triebe werden mit zunehmendem Wachstum vorsichtshalber an Stäben festgebunden.

Echinopsis-Hybride, Seeigelkaktus

Epiphyllum-Hybride, Blattkaktus

Bromelien im großen Gewächshaus

Aechmea-Hybride, Lanzenrosette

Bromelien

Der deutsche Name für Bromelien ist Ananasgewächse. Das liegt daran, daß zunächst der Ananaspflanze mit den ungewöhnlichen Früchten das Hauptinteresse galt, als sie vor knapp 300 Jahren von Amerika nach Europa kamen. Der Versuch, Ananas auch hier anzubauen, wurde bald wieder aufgegeben. Das tun nur noch Liebhaber. Sie ernten – sogar mitten im Winter – im Warmhaus mit künstlicher Zusatzbeleuchtung süße Ananasfrüchte.

Heute zählen „nur" zierende Vertreter aus der Familie der Ananasgewächse zu den bevorzugten Pflanzen der Gewächshausbesitzer. Die lange Lebensdauer der Pflanzen und die ungewöhnliche Haltbarkeit der Blütenstände haben zur Beliebtheit der Bromelien entscheidend beigetragen.

Einige sind für die Zimmerkultur geeignet. Die äußerst genügsame Billbergia zum Beispiel kann man auf der Fensterbank halten. Aber die meisten Bromelien entwickeln sich nur unter Glas wunschgemäß.

Am häufigsten sind Zisternenbromelien mit dem typischen Trichter in der Mitte der Blätter (fast alle geläufigen Bromelien zählen zu dieser Gruppe). An ihrem natürlichen Standort sammeln Aechmea, Vrisea und andere Zisternenbromelien Regenwasser oder Tau. Viele dieser Pflanzen sind allein durch ihre Laubfärbung ein dekorativer Anblick, aber die aufregend schönen Blütenstände sind doch der Hauptanziehungspunkt.

Eine zweite Gruppe bilden die sogenannten atmosphärischen Bromelien. Bekannt sind hier die Tillandsien, die in der Regel keine Wurzeln besitzen, auf Bäumen wachsen und sozusagen von der Luft leben.

Die Kulturanweisungen für Bromelien lassen sich nicht in allen Bereichen verallgemeinern. Sie sind selbst für die einzelnen Trichterbromelien nicht einheitlich.

Die meisten Bromelien brauchen auch im Winter Wärme. 18 – 20° C sind gerade richtig, wenngleich zwischendurch auch weniger vertragen wird.

Die Ansprüche an die Luftfeuchtigkeit sind unterschiedlich. Vriesea und Guz-

mania lieben hohe Luftfeuchtigkeit, dagegen bevorzugen Billbergia, Nidularium, Neoregelia und die meisten Tillandsien Frischluft. Generell kann man sagen, daß Bromelien mit harten, beschuppten Blättern weniger anspruchsvoll hinsichtlich Wärme und Luftfeuchtigkeit sind als solche mit dünnen Blättern ohne Schuppen.

Gegossen wird möglichst mit kalkarmem Wasser. Bei Zisternenbromelien muß der Trichter vom Frühjahr bis Herbst stets mit Wasser gefüllt und die Topferde immer gleichmäßig feucht sein. Ab Herbst hält man die Pflanzen etwas trockener und verzichtet bei kühler Haltung im Winter besser auf das Nachfüllen der Zisternen. Das Wasser sollte immer leicht erwärmt sein.

Ein Teil der Trichterbromelien bildet mehr oder weniger Wurzeln und wird in Erde gepflanzt. Andere aus dieser Gruppe leben epiphytisch („aufsitzend"). Sie werden nicht in Töpfe gepflanzt, sondern in Astgabeln von Hartholzstämmen gesetzt. Als Substrat dient Sphagnum oder Sumpfmoos (kein Moos aus dem Wald), das mit Kupferdraht am Holz befestigt wird. Ein Teil der Bromelien kann sowohl in Erde als auch auf Bäumen wachsen. Normale Blumenerde ist für Bromelien grundsätzlich ungeeignet, weil sie bereits vorgedüngt ist. Entweder nimmt man Anzuchterde, die man mit Torf mischt, oder verwendet eine Mischung aus drei Teilen Weißtorf und einem Teil zerriebenem Styropor. Kalk bekommt Bromelien nicht.

Beim Düngen ist unbedingt Zurückhaltung angebracht. In der Regel genügt die Hälfte der für andere Zierpflanzen verwendeten Menge. Gelegentlich kann auch dem Wasser in der Zisterne ein wenig Dünger hinzugefügt werden. Eine Vermehrung durch Aussaat der feinen Samen ist nicht leicht; sie müssen unbedingt frisch sein. Mit Kindeln, den seitlich heranwachsenden Ablegern, ist die Vermehrung problemlos (siehe Seite 87).

Aechmea
Lanzenrosette

Bekannt ist vor allem Aechmea fasciata, die Lanzenrosette. Ihre äußerlich rosafarbenen Blütenstände sind allein schon eine Augenweide, erst recht zusammen mit den daraus wachsenden blauen Blüten, die allerdings nur kurz halten.
Aechmea ist einigermaßen robust. Eine Wintertemperatur von 15° C ist ausreichend. Beim Gießen werden die Trichter der seitlich heranwachsenden Kindel gefüllt. Man läßt sie erst ein wenig heranwachsen, ehe sie zur Vermehrung an der Basis abgetrennt und in einzelne Töpfe gesetzt werden.

Billbergia
Zimmerhafer

Der Name Zimmerhafer zeigt schon, daß es sich hier um eine unempfindliche Pflanze handelt. Billbergia nutans, die häufigste Art, hat attraktive, rote Blüten, die auch nach dem Vertrocknen noch schön aussehen.
Wärme und Luftfeuchtigkeit im Sommer, bei reichlichen Wassergaben, fördern das Wohlergehen. Der Standort soll stets hell, aber ohne pralle Sonne sein. Die Mindesttemperatur im Winter ist 12° C, es wird aber auch Zimmertemperatur vertragen.
Billbergia wächst auch in normaler Blumenerde. Gedüngt wird von Mai bis September. Die beste Zeit zum Umtopfen ist im Sommer.
Zur Vermehrung trennt man die Kindel ab und pflanzt sie ein.

Billbergia nutans, Zimmerhafer

Cryptanthus
Versteckblüte

Der Cryptanthus ist ein recht robustes Bromeliengewächs. Er kann auch epiphytisch gehalten werden, was vor allem für die Zwergformen gilt, doch meist setzt man ihn in Töpfe, wobei er auf die vorher beschriebene Erdmischung angewiesen ist. Das lebhaft gemusterte Laub schmückt ganzjährig, während die Blüten unscheinbar sind – daher auch der Name Versteckblüte. Der Standort sollte möglichst hell, aber ohne pralle Sonne sein. Feuchtwarmes Klima wird bevorzugt. Im Winter ist eine Mindesttemperatur von 17° C erforderlich, bei buntlaubigen Arten noch etwas mehr.

Guzmania
Guzmanie

Die Schönheit der Guzmania mit den leuchtendroten Hochblättern und den gelben Blüten hat ihren Preis: Wärme, im Winter nicht unter 16° C, und hohe Luftfeuchtigkeit sind nötig, um sich an ihr erfreuen zu können. Außerdem muß sie vor Sonne geschützt stehen. Bis zum Spätsommer wird normal gewässert und gelegentlich schwach gedüngt. Während der winterlichen Ruhezeit muß die Guzmanie recht trocken gehalten werden, wobei zeitweise auch der Trichter ohne Wasser bleibt.

Neoregelia

Die bei guter Pflege heranwachsenden Kindel können zur Vermehrung einfach abgetrennt und eingepflanzt werden.

Neoregelia
Neoregelie

Die exotisch wirkende Pflanze ist gar nicht so anspruchsvoll, wie sie aussieht. Am häufigsten ist Neoregelia carolinea 'Tricolor' mit den leuchtendrot gefärbten Hochblättern als Trichter. Der Trichter muß stets mit Wasser gefüllt sein – auch im Winter.
Die Pflege ähnelt der der Billbergia. Neoregelia wächst nur auf Bromelienerdmischung und braucht im Winter etwas mehr Feuchtigkeit. Die meisten Pflanzen dieser Gattung wachsen als Epiphyten besser.
Die Mindesttemperatur beträgt 16° C. Der Standort soll möglichst hell, aber ohne direkte Sonne sein. Vermehrt wird durch ausgewachsene Kindel.

Nidularium
Nestrosette

Sie wird oft mit der Neoregelia verwechselt, mit der sie auch weitgehend die Pflegeansprüche gemeinsam hat. Allerdings ist Nidularium auf etwas mehr Wärme und höhere Luftfeuchtigkeit angewiesen. Im Sommer ist eine Schattierung unerläßlich.

Tillandsia
Tillandsie

Die meist epiphytisch wachsenden Tillandsien ähneln in der Pflege den Trichterbromelien. Einige brauchen überhaupt kein Substrat zum Wachsen. Sie benötigen einen hellen Platz ohne pralle Sonne und sind auf hohe Luftfeuchtigkeit angewiesen. Arten mit helleren Schuppen vertragen auch trockenere Luft, außerdem sind sie weniger lichtempfindlich und können etwas kühler stehen. Ansonsten gelten 16° C im Winter als untere Grenze. Im Sommer sind mehr als 20° C erwünscht. Die Vermehrung erfolgt durch Kindel.

Die bizarr aussehende Tillandsie usneoides, das Louisianamoos, fällt aus dem Rahmen. Sie wird einfach irgendwo im Gewächshaus aufgehängt, Wasser nimmt sie aus der Luft auf. Die Vermehrung erfolgt durch Abreißen von Teilstücken.

Vriesea
Vriesee

Schon die Blätter der Vriesee sind recht dekorativ, besonders aber die Blütenstände. Am bekanntesten ist Vriesea splendens mit gelben, kurzlebigen Blüten und roten, ausdauernden Hochblättern. Sie können während der Wintermonate auch im temperierten Gewächshaus gehalten werden, 12° C genügen als Mindesttemperatur, allerdings wird mehr Wärme besser vertragen.

Während der Wachstumszeit wird der Topfballen feucht, aber nicht zu naß gehalten. Wichtiger ist, daß der Trichter immer gefüllt ist, denn die Vriesee ernährt sich mehr aus dem Wasser ihres Trichters als aus dem der Erde. Daher ist auch nur schwache Düngung während der gesamten Wachstumszeit und die Verwendung von Bromelienerde, eventuell mit Sphagnum vermischt, anzuraten.

Orchideen

Orchideen und Gewächshäuser werden meist in einem Atemzug genannt. Ein Gewächshaus ist unerläßlich, wenn man sich der Pflege dieser recht anspruchsvollen Pflanzen mit den traumhaften Blüten widmen will. Es muß aber nicht unbedingt ein mit vielerlei technischen Hilfsmitteln ausgestattetes Glashaus sein. Viele Orchideen können zusammen mit anderen Zierpflanzen (ebenso mit Nutzpflanzen) in einem Raum gehalten werden. Bescheidene Ansprüche haben vor allem Phalaenopsis und Cymbidium. Aber auch Paphiopedilum, der Frauenschuh, kann mit geringem Aufwand kultiviert werden. Etwas mehr Zuwendung, aber immer noch im vertretbaren Rahmen, erfordert die Haltung von Dendrobium, Cattleya, Coelogyne und Odontoglossum. Allein dieses bescheidene Orchideensortiment fürs Glashaus bietet ein kaum zu übertreffendes Erfolgserlebnis, wenn es mit der Wiederblüte oder Vermehrung klappt.

Eine Besonderheit bei der Orchideenpflege ist schon die Topferde. Gedüngte Blumenerde bedeutet für die meisten Orchideen den sicheren Tod. In Frage kommt Spezialsubstrat, das man fertig kauft, oder eine eigene Mischung, zum Beispiel aus zwei Teilen Kiefernborke und einem Teil Sphagnum. Gehäckseltes Buchen-oder Eichenlaub und Styroporschnitzel können hinzugefügt werden.

Folgende Orchideen-Pflanzstoffe haben sich gut bewährt (% = Volumenprozent):

1. Rindensubstrat
60 % Kiefernrinde (5 – 10 mm Körnung)
15 % Styromullflocken (5 – 8 mm Körnung)
15 % Reisspelzen
5 % Holzkohle (5 – 8 mm Körnung)
5 % Quarzsand
2. Torf-Rindensubstrat:
40 % Torf (staubfrei, zum Beispiel durch Sieben, und nicht zu fein; eventuell gemahlener Geflügeltorf)
30 % Kiefernrinde (5 – 10 mm Körnung)
30 % Styromullflocken (5 – 8 mm Körnung)

Tillandsia stricta, Tillandsie

Beide Pflanzstoffe erhalten folgende Zusätze pro l:
3 g kohlensaurer Kalk
½ g Guano
½ g Radigen-Spurenelementdünger

Mindestens einen Tag vor dem Gebrauch muß man die Mischung gut durchfeuchten. Die erste Nachdüngung erfolgt zirka vier Wochen nach dem Verpflanzen. Ein Umtopfen ist in der Regel alle ein bis zwei Jahre nötig – möglichst im Frühjahr, wenn sich neue Wurzeln bilden. Die Töpfe sollten viele Abzugslöcher haben und eine reichliche Dränage aus grobem Kies oder Topfscherben.

Die Zusammensetzung des Pflanzstoffs für Orchideen ist immer ein Kompromiß und nur schwer für jede Pflanze individuell hinzukriegen.

Die meisten Orchideen wachsen epiphytisch und leben als Aufsitzerpflanzen in Astgabeln.

Ein heller Standort ist für gutes Wachstum wichtig, pralle Sonne aber nicht erwünscht. Paphiopedilum und Phalaenopsis mögen es etwas schattiger. Generell vertragen Orchideen mit kräftigen Blättern und dicken Scheinbulben mehr Sonne als solche mit zarten Blättern. Zuwenig Licht kann mangelnde Blütenbildung zur Folge haben. Deshalb ist in vielen Fällen künstliche Beleuchtung nötig, um den Pflanzen während der Kurztage der Wintermonate täglich 12 bis 14 Stunden Licht zu bieten.

Die Temperaturansprüche der Orchideen sind höchst unterschiedlich. So gibt es beispielsweise Oncidium-Arten für die Haltung im Kalthaus, andere für das temperierte Gewächshaus oder Warmhaus. Allgemein wird eine Sommertemperatur von 25° C gut vertragen, im Winter um 20° C. Viele Orchideen gedeihen auch bei weniger Wärme. Nachts kann die Temperatur um 3 – 5° C abgesenkt werden. Zuviel Hitze im Sommer wird durch eine Schattierung vermieden.

Viel Frischluft läßt Orchideen aufleben, deshalb ist die Installation von Ventilatoren zur Luftbewegung gerade für diese Pflanzen sinnvoll. Hohe Luftfeuchtigkeit wird vor allem von zarten Orchideen mit vielen Luftwurzeln gewünscht. Keinesfalls darf die nötige

Orchideen mit rosettenartigem Wuchs zerfallen meist beim Umtopfen in die Stücke, in die sie geteilt werden wollen.

Bei Orchideen mit einachsigem Wuchs kann der Gipfelteil mit einigen Luftwurzeln weitergepflegt werden.

Cattleya-Hybride

Luftfeuchtigkeit durch Bodennässe ersetzt werden. Während des Wachstums wird das Pflanzsubstrat gleichmäßig feucht gehalten. Bitte lieber zuwenig als zuviel gießen und stets enthärtetes Wasser nehmen, denn Orchideen sind kalkempfindlich. Im Winter wird nur sparsam gegossen bzw. gelegentlich besprüht.

Gedüngt wird nur während der Wachstumszeit. Man nimmt höchstens die Hälfte der für Zierpflanzen angegebenen Düngermenge oder verwendet Spezialdünger. Einige Orchideen brauchen zusätzlich organische Nährstoffe in Form von gelagertem, getrocknetem Rindermist.

Die Vermehrung aus Samen ist kaum durchführbar, da hier ein präparierter Nährboden nötig ist.

Bei großen, ausgewachsenen Exemplaren ist eine Vermehrung durch Teilung möglich. Viele Orchideen zerfallen schon beim Verpflanzen in die Stücke, in die sie geteilt werden wollen. Will man gezielt teilen, muß jedes Teil mindestens drei Jahrestriebe besitzen. Für Orchideen mit kriechendem Wuchs, zum Beispiel Cymbidien, gilt ähnliches. Jedes Teilstück muß mindestens drei belaubte Bulben aufweisen. Manche Arten bilden Ableger oder Brutpflänzchen.

Die deutschen Namen sind hier nur der Vollständigkeit wegen aufgeführt; geläufiger sind bei den Orchideen die botanischen Namen.

Cattleya
Cattleye

Cattleya liebt Gegensätze: hohe Temperatur und Luftfeuchtigkeit im Sommer, kühle und recht trockene Haltung im Winter. Nur wenn die Ruhezeit im Winter strikt eingehalten wird, die Bulben also ausreifen können, entwickeln sich die faszinierenden Blüten. 12 – 14° C genügen im Winter. Das Bastgewebe um die Bulben darf nicht entfernt werden. In der lichtarmen Jahreszeit wird Cattleya möglichst hell gestellt. Im Sommer ist Schattierung nötig. Der Wasserbedarf ist in dieser Zeit sehr hoch. Cattleya-Hybriden sind insgesamt etwas robuster.

Cymbidium
Kahnlippe

Der deutsche Name drückt kaum die Schönheit dieser Orchidee aus. Die Blüten der Cymbidium-Arten zeigen sich in den unterschiedlichsten Farbkombinationen. Dabei gehört diese Orchidee zu denen, die auch von Gewächshausneulingen kultiviert werden können. Zudem braucht die Kalthauspflanze nur wenig Heizenergie. Während der Sommermonate steht sie an einem schattigen Platz im Freien und wird gleichmäßig feucht gehalten. Ab Mitte September bekommt sie einen sonnigen Standort im Freien. Die Pflanze wird dann trockener gehalten; die Bulben dürfen aber nicht schrumpfen. Vor Frostbeginn bringt man Cymbidium ins Gewächshaus. Im Winter genügt eine Temperatur von 7–10° C. Im Frühjahr sind 15° C günstig. Umtopfen ist nur alle zwei bis drei Jahre nötig, bei älteren Exemplaren noch seltener.

Coelogyne
Hohlnarbe

Coelogyne ist im Kalthaus oder temperierten Gewächshaus gut aufgehoben. Sie ist nicht allzu anspruchsvoll, braucht aber zusätzliche organische Düngung, am besten mit Kompost. Im Sommer benötigt sie viel Frischluft und mäßige Feuchtigkeit. Im Winter wird Coelogyne recht trocken gehalten bei einer Mindesttemperatur von 14° C. Das Einhalten der Ruhezeit ist entscheidend für die Wiederblüte.

Dendrobium
Baumwurzler

Aus der Vielfalt dieser Gattung sind die Hybriden von Dendrobium nobile mit unterschiedlichen Blütenfarben am bekanntesten. Sie sind nicht gerade anspruchslos. Im Sommer brauchen sie Wärme um 25° C, hohe Luftfeuchtigkeit, reichlich Wasser, viel Frischluft und leichte Schattierung.

Cymbidium-Hybride

Dendrobium

Im Winter sind ihre Temperaturansprüche bescheidener. Dann genügt eine Mindesttemperatur um 10° C. Sie werden während ihrer winterlichen Ruhezeit völlig trocken gehalten und erst dann wieder gegossen, wenn der Neuaustrieb zu wachsen beginnt. Bei wärmerer Winterhaltung muß man die Wurzeln ständig schwach feucht halten.

Masdevallia
Masdevallie

Von den Masdevallien sind viele Arten erst in letzter Zeit entdeckt worden. Sie zählen zu den energiefreundlichen Orchideen, denn ihre Temperaturansprüche sind höchst bescheiden. Das Kalthaus mit einem Minimum von 5° C reicht bei den meisten Masdevallien aus.
Während der Wachstumszeit werden die Pflanzen feucht gehalten, in der winterlichen Ruhezeit nur noch sparsam gegossen. Der Standort muß vor allem im Sommer schattig sein. Wie bei der Mehrzahl der Orchideen ist hohe Luftfeuchtigkeit und viel Frischluft erwünscht.

Verschiedene Phalaenopsis im Gewächshaus

Miltonia

Odontoglossum-Hybride Margarete Holm

Paphiopedilum-Hybride, Frauenschuh

Miltonia
Miltonie

Miltonia-Hybriden brauchen das temperierte Gewächshaus als Lebensraum. Schattierung im Sommer und viel Frischluft fördern das Wohlergehen. Im Sommer kann die Miltonie draußen im lichten Schatten stehen. Sie wird dann gleichmäßig feucht gehalten. Im Winter ist wenig Wasser nötig, aber die Pflanze darf nicht austrocknen. Die Mindesttemperatur bei den einzelnen Hybriden ist unterschiedlich. Sie liegt zwischen 10 und 16° C.

Miltonien muß man nur selten umtopfen. Der Herbst ist dafür die günstigste Zeit.

Odontoglossum
Zahnzunge

Der Temperaturbereich des Kalthauses genügt Odontoglossum. Als Mindesttemperatur gelten 8 – 10° C. Im Sommer ist reichliches Wässern nötig, mit beginnender Ruhezeit im Herbst wird die Pflanze trockener gehalten. Erst mit dem Erscheinen der Knospen im Frühjahr bekommt sie wieder mehr Wasser. In den Sommermonaten muß durch Schattieren und Lüften für niedrige Temperaturen gesorgt werden. Im Winter bekommt die Pflanze einen möglichst hellen Platz zugewiesen.

Oncidium
Schwielenorche

Die Kulturbedingungen für Oncidium entsprechen der allgemeinen Orchideenpflege: Frischluft und Luftfeuchtigkeit, viel Wasser im Sommer, wenig während der winterlichen Ruhezeit. Dickblättrige Pflanzen vertragen mehr Sonne und brauchen im Winter eine strikte Ruhezeit.

Die Temperaturansprüche reichen von kühl bis warm. Die meisten Oncidium-Arten fühlen sich im temperierten Gewächshaus am wohlsten.

Paphiopedilum
Frauenschuh

Der Frauenschuh zählt zu den bekanntesten Orchideen. Er fällt ein wenig aus dem Rahmen, da er keine Ruhezeit benötigt und stets gleichmäßig feucht gehalten wird. Nach der Blütezeit wird das Gießen ein wenig eingeschränkt, aber der Ballen darf zu keiner Zeit austrocknen. Die Pflanze bevorzugt einen halbschattigen Platz im Gewächshaus. Der Wärmebedarf ist unterschiedlich. Buntblättrige Arten brauchen das Warmhaus mit einer Mindesttemperatur von 18° C, während die grünblättrigen Arten im Winter mit einem Minimum von 12° C auskommen und besser im temperierten Gewächshaus aufgehoben sind.

Phalaenopsis
Malaienblume

Phalaenopsis zählen zu den wenigen Orchideen, die uneingeschränkt für die Fensterbank empfohlen werden können. Das zeigt schon, daß sie zwar

Oncidium-Hybride Goldrausch 'Bonanza'

robust sind, aber auch hohe Wärmeansprüche stellen. Im Winter brauchen
sie Warmhaustemperaturen mit wenigstens 17° C, im Sommer mindestens 20° C.
Trockene Luft wird im Winter gut vertragen, aber in der übrigen Jahreszeit
ist hohe Luftfeuchtigkeit erwünscht.
Der Standort soll mäßig hell, aber
unbedingt ohne direktes Sonnenlicht
sein.
Der Nährstoffbedarf ist vergleichsweise hoch. Während der Wachstumszeit wird in zweiwöchigem Abstand
1 – 2 g Flüssigdünger gegeben.

Fleischfressende Pflanzen (Karnivoren)

Die Tatsache, daß sich eine Pflanze von
lebenden Insekten ernährt, wirkt nicht
nur auf Pflanzenfreunde faszinierend.
Bei Beobachtung der ausgeklügelten
Mechanismen des Insektenfangs bietet das Gewächshaus für die Mehrzahl
der Karnivoren die besten Bedingungen. Nur wenige können im Freien
gehalten werden. Bei den für die
Zimmerkultur geeigneten ist oft Lichtmangel ein Problem. Die meisten Karnivoren bevorzugen im Winter etwas
kühlere Temperaturen und finden im
Kalthaus bei 5° C Minimum oder im
temperierten Gewächshaus ein ideales Klima. Nur Nepenthes, die Kannenpflanze, braucht das Warmhaus mit
hoher Luftfeuchtigkeit als Lebensraum.
Besondere Temperatur- und Pflegeansprüche einzelner Karnivoren sind in
den entsprechenden Abschnitten
beschrieben.
Fleischfressende Pflanzen sind nicht so
anspruchsvoll wie mancher denkt,
aber ihre Pflege weist einige Besonderheiten auf. Das beginnt beim Substrat.
Gewöhnliche Blumenerde ist ungeeignet. Nur Sphagnum (Sumpfmoos) und
feiner, sauberer Sand dürfen verwendet werden. Auf keinen Fall wird
gedüngt. Die Pflanzen finden auch in
einer scheinbar insektenfreien Umwelt
genügend Nahrung. Es versteht sich
von selbst, daß keine Insektizide angewendet werden dürfen. Das Gießwasser sollte möglichst enthärtet sein, oder

Dionaea, Venusfliegenfalle

man nimmt sauberes Regenwasser.
Zur Not geht abgekochtes, gut abgestandenes Leitungswasser.
Den meisten Karnivoren bekommt es
gut, wenn die Töpfe vom Frühjahr bis
zum Herbst in einem Untersetzer stehen, der mit feuchtem Sand gefüllt ist.
Für mehrere Töpfe kann die Stellfläche
mit Folie ausgelegt und mit einer Sandschicht bedeckt werden. Im Sommer
ist eine Schattierung des Gewächshauses von Vorteil.

Darlingtonia
Kobrapflanze

Die Pflege der Kobrapflanze erfordert
hohe Aufmerksamkeit. Häufiges Gie
ßen – an heißen Tagen bis zu dreimal –
und Besprühen sorgen für ein kühlfrisches Klima. Vor allem die Wurzeln
sind gegen Überhitzung empfindlich.
Eine Sommerschattierung ist daher
unerläßlich. Die Temperaturansprüche
im Winter sind gering, so daß ein frostfrei gehaltenes Gewächshaus ausreicht.

Dionaea
Venusfliegenfalle

Die Venusfliegenfalle ist die bekannteste der fleischfressenden Pflanzen,
die für die Zimmerkultur angeboten
werden. Die Pflegeansprüche sind
gering. Dennoch ist die Mißerfolgsquote mit der Venusfliegenfalle sehr
hoch. In den meisten Fällen ist minderwertige Qualität der Pflanzen die
Ursache. Venusfliegenfalle und Supermarkt, das paßt nicht zusammen. Im
Zimmer entwickelt sich die Pflanze nur
an einem sehr hellen Standort mit
Schutz vor Mittagssonne.
Bei Haltung im Gewächshaus kann,
zumindest in südlicheren Regionen,
eine leichte Schattierung erforderlich
sein. Zwar steht die Venusfliegenfalle
gern möglichst hell, aber in die pralle
Sonne darf sie nicht. Der Wärmebedarf
ist gering. Das schwach beheizte Kalthaus genügt. Meist ist es erforderlich,
die Pflanzen nach dem Kauf in größere
Töpfe mit wenigstens 13 cm Durchmesser umzusetzen. Günstig ist eine
Mischung aus Sphagnum und Sand.

Drosera, Sonnentau

Nepenthes, Kannenpflanze

Sarracenia leucophylla, Schlauchpflanze

Drosera
Sonnentau

Die beweglichen Tentakeln mit der klebrigen Flüssigkeit am Ende stellen eine raffinierte Falle für Kleininsekten dar und geben dem Sonnentau ein bizarres Aussehen. An einem sonnigen, aber nicht zu heißen Standort entwickelt sich die Pflanze am besten. Im Sommer kann eine leichte Schattierung erforderlich sein. Im Winter verträgt nur Drosera filiformis die niedrigen Temperaturen des Kalthauses. Die anderen Sonnentauarten bevorzugen einen hellen Platz im temperierten Gewächshaus. In jedem Fall ist hohe Luftfeuchtigkeit bei niedrigen Temperaturen zu vermeiden. Während der kalten Jahreszeit bleiben die Töpfe ohne Untersetzer. Sie werden dann nur soviel gegossen, daß das Sumpfmoos nicht vertrocknet.

Nepenthes
Kannenpflanze

Die Kannenpflanze gehört zu den wenigen Karnivoren, die die hohen Temperaturen eines Warmhauses beanspruchen. 25° C sind nicht zuviel. Die meisten Arten vertragen aber deutlich niedrigere Nachttemperaturen von knapp 10° C. Nepenthes sind höchst empfindlich gegen pralle Sonne. Eine Schattierung ist daher unerläßlich. Außerdem muß ständig für hohe Luftfeuchtigkeit gesorgt werden, vor allem in den Sommermonaten. Die Pflanze darf nur von oben gegossen werden.

Sarracenia
Schlauchpflanze

Als Fliegenfänger ist die Schlauchpflanze in der jüngsten Zeit in die Schlagzeilen gekommen. Tatsächlich zählt die Sarracenia zu den Karnivoren, die dem Besitzer auch Nutzen bringen, indem sie den Fliegenbestand merklich verringern. Als fleißigster Insektenfänger erweist sich Sarracenia flava mit ihren besonders langen Blattschläuchen. Sie ist die sonnenhungriste fleichfressende Pflanze.

Bei Haltung unter Glas genügt ein frostfrei gehaltenes Gewächshaus den Temperaturansprüchen der robustesten unter den fleichfressenden Pflanzen. Auch in der Pflege ist sie vergleichsweise bescheiden. Gesunde Exemplare entwickeln sich zu kräftigen Pflanzen, die nach zwei oder drei Jahren schon wieder geteilt werden müssen. Das Frühjahr ist für die Vermehrung am günstigsten. Die Blätter sterben nach einiger Zeit ab, das ist normal. Sie werden dann abgeschnitten.

Mit Schimmelpilz befallene Blätter müssen sofort entfernt werden. Das Entstehen dieser Pilzkrankheit läßt sich vermeiden, wenn die Pflanze im Winter bei nicht zu hoher Luftfeuchtigkeit gehalten wird.

Zwiebel-
und Knollen-
gewächse

Wissenswertes

Im September ist Pflanzzeit für früh-
jahrsblühende Blumenzwiebeln. Ein
paar der besten Zwiebeln sollte man
der Treiberei vorbehalten. Mitten im
Winter blühende Tulpen, Narzissen
oder Hyazinthen sind den geringen
Aufwand wert. Im Gewächshaus oder
auf der Fensterbank blühen sie schon
im Januar und Februar, während ihre
Artgenossen im Garten noch vom
Schnee bedeckt sind. Unter Glas gelingt die Treiberei von Blumenzwiebeln zuverlässig. Bevor sie aufblühen,
können sie immer noch auf die Fensterbank geholt werden.

Blumenzwiebeln
antreiben

Das Antreiben von Hyazinthen, Tulpen
und Narzissen erfolgt in drei Etappen:
1. Pflanztermin ist im September, spätestens Oktober. Die Zwiebeln werden
in Töpfe oder Schalen mit einer Mischung aus Gartenerde und Sand (vier
Teile Erde auf einen Teil Sand) gepflanzt. Die Zwiebeln werden fingerdick mit Sand abgedeckt. Die Gefäße
müssen ausreichend groß sein und
unbedingt Wasserabzugslöcher im Boden aufweisen. Sie werden entweder
ins Frühbeet oder in eine 30 cm tief
ausgehobene Mulde in den Garten
gestellt, angegossen und 20 cm hoch
mit Erde bedeckt. Gegen Frostschäden
ist eine Abdeckung aus Laub nützlich.
Das erleichtert außerdem später das
Herausnehmen.
2. Bis zum Winter ist Ruhe. Die Pflanzschalen und Töpfe mit den Zwiebeln
bleiben bis Dezember oder Januar im
Einschlag. Die Zwiebeln bilden in dieser Zeit reichlich Wurzeln und beginnen auszutreiben. Acht bis zwölf Wochen nach dem Einpflanzen schauen

Das Antreiben von Blumenzwiebeln.   1. Die Zwiebeln werden in Töpfe oder Schalen mit einer Mischung aus Gartenerde und Sand (vier Teile Erde auf einen Teil Sand) gepflanzt und fingerdick mit Sand abgedeckt.

2. Die Töpfe kommen entweder ins Frühbeet oder in eine zirka 30 cm tief ausgehobene Grube ins Freiland, die 20 cm hoch mit Erde bedeckt wird. Eine Laubdecke ist unter Umständen nützlich.

3. Bis Dezember oder Januar ist Ruhezeit. Dann nimmt man die Töpfe mit den Zwiebeln heraus und hält sie zum Eingewöhnen ein paar Tage kühl und dunkel. Danach stellt man sie zur Treiberei hell und wärmer.

Hyazinthentreiberei. Ab 1. September werden die Zwiebeln auf die Hyazinthengläser aufgesetzt. Es ist ganz wichtig, daß zwischen Wasser und Zwiebelboden 1 cm Luft bleibt. 2. Jede Zwiebel bekommt ein Hyazinthenhütchen. Die Gläser werden dann kühl gestellt, zum Beispiel in den Keller. Von Zeit zu Zeit muß in den nächsten acht Wochen Wasser nachgefüllt werden. Dann haben sich genügend Wurzeln gebildet, und das Triebwachstum ist zu sehen. Nun beginnt die Treiberei. Man stellt das Glas zunächst zwei Tage ins kühlere Schlafzimmer und dann in volle Wärme. 3. Wenn der Trieb 7 – 8 cm hoch ist, nimmt man das Hütchen ab. Zirka 25 Tage nach Treibbeginn blüht die Hyazinthe bei einer Zimmertemperatur von 20° C.

die Triebe einige Zentimeter aus der Erde heraus – Zeit zum Herausnehmen der Pflanzgefäße. Als erste können ab Anfang Dezember Hyazinthen und Krokusse angetrieben werden, Tulpen etwas später im Dezember und Narzissen ab Januar. Nach dem Herausnehmen aus dem Freilandquartier hält man sie zum Eingewöhnen ein paar Tage kühl und dunkel. Krasse Übergänge sollten möglichst vermieden werden.

3. In der letzten Phase der Treiberei stellt man die Pflanzgefäße möglichst hell auf. Bis zur Blüte dauert es dann noch drei bis vier Wochen. In der ersten Woche sollte es 10° C, später 15° C warm sein. Zimmerwärme (20° C) sorgt für eine frühere Blüte, aber auch für schnelleres Verwelken. Mäßige Gewächshauswärme zwischen 10 und 15° C reicht zur Verfrühung des Blütenbeginns. Tulpen sind etwas wärmebedürftiger.

Besonderheiten bei Hyazinthen

Hyazinthenzwiebeln werden für die Treiberei präpariert angeboten und meistens einzeln verkauft. Sie sind dann bereits in einer Klimakammer gelagert worden und brauchen keinen Einschlag im Freien, um zu blühen. Beliebt ist das Antreiben in speziellen Hyazinthengläsern. Dafür eignen sich nur besonders große Zwiebeln. Entscheidend für den Erfolg ist der richtige Wasserstand im Glasgefäß: ½ cm unter dem Zwiebelboden. Das Hütchen soll den Trieb vor Licht schützen, bis er mit zunehmender Wärme die Abdeckung hochdrückt und überflüssig macht. Der Duft von Hyazinthen ist ein zusätzlicher Grund, ein paar davon vorzeitig zum Blühen zu bringen.

Beim Pflanzen von Hyazinthen in Töpfe mit Erde werden die Zwiebeln nur so tief in die Erde gesetzt, daß sie noch zu einem Drittel herausschauen.

Topflilien

Treiben von Narzissen in Etagen. Man setzt die Zwiebeln in den Topf (1). Diese bedeckt man mit Erde (2) und legt in die Zwischenräume eine weitere Lage Narzissenzwiebeln (3). Dann wird Erde und Sand darüber gestreut (4).

Besonderheiten bei Narzissen

Zum Antreiben sind großblütige Trompetennarzissen, die typischen „Osterglocken", am besten geeignet. Neben den gelben gibt es aber auch geeignete weiße und zweifarbige Sorten. Möglichst große Zwiebeln sind zu bevorzugen. Die bepflanzten Gefäße werden ab Anfang Januar – nicht früher – aus dem Einschlag genommen und unbedingt hell aufgestellt, damit sie nicht zu langstielig werden. Große Gefäße kann man auch in zwei „Etagen" bepflanzen: Man setzt die Zwiebeln ein, bedeckt sie knapp mit Erde und legt in die Zwischenräume eine weitere Lage Narzissenzwiebeln. Dann wird Erde und Sand darüber gestreut.

Besonderheiten bei Tulpen

Zum Antreiben kommen nur frühe Tulpen, einfache oder gefüllte, in Frage. Nur Zwiebeln von guter Qualität dürfen verwendet werden, solche mit Schimmelstellen wirft man weg. Der Boden der Gefäße wird für eine gute Dränage mit Sand bedeckt. Im Dezember nimmt man die Zwiebeln vorsichtig (die Triebe brechen leicht ab) aus dem Einschlag. Je früher der Treibbeginn, desto höher muß die Raumtemperatur sein. Wer nicht gerade über ein tropisches Gewächshaus verfügt, sollte nicht vor Mitte Dezember antreiben. Dann reicht Zimmerwärme um 20° C aus.

Lilien

Lilien können im Gewächshaus als Topfpflanzen für eine frühere Blüte vorgetrieben werden. Beim Pflanzen im Herbst sollten deshalb ein paar fürs Treiben reserviert werden, vorzugsweise frühe Sorten. Man setzt sie in Einzeltöpfe (Mindestdurchmesser 16 cm) oder dicht nebeneinander in geräumige Pflanzencontainer. Der Topfboden wird mit Kies oder Sand als Dränage bedeckt, stehende Nässe kann zu Krankheiten führen. Man verwendet humusreiche Erde und pflanzt die Lilienzwiebeln tief ein. Bewährt hat sich eine Mischung aus Gartenerde, Kompost, Sand und Torf zu gleichen Teilen.

Das Einschlagen der Gefäße im Frühbeet oder in einer Mulde und das spätere Antreiben entspricht der vorher beschriebenen Blumenzwiebeltreiberei. Eine dicke Laubabdeckung ist bei Topflilien besonders wichtig, denn bis Februar bleiben sie im Einschlag; oder man bringt die Töpfe vor Frostbeginn in ein kühles Zwischenquartier.

Das Antreiben erfolgt bei allmählich steigenden Temperaturen von 5 auf 20° C. Der Wärmebedarf entspricht dem natürlichen Temperaturverlauf im Gewächshaus zu dieser Jahreszeit, so daß nur geringe Zusatzheizung nötig ist. Zunächst wird mäßig, dann mehr gegossen und bis zur Blüte im Abstand von zwei Wochen gedüngt. Bei Treibbeginn im Februar blühen die Lilien im Mai. Anschließend werden sie trockener gehalten und später in den Garten gepflanzt.

Neben der Treiberei bietet das Glashaus für zahlreiche Lilien ausgezeichnete Vermehrungsmöglichkeiten durch Aussaat, beispielsweise für Lilium regale, L. tigrinum, Midcentury- und Aurelian-Hybriden. Die Samen werden ohne Vorbehandlung in Anzuchtschalen ausgesät. Bei mäßigen Temperaturen keimen sie nach vier bis sechs Wochen. Bald darauf wird pikiert. In der Folge werden die Pflänzchen mäßig warm bei viel Frischluft gehalten.

Knollenbegonien

Knollenbegonien gehören zu den Favoriten im Balkonkasten, in Pflanzkübeln und auf dem Beet. Kaum eine andere Pflanze weist so auffällig leuchtende Blüten auf und ist gleichzeitig schattenverträglich. Das Gewächshaus bietet die Möglichkeit des frühzeitigen Antreibens von Begonienknollen, um rechtzeitig zu den Eisheiligen Mitte Mai voll blühende Pflanzen zur Verfügung zu haben. Für die Überwinterung der Knollen ist ein Kalthaus oder frostfrei gehaltenes Gewächshaus günstig.

Sobald die ersten Begonienknollen angeboten werden, in der zweiten Januarhälfte oder im Februar, kann man sie antreiben. Die Knollen legt man – mit der „Delle" nach oben – entweder in Töpfe oder bei größeren Mengen in Pikierschalen, Obststeigen oder andere Gefäße. Feuchter Torf ist zum Antreiben besser geeignet als gedüngte Blumenerde. Die Knollen werden nur dünn bedeckt. Der Standort unter Glas soll hell, aber ohne pralle Sonne sein. Zunächst wird nur schwach feucht gehalten. Mit zunehmendem Wachstum gießt man mehr, später düngt man wöchentlich. Eine Eigenart der Knollenbegonien ist, daß sie unterschiedlich schnell austreiben. Bei einer Temperatur von 18 – 20° C dauert es durchschnittlich drei bis vier Wochen. Aber auch Nachzügler und mit weniger Wärme angetriebene Knollen entwickeln sich noch zeitig.

Begonien sind frostempfindlich und dürfen erst Mitte Mai nach draußen. Ideal ist für sie ein leicht schattiger Standort. Volle Sonne wird von den meisten aber auch gut vertragen. Im tiefen Schatten blühen einige Begonien, wie beispielsweise Begonia-Compacta-Hybriden, noch gut.

Während des Antreibens ernähren sich die Begonien noch aus ihren Vorräten in der Knolle. Später brauchen sie einen nährstoffreichen Boden und zusätzliche Düngung. Ausgewogene Ernährung und humusreicher Boden schützen vorbeugend gegen Befall mit Mehltau. Bei der Haltung in Gefäßen ist ein ausreichender Pflanzabstand wichtig, um die Krankheit zu vermeiden.

Überwinterung der Knollenbegonien. Vor dem ersten Frost, wenn das Laub verwelkt ist, nimmt man die Knollen aus dem Boden und säubert sie von Erde und Pflanzenresten. Dann werden sie in trockenem Sand oder Torf gelagert.

Knollenbegonien im Gewächshaus

Die richtige Überwinterung der Begonienknollen hat entscheidende Bedeutung für das Austreiben im Frühjahr. Mitte Oktober nimmt man sie aus dem Boden, schneidet die Stengel ab und läßt die Knollen an der Luft trocknen. Gelagert werden sie bei einer Temperatur von 5° C in schwach feuchtem Torf. Kleine Mengen kann man auch im Folienbeutel aufbewahren. Erst nach einer Ruhezeit von 90 Tagen dürfen die Knollen wieder angetrieben werden. Knollenbegonien kann man auch aus Samen selbst heranziehen – das ist gar nicht so schwierig, braucht aber viel Geduld (siehe Seite 131).

Der Jahreskalender

Für Gewächshausgärtner
endet die Saison nie. Im
geheizten Glashaus währt
sie zwölf Monate im Jahr,
und selbst ohne Heizung
dauert der Spaß unter
Glas vom zeitigen Frühjahr
bis zum Spätherbst. Die
Arbeitspläne sind keine
Pflichtübung, sondern ge-
ben lediglich Anregungen
für die zahlreichen Mög-
lichkeiten, die ein Ge-
wächshaus bei der Haltung
von Zier- und Nutzpflan-
zen eröffnet.

JANUAR

➥ Allgemeines ⇐

Die Gartensaison beginnt unter Glas bereits in diesem Monat. Zwar sind die Lichtverhältnisse noch nicht ideal, aber vor allem gegen Ende Januar ist die zunehmende Lichtmenge schon deutlich spürbar. Bei den Heizkosten macht sich die Sonnenwärme allerdings noch nicht sonderlich bemerkbar. Zwar sorgt der Treibhauseffekt bei wolkenlosem Himmel schon für angenehme Temperaturen, aber Nachttemperaturen bis – 20° C und darunter erfordern zeitweise die volle Heizleistung, um die erforderliche Wärme im Gewächshaus zu halten. Für viele Pflanzen wird das Absinken auf weniger als 5° C kritisch. Man darf kälteempfindliche Pflanzen nicht in die Nähe der Glasscheiben oder auf das Grundbeet stellen, weil es dort noch kühler ist. Schnee wird stets sofort vom Gewächshausdach heruntergefegt. Er nimmt Licht weg und kann unter Umständen zum Glasbruch führen.

Sämlinge und Stecklinge

🌿 Zierpflanzen 🌷

Aussaat und Anzucht
Man kann jetzt mit der Aussaat der ersten Sommerblumen beginnen. Eine so frühe Aussaat kommt aber nur für diejenigen in Frage, die eine lange Keim- und Anzuchtzeit beanspruchen. Das sind: Ageratum (Leberbalsam), Antirrhinum (Löwenmaul), Begonia, Calceolaria (Pantoffelblume), Dianthus (Nelke), Pelargonium (Geranie), Petunia, Salvia farinacea (Blaue Salvie) und Verbena (Eisenkraut). Die frühzeitige Aussaat sorgt dafür, daß sie im Mai blühend ausgepflanzt werden können. Die meisten brauchen eine Keimtemperatur von 18 – 20° C. Nach dem Keimen sind sie mit knapp 15° C zufrieden.

Knollen- und Zwiebelgewächse
Ende des Monats werden die ersten Knollenbegonien angetrieben, damit sie bis zum Auspflanzen Blüten zeigen. Die Knollen legt man in feuchten Torf oder in Erde und bedeckt sie nur dünn. Begonien keimen am besten bei Temperaturen um 20° C. Später hält man sie etwas kühler und schattiert.
Für das Antreiben von Gloxinien und Calla kann die Temperatur etwas höher sein. Narzissen und Hyazinthen, die im Herbst im Garten eingeschlagen wurden, können jetzt zum Antreiben ins Gewächshaus gebracht werden.

Stecklinge
Von Chrysanthemen können in diesem Monat Stecklinge geschnitten und bewurzelt werden. Stecklinge von Fuchsien und Pelargonien, die bereits im Herbst bewurzelt wurden, bekommen jetzt größere Töpfe. Falls man noch keine Stecklinge geschnitten hat, kann man das jetzt noch nachholen.

Kübelpflanzen und mehrjährige Balkonblumen
Im geheizten Glashaus überwinternde Kübelpflanzen und mehrjährige Balkonblumen sollten jetzt noch nicht zum Austreiben angeregt werden. Bei Temperaturen zwischen 5 und 10° C sind sie immer noch am besten aufgehoben. Es wird noch nicht gedüngt und nur soviel gegossen, daß die Erde nicht austrocknet. An sonnigen Tagen brauchen sie schon etwas mehr Wasser als im Dezember. Welkende Pflanzenteile werden stets sofort entfernt.

Kakteen und Orchideen
Ein Minimum am Wasser erhalten weiterhin Kakteen.
Bei Orchideen gilt die Regel: Je niedriger die Temperatur, desto weniger Wasser brauchen sie. Eine Nachttemperatur von 10° C sollte aber auch bei Kalthausorchideen nicht unterschritten werden.

Für zusätzliche Beleuchtung muß man während der lichtarmen Monate sorgen.

❊ Nutzpflanzen ❊

Auberginen, Paprika und Tomaten

Eine frühe Aussaat ist vor allem für Tomaten empfehlenswert, die im Sommer im Gewächshaus bleiben und schon ab Ende Juni geerntet werden können. Tomatensamen brauchen wenigstens 20° C zum Keimen, danach sind sie mit weniger Wärme zufrieden. Für Paprika und Auberginen ist für die sichere Anzucht eine Keimtemperatur von mehr als 20° C nötig. Auch in der Folge sollten tagsüber 15° C nicht unterschritten werden. Um die Heizkosten in Grenzen zu halten, kann man mit der Aussaat von Paprika und Auberginen bis Februar warten. Der Erntebeginn verzögert sich dabei nur unwesentlich.

Andere Gemüse

Für die Frühjahrspflanzung im Gewächshaus werden jetzt frühe Sorten von Kohlrabi, Kopf- und Pflücksalat gesät. Sie können dann im März ins Grundbeet gesetzt werden. Radieschen sät man direkt ins Beet.
Für Salat und Kohlrabi, der im Frühjahr ins Frühbeet gepflanzt werden soll, ist die Aussaat ab Ende Januar empfehlenswert.

Beim Kopfsalat darf die Aussaattemperatur nicht mehr als 15° C betragen, sonst keimt er nicht. Spinat wird weiter laufend gesät, um regelmäßig ernten zu können. Ebenso wie beim Salat ist auf mäßige Düngung zu achten, um den Nitratgehalt in der lichtarmen Jahreszeit niedrig zu halten. Wenn ausreichend Platz im Gewächshaus vorhanden ist, ist jetzt auch schon die Aussaat von Blumenkohl, Möhren, Porree, Rettich, Sellerie, Zwiebeln und Mangold fällig. Mit Ausnahme von Blumenkohl und Mangold, die man zunächst in Saatschalen vorzieht, werden sie direkt ins Grundbeet gesät. Diese Gemüse bleiben bis zur Ernte im Glashaus.

Kräuter

Bei der Anzucht von Petersilie, Borretsch, Bohnenkraut, Dill, Majoran und Basilikum genügen 15° C zum Keimen, später reicht eine Temperatur um 10° C. Auch Kresse kann gleich mitgesät werden. Schon nach einer Woche ist sie erntefertig, so daß eine laufende Nachsaat kleiner Mengen sinnvoll ist.

FEBRUAR

Im heizbaren Gewächshaus gibt es in diesem Monat eine ganze Menge zu tun. Tagsüber ersetzt die Sonne bei wolkenlosem Himmel mühelos die Heizung und sorgt unter dem Glasdach für Wohnraumtemperaturen, während draußen noch der Winter regiert. Vor allem zum Ende des Monats macht sich das bemerkbar, so daß zeitweise vorsichtig gelüftet werden muß; vorsichtig deshalb, weil empfindliche Pflanzen in unmittelbarer Nähe der Lüftungsklappen durch die einströmende Kaltluft geschädigt werden könnten.

Mit zunehmender Sonneneinstrahlung müssen empfindliche Pflanzen vereinzelt schon vor zu grellem Licht geschützt

werden. Das alles darf jedoch nicht darüber hinwegtäuschen, daß die Quecksilbersäule vor allem nachts noch tief absinken kann. Eine Isolierung mit Hartschaumplatten oder Luftpolsterfolie sollte deshalb erst Ende des Monats entfernt werden.

In Gewächshäusern ohne Heizung oder nur mit einer schwachen Zusatzheizung muß die Arbeit jetzt noch ruhen. Kälteperioden mit extremen Minusgraden treten im Februar nicht selten auf und würden ohne entsprechende Heizmöglichkeit die gerade keimenden Pflänzchen erfrieren lassen.

Aussaat und Anzucht

Im heizbaren Gewächshaus braucht man jetzt alle zur Verfügung stehenden Aussaatschalen. Vorher säubert man sie sorgfältig mit heißem Wasser, damit keine Krankheiten übertragen werden. Nach und nach sät man zunächst diejenigen Sommerblumen, die eine mäßig lange Kulturzeit benötigen. Für alle Einjährigen, die bereits im Januar zur Anzucht empfohlen wurden, drängt Anfang Februar schon die Zeit. Vor allem Begonien, Calceolaria (Pantoffelblumen), Pelargonien (Geranien) und Petunien müssen früh gesät werden, damit sie rechtzeitig zu den „Eisheiligen" Mitte Mai, also kurz vor der möglichen Pflanzung ins Freie, blühen.

Alle Sommerblumen, die im Januar gesät wurden, werden im Februar pikiert. Bei den übrigen hier genannten Sommerblumen kann man sich mit der Aussaat bis Ende des Monats Zeit lassen oder auch bis März warten: Callistephus (Sommeraster), Dorotheanthus (Mittagsblume), Gaillardia (Kokardenblume), Gazania, Helichrysum (Strohblume), Impatiens (Fleißiges Lieschen), Lobelia, Matthiola (Levkoje), Nicotiana (Ziertabak), Tagetes und Schizanthus (Spaltblume). 18 – 20° C sind für die meisten eine optimale Keimtemperatur. Für Callistephus, Helichrysum, Matthiola und Schizanthus genügen schon 15° C zum Keimen. Höhere Temperaturen beschleunigen in jedem Fall die Keimung, nur muß man die weniger

Impatiens können ab Ende Februar gesät werden.

Primula vulgaris (hier Sorte 'Ekora rosa') sät man jetzt.

wärmebedürftigen Einjährigen dann bald kühler stellen. Beim Herausnehmen der Saatschalen aus dem warmen Anzuchtbeet sollten stets krasse Temperaturunterschiede vermieden werden, sonst erleiden die jungen Pflänzchen einen Wachstumsschock. Die Aussaat im heizbaren Vermehrungsbeet hat den Vorteil, daß man das Gewächshaus jetzt noch energiesparend mit mäßigen Temperaturen heizen kann. Das ist auch wichtig, weil in demselben Glashaus überwinternde Kübelpflanzen nicht zu früh angetrieben werden sollen.
Bei ungünstigen Lichtverhältnissen ist für die zeitige Anzucht Zusatzbeleuchtung vorteilhaft. Mangelndes Licht ergibt schwächliche, „langbeinige" Pflänzchen.
Ende des Monats holt man die Aussaatschalen mit den Stauden-Frostkeimern, die in den vergangenen Wochen im Freien standen, ins Glashaus. Die meisten brauchen dann um 15° C zum Keimen.

Primula vulgaris, die Kissenprimel, kann ohne Frosteinwirkung gesät werden. Sie braucht 10 – 15° C zum Keimen. Früheste Aussaat ist auch für Hibiscus moscheutos, den großblütigen Rieseneibsch, empfehlenswert. Er keimt am besten bei wenigstens 20° C.

Knollen- und Zwiebelgewächse
In diesem Monat, möglichst nicht später, werden Knollen von Begonien, Gloxinien und Canna angetrieben. Bei den Begonien lohnt sich das frühe Antreiben, da sie später mit beginnender Blütenbildung noch einige Zeit die Fensterbank zieren können, ehe sie draußen gepflanzt werden. Gloxinien und Canna sind ohnehin besser fürs Zimmer geeignet.

Stecklinge
Von Dahlien kann man im Februar auf einfache Weise Stecklinge gewinnen: Die Knollen werden in ein feuchtes Torf-Sand-Gemisch gelegt und bei mäßiger Wärme (15 – 18° C) und ausreichender Helligkeit angetrieben. Wenn die Triebe fingerlang sind, schneidet man sie unmittelbar an der Basis ab und bewurzelt sie bei mindestens 20° C wie andere Stecklinge.

Kübelpflanzen und mehrjährige Balkonpflanzen
Ein Rückschnitt ist in diesem Monat für die Kübelpflanzen fällig. Das rechtzeitige Stutzen von Lantanen, Margeritenbäumchen, Hibiskus und den anderen, bis jetzt kühl gehaltenen Wintergästen im Glashaus, sorgt dafür, daß sie kompakt heranwach-

sen und im Mai beim Herausstellen ins Freie bereits ein ansehnliches Äußeres zeigen. Auch die überwinternden Fuchsien und Pelargonien werden jetzt zurückgeschnitten, ebenso im Herbst bewurzelte Stecklinge. Falls sie noch in der alten Erde stehen, werden sie jetzt in frische umgetopft. Pelargonien für den Balkon kann man jetzt schon in die Balkonkästen pflanzen. Bis zu den Eisheiligen haben sie sich dann bereits prächtig entwickelt.

Kakteen und Orchideen
Kakteen dürfen noch immer fast kein Wasser bekommen. Bei zu hohen Temperaturen lieben sie Frischluft, daher ist für diese Gewächse gutes Lüften wichtig.
Bei starker Sonneneinstrahlung kann Ende Februar zeitweise schon Schattierung erforderlich sein. Bei den Orchideen sollte grelles Licht vermieden werden.

Bei starker Sonneneinstrahlung müssen Orchideen schon ab Ende Februar schattiert werden.

Paprika muß jetzt gesät werden.

❊ **Nutzpflanzen** ❊

Auberginen, Gurken, Melonen, Paprika und Tomaten

Die wärmeliebenden, typischen Treibhausgemüsearten wie Auberginen, Paprika und Tomaten müssen im heizbaren Vermehrungsbeet gesät werden, denn sie brauchen Keimtemperaturen von wenigstens 20° C. Spätestens Anfang Februar soll die Aussaat dieser Gemüsearten erfolgen, wenn sie auch den Sommer im Glashaus verbringen sollen. Bei Tomaten ist es in jedem Fall empfehlenswert, zumindest einen Teil für die Unterglaskultur zu reservieren. Auberginen und Paprika brauchen unbedingt das geschützte Gewächshausklima, damit sie sich wunschgemäß entwickeln.

Einen noch höheren Wärmebedarf haben Melonen und Gurken. Man sollte sie nur dann bereits im Februar säen, wenn anschließend für ausreichende Wärme gesorgt ist. Bei weniger als 10° C stellen sie ihr Wachstum ein. Wenn das Glashaus nur mäßig beheizt wird, ist es günstiger, sie erst im März oder April auszusäen. Da sie rasch wachsen, ist ein späterer Aussaattermin problemlos ohne weiteres möglich.

Andere Gemüse

Im temperierten Gewächshaus kann man jetzt schon das Frühjahr „vorverlegen" und all das säen und pflanzen, was im Freiland erst viele Wochen später an der Reihe ist. In der Regel wird man sich jedoch beim frühen Gemüseanbau unter Glas mit mäßigen Kalthaustemperaturen begnügen, die ebenfalls eine breite Anbaupalette ermöglichen.

Gesät werden ab Ende des Monats Kopfsalat, Schnittsalat, Spinat, Radieschen, Rettich, Mangold, Möhren, Erbsen, Lauch, Kohlrabi, Blumenkohl und Brokkoli. Außerdem können Knoblauchzehen und Steckzwiebeln gesetzt werden. Bei Kopfsalat, Mangold, Erbsen, Lauch und den Kohlarten ist es meistens günstiger, sie zunächst in Saatschalen vorzuziehen. Die übrigen sät man direkt ins Grundbeet. Das Glashaus wird jetzt auch für die Gemüseanzucht genutzt, die im nächsten Monat im Frühbeet oder etwas später im Freiland gesetzt werden.

Kartoffeln

Wenn genügend Platz ist, können einige Frühkartoffeln gepflanzt werden. Auf jeden Fall darf man schon jetzt Kartoffeln in Pflanzcontainer setzen. Durch Vorkeimen läßt sich der Erntetermin im Glashaus verfrühen. Mit dem Vorkeimen der Kartoffeln für die Freilandpflanzung wartet man besser bis Mitte März.

Monatserdbeeren

Ein schnelles Erfolgserlebnis bereitet die Aussaat von Monatserdbeeren. Im Februar bei 15 – 18°C gesät, können sie nach einmaligem Pikieren bereits Mitte Mai im Freien ausgepflanzt und schon im Juli geerntet werden.

Kalebassen kann man ab Ende Februar vorziehen.

➥ Allgemeines ➦

Der März ist für Unterglasgärtner ein Monat, in dem sie die Vorteile des Gewächshauses so richtig genießen können. Für die Aussaaten von Zier- und Nutzpflanzen ist es zweifellos der wichtigste Monat. Die meisten Sommerblumen und auch der größte Teil der Gemüse sollten jetzt gesät werden. Im März beginnt die Düngung. Mit Beginn der Vegetationszeit brauchen die Pflanzen wieder Nährstoffe und müssen von jetzt an regelmäßig gedüngt werden. Außerdem benötigt man nun reichlich Topferde, denn mit dem Frühling beginnt auch die Zeit des Umtopfens in größere Gefäße mit frischer Erde. Ansteigende Temperaturen erfordern einen spürbar höheren Wasserbedarf der Pflanzen. Vor allem Pflanzen in kleinen Töpfen und erst recht die Sämlinge in den flachen Aussaatschalen trocknen bei sonnigem Wetter leicht aus. Spätestens Anfang des Monats wird Luftpolsterfolie und anderes Isoliermaterial entfernt. Zwar können draußen noch Nachtfröste den Erfolg hemmen, aber unter Glas lassen sich Minusgrade in dieser Jahreszeit schon mit einer relativ schwachen Zusatzheizung abwehren. Wichtig ist jetzt auch eine gute Lüftung. Aus demselben Grund ist an einzelnen Tagen für lichtempfindliche Sonderkulturen, beispielsweise für Orchideen, schon eine Schattierung erforderlich.

Im März kann der Unterglasgärtner die Vorteile seines Gewächshauses richtig nutzen.

Wer es bis jetzt noch nicht getan hat, sollte die Glasscheiben gründlich säubern. Später, wenn sich die Pflanzen erst einmal ausgebreitet haben, ist dazu kaum noch Gelegenheit.
Auch in Gewächshäusern ohne Heizung gibt es jetzt reichlich zu tun. Wer nicht über eine Heizungsmöglichkeit verfügt, fängt erst in diesem Monat mit der Arbeit im Glashaus an. Das ermöglicht immer noch einen erheblichen Vorsprung gegenüber den Gartenfreunden, die ohne Glashaus auskommen müssen. Frostgefährdete Kulturen deckt man im unbeheizten Gewächshaus zusätzlich mit Folie oder Vlies ab.

Zinnien werden bei 18 – 20° C angezogen.

Schmuckkörbchen sät man jetzt aus.

Cobaea scandens verlangt 18 – 20° C Keimtemperatur.

🐛 Zierpflanzen 🐛

Aussaat und Anzucht

Die Liste der Sommerblumen, für die eine Aussaat im März am günstigsten ist, ist lang. 18 – 20° C Keimtemperaturen brauchen Antirrhinum (Löwenmaul), Cleome (Spinnenpflanze), Dianthus (Sommernelke), Gazania, Heliotrop (Sonnenwende), Nicotiana (Ziertabak), Salvia (Salbei) und Zinnia. Für sie reicht der Platz in einem Wärmebeet durchschnittlicher Größe gerade aus. Die übrigen Sommerblumen können im geheizten Gewächshaus in Saatschalen ausgesät und auf den Kulturtischen plaziert werden. 15° C Keimtemperatur (nachts kann auf 10° C abgesenkt werden) sind bei folgenden Einjahresblumen ausreichend: Amaranthus (Fuchsschwanz), Brachycome (Blaues Gänseblümchen), Celosia (Federbusch), Gaillardia (Kokardenblume), Impatiens (Fleißiges Lieschen), Lobelia, Mimulus (Gauklerblume) und Molucella (Muschelblume). Bereits bei 12° C keimen die nachstehenden Sommerblumen: Anchusa (Ochsenzunge), Callistephus (Sommeraster), Chrysanthemum-Arten (Wucherblume), Dimorphoteca (Kapkörbchen), Dorotheanthus (Mittagsblume), Helichrysum (Strohblume), Matthiola (Levkoje), Nemesia (Elfenspiegel), Nigella (Jungfer im Grünen), Phlox, Portulaca (Portulak), Rudbeckia (Sonnenhut), Schizanthus (Spaltblume) und Tagetes. Die im Februar gesäten Einjährigen werden jetzt pikiert. Das Vereinzeln in kleine Töpfe oder in Topfplatten erfolgt, sobald sich nach den Keimblättern das erste Blattpaar gebildet hat. Der richtige Zeitpunkt dafür ist je nach Pflanzenart drei bis fünf Wochen nach der Aussaat.

Nicht vergessen werden sollte jetzt die Aussaat einjähriger Kletterpflanzen. Zu den Schlingpflanzen, die eine hohe Keimtemperatur (18 – 20° C) benötigen, gehören Cobaea (Glockenrebe), Humulus (Japanischer Hopfen), Ipomoea (Prunkwinde), das seltene Quamoclit (Sternwinde) und Thunbergia, die Schwarzäugige Susanne. Mit etwas niedrigeren Aussaattemperaturen sind Lathyrus (Edelwicke) und Tropaeolum (Kapuzinerkresse) zufrieden. Schließlich ist jetzt auch für einzelne Stauden ein günstiger Aussaattermin. Delphinium (Rittersporn), Rudbeckia (Sonnenhut) und Salvia superba (Salbei) benötigen eine vergleichsweise hohe Keimtemperatur um 18° C. Die Keimzeit ist erheblich länger als bei den Einjährigen.

Kübelpflanzen

Kübelpflanzen werden, soweit noch nicht geschehen, zurückgeschnitten. Von einigen können dabei auch gleich Stecklinge geschnitten und zum Bewurzeln ins Vermehrungsbeet gesteckt werden. Das sind beispielsweise Passiflora, Plumbago (Bleiwurz), Tibouchina und Punica granatum (Granatapfel). Jetzt ist auch der Zeitpunkt, um den Kübelpflanzen frische Erde zu geben. Wüchsige, noch junge Pflanzen setzt man in Gefäße, die einen nur geringfügig größeren Umfang als die alten haben. Bei älteren Kübelpflanzen genügt es, das obere Drittel der Erde zu erneuern. Wenn bei ausladenden Pflanzen nach drei bis vier Jahren Austauschen der Erde erforderlich ist, sollte man vom Wurzelballen soviel Erde abkratzen, daß das alte Gefäß wieder benutzt werden kann. Andernfalls wird das Wachstum zu sehr angeregt, und in der Folge reicht der Platz im Glashaus bald nicht mehr aus – die Pflanzen müssen weggegeben werden.

❋ **Nutzpflanzen** ❋

Auberginen, Gurken, Melonen, Paprika und Tomaten

Spätestens Anfang März – falls noch nicht geschehen – ist die Aussaat von Tomaten, Auberginen und Paprika an der Reihe. Sie brauchen in jedem Fall das warme Vermehrungsbeet mit einer Keimtemperatur nicht unter 20° C. Mit Gurken und Melonen kann man mit der Aussaat gut bis Ende des Monats warten.

Andere Gemüse

Mit der Gemüseaussaat geht es jetzt munter weiter. Die Sonne erwärmt den Boden im Grundbeet schon soweit, daß die Pflanzen ein zügiges Wachstum zeigen. Nutzpflanzen, die bis zur Ernte im Grundbeet verbleiben, werden am besten direkt gesät, also ohne Vorkultur in Töpfen oder Saatschalen. Dazu zählen Kopf-, Schnitt- und Pflücksalat, Radieschen, Rettich, Mangold, Sellerie, Lauch, Zwiebeln, Winterportulak, Spinat, Neuseeländer Spinat, Möhren und die Kohlarten einschließlich Kohlrabi. Außerdem können auch jetzt noch Knoblauchzehen und Steckzwiebeln gesteckt werden. Spätestens bis Ende des Monats sollte die Unterglasaussaat der Frühgemüse abgeschlossen sein.

Frühe Radieschen sind schon jetzt erntereif.

Spätere Aussaaten werden dann direkt im Freiland vorgenommen. Es ist allerdings unbedingt empfehlenswert, im März Jungpflanzen für die spätere Freilandkultur im Gewächshaus vorzuziehen. Das bringt vor allem bei Salat, Sellerie, Kohlrabi, Kohl, Knollenfenchel sowie Neuseeländer Spinat eine deutliche Ernteverfrühung. Bohnen und Zuckermais, die unter Glas lediglich vorgezogen werden sollen, sind ebenfalls erst Ende März an der Reihe.

Kartoffeln

Mitte März werden Kartoffeln zum Vorkeimen ausgelegt, damit sie ebenfalls einen Wachstumsvorsprung für den späteren Freilandanbau erhalten.

Kräuter

Nicht vergessen werden sollte die Aussaat von Kräutern, die bei Freilandaussaat manchmal Probleme bereiten. Die am häufigsten verwendeten Kräuter, Petersilie und Schnittlauch, sät man einfach in Schalen und kann sie später mitsamt Wurzelballen ins Freie setzen. Auch Basilikum, Thymian, Majoran und Estragon werden zunächst im Glashaus vorgezogen und später draußen gepflanzt. Rosmarin und Salbei sät man ebenfalls jetzt, pflegt sie aber ganzjährig im Glashaus.

April im Gewächshaus

➤ **Allgemeines** ⬅

In diesem Monat wird es eng im Gewächshaus. Denn jetzt sind auch die in den Vorwochen ausgesäten Sommerblumen soweit herangewachsen, daß sie pikiert werden müssen. Und das erfordert reichlich Platz. Nur bei geschickter Raumaufteilung und mit Hilfe zusätzlicher Hängeregale lassen sich alle Pflanzen überhaupt unterbringen.

Für den Gewächshausbesitzer ist der April ein kritischer Monat, denn die zahlreichen Jungpflanzen in den kleinen Töpfen wollen alle versorgt sein. An sonnigen Tagen ist es unumgänglich, zweimal täglich – morgens und abends – zu wässern. Dabei muß besonders sorgfältig vorgegangen werden, denn gerade die weiter hinten auf den Kulturtischen und Regalen stehenden Pflanzen werden leicht übersehen und sind dann vom Vertrocknen bedroht.

Spätfröste stellen in diesem Monat gewöhnlich keine Gefahr mehr dar, vorausgesetzt, abends werden die Lüftungsöffnungen geschlossen. In ungünstigen Klimagebieten sollte aber für kalte Nächte eine Zusatzheizung, etwa ein elektrischer Heizlüfter oder eine mobile Gasheizung, parat sein, damit auch käl- teempfindliche Pflanzen keinen Schaden erleiden. Denn selbst wenn die Temperatur nicht unter den Gefrierpunkt absinkt, können einzelne Pflanzen einen Kälteschock bekommen, der sie im Wachstum zurückwirft.

Noch mehr muß man jetzt aufpassen, daß bei sonnigem Wetter schattiert wird und nicht versehentlich die Lüftung geschlossen bleibt. Der Treibhauseffekt könnte sonst bei starker Sonneneinwirkung die Arbeit der vergangenen Wochen zunichte machen.

🎏 Zierpflanzen 🎏

Aussaat und Anzucht

Die meiste Arbeit verursachen jetzt die Sommerblumen. Das Pikieren ist unumgänglich, weil andernfalls die Wurzeln zusammenwachsen und beim Auspflanzen im Mai nur mickrige Pflanzen mit dünnen Wurzeln zur Verfügung stehen, die lange Zeit bis zur vollen Entwicklung brauchen. 24 Stunden vor dem Pikieren werden die Minipflänzchen mit einer schwachen Düngerlösung überbraust, damit sie einen Nährstoffvorrat erhalten. Vor dem Herausnehmen aus den Saatschalen kann noch einmal gewässert werden, dadurch bleibt die Erde besser an den Wurzeln haften. Günstig ist das Pikieren in Torftöpfchen, weil so beim späteren Auspflanzen in den Garten die Wurzeln nicht beschädigt werden. Das Pikieren erfolgt am besten bei trübem Himmel, damit die pikierten und dadurch geschwächten Pflanzen nicht schlapp machen. An sonnigen Tagen müssen sie zunächst etwas schattig aufgestellt werden.

Bei den Ende Januar, Anfang Februar gesäten Sommerblumen ist spätestens jetzt ein zweites Pikieren nötig, falls das nicht schon Ende März geschehen ist. Einige wenige Einjahresblumen können auch noch Anfang April im Glashaus gesät werden. Für Callistephus (Sommeraster), Chrysanthemum (Wucherblume), Cosmos (Kosmee), Nemesia (Elfenspiegel), Nigella

Nemesia kann man auch noch Anfang April säen.

(Jungfer im Grünen), Portulaca (Portulak) und Zinnia ist es jetzt noch nicht zu spät. Die besonders wärmeliebende Zinnie erweist sich dabei als so raschwüchsig, daß sie gar nicht viel früher gesät werden sollte. Auch Helianthus (Sonnenblume), Lavatera (Bechermalve), Lobularia (Duftsteinrich) und Tropaeolum (Kapuzinerkresse) entwickeln sich in beachtlichem Tempo, so daß eine frühere Aussaat oft nicht empfehlenswert ist. Gleiches gilt für den Zierkürbis, der erst jetzt gesät wird, die Keimtemperatur beträgt 10 – 15° C. Nachzügler können Anfang des Monats auch noch einige der im März empfohlenen Einjährigen aussäen. Der Blühbeginn ist dann aber um zwei bis drei Wochen verzögert. Die schon im März pikierten und in Einzeltöpfe gesetzten Pflänzchen bekommen jetzt eine schwache Düngerlösung. Wenn

sie mit in Wasser aufgelöstem, mineralischem Dünger überbraust wurden, muß hinterher mit klarem Wasser nachgespült werden.

Für viele Stauden ist im April ein günstiger Zeitpunkt für die Aussaat im Gewächshaus, denn jetzt sind wieder einige Saatschalen frei geworden. Gesät werden Achillea (Schafgarbe), Aquilegia (Akelei), Centranthus (Spornblume), Delphinium (Rittersporn), Gaillardia (Kokardenblume), Geum (Nelkenwurz), Hemerocallis (Taglilie), Leontopodium (Edelweiß), Rudbeckia (Sonnenhut) und Salvia (Salbei).

Kübelpflanzen

Bei den Kübelpflanzen besteht jetzt noch einmal die Gelegenheit, den Rückschnitt nachzuholen und sie mit frischer Erde zu versorgen. Bei mildem Wetter können sie zwischendurch tagsüber

schon nach draußen gestellt werden, doch bei drohenden Spätfrösten brauchen sie noch das schützenden Glashaus.

Zimmerpflanzen

Zimmerpflanzen, denen ihre Gefäße zu eng geworden sind, werden jetzt umgetopft. Exacum affine (Blaues Lieschen), Sinningia (Gloxinie) und Mimose können im April aus Samen herangezogen werden, ebenso Coffea arabica, das Kaffeebäumchen. Sie alle brauchen hohe Keimtemperaturen von mehr als 20° C.

Kakteen und Orchideen

Auch für die Kakteenanzucht aus Samen ist dieser Monat günstig. Überhaupt wird den Kakteen ab jetzt wieder mehr Aufmerksamkeit gewidmet. Sie werden allmählich mehr gegossen und mittags zusätzlich mit einem feinen Wasserzerstäuber eingenebelt. Auch erhalten sie jetzt wieder Dünger. Allerdings darf man nur Kakteen-Spezialdünger verwenden, und auch der soll dem Gießwasser nur in zwei- bis dreiwöchigem Abstand zugefügt werden. Orchideen benötigen jetzt zunehmend Luftfeuchtigkeit und auch höhere Temperaturen. Die Wassergaben (nur enthärtetes Wasser verwenden) werden behutsam gesteigert. Auch die Nährstoffversorgung mit Spezialdünger beginnt wieder. Eine ausreichende Schattierung ist ab jetzt für viele Orchideen ausgesprochen wichtig.

Schmackhafte Treiberdbeeren im April

❋ Nutzpflanzen ❋

Auberginen, Gurken, Melonen, Paprika und Tomaten

Wer noch Tomaten fürs Freiland im Glashaus heranziehen will, muß sich beeilen. Jetzt beginnt bereits die Zeit fürs Auspflanzen der vorgezogenen Jungpflanzen von Tomaten, Paprika und Auberginen im Gewächshausgrundbeet.

Auch Gurken und Melonen können jetzt unter Glas ausgepflanzt werden; für sie ist aber auch Anfang April immer noch Zeit für die Aussaat.

Beim Auspflanzen im Grundbeet ist unbedingt auf ausreichenden Abstand zu achten. Später sind oft vermehrter Schädlingsbefall und Pilzkrankheiten die Folge zu enger Pflanzung. Am besten wird gleich nach dem Einpflanzen eine Schnur gespannt oder ein Stützpfahl eingegraben, denn wenn die Pflanzen erst einmal angewachsen sind, entwickeln sie ein beachtliches Wachstumstempo. Wichtig ist auch eine ausreichende Grunddüngung vor dem Einsetzen der Pflanzen. Wenn sie über eine automatische Bewässerung versorgt werden, sollte man die Tropfstellen oder Sprühdüsen möglichst schon jetzt verlegen.

Andere Gemüse

Wer zum Jahresbeginn im temperierten Gewächshaus gesät hat, kann jetzt die guten Ernten einbringen. Der erste Spinat und frühe Radieschen waren zum Teil schon im Vormonat erntereif, und auch vom Plück- und Schnittsalat sind schon die ersten Portionen in der Küche gelandet. Im April folgt die Ernte von Kopfsalat, Kohlrabi, Mangold und Steckzwiebeln. Erntereif sind jetzt außerdem im Herbst im ungeheizten Gewächshaus ausgesäte Wintergemüse wie Lauch, Möhren oder Zwiebeln.

Auch jetzt noch bietet das Glashaus Vorteile für die Aussaat von Freilandgemüse, das durch Vorkultur einen Erntevorsprung bekommt. Das gilt für Salat, Kohlpflanzen, Zukkermais, Bohnen und auch für Zucchini.

MAI

Allgemeines

Im Mai können bereits die zweijährigen Sommerblumen ausgesät werden, hier Bellis perennis.

Es ist schon ein tolles Erfolgserlebnis, wenn Mitte Mai die aus Samen selbst herangezogenen, frostempfindlichen Sommerblumen das Gewächshaus verlassen und nach und nach die Beete im Garten füllen, Balkonkästen und Pflanzgefäße mit leuchtenden Farben verschönern. Denn bei frühzeitiger Anzucht zum richtigen Zeitpunkt können die meisten bereits blühend ausgepflanzt werden. Auch die überwinternden Kübelpflanzen kommen jetzt nach draußen. Bei guter Pflege zeigen sie schon jetzt ein Aussehen, das sich mit den in Kellern überwinternden Pflanzen nicht vergleichen läßt.
Doch das Glashaus ist danach keineswegs leer. Die im April und jetzt im Grundbeet ausgepflanzten Tomaten, Gurken, Paprika, Auberginen und Melonen zeigen unter dem wärmenden Glasdach ein atemberaubendes Wachstumstempo und bieten bei sehr frühzeitiger Aussaat schon bald die erste Ernte – weit vor denen im Freiland. Sie erfordern aber ihrerseits einige Pflegearbeiten, ebenso wie die im Gewächshaus verbleibenden Zierpflanzen. Lüften und sorgfältiges Wässern wird jetzt im Glashaus zur wichtigsten Aufgabe. Hinzu kommt regelmäßiges Düngen. Und gesät wird auch schon wieder: Jetzt sind die ersten Zweijahresblumen an der Reihe.

Roter Mangold

Zierpflanzen

Auspflanzen
Bevor die Sommerblumen und Kübelpflanzen endgültig in den Garten kommen, wartet noch einige Arbeit auf den Gewächshausgärtner. Da ist zum einen das Wässern, das jetzt auf keinen Fall vernachlässigt werden darf. Denn die herangewachsenen Jungpflanzen haben, wenn sie gut gepflegt wurden, ihre Pflanzgefäße voll durchwurzelt und sind auf regelmäßigen Wassernachschub angewiesen. Einen Tag vor dem Auspflanzen kommt noch einmal Flüssigdünger ins Gießwasser, dadurch bekommen sie einen kleinen Nährstoffvorrat mit.
Nicht weniger anstrengend ist das notwendige Abhärten der Pflanzen. Würde man sie aus dem Glashaus holen und ungeschützt der prallen Sonne aussetzen, wären Blattverbrennungen die unausweichliche Folge. Das liegt an den UV-Strahlen der Sonne, die das Glas nicht durchdringen und die Blätter bei plötzlichem Übergang ins Freie verbrennen. Falls das doch einmal passiert, erholen sich die Pflanzen zwar wieder, erleiden aber doch einen beträchtlichen Wachstumsschock, und die geschädigten Blätter fallen ab. Auch die im Folienhaus oder unter Stegdoppelplatten herangewachsenen Pflanzen werden durch plötzlichen Ortswechsel geschädigt. Da Folie und Plexiglas einen Teil der UV-Strahlen durchlassen, sind die Folgen allerdings nicht ganz so schlimm.
Abhärten heißt nichts weiter, als daß das Glashaus in den letzten Wochen vor dem Aussetzen der Sommerblumen und Kübelpflanzen stets gut gelüftet wird. Außerdem sollen die Pflanzen möglichst schon vor ihrem endgültigen Auszug aus dem Gewächshaus zwischendurch an bedeckten oder regnerischen Tagen nach draußen gestellt werden. Bei milder Witterung können sie auch nachts im Freien bleiben. Falls diese Vorbereitung nicht möglich ist, muß für das Auspflanzen trübes Wetter gewählt werden, oder man hält die Pflanzen zunächst mit Folie bedeckt, und nimmt die Folie ab, wenn keine Sonne scheint. Nach zwei bis

Paprika-Jungpflanzen

vier Tagen haben sich die Pflanzen an das neue Klima gewöhnt und sind dann nicht mehr durch starke Sonneneinstrahlung gefährdet.

Auch die Reihenfolge des Auspflanzens ist keineswegs beliebig. Zwar sind die „Eisheiligen" Mitte Mai das Startsignal fürs Auspflanzen, weil dann, abgesehen von höheren Lagen, gewöhnlich kein Frost mehr zu erwarten ist, doch die Sommerblumen sind unterschiedlich kälteempfindlich und werden deshalb sozusagen in drei Schüben ins Freie gebracht. Zu den robustesten, die schon im ersten Maidrittel, zum Teil sogar bereits Ende April, gepflanzt werden, zählen Antirrhinum (Löwenmaul), Lathyrus (Wicke), Calendula (Ringelblume), Centaurea (Kornblume), Delphinium (einjähriger Rittersporn) und Dianthus (Sommernelke). Die nächste Gruppe der mäßig empfindlichen bilden Callistephus (Sommeraster), Chrysanthemum (Wucherblume), Dorotheanthus (Mittagsblume), Lobelia, Mimulus (Gauklerblume), Nicotiana (Ziertabak), Petunia und Phlox; sie können ab Mitte Mai ausgepflanzt werden. Als letzte sind schließlich Ageratum (Leberbalsam), Begonia, Calceolaria (Pantoffelblume), Cosmos (Cosmee), Dimorphotheca (Kapkörbchen), Gazania, Helichrysum (Strohblume), Heliotropium (Sonnenwende), Impatiens (Fleißiges Lieschen), Portulaca (Portulak), Salvia (Salbei), Tagetes (Studen-

Kübelpflanzen vor dem Gewächshaus

tenblume), Verbena und Zinnia an der Reihe. Sie werden vorsichtshalber erst Ende Mai, in kalten Regionen sogar erst Anfang Juni ausgepflanzt, da sie auf Kälte empfindlich reagieren.

Sommerblumen, die in Pflanzschalen und Balkonkästen gesetzt werden, setzt man am besten schon im April oder spätestens Anfang Mai in ihre endgültigen Gefäße. Sie werden frühzeitig herausgestellt und bei drohenden Spätfrösten unmittelbar an die Hauswand gerückt, wo sie geschützt sind.

Kübelpflanzen

Auch für die Kübelpflanzen ist das Abhärten wichtig. Da sie jedoch schon aus Platzgründen zwischendurch zeitweise bereits ins Freie gestellt wurden, entfällt diese Prozedur in der Regel.

Aussaat der Zweijahresblumen

Wer bei soviel Gartenarbeit noch Zeit findet, kann im Mai bereits die ersten Zweijahresblumen aussäen. Es genügt aber auch, sich damit bis Juni Zeit zu lassen. Welche Pflanzen jetzt gesät werden können, ist im Monatsplan für Juni beschrieben.

lingen vor. Auch der in den einzelnen Pflanzenbeschreibungen genannte Abstand sollte eingehalten werden. Noch sind die Jungpflanzen klein, aber im Laufe der Wochen breiten sie sich rasch aus. Zu den laufenden Pflegearbeiten gehört bei den Tomaten vor allem das regelmäßige Ausbrechen der Geiztriebe, bei den Melonen an erster Stelle das Beschneiden der Seitentriebe.

Für eine gute Ernte ist das Bestäuben der Blüten wichtig. Man erreicht das durch reichliches Lüften und – vor allem bei Tomaten und Auberginen – durch kurzes Schütteln der Pflanze, damit der Blütenstaub auf die Narbe gelangt.

Gießen und Düngen

Der Wasserbedarf der im Glashaus heranwachsenden Nutzpflanzen ist beträchtlich. Ganz besonders wichtig ist eine gleichmäßige Wasserversorgung. Und schließlich ist auch der Nährstoffbedarf ganz erheblich. An erster Stelle sind hier die Gurken zu nennen, die bei guter Witterung mindestens einmal wöchentlich gedüngt werden müssen. Mit beginnendem Fruchtansatz kann der Düngeabstand sogar auf fünf Tage vermindert werden. Auch Tomaten und Auberginen sind wahre Düngerfresser, während Paprika bescheidener ist. Melonen dürfen dagegen, entgegen der weitverbreiteten Ansicht, nicht zuviel Nährstoffe erhalten; sie brauchen aber reichlich Wasser.

❋ Nutzpflanzen ❋

Auberginen, Gurken, Melonen, Paprika und Tomaten

Für die Aussaat von Gurken und Melonen, die im Sommer unter dem Glasdach wachsen sollen, ist es jetzt noch nicht zu spät. Wer den Zeitpunkt für die Anzucht von Tomaten, Auberginen und Paprika verpaßt hat, kann sich mit gekauften Jungpflanzen behelfen. Im Mai werden sie im Gewächshaus gepflanzt. Wenn genügend Platz vorhanden ist, können sie durchaus alle gemeinsam kultiviert werden. Zwar benötigen Gurken – als Ausnahme – eher ein feuchtwarmes Klima, doch in diesem Fall nehmen sie auch mit einer etwas luftigeren Atmosphäre vorlieb. Dagegen brauchen die anderen hier genannten Gemüsearten zwar viel Sonne und Wärme, aber gleichzeitig viel Frischluft für gutes Wachstum. Stikkige Luft und hohe Luftfeuchtigkeit würde nur die Ausbreitung von Krankheiten fördern. Beim Aussetzen im Grundbeet ist darauf zu achten, daß die Pflanzen nicht an denselben Standort wie im Vorjahr kommen. Kulturfolge ist wichtig. Sie beugt Krankheiten und Schäd-

➜ Allgemeines ⬅

Für Gewächshausgärtner beginnen jetzt etwas ruhigere Zeiten, nachdem spätestens Anfang Juni auch die letzten Sommerblumen das Glashaus verlassen haben. Für die Aussaat der Zweijahresblumen und einzelner Stauden wird nur noch ein Teil der Fläche auf den Kulturtischen und Hängeregalen benötigt.

Wenn man das Gewächshaus im Sommer überwiegend für den Anbau von wärmeliebenden Nutzpflanzen einsetzen will, wird die Einrichtung mit ein paar Handgriffen verändert. Um Platz für Tomaten, Gurken & Co. zu schaffen, nimmt man die Tische aus dem Gewächshaus. Lediglich einen benötigt man noch als Arbeitsfläche, ein weiterer kann für die im Gewächshaus verbleibenden Topfpflanzen genutzt werden, denen es auf den Hängeregalen unmittelbar unter dem Glasdach zu heiß ist. Zum Abstellen der Saatschalen mit den Zweijährigen und Stauden reicht der Platz auf den Hängeregalen aus.

Praktisch sind Kulturtische, bei denen man die Abstellfläche herausnehmen kann. Der verbleibende Tischrahmen behindert das Wachstum der Nutzpflanzen nicht (siehe Foto auf der Titelseite). Einigen Zeitaufwand erfordert jetzt das regelmäßige Wässern vor allem der Nutzpflanzen, die mit steigenden Sommertemperaturen und zunehmendem Wachstum

Zinnien blühen ab Juni.

mächtigen Durst haben. Gleichzeitig wird weiterhin in ein- bis zweiwöchigem Abstand gedüngt. Spätestens ab jetzt muß man die Pflanzen regelmäßig auf mögliche Schädlinge kontrollieren. Die typischen Gewächshausschädlinge, Spinnmilben, Blattläuse und Weiße Fliege, lassen sich durch den Einsatz von Nutzinsekten in Schach halten; aber nur dann, wenn die Nützlinge rechtzeitig und in ausreichender Anzahl ausgesetzt werden.

➜ Zierpflanzen ⬅

Aussaat und Anzucht

Die Anzucht sämtlicher Zweijahresblumen kann in einem Arbeitsgang durchgeführt werden. Im Juni ist ein günstiger Zeitpunkt für die Aussaat von Alcea (Stockmalve), Bellis (Maßliebchen), Campanula medium (Marienglockenblume), Cheiranthus (Goldlack), Dianthus barbatus (Bartnelke), Digitalis (Fingerhut), Lunaria (Silberling), Myosotis (Vergißmeinnicht) und Viola-Wittrockiana-Hybriden (Stiefmütterchen). Die Aussaat erfolgt am besten in Saatschalen, wobei einige Besonderheiten zu beachten sind. Campanula und Digitalis zählen zu den Lichtkeimern. Die Samenkörner dürfen deshalb nur hauchfein mit Sand abgedeckt werden. Meistens genügt es schon, sie

mit dem Handrücken leicht anzudrücken. Dagegen gehören Myosotis und Viola zu den Dunkelkeimern. Sie müssen daher nach der Aussaat unbedingt leicht schattiert werden. Das Abdecken mit einer Zeitungsseite genügt bereits.

Wichtig bei der Anzucht der Zweijährigen ist, daß man sie zu keiner Zeit austrocknen läßt. Bei den hohen Temperaturen, die im Juni zeitweise unter Glas herrschen, muß man da gehörig aufpassen. Stiefmütterchen sind besonders gefährdet. Folgende Stauden können im Juni gesät werden: Achillea (Schafgarbe), Aquilegia (Akelei), Aster (Staudenaster), Campanula carpatica (Karpatenglockenblume), Centaurea (Flockenblume), Chrysanthemum-Arten (Margeriten), Coreopsis (Mädchenauge), Helenium (Sonnenbraut) und Verbascum (Königskerze). Auch die Aussaat vom Primeln ist jetzt noch möglich. Mit den erforderlichen Keimtemperaturen gibt es in dieser Zeit keine Probleme. Wichtiger ist es, pralle Sonne möglichst zu vermeiden, damit die flachen Saatschalen nicht austrocknen.

Topf- und Zimmer-pflanzen

In diesem Monat ist für die meisten Topfpflanzen, einschließlich der Zimmerpflanzen, die letzte Gelegenheit zum Umtopfen. Viel später sollte diese Arbeit nicht durchgeführt werden, denn mit der frischen Erde erhalten die Pflanzen einen mehrwöchigen Nährstoffvorrat, und bei zahlreichen Pflanzen muß ab Ende Juli bereits die Düngung eingestellt werden, damit die Triebe ausreifen.

Von einzelnen Zimmerpflanzen können in diesem Monat Stecklinge für die Vermehrung geschnitten werden. Die für die Bewurzelung erforderliche Luftfeuchte wird leicht erreicht, wenn die Stecklinge mit einer Klarsichthaube abgedeckt werden.

Kakteen und Orchideen

Reichliches Lüften ist an heißen Tagen für alle Pflanzen im Glashaus erforderlich. Das gilt erst recht für Kakteen und Orchideen. Bei sonnigem Wetter brauchen sie in dieser Zeit viel Wasser. Orchideen muß man zusätzlich schattieren. Bei kühler Witterung muß das Gießen jedoch sofort eingeschränkt werden.

❊ Nutzpflanzen ❊

Auberginen, Gurken, Melonen und Tomaten

In diesem Monat können bereits die ersten Tomaten und Gurken im Glashaus geerntet werden. Die heranwachsenden Früchte sind recht schwer, daher ist es sehr wichtig, die Triebe an Stützpfähle oder Schnüre anzubringen. Die Pflegearbeiten dürfen nicht vernachlässigt werden. Vor allem Tomaten muß man alle paar Tage ausgeizen, damit nicht zuviel überflüssige Kraft in die Geiztriebe geht. Regelmäßiges Beschneiden ist besonders bei Gurken und Melonen wichtig, die ohne diesen Aufwand schnell ein undurchdringliches Dickicht bilden, das immer zu Lasten der Fruchtbildung geht. Die schwergewichtigen Melonenfrüchte schützt man entweder mit Netzen vor dem Herabfallen oder führt die Triebe auf den Hängeregalen weiter.

Bei Auberginen ist ein Schnitt nicht zwingend erforderlich, trägt aber zur Bildung größerer Früchte bei. Gewöhnlich werden hier die Triebe nach dem zweiten Fruchtansatz gekappt.

Feuchtigkeit und Lüftung

Um bei den unter Glas kultivierten Nutzpflanzen die notwendige gleichmäßige Bodenfeuchtigkeit sicherzustellen, bedeckt man die Bodenoberfläche mit Stroh, Grasschnitt oder anderen Pflanzenresten. Diese Mulchschicht sollte möglichst dünn sein, dafür aber in regelmäßigen Abständen erneuert werden. Vor dem Mulchen streut man am besten auch gleich Komposterde auf den Boden, um die Versorgung mit Dünger zu ergänzen. Beim Gießen sollte nach Möglichkeit angewärmtes Wasser verwendet werden. Vor allem Gurken reagieren auf kaltes Wasser empfindlich.

Ausreichende Belüftung ist beim Anbau der Nutzpflanzen doppelt wichtig. Zum einen für die Befruchtung, das gilt vor allem für Tomaten und Auberginen, aber beispielsweise auch für unter Glas angebaute Pfirsiche. Zum anderen wird durch Lüften Überhitzung vermieden. Zwar haben die hier aufgeführten Nutzpflanzen einen hohen Wärmebedarf, aber spätestens bei Erreichen einer Temperatur von 25 – 27° C muß unbedingt gelüftet werden. In jedem Fall bekommt den Pflanzen Frischluft besser als zu hohe Luftfeuchtigkeit. Bei den Gurken, die als einzige höhere Luftfeuchtigkeit gut vertragen, können auch die Blätter überbraust werden. An sonnigen Tagen läßt sich durch Besprengen der Bodenplatten mit Wasser die Luftfeuchtigkeit ein wenig erhöhen und gleichzeitig die Temperatur etwas senken.

Gewächshaus im Juni

→ Allgemeines ←

Lüften und Wässern, das ist jetzt die Hauptbeschäftigung im Glashaus. Spätestens mit Sommerbeginn zeigt sich der enorme Nutzen einer automatischen Lüftung und Bewässerung. Wenn die Lüftungsöffnungen mit der Hand geöffnet und geschlossen werden, bleiben sie im Zweifelsfall besser offen – auch nachts. Zusätzlich wird die Tür geöffnet, damit möglichst viel Frischluft ins Glashaus gelangt. Das ist in jedem Fall besser, als an einem sonnigen Tag morgens das Öffnen der Lüftungsklappen zu vergessen. Die Folgen für die Pflanzen wären verheerend – sie können sogar eingehen.

Beim Gießen ist grundsätzlich zu beachten, daß der Boden durchdringend gewässert wird. Kurzfristiges Gießen sorgt lediglich für ein Befeuchten der Bodenoberfläche, und die Erde im Gewächshaus trocknet schnell wieder aus. Der beste Zeitpunkt zum Wässern ist immer der frühe Morgen, aber in Wärmeperioden kann ohne Bedenken zusätzlich abends gegossen werden; die Pflanzen trocknen dann ohnehin schnell wieder ab. Mit dem Gießen sollte man keinesfalls so lange warten, bis die Blätter schlapp herabhängen. Lediglich bei extremer Hitze kann es passieren, daß die Blätter mehr Feuchtigkeit verdunsten, als die Wurzeln aus dem Boden fördern können, und die Blätter dadurch schlapp wirken. In diesem Fall ist es sinnvoll, zusätzlich die Luftfeuchtigkeit zu erhöhen, indem man die Wegplatten im Gewächshaus mit Wasser besprüht. Noch immer ist regelmäßiges Düngen nötig.

Bei einigen Zimmer- und Kübelpflanzen, beispielsweise Camelia (Kamelie) und Punica granatum (Granatapfel) wird das Düngen jedoch bereits Ende Juli verringert und im folgenden Monat dann ganz eingestellt.

Lüften und Wässern ist im Juli sehr wichtig.

🐞 Zierpflanzen 🐞

Aussaat und Anzucht

Die Aussaat von Zweijahresblumen ist auch jetzt noch möglich. Bis Anfang des Monats sollten Alcea (Stockmalve), Bellis (Maßliebchen), Campanula medium (Marienglockenblume), Cheiranthus (Goldlack), Dianthus barbatus (Bartnelke), Digitalis (Fingerhut) und Lunaria (Silberling) ausgesät sein. Mit der Aussaat von Myosotis (Vergißmeinnicht) und Viola-Wittrockiana-Hybriden kann man sich bis Ende Juli Zeit lassen. Zweijährige, die schon Anfang Juni gesät wurden, werden jetzt pikiert und nach einigen Tagen Wartezeit an das Freilandklima gewöhnt. Im August und September können sie dann an ihren endgültigen Standort gepflanzt werden.

Auch Stauden können noch gesät werden: Achillea (Schafgarbe), Aquilegia (Akelei), Aster (Staudenaster), Campanula carpatica (Karpatenglockenblume), Centaurea (Flockenblume), Coreopsis (Mädchenauge) und Helenium (Sonnenbraut). Einen ungewöhnlichen Aussaattermin haben Calceolaria (Pantoffelblume) und Cyclamen (Alpenveilchen), wenn sie zu einer ungewohnten Zeit blühen sollen: Beide werden im Juli gesät. Calceolarien blühen dann zum Jahresbeginn, während sich die langsam entwickelnden Cyclamen bis zum Herbst des nächsten Jahres mit der Blüte Zeit lassen. Calceolarien brauchen 20° C

Das Tränende Herz erfreut uns mit seinen schönen Blüten.

zum Keimen. Dagegen erfordert die etwas kühlere Keimtemperatur für Cyclamen einen schattigen Standort, der auch später beibehalten werden sollte.

Stecklinge

Stecklinge kann man jetzt von einigen Zimmerpflanzen schneiden. Bei Euphorbia pulcherrima (Weihnachtsstern) läßt man die Stecklinge zunächst zehn Minuten in warmem Wasser „ausbluten", ehe sie zum Bewurzeln gesteckt werden. Auch für die Stecklingsvermehrung von Rhododendron (Zimmerazaleen) ist dieser Monat günstig. Die Bewurzelung dauert etwas länger als bei anderen Zimmerpflanzen, erfordert aber keine besonderen Maßnahmen. Von einzelnen Fuchsien können jetzt ebenfalls schon erste Stecklinge ge-

schnitten werden. Bei den Pelargonien wird nur Pelargonium peltatum, die Efeupelargonie, schon in diesem Monat durch Stecklinge vermehrt. Die anderen Pelargonienarten sind erst im August an der Reihe.

Bei den Kübelpflanzen zählt Chrysanthemum frutescens (Strauchmargerite) zu den Gewächsen, die schon im Juli durch Stecklinge vermehrt werden.

Kakteen und Orchideen

Kakteen erhalten im Juli weiterhin reichlich Wasser und in zweiwöchigem Abstand Kakteenspezialdünger. Sie werden jetzt noch durch Stecklinge oder Samen vermehrt. Viel Wasser benötigen auch Orchideen, bei deren Pflege nach wie vor das Schattieren zu den wichtigen Aufgaben zählt.

❋ Nutzpflanzen ❋

Allgemeines

Die Pflege der Nutzpflanzen im Gewächshaus gleicht den im Juni beschriebenen Arbeiten. Reichliches Wässern, regelmäßiges Düngen und Fortsetzung der Pflegearbeiten wie Entgeizen der Tomaten und Beschneiden der Gurken und Melonen sind die beste Garantie für eine fortlaufend gute Ernte.

Auberginen, Melonen und Paprika

Jetzt beginnt schon die Paprikaernte. Bereits die grünen, noch unreifen Früchte können geerntet werden, oder man wartet, bis sie sich, je nach Sorte, rot oder gelb färben. Bei den Auberginen und Melonen muß man bis Ende August warten, ehe die Ernte beginnt.

Andere Gemüse

Radicchio kann man Anfang des Monats im Glashaus säen, um noch im Herbst ernten zu können. Frei werdende Beete, auf denen bis jetzt Frühgemüse angebaut wurde, sollten bis zur Aussaat des Wintergemüses im August und September nicht leer bleiben. Ideal ist eine Zwischenaussaat von Senf. Innerhalb einer Woche ist der Boden bedeckt. Wo vorher oder nachher Kohl wächst, wird statt Senf besser Phacelia als Gründünger gesät.

AUGUST

Gewächshaus im August

→ Allgemeines ←

In diesem Monat werden laufend Tomaten, Paprika, Gurken und ab Ende des Monats auch Auberginen und Melonen geerntet. Wer im Vorjahr Passiflora edulis, die Passionsfrucht, gepflanzt hat, kann sich außerdem an den leckeren Maracujafrüchten erfreuen. Eine Tätigkeit, die sozusagen nebenbei erfolgt, ist die Stecklingsvermehrung, für die der August ein günstiger Termin ist. Fällig sind jetzt außerdem wieder Aussaaten von Gemüse für die Ernte im Herbst.

Regelmäßiges Wässern zählt im Hochsommer zu den wichtigsten Aufgaben. Hier hat man jetzt schon Routine entwickelt und kann den Wasserbedarf der einzelnen Pflanzen gut abschätzen. Gleiches gilt für das Lüften des Gewächshauses, dem immer noch entscheidende Bedeutung zukommt. Bei ausreichend großen Lüftungsöffnungen bleibt selbst bei extremer Hitze die Innentemperatur im Gewächshaus nur 2 – 3° C über der Außentemperatur. Bei anhaltend warmer Witterung bleiben die Lüftungsklappen auch nachts geöffnet. Gegen Ende des Monats wirkt sich die Taubildung in den Morgenstunden für die Gewächshauspflanzen vorteilhaft aus.

Zum Sommerende kann die Weiße Fliege mitunter recht lästig werden. Der Einsatz von Nutzinsekten lohnt jetzt nicht mehr, aber mit dem Aufhängen von mit Leim bestrichenen Gelbtafeln läßt sich der Befall wirkungsvoll eindämmen.

❧ Zierpflanzen ❧

Stecklinge

Für die Stecklingsvermehrung wird jetzt am besten wieder das Vermehrungsbeet aufgestellt, das schon im Frühjahr bei der Sommerblumenanzucht gute Dienste geleistet hat. Zwar ist keine Bodenheizung erforderlich, wohl aber eine durchsichtige Abdeckung, denn die Stecklinge brauchen zum Bewurzeln unbedingt „gespannte Luft". Es genügt aber auch schon, einen Teil des Grundbeets mit Brettern oder Hartschaumplatten abzutrennen und mit einer Glasscheibe oder Folie abzudecken.

Stecklinge werden jetzt vornehmlich von Fuchsien und Pelargonien geschnitten. Dabei bevorzugt man besonders blühfreudige Exemplare. In der Regel werden die Stecklinge fingerlang mit einer Schere oder einem scharfen Messer knapp unterhalb eines Blattknotens geschnitten. Die unteren Blätter entfernt man ebenso wie Knospenansätze. Bei Pelargonien mit großen Blättern kann man die Blätter ohne weiteres halbieren, um die Verdunstungsfläche zu verringern. Die Stecklinge läßt man kurz antrocknen und drückt sie fest in ein Torf-Sand-Gemisch oder fertige Aussaaterde. Auch von Lantanen (Wandelröschen), Chrysanthemum (Strauchmargerite) und Verbenen können auf diese Weise neue Pflanzen gezogen werden.

Kübel- und Topfpflanzen

Ab jetzt wird bei den meisten Zierpflanzen erheblich sparsamer gedüngt. Für die meisten Topf- und

AUGUST

Kübelpflanzen wird die Düngermenge im Laufe dieses Monats allmählich verringert, um sie im September, spätestens Anfang Oktober schließlich ganz einzustellen.

Kakteen und Orchideen

Bei den Kakteen ist jetzt schon Schluß mit der Düngung. Nur Epiphyllum, der Blattkaktus, bekommt weiterhin Nährstoffe. Die Wassergaben verringert man ab Ende August allmählich. Viel Frischluft wirkt sich nach wie vor günstig auf das Wohlbefinden aus, erst recht nächtliche Taubildung bei geöffneter Lüftung. Die Vermehrung durch Aussaat ist auch in diesem Monat noch möglich.

Orchideen erhalten noch immer reichliche Wassergaben und zusätzlich Spezialdünger. Auch ihr Bedarf nach hoher Luftfeuchtigkeit ist weiterhin vorhanden. Die nächtliche Taubildung bei geöffneter Lüftung bekommt ihnen sichtlich gut.

✳ Nutzpflanzen ✳

Auberginen, Gurken, Melonen, Paprika und Tomaten

Tomaten und Gurken geben jetzt reiche Ernte, während Paprika, Auberginen und Melonen einen etwas bescheideneren Ertrag bringen. Bei diesen Nutzpflanzen wird das regelmäßige Wässern und Düngen weiterhin fortgesetzt. Das gilt auch für die laufenden Pflegearbeiten (siehe Juli), die erst ab Ende des Monats allmählich vernachlässigt werden können.

Andere Gemüse

Jetzt beginnt auch die Aussaat von Gemüse im Grundbeet für die Ernte im Herbst. Gesät werden Feldsalat, Spinat, Zwiebeln, Mangold, Kopfsalat, Rettiche, Radieschen und Endiviensalat. Im Herbst und Spätherbst steht dann noch einmal frisches Gemüse zur Verfügung. Auch Radicchio kann gesät werden, ist (bei kühler Überwinterung) aber erst im Frühjahr erntereif.

Feigen und Citrus-Gewächse

Bei Feigen und Citrus-Sträuchern, die zu dieser Zeit noch im Freien stehen, stellt man die Düngung Mitte August ein. Sie werden dadurch zur späteren Fruchtbildung angeregt. Die Ernte erfolgt erst, wenn sie wieder im Glashaus stehen.

Kübel- und Balkonpflanzen erfreuen uns jetzt auf Balkon und Terrasse.

❧ Allgemeines ❧

Jetzt brechen ruhigere Zeiten im Gewächshaus an. Das heißt aber noch lange nicht, daß die Saison bereits zu Ende ist. Gerade jetzt zeigen sich die Vorteile des Glashauses. Denn während es draußen zusehends kühler wird, in manchen Gegenden Ende September sogar schon mit Frost gerechnet werden muß, geht die Arbeit im Glashaus munter weiter – wenn auch etwas langsamer. Die Ernte der Nutzpflanzen ist in vollem Gang. Gleichzeitig sät man weiter Gemüse aus, um noch im Spätherbst ernten zu können.
Der Wasserbedarf der Gewächse wird allmählich geringer. Bei den meisten Zierpflanzen vermindert man das Wässern bewußt und stellt die Düngung in diesem Monat ganz ein, um sie ausreifen zu lassen. An sonnigen Tagen darf das Lüften nicht vergessen werden, denn die Sonne hat noch immer genügend Kraft, um bei geschlossenen Lüftungsklappen einen Hitzestau zu bewirken, der für Pflanzen schlecht ist.
Andererseits muß man schon jetzt an die Isolierung für den Winter denken. Das Abdecken mit Luftpolsterfolie und Hartschaumplatten wird jedoch möglichst lange hinausgeschoben, um den Pflanzen soviel Licht wie möglich zu gönnen. Deshalb ist es jetzt auch besonders wichtig, die Glasscheiben zu säubern, damit der Lichteinfall nicht verhindert wird.

❧ Zierpflanzen ❧

Knollen- und Zwiebelgewächse antreiben

Blumenzwiebeln und Lilien, die im Winter im Glashaus angetrieben werden sollen, setzt man schon jetzt in Schalen oder Töpfe, die mit Gartenerde und Sand gefüllt sind. Sie werden entweder ins Frühbeet gestellt oder in einer Mulde im Garten eingeschlagen und 20 cm hoch mit Erde bedeckt. Bis zum Jahresende muß man sich um sie nicht mehr kümmern.

Kübelpflanzen und mehrjährige Balkonpflanzen

Den Kübelpflanzen wird jetzt besondere Aufmerksamkeit gewidmet. In kalten Regionen mit frühen Nachtfrösten sollte zum Monatsende der Wetterbericht verfolgt werden, damit nicht der erste Frost für unliebsame Überraschungen sorgt. Kälteempfindliche Kübelpflanzen räumt man rechtzeitig ein. Grundsätzlich läßt man Oleander, Agaven und die anderen Kübelpflanzen so lange wie möglich im Freien stehen. Krasse Temperaturunterschiede beim Umzug von draußen nach drinnen sollten möglichst vermieden werden. Nach dem Einräumen in das schützende Glashaus dürfen die Pflanzen keinesfalls mit Wärme verwöhnt werden, sondern man hält sie zunächst recht kühl. Ein großer Teil der Kübelpflanzen wird vor oder nach dem Einräumen ins Glashaus zurückgeschnitten. Notwendig ist das vor allem bei

Die Sommerastern blühen jetzt.

Fuchsien-Hybride 'Swingtime'

Chrysanthemum carinatum

SEPTEMBER

Abutilon (Schönmalve), Citrus-Gewächsen, Nerium oleander (Oleander), Plumbago (Bleiwurz), Punica granatum (Granatapfel) und Tibouchina. Das bekommt nicht nur den Pflanzen gut, sondern erleichtert bei beengten Platzverhältnissen auch die Unterbringung. Ähnlich wie Kübelpflanzen werden auch Fuchsien und Pelargonien behandelt. Man läßt sie möglichst lange draußen stehen, düngt aber nicht mehr und gießt nur noch mäßig. Ein kräftiger Rückschnitt ist nützlich. Auch jetzt können von ihnen noch Stecklinge geschnitten und bewurzelt werden. Bei milder Witterung ist dafür keine Zusatzheizung erforderlich. Ebenso können noch Stecklinge von Gazania, Chrysanthemum (Strauchmargerite), Impatiens (Fleißiges Lieschen) und Datura bewurzelt werden. Im Vormonat bewurzelte Stecklinge setzt man jetzt in Töpfe.

Orchideen
Bei der Kultur von Orchideen wird man zum Monatsende nicht umhin können, die Heizung wieder einzuschalten. Sie dürfen spätestens ab Monatsmitte nicht mehr schattiert werden.

✳ Nutzpflanzen ✳

Auberginen, Gurken, Melonen und Tomaten
Spätestens in diesem Monat sind auch die Auberginen und Melonen erntereif, die erst spät gesät wurden. Bei den Auberginen zeigt sich der richtige Reifegrad an der glänzenden Schale. Zuckermelonen können geerntet werden, sobald die Schale am Stiel einreißt. Bei Tomaten, Gurken und bei den Melonen werden die Haupttriebe – falls das noch nicht geschehen ist – im Laufe des Monats gekappt, damit die noch heranwachsenden Fruchtstände und Früchte besser ausreifen. Man kann aber auch den Haupttrieb wachsen lassen und entfernt ab Ende des Monats alle sich dann noch bildenden Fruchtansätze. Auch bei diesen Nutzpflanzen wird die Düngung im Laufe des Monats allmählich vermindert und schließlich ganz eingestellt.

Andere Gemüse
Für eine Unterglasernte im Spätherbst können jetzt noch einige Gemüsearten gesät werden: Radieschen, Rettich, Mangold, Endiviensalat, Spinat, Feldsalat, Kopf- und Schnittsalat. Chinakohl und Knollenfenchel sollte man nicht mehr nach Mitte September aussäen. Blumenkohl und Brokkoli wird nur dann gesät, wenn das Gewächshaus im Winter geheizt ist, dann kann man ohne weiteres schon Anfang April ernten.

Reiche Ernte aus dem Glashaus

Ab Oktober geht im ungeheizten Gewächshaus allmählich die Saison zu Ende. Das gilt für die wärmeliebenden Nutzpflanzen, zum Beispiel Gurken und Melonen, besonders aber für Zierpflanzen. Denn die ersten kräftigen Nachtfröste lassen die Temperatur im Glashaus zeitweise so weit absinken, daß Frostschäden nicht auszuschließen sind. Von den Nutzpflanzen können die robustesten auch ohne Heizung weiterkultiviert werden. Für die Überwinterung der Zierpflanzen ist eine Heizung unumgänglich.

Das geheizte Gewächshaus bietet ideale Bedingungen für alle Pflanzen – angefangen bei den Kübelpflanzen, die schon mit geringer Wärme zufrieden sind, bis hin zur Winterkultur fast aller Gemüsearten und exotischer Blütenpflanzen. Die benötigte Temperatur richtet sich danach, welche Pflanzen bevorzugt werden.

Die Gießwassermenge muß den ab jetzt niedrigeren Temperaturen im Glashaus, der abnehmenden Lichtmenge und dem damit verbundenen schwächeren Wachstum angepaßt werden. Zuviel Wässern führt im Sommer kaum zu Problemen, im Herst und Winter kann es jedoch für die Pflanzen tödlich sein. Wenn Gießen erforderlich ist, sollte es nur morgens und dann mit angewärmtem Wasser erfolgen. Das Benetzen der Blätter ist möglichst zu vermeiden. Je niedriger

Phalaenopsis im Gewächshaus

die Temperatur im Glashaus, desto weniger Wasser ist nötig.

Mit sinkenden Temperaturen kann sich auch zu hohe Luftfeuchtigkeit unangenehm bemerkbar machen. Deshalb sollte tagsüber so oft wie möglich gelüftet werden.

⟿ Zierpflanzen ⟽

Kübelpflanzen, nicht winterharte Zwiebeln und Knollen und mehrjährige Balkonpflanzen

Für die Überwinterung der meisten Kübelpflanzen reicht es bereits, wenn das Glashaus frostfrei gehalten wird. Besonders robuste

Gewächse wie Oleander und Agaven nehmen sogar leichte Fröste nicht übel. Kakteen, Agaven und Sukkulenten sowie laubabwerfende Kübelpflanzen werden noch seltener gegossen als die blattreichen Kübelpflanzen wie Palmen und Oleander.

Die nicht winterharten Zwiebeln und Knollen der Gladiolen, Dahlien und Canna lassen sich einfach in einer schattigen Gewächshausecke im Grundbeet lagern. Sie können auch dann noch hereingeholt werden, wenn die oberirdischen Pflanzenteile der Gewächse bereits dem ersten Nachtfrost zum Opfer gefallen sind.

Balkonkästen, die mit mehrjährigen Pflanzen, zum Beispiel Pelargonien, Fuchsien und Lantanen bepflanzt sind, kommen ebenfalls ins Gewächshaus. Sie werden wie die Kübelpflanzen behandelt, also zurückgeschnitten, nur noch schwach gegossen und nicht mehr gedüngt.

Stecklinge, die beim Zurückschneiden dieser Mehrjährigen ohnehin anfallen, können Anfang des Monats noch bewurzelt werden. Die dafür notwendige Temperatur von wenigstens 15° C läßt sich im geheizten Vermehrungsbeet mit Abdeckhaube mit geringstem Energieaufwand erzielen.

OKTOBER

Reife Auberginen

Orchideen

Wenn Orchideen im Gewächshaus überwintert werden sollen, darf an Heizkosten nicht gespart werden. Selbst bei Kalthausorchideen sollte eine Temperatur von 15° C am Tage und mindestens 10° C in der Nacht nicht unterschritten werden.

❋ Nutzpflanzen ❋

Auberginen, Melonen und Tomaten im ungeheizten Gewächshaus

Bei Auberginen, Melonen und Tomaten ist die letzte Ernte fällig. Noch nicht ausgereifte Tomaten kann man mitsamt Stengel ab-schneiden und im Zimmer aufhängen. Oder man legt die Früchte in leere, offene Eierkartons, wo sie sich innerhalb von zwei bis drei Wochen rot färben. Der Platz zum Nachreifen sollte dunkel oder zumindest schattig sein.

Andere Gemüse im ungeheizten Gewächshaus

Beim Feldsalat, der im August gesät wurde, beginnt die Ernte Mitte Oktober und kann mit Nachsaaten bis zum Frühjahr weitergehen. Pflück- und Schnittsalat sowie Spinat, ab Ende August gesät, kann ab Ende Oktober geerntet werden. Auch für späte, im Juli gesäte Ge-müsekulturen von Chinakohl, Endiviensalat, Radicchio und Knollenfenchel ist ab Oktober Erntezeit.

Einlagern im ungeheizten Gewächshaus

Für das Einlagern von Gemüse, beispielsweise von Möhren, Roter Bete, Zwiebeln oder Kohl ist das ungeheizte Glashaus ein idealer Platz. Man schlägt sie nach der Freilandernte in der Erde des Grundbeets, das mit Sand vermischt wird, ein.

Geheiztes Gewächshaus

Bei Tagestemperaturen von 12 – 17° C (nachts 5 – 7° C) ist die Palette der Pflanzen, die bei solchen Bedingungen noch prächtig wachsen, überraschend groß. Selbst späte Folgesaaten von Gurken können noch bis Ende Oktober geerntet werden, Tomaten sogar bis in den Dezember hinein. Kopf- und Pflücksalat, Radieschen, Rettich, Kohlrabi, Mangold, Spinat und Feldsalat können auch jetzt noch neu ausgesät werden. Radieschen und Rettich sind dann schon im Dezember erntereif, der Salat Ende Januar. Für Winternten von Petersilie und Schnittlauch gräbt man Wurzelballen aus dem Freilandbeet aus und setzt sie ins Gewächshausgrundbeet oder in Töpfe mit Blumenerde, der man Sand beimischt.

NOVEMBER

Kakteen werden während der lichtarmen, kalten Jahreszeit nur äußerst sparsam gegossen.

➤ Allgemeines ←

Im ungeheizten Gewächshaus schützt nun auch Isolierglas nicht mehr zuverlässig gegen starke Fröste. Spätestens jetzt muß man sich entscheiden, ob man mit einer kurzfristigen Zusatzheizung die Kulturmöglichkeiten nur verlängern oder den ganzen Winter über Heizenergie investieren will, um Kübel- und andere Zierpflanzen sowie wärmeliebende Gemüsearten während der kalten Jahreszeit zu pflegen. Nur robuste Nutzpflanzen überstehen den Winter im ungeheizten Glashaus. Die Gelegenheit für eine gründliche Reinigung des Gewächshauses einschließlich der Kulturtische und Hängeregale ist günstig, weil sie jetzt noch weitgehend leer sind, so daß die Pflanzen nicht stören. Saubere Arbeitsflächen, Pflanzgefäße, Saatschalen und Geräte sind wichtig, um die Ausbreitung von Krankheiten zu vermeiden. Die Glasscheiben werden ebenfalls mit heißem Wasser, dem Feinwaschmittel oder Autoshampoo zugesetzt sein kann, gereinigt, damit das im Winter verminderte Sonnenlicht nicht noch mehr eingeschränkt wird. Von Mitte November bis Ende Februar, in der kältesten Zeit also, sorgen dicke Styroporplatten und Luftpolsterfolie für zusätzliche Isolierung. Der Kälteschutz sollte nur für begrenzte Zeit angebracht werden, damit die dadurch zwangsläufig verursachte Lichteinbuße nur so kurz wie möglich dauert. Die Styroporplatten in genormter Meterlänge stellt man immer an den sonnenabgewandten Seiten hochkant auf. Die Luftpolsterfolie wird am einfachsten außen direkt über die Gewächshausverglasung gelegt.

⌇ Zierpflanzen ⌇

Aussaat

Ein nur frostfrei gehaltenes Gewächshaus kann ausgezeichnet für die Aussaat von Frostkeimern genutzt werden. Zu den wichtigsten zählen Stauden wie Aconitum (Eisenhut), Bergenia, Gentiana (Enzian), Clematis, Dicentra (Tränendes Herz), Eremurus (Steppenkerze), Helleborus (Christrose), Phlox, Ranunculus (Ranunkeln) und Saxifraga (Steinbrech). Eine Temperatur wenig über dem Gefrierpunkt ist für die Frostkeimer besonders günstig. Allerdings ist viel Geduld erforderlich. Die langsam keimenden Arten brauchen oft lange Zeit, ehe sich etwas regt.

Knollen- und Zwiebelgewächse

Für das Antreiben von Blumenzwiebeln, die jetzt aus dem Einschlag im Freiland geholt werden, genügt eine Gewächshaustemperatur von 12° C. In den folgenden Wochen darf man sie nur mäßig gießen. Wenn die Blütenknospen sichtbar sind, stellt man sie auf die Fensterbank im Zimmer. Die ersten blühen dann bereits rechtzeitig zu Weihnachten.

20° C Wärme ist zum Treiben von Maiglöckchen notwendig. Die Töpfe werden am besten mit Moos abgedeckt und täglich mit Wasser besprüht. Sobald sich die Knospen zeigen, reichen 12 – 15° C.

Kübelpflanzen, Fuchsien und Pelargonien

Für die meisten Kübelpflanzen ist eine Temperatur zwischen 5° C und 10° C ausreichend. Mehr Wärme würde die Vegetationsruhe stören. Das Gießen wird – das gilt für fast alle Pflanzen – auf ein Minimum beschränkt. Fuchsien und Pelargonien, die im Herbst als Stecklinge bewurzelt wurden, kann man jetzt in Töpfe setzen.

Zimmerpflanzen

Ein geheiztes Vermehrungsbeet kann, bevor die Anzucht der Sommerblumen beginnt, im November für die Aussaat von Cyclamen (Alpenveilchen), Musa ensete (Bananenbaum), Palmen, Coleus (Buntnessel), Passiflora (Passionsblume) und andere Zimmerpflanzen genutzt werden. Zusatzbeleuchtung über dem Vermehrungsbeet sorgt für besseres Wachstum der Pflanzen. 20° C Mindesttemperatur sind zum Keimen der meisten Zimmerpflanzen erforderlich. Einige tropische Arten und auch Kakteen brauchen 25° C. Später können die Jungpflanzen etwas kühler (bei 12 – 15° C) weiterkultiviert werden.

Kakteen

Bei den Kakteen ist sparsames Gießen in der kalten, lichtarmen Jahreszeit besonders wichtig. Je niedriger die Temperatur, desto weniger Wasser brauchen die stacheligen Gesellen. Im Zweifelsfall sollte man lieber gar nicht gießen. Alle Kakteen müssen möglichst hell gestellt werden.

Blattkakteen wie Schlumbergera (Weihnachtskaktus) und Rhipsalis (Osterkaktus) fallen aus dem Rahmen. Sie müssen jetzt allmählich wärmer gestellt werden, bekommen weiterhin nicht zu wenig Wasser und auch Dünger. Sobald sich Knospenansätze zeigen, können sie ins Zimmer geholt werden. Um ein Abfallen der Knospen zu vermeiden, darf man die Töpfe anschließend nicht mehr drehen.

Reife Tomaten aus dem beheizten Gewächshaus

❋ Nutzpflanzen ❋

Ungeheiztes Gewächshaus

Die letzten Tomaten holt man spätestens Anfang November zum Nachreifen ins Wohnhaus. Bei Radieschen, Kohlrabi und Salat ist endgültig Erntezeit, ehe die Temperatur unter den Gefrierpunkt sinkt. Im Grundbeet verbleiben noch Feldsalat, Spinat und Endiviensalat, die fortlaufend geerntet werden. Um Pilzkrankheiten zu vermeiden, muß man noch so oft wie möglich lüften. Düngen ist unbedingt zu unterlassen. Das im Grundbeet eingeschlagene Lagergemüse wird nach Bedarf herausgeholt.

Geheiztes Gewächshaus

Im frostfrei gehaltenen Gewächshaus läßt sich mit geringer Zusatzheizung bei Mindesttemperaturen um 5° C die Gartensaison ein wenig ausdehnen. Während die letzte Ernte des Jahres heranwächst, sind gleichzeitig schon wieder erste Aussaaten von Kopfsalat, Kohlrabi, Möhren und Radieschen möglich. Im Sommer nachgesäte Tomaten geben Ernten bis in den Dezember hinein, und zur gleichen Zeit geht es bereits mit der ersten Tomatenaussaat los, damit schon vor Mitte nächsten Jahres wieder reife Früchte zur Verfügung stehen. Es ist schon ein besonderes Vergnügen, im November und noch später frische Gurken und andere wärmeliebende Gemüse unter Glas zu ernten. Die erforderlichen Temperaturen von zirka 20° C erfordern jedoch sehr hohe Energiekosten, so daß sich der Anbau eigentlich nicht lohnt. Dazu kommt, daß die Pflanzen im Winter zusätzlich belichtet werden müssen.

DEZEMBER

Gewächshaus im Winter

→ Allgemeines ←

Der Dezember ist zweifellos der ruhigste Monat für Gewächshausgärtner. Im ungeheizten Gewächshaus sind jetzt nur gelegentliche Kontrollen nötig. Hier kann beispielsweise Feldsalat noch mitten im Winter geerntet werden. Lüften, wenn möglich, ist nötig, um den Befall mit Mehltau zu verhindern. Auch bei dem bereits geernteten und im Glashaus eingelagerten Gemüse muß zwischendurch nachgeschaut werden, um faulendes Gemüse sofort auszusortieren. Wenn während der Kulturzeit im Grundbeet vorwiegend mineralischer Dünger verwendet wurde, sollte man den Boden jetzt gründlich wässern. Restliche Düngersalze werden dadurch in tiefere Schichten gespült.

Verschiedene Bromelien

Im geheizten Gewächshaus richtet sich der Pflegeaufwand nach dem Temperaturbereich. Im frostfrei gehaltenen Glashaus und im Kalthaus herrscht bei den Pflanzen Vegetationsruhe. Gegossen wird nur selten. Die Pflanzen werden nur gerade so feucht gehalten, daß der Wurzelballen nicht vertrocknet. Wenn Wässern erforderlich ist, darf das nur in den Morgenstunden geschehen, damit die Pflanzen bis zum Abend abtrocknen. An frostfreien Tagen sollte man zwischendurch lüften.

Im temperierten Gewächshaus und im Warmhaus beginnt jetzt für Orchideenliebhaber mit der beginnenden Blütenbildung die schönste Zeit. Künstliches Licht ist dafür unumgänglich. Zusatzbeleuchtung ist auch erforderlich, wenn schon jetzt die ersten Sommerblumen gesät werden sollen.

Spätestens Anfang des Monats muß für eine zusätzliche Isolierung in Form von Hartschaumplatten oder Luftpolsterfolie gesorgt werden. Für diese energiesparende Maßnahme ist es noch nicht zu spät, denn mit extremer Kälte ist oft erst nach dem Jahreswechsel zu rechnen.

🐌 Zierpflanzen 🐌

Allgemeines
Bei den überwinternden Kübelpflanzen, Pelargonien und Fuchsien genügen mäßige Temperaturen zwischen 5 und 10° C. Dasselbe gilt für die aus Stecklinge herangezogenen Jungpflanzen. Auch wenn die Sonne zwischendurch die Temperatur im Glashaus ansteigen läßt, sollte man sich nicht zu übermäßigem Wässern verleiten lassen. Faulende Pflanzenteile werden immer sofort entfernt, um das Ausbreiten von Krankheiten zu verhindern. Alle Pflanzen sollte man so stellen, daß sie möglichst viel von dem in dieser Jahreszeit ohnehin knappen Licht erhalten.

Aussaat
Wachstumsleuchten sind für die Aussaat der ersten Blumen erforderlich, die bereits Ende des Monats beginnen kann. An erster Stelle sind hier Pelargonien, Semperflorens-Begonien und Calceolaria (Pantoffelblumen) zu nennen. Sie benötigen eine lange Vorkultur. Zur selben Zeit können Primeln und Knollenbegonien gesät werden. Wenn ein heizbares Vermehrungsbeet für die Anzucht zur Verfügung steht, kann die Aussaat auch im temperierten Gewächshaus oder sogar im Kalthaus erfolgen.

Kakteen und Orchideen
Kakteen müssen jetzt, mit Ausnahme der Blattkakteen, unbedingt trocken gehalten werden. Ihre Temperaturansprüche gleichen den Kübelpflanzen. Nur bei kühler und vollkommen trockener Überwinterung ist im nächsten Jahr mit der Blütenbildung zu rechnen. Bei der Haltung von Orchideen darf im Winter mit Wärme nicht gespart werden. Mit Ausnahme einiger Oncidium-Arten, die fürs Kalthaus geeignet sind, brauchen sie das Klima des temperierten Gewächshauses oder Warmhauses. Eine geringe Energieersparnis läßt sich durch Absenken der Nachttemperatur um 2 – 3° C erzielen. Künstliche Beleuchtung ist vor allem für Jungpflanzen und Orchideen mit Blütenansätzen erforderlich. Auch Bromelien sind im Winter überwiegend auf hohe Temperaturen zwischen 18 und 20° C angewiesen.

Fuchsien-Hybride 'Little Beauty'

✳ Nutzpflanzen ✳

Auberginen, Paprika und Tomaten
Das geheizte Vermehrungsbeet kann in diesem Monat auch schon für die Aussaat von Tomaten, Paprika und Auberginen genutzt werden. Sie brauchen zirka 20° C zum Keimen. Im zeitigen Frühjahr kann man sie dann bereits pflanzen und bekommt so eine Ernteverfrühung. Sinnvoll ist das allerdings nur dann, wenn auch in der Folgezeit für ausreichende Wärme gesorgt ist.

Andere Gemüse
Eher lohnend ist jetzt die Aussaat von Kopf- und Pflücksalat und Kohlrabi, die mit einer Keimtemperatur von 12 – 15° C auskommen. Noch geringere Wärmeansprüche haben Radieschen und Rettich, die bereits bei einer Mindesttemperatur von 6° C keimen. Radieschen, zu Weihnachten gesät, sind auch im Kalthaus spätestens Anfang März erntereif.

Kräuter
Von den Kräutern ist Kresse, von der Kürze der Entwicklungszeit her gesehen, unschlagbar. Außerdem kann man jetzt noch Wurzelballen von Schnittlauch und Petersilie im Freien ausgraben und im Gewächshaus antreiben.

Anhang

Bezugsquellen
(Kein Anspruch auf Vollständigkeit)

Lieferanten von Gewächshäusern und Wintergärten

Bundesrepublik Deutschland

Aludur Aluminium-Werke
Postfach
79793 Wutöschingen

Bartscher GmbH & Co.
Calenhof 4
Postfach 4553
59590 Geseke

Ing. G. Beckmann
Simoniusstr. 10
88239 Wangen

Bernhard's Grünhaus
Heinrich-Zille-Str. 1
68169 Mannheim

C & P Busch
An der Eilshorst 15
22927 Großhansdorf

Critall
Karlsbader Str. 5
60598 Frankfurt

Dehner GmbH & Co. KG
Postfach 2
86638 Rain

Ewald Dörken
Postfach 163
58301 Herdecke/Ruhr

Wolf Engel
85296 Rohrbach

Eximpo GmbH
Wittenberger Str. 21
24941 Flensburg

Harro Stuhr Feddersen
Blankeneser Bahnhofstr. 60
22587 Hamburg

Fulgurit
Postfach 208
31502 Luthe-Wunstorf

Hermann Gutmann Werke
Nürnberger Str. 57-81
91781 Weißenburg

Hengesbach
Postfach 800228
21002 Hamburg

Henssler
Forstbergweg 15
71717 Beilstein

Hoklar-Therm GmbH
An der Wiek 18a
26689 Apen

Juliana
Kreuzbrook 15
20537 Hamburg

Glashaus-Klemt
Augustenstr. 78/R
80333 München

Cornelius Korn
Von-Linne-Str. 1
22880 Wedel

Kömmerling
Zweibrücker Landstr.
66953 Pirmasens

Krähe & Wöhr GmbH & Co.
Postfach 623
71606 Ludwigsburg

Kuno Krieger
Gahlenfeldstr. 5
58313 Herdecke

Walter Küppers
Am Luftschacht
52146 Würselen

LOG ID
Sindelfinger Str. 85
72070 Tübingen

Mahrenholz
37688 Beverungen 1

Walter Mauden
Kölner Str. 79
57290 Neunkirchen

Messerschmidt
Autenbachstr. 22
73035 Göppingen-Jebenhausen

Niemann
Konstanzer Str. 22
10709 Berlin

Norge Thermo
Postfach
41564 Kaarst

Overmann
Lange Str. 16
74889 Sinsheim

Palmen-GmbH
Clemensstr. 5
52525 Waldfeucht-Braunsrath

Plus-Wintergärten
Scheffelstr. 17
22301 Hamburg

Ernst Pudenz
Postfach 1205
33815 Leopoldshöhe

Rehau Gewächshäuser
Ytterbrunn
91058 Erlangen

Schlachter
Wasserburger Weg 1/2
89312 Günzburg

A. Schneider KG
72336 Balingen – Zillhausen

Schock Gewächshäuser
Industriestr.
73660 Urbach

Schock Thermassiv-Wintergärten
Gmünder Str. 65
73614 Schorndorf

Schüco International
Postfach 102553
33525 Bielefeld 1

Selfkant
Maria-Lind-Str. 99
52525 Waldfeucht

Siedenburger Gewächshausbau
Auf der Welle 10
32369 Rahden

Starke-Bauelemente
Graf-Gottfried-Str. 70a
59755 Arnsberg

Stolte
49356 Diepholz

Sunhouse
Postfach 910548
90263 Nürnberg

Sunray – Glas Wagener
Postfach 1128
55477 Kirchberg

Wilhelm Terlinden GmbH
Postfach
46509 Xanten/Ortsteil Birten

VAW Vereinigte-Aluminium-Werke AG
Wöhler-Str. 2
53117 Bonn 1

G. Voss
Postfach 4130
55031 Mainz

Dänemark

Collstrop-Dansk
Postbox 209
DK-2635 Ishoj

Österreich

Fröwis
Gärtnerstr. 9
A 6890 Lustenau

Schweiz

W. Feustle
CH 8370 Sirnach

Samen Mauser
Zürichstr. 98
CH 8600 Dübendorf/Zürich

Neomat AG
CH 5734 Reinach

G. Rüegg
Stein
CH 8492 Wila

Studer + Thomann AG
Webereistr. 56
CH 8134 Adliswil

Schattierung und Belüftung

Bundesrepublik Deutschland

Karl H. Blöcker GmbH & Co.
Postfach 150420
28094 Bremen

Dymo
Wilhelm-Hauff-Str. 56
84036 Landshut

Hüppe GmbH
Postfach 2523
26015 Oldenburg

Lüftomatic
69198 Schriesheim

MHZ-Hachtel GmbH & Co.
Postfach 800520
70505 Stuttgart

Warema Renkhoff GmbH & Co. KG
Postfach 104
97820 Marktheidenfeld

Schweiz

Frego
Ottenbach AG
CH 8913 Ottenbach

Bewässerung

Bundesrepublik Deutschland

Gardena Kress & Kastner GmbH
Postfach 2747
89017 Ulm

Wolf-Geräte
57518 Betzdorf

Österreich

Weninger KG
A 6410 Telfs

(Bewässerungssysteme im Zubehörprogramm der Gewächshaushersteller)

Regenwasserbehälter und -sammler

Bundesrepublik Deutschland

Gerex-Neugebauer GmbH
Schubartstr. 22
74076 Heilbronn

Graf
Carl-Zeiss-Str. 2 – 6
79331 Teningen

Kautex
Postfach 300580
53185 Bonn

Marley-Werke GmbH
Postfach 1140
31501 Wunstorf

Nau
Postfach 80
72132 Dettenhausen

Pfisterer
Beihinger Str. 150
71726 Benningen

Wiga
88239 Wangen

Schweiz

H. Probst Metallbau
CH 3122 Kehr

Wasseraufbereitung

Bundesrepublik Deutschland

Ectron
In den Weiden 7
40721 Hilden

Zubehör für die Gewächshauspraxis

Bundesrepublik Deutschland

Drebinger
Postfach 250160
90126 Nürnberg

Pergart – E.P.H. Schmidt & Co.
Postfach 3320
58033 Hagen

Romberg
Werner-von-Siemens-Str. 13
25479 Ellerau

Erich Schumm GmbH
Postfach 1120
71534 Murrhardt

Werga-Tools
Weststr. 42
40721 Hilden

Ein umfangreiches Zubehörprogramm wird von den Gewächshausherstellern angeboten.

Glashersteller

Bundesrepublik Deutschland

Flachglas
Auf der Reihe 2
45884 Gelsenkirchen

Gerresheimer Glas
Heyestr. 99
40625 Düsseldorf

Röhm GmbH (Acrylglas)
Kirschenallee
64293 Darmstadt

Vegla Vereinigte Glaswerke GmbH
Viktoriaallee 3 – 5
52026 Aachen

Beratung:
Aktionsgemeinschaft Glas im Bau
Stresemannstr. 26
40210 Düsseldorf

Düngemittel, Erden und Substrate

Bundesrepublik Deutschland

ASB Grünland
Porschestr. 4
71634 Ludwigsburg

Barnängen Deutschland GmbH
50226 Frechen

Blitol
Postfach 110723
20407 Hamburg

Compo
Postfach 2107
48008 Münster-Handorf

Corna Werk Wölper GmbH
Erbachstr. 41
89079 Ulm

Einheitserde Werkverband e.V.
36391 Sinntal-Jossa

Euflor GmbH
Riedlerstr. 75
80339 München

Gabi Biochemie
Liemer Str. 26
32108 Bad Salzuflen

Günther Cornufera
91056 Erlangen

Klasmann-Werke GmbH
49744 Geeste

Mahle-Dünger GmbH
Postfach 2724
74017 Heilbronn

Manna-Düngewerk
72119 Ammerbuch

Neudorff
Postfach 1209
31857 Emmerthal

Pokon
Heidensche Str. 14
32657 Lemgo-Tophagen

Ton-Schaum Peter Mack
(Grolit)
Kirchhätterstr. 6 – 8
27801 Dötlingen

Torfstreuverband
Postfach 4820
26038 Oldenburg

Veresa
66265 Heusweiler

Österreich

Franz Diwoky
A 1180 Wien

Schweiz

Bio-Dünger AG
Werdenberg 3
CH 9470 Buchs

Ed. Geistlich Söhne AG
CH 6110 Wolhusen

Ledona AG
CH 6030 Ebikon

Optima-Werke
CH 4104 Oberwil

Stoeckler Bio Agrar AG
Gewerbestr. 18
CH 8132 Egg/Zürich

Anschriften von Instituten für die Analyse von Bodenuntersuchungen

Bundesrepublik Deutschland

Pflanzenschutzamt Berlin
Altkircher Str. 1 – 3
14195 Berlin

Pflanzenschutzamt Hamburg
Marseiller Str. 7
20355 Hamburg

Landwirtschaftliche Untersuchungs- und Forschungsanstalt
Gutenbergstr. 75 – 77
24116 Kiel

Landwirtschaftliche Untersuchungs- und Forschungsanstalt
Mars-la-Tour-Straße 4
26121 Oldenburg (Oldbg.)

Bodenuntersuchungsinstitut Koldingen
Dr. Hans von Rohr KG.
Holländerei 22
30982 Pattensen

Landwirtschaftliche Untersuchungs- und Forschungsanstalt
Finkenborner Weg 1a
31787 Hameln

Hessische Landwirtschaftliche Versuchsanstalt
Landwirtschaftliches Untersuchungsamt
Am Versuchsfeld 13
34128 Kassel-Harleshausen

Landwirtschaftliche Untersuchungs- und Forschungsanstalt
Nevinghoff 40
48147 Münster

Landwirtschaftliche Untersuchungs- und Forschungsanstalt
Weberstr. 61
53113 Bonn

Landes-Lehr- und Versuchsanstalt für Weinbau, Gartenbau und Landwirtschaft
Institut für Bodenkunde
Egbertstr. 18 – 19
54295 Trier

Landwirtschaftliche Untersuchungs- und Forschungsanstalt
Obere Langgasse 40
67346 Speyer

Landesanstalt für Landwirtschaftliche Chemie
Emil-Wolff-Straße 14
70599 Stuttgart-Hohenheim

Staatliche Landwirtschaftliche Untersuchungs- und Forschungsanstalt Augustenberg.
Neßlerstraße 23
76227 Karlsruhe-Durlach

Bayerische Hauptuntersuchungsanstalt für Landwirtschaft der Technischen Universität München
85356 Freising-Weihenstephan

Bayerische Landesanstalt für Bodenkultur und Pflanzenbau
(Landwirtschaftliches Untersuchungsamt)
Herrnstr. 8
97209 Veitshöchheim

Bayerische Landesanstalt für Bodenkultur und Pflanzenbau
Menzinger Str. 54
80638 München

Bodenuntersuchungen mit biologisch-dynamischer Düngeempfehlung:

Bundesrepublik Deutschland

Dr. Fritz Balzer
Labor für Bodenuntersuchungen und Spurenmetall-Analytik
Oberer Ellenberg 5
35083 Wetter-Amönau

Institut für biologisch-dynamische Forschung
Brandschneise 5
64347 Griesheim

Bodentestgeräte

Bundesrepublik Deutschland

Fritz Hellige & Co. GmbH
Heinrich-von-Stephan-Str. 4
79100 Freiburg

Hila Draht- und Garten GmbH
Fassendeichstr. 6
Postfach 1506
76805 Landau

Sudbury Deutschland
21271 Hanstedt

Pflanzenschutz- und Pflegemittel

Bundesrepublik Deutschland

Agrochemie
Postfach 2047
21660 Stade

Bayer
51368 Leverkusen

BASF
67117 Limburgerhof

Biochemische Fabrik Scheidler
GmbH & Co. KG
32425 Minden

Celamerck
55218 Ingelheim

Ciba Geigy AG
Postfach 710150
60491 Frankfurt am Main

Cohrs
(Spezielle Bio-Produkte)
Postfach 72
27356 Rotenburg

Compo
Postfach 2107
48008 Münster-Handorf

Corna
(spezielle Bio-Produkte)
Erbacher Str. 41
89079 Ulm

Detia Freyberg GmbH
69514 Laudenbach

Drugofa
Postfach 800309
51003 Köln

Henkel
Postfach 1
40191 Düsseldorf

Hoechst
65926 Frankfurt

Neudorff
(spezielle Bio-Produkte)
Postfach 1203
31857 Emmerthal

Schering
Müllerstr. 170 – 172
13353 Berlin

C.F. Spiess & Sohn GmbH &
Co.
67271 Kleinkarlbach

SKW-Trostberg AG
83308 Trostberg

Urania
Alsterufer 20
20354 Hamburg

Wacker-Chemie GmbH
81737 München

Österreich

Kwizda
Dr.-Karl-Lueger-Ring 6
A 1011 Wien

Versand von Nutz-insekten

Bundesrepublik Deutschland

Neudorff
Postfach 1209
31857 Emmerthal

Dieter Niessner
Hugo-Wolf-Str. 13
40724 Hilden

Hatto Welte
Maurershorn 10
78479 Reichenau

Versandfirmen für Pflanzen und allge-meinen Gartenbedarf

Bundesrepublik Deutschland

Bakker
Kremerbergweg 13
22926 Ahrensburg

Bio Gartenmarkt Keller
Konradstr. 17
79100 Freiburg

Dehner
Postfach
86638 Rain am Lech

Horstmann
Postfach
25301 Elmshorn

J.Lambert & Söhne
Postfach 2565
54215 Trier

Gärtner Pötschke
Postfach 2220
41564 Kaarst

Österreich

Gärtner Starkl
A 3430 Frauenhofen/Tulln

Praskac
A 3430 Freundorf

Schweiz

Samen Mauser
Zürichstr. 98
CH 8600 Dübendorf/Zürich

Saatgut

Bundesrepublik Deutschland

Agri-Saaten
Billstr. 139
20539 Hamburg

BayWa AG
Postfach
81901 München

Ernst Benary Samenzucht
GmbH
Postfach 1127
34331 Hann.-Münden

Heinrich Bornträger
67591 Offstein

Erfurter Samenzucht
Weigelt & Co.
Postfach 80
65393 Walluf-Rheingau

Exotische Sämereien
Postfach 1348
72003 Tübingen

Gesellschaft für Grün
Wehlingsweg 6
45964 Gladbeck

Eugen Fetzer
Postfach 280
97305 Kitzingen

Flora Frey
Focher Str. 30 – 34
42719 Solingen

Haiwaii-Samen
Inntalstr. 3
83064 Raubling

Hesa-Saaten
Bismarckstr. 49
64293 Darmstadt

Karl Hild
71672 Marbach

Wilhelm Pfitzer
Täschenstr. 53
70736 Fellbach

Rijk-Zwaan
Werler Str. 1
59514 Welver

Samen-Schmitz
Karl-Hammerschmidt-Str. 14
85609 Aschheim

Carl Sperling & Co.
Postfach 2640
21316 Lüneburg

Thysanotus Samen Versand
Postfach 448109
28281 Bremen

Van Waveren
37124 Rosdorf

Julius Wagner
Postfach 105880
69048 Heidelberg

Gerhard Wissmann
Artilleriestr. 43
49076 Osnabrück

Wolf-Samen
57518 Betzdorf

Schweiz

Samen Blankenhorn
CH 9053 Teufen

Ilmar Randuja
Ekkart Hof
CH 8574 Lengwil

Wolf
CH 1630 Bulle

Blumenzwiebeln und Knollen

Bundesrepublik Deutschland

Heinrich Gewiehs
27356 Rotenburg

Albrecht Hoch
Ahornstr. 2 a
14163 Berlin

Kurt Kernstein
Am Kirchfeld 8
86316 Friedberg

Walter Schmid
73460 Hüttlingen

Schweiz

Vatter AG
Sägestr. 65
CH 3098 Köniz/Bern

Exotische Pflanzen und Kübelpflanzen

Bundesrepublik Deutschland

Hermann Brunnerer
51766 Engelskirchen

Exotischer Pflanzenversand
Postfach 8
84330 Herbertsfelden

Peter Fischer
21789 Wingst

Flora-Mediterranea
Kirchweg 10
85395 Attenkirchen

Ibero-Pflanzenimport
Bahnhofstr. 12
37249 Neu-Eichenberg

Peter Klock
Stutsmoor 42
22607 Hamburg

Erich Maier
Hansell 115
48341 Altenberge

Tropica
Wanheimer Str. 223 – 225
47053 Duisburg

Kakteen

Bundesrepublik Deutschland

H. Born
Postfach 1207
58402 Witten

Köhres
(nur Samen)
Wingertstr. 33
64390 Erzhausen

Max Schleipfer
86356 Neusäß

Karlheinz Uhlig
Lilienstr. 5
71394 Kernen

Österreich

Exotrop
Universitätsstr. 11
A 1010 Wien

Schweiz

Hoffmann AG
CH 8103 Unterengstringen

Max Meier
CH 8427 Freienstein

Orchideen

Bundesrepublik Deutschland

Wilhelm Hennis
Gr. Venedig 4
31134 Hildesheim

Burkhard Holm
Behrnenweg 19
47546 Kalkar

Lemförder Orchideenzucht
Bergstraße
49448 Lemförde

Klaus-Dieter Lohoff
Wilfriedstr. 39
33649 Bielefeld

Günter Ludwig
Hainbuchenweg 2
31855 Aerzen

Helga Königer
Von-Erckert-Str. 36
81827 München

H. Popow
38442 Wolfsburg

Roland Renk
78733 Aichhalden

Jens Röhl
Stemweg 14
59494 Soest- Paradiese

Wolfram Tonn
37249 Neu-Eichenberg-
Hebenshausen

H. Wichmann Orchideen
Postfach 446
29209 Celle

Ernst Zeller
89287 Bellenberg

Schweiz

Max Meier
CH 8427 Freienstein

Morumy-Orchideen,
J.–P. Fröhlicher
Lanzhutstr. 8
CH 3427 Utzendorf

Fuchsien

Bundesrepublik Deutschland

R. u. K. Baum
Scheffelrain 1
71229 Leonberg

M. Behre
Salinenstr. 40
30952 Ronnenberg

H. Breuckmann
Leinschede 22
58840 Plettenberg

H. Ermel
Kurpfalzstraße
67308 Zellertal

R. Heinke
Eichholzstraße 2
44289 Dortmund

H. Töpperwein
94496 Ortenburg

Stauden

Bundesrepublik Deutschland

Georg Arends
Monschaustr. 76
42369 Wuppertal

Kayser und Seibert
Postfach 28
64380 Roßdorf-Darmstadt

Heinz Klose
Rosenstr. 10
34253 Lohfelden

Johann Lintner
35315 Homberg/Ohm

Schug-Staudenversand
56132 Dausenau

Dr. Hans Simon
Georg-Mayer-Str. 70
97828 Marktheidenfeld

Willi Tangermann
Rauhe Wiese 17
31171 Nordstemmen

Karl Wachter
(speziell Wasserpflanzen)
25482 Appen-Etz

Staudengärtnerei
Gräfin Zeppelin
79295 Sulzburg-Laufen

Weitere Bezugsquellen über
Gesellschaft der Stauden-
freunde
Geschäftsstelle: Martel Hald
Dörrenklingenweg 35
74629 Pfedelbach

Österreich

Ing. Gerhild Mattuschka
A 9061 Klagenfurt

Gesellschaften von Pflanzenliebhabern

Frei
CH 8461 Wildensbuch/Zürich

Fri Kart
CH 8627 Grüningen/Zürich

Hospenthal-Kägi
Landstr. 37
CH 5417 Untersiggenthal

E. Kühne
Mühlenstr. 54
CH 9030 Abtwil

Schär-Müller
Bruderholzstr. 7
CH 4153 Reinach

Schwitter
Schachenstr. 33
CH 6010 Kriens

Vogt & Co.
Zollerstr. 15
CH 8703 Erlenbach

H. Blatti
Uttigenstr. 56
CH 3138 Uetendorf

Bundesrepublik Deutschland

Bonsai Club
Weiherstr. 9
69168 Wiesloch

Deutsche Bromelien-Gesellschaft
Palmengarten Frankfurt
Siesmayerstr. 61
60323 Frankfurt

Deutsche Dahlien-, Fuchsien- und Gladiolengesellschaft
Geschäftsführerin: Dipl.-Ing. Elisabeth Göring
Drachenfelsstr. 9a
53177 Bonn

Deutsche Fuchsien-Gesellschaft
Pankratiusstr. 10
31180 Giesen-Großförste

Deutsche Gartenbau-Gesellschaft e.V.
Ubierstr. 30
53173 Bonn

Deutsche Gesellschaft für Hydrokultur
Kurt-Schumacher-Str. 36
45699 Herten

Deutsche Kakteen-Gesellschaft
Geschäftsstelle:
Klosterkamp 30
27711 Osterholz-Scharmbeck

Deutsche Orchideen-Gesellschaft
Geschäftsstelle: Lieselotte Thielmann
Arndtstr. 8
27367 Sottrum

Deutsche Rhododendron-Gesellschaft
Geschäftsstelle:
Marcusallee 60
28359 Bremen

Gesellschaft der Heidefreunde
Tangstedter Landstr. 276
22417 Hamburg

Gesellschaft der Stauden-freunde
Geschäftsstelle: Martel Hald
Dörrenklingenweg 35
74629 Pfedelbach

Internationale Kamelien-Gesellschaft
Direktor: Dr. Klaus Hackländer
Simeonstr. 5
54290 Trier

Verein Deutscher Rosen-freunde
Geschäftsstelle: Waldseestr. 14
76530 Baden-Baden

Österreich

Gesellschaft Österreichischer Kakteenfreunde
Präsident: Dr. Ernst Prießnitz
Gerichtsstr. 3
A 9300 St. Veit an der Glahn

Österreichische Fuchsien-freunde
Elisabeth Schnedel
Wienerstr. 216
A 8051 Graz

Österreichische Gartenbau-Gesellschaft
Parkring 12
A 1010 Wien 1

Österreichische Orchideen-Gesellschaft
Postfach 300
A-1222 Wien

Schweiz

Association d'Horticultures de la Suisse Romande
Grand-Rue 82
CH 1110 Morges

Schweizerische Kakteen-Gesellschaft
Präsident: Hans Tohmann
CH 6020 Schluchen

Schweizerische Orchideen-Gesellschaft
Präsident: R. Anderhub
Guggistr. 19
CH-6005 Luzern

Verband Deutsch-Schweize-rischer Gartenbauvereine
über: Peter Kuert
Landwirtschaftliche Schule Charlottenfeld
CH 8212 Neuhausen

Verband Schweizerischer Gärtnermeister
Forchstr. 287
CH 8029 Zürich

Pflanzenschutzberatung

Bundesrepublik Deutschland

BADEN-WÜRTTEMBERG
Landesanstalt für Pflanzen-
schutz
Reinsburgstraße 107
70197 Stuttgart
Telefon (07 11) 6 47 – 25 73

Regierungspräsidium Karls-
ruhe
– Pflanzenschutzdienst –
Amalienstraße 25
76133 Karlsruhe
Telefon (07 21) 1 35 51 71

BAYERN
Bayerische Landesanstalt für
Bodenkultur und Pflanzenbau
– Abteilung Pflanzenschutz –
Menzinger Straße 54
80638 München
Postanschrift:
Postfach 38 02 69;
80615 München
Telefon (0 89) 179 91

BERLIN (WEST)
Pflanzenschutzamt Berlin
Altkircher Straße 1 – 3
14195 Berlin-Dahlem
Telefon (0 30) 8 31 30 82

BREMEN
Pflanzenschutzamt Bremen
Slevogtstraße 48
28209 Bremen
Telefon (04 21) 3 61 25 75

HAMBURG
Institut für Angewandte
Botanik
– Pflanzenschutzamt –
Hamburg –
Postfach 30 27 62
20309 Hamburg
Telefon (0 40) 41 23-1
bei Selbstwahl (0 40)
41 23 23 52

HESSEN
Pflanzenschutzdienst des
Hessischen Landesamtes für
Ernährung, Landwirtschaft
und Landentwicklung
Friedrich-Wilhelm-v.-Steuben-
Straße 2
60487 Frankfurt (Main)
Telefon (0 69) 77 50 51-52
und
Am Versuchsfeld 17
34128 Kassel-Harleshausen
Telefon (05 61) 8 81 41

NIEDERSACHSEN
Pflanzenschutzamt Hannover
Wunstorfer Landstraße 9
30453 Hannover
Telefon (05 11) 4 00 50
(Landwirtschaftskammer)

NORDRHEIN-WESTFALEN
Pflanzenschutzamt der Land-
wirtschaftskammer Rheinland
Ludwig-Erhard-Straße 99
53175 Bonn-Bad Godesberg
Telefon (02 28) 37 69 31-34

Institut für Pflanzenschutz,
Saatgutuntersuchung und
Bienenkunde der Landwirt-
schaftskammer Westfalen-
Lippe mit Referat für forst-
lichen Pflanzenschutz
Nevinghoff 40
48147 Münster (Westf.)
Telefon (02 51) 27 66 26

RHEINLAND-PFALZ
Landespflanzenschutzamt
Rheinland-Pfalz
Essenheimer Straße 144
55128 Mainz-Bretzenheim
Telefon (0 61 31) 3 40 81-83

SAARLAND
Pflanzenschutzamt Saar-
brücken
Postanschrift:
Postfach 469
66041 Saarbrücken
Telefon (06 81) 6 55 21

SCHLESWIG-HOLSTEIN
Pflanzenschutzamt des Landes
Schleswig-Holstein (Landes-
oberbehörde)
Westring 383
24118 Kiel
Postanschrift:
24034 Postfach 35 48
Telefon (04 31) 56 20 15

Österreich

Bundesanstalt
für Pflanzenschutz
Trunnerstr. 5
1020 Wien
Telefon (02 22) 24-15-11 (214-
15-11)

Magistrat der Stadt Wien MA
42: Stadtparlament
Am Heumarkt 2b
1030 Wien
Telefon (02 22) 72-21-71-0

Österreichische
Gartenbaugesellschaft
Parkring 12
1010 Wien
Telefon (02 22) 512-84-16
(52-84-16)

Schweiz

ZH Kant. Zentralstelle für
Pflanzenschutz
Strickhof, Eschikon
8307 Lindau
Telefon: 0 52 33 16 21

BS Wirtschafts- und Sozial-
department des Kantons
Basel-Stadt
Kant. Pflanzenschutzdienst
Rathaus, Marktplatz 9
4001 Basel
Telefon: 0 61 21 85 45

TI Servizio fitosanitario
cantonale
Alle Semine
6500 Bellinzona
Telefon: 0 92 25 98 31

FL Landesverwaltung des
Fürstentums Liechtenstein
Landwirtschaftsamt,
FL-9490 Vaduz
Telefon: 0 75 66 1 11,
intern 3 79

Register

(Halbfette Seitenzahlen verweisen
auf Abbildungen)

Zum Thema Natur und Garten sind im FALKEN Verlag zahlreiche interessante Bücher erschienen. Hier eine kleine Auswahl:

„Wasser im Garten" (Nr. 4230)
„Gesunde Zimmerpflanzen" (Nr. 4274)
„Garten heute" (Nr. 4283)
„Wintergärten" (Nr. 4256)
„1000 Gartentips" (Nr. 4453)
„Natürlich gärtnern unter Glas und Folie" (Nr. 722)
„Balkon, Terrasse, Dachgarten" (Nr. 4536)
„Schöne Gärten" (Nr. 4482)
„Steingärten" (Nr. 4452)
„Kletterpflanzen" (Nr. 4546)

ISBN 3 8068 4408 9

07440888X817 2635 4453

Bildquellenverzeichnis

Johannes Apel, Baden-Baden: 154 l., 159 l., 161 u., 162, 163 o.;
Archiv für Kunst und Geschichte, Berlin: 11 u.;
Gerhard Bambach, Geisenheim: 149 r.o.;
BASF AG Landw. Versuchsstation, Limburgerhof: 79 M.u., r., 80 l. von oben nach unten, 81 l., r. u., 82 l. u., r.u., 83 l.o., l.u., r.u.;
Bayer AG Pflanzenschutzzentrum Monheim (Foto Roth), Leverkusen: 80 M.r., 81 l.;
Ing. G. Beckmann KG, Herdecke/Ruhr: 24, 26 o., 27, 29 o., 66, 96, 117 o.M., 125 r.;
Prof. Dr. Rolf Blaich, Ilbesheim: 151, 155 r., 156 o.r., 175 o., 176 o.l., 177 l.u., r., 184, 185 l.;
Rolf Bühl, Stuttgart: 78, 82 r. M.;
CMA, Bonn: 137 r.M.;
Creative Fotografie + Styling Tessmann u. Endress: 158 r., 164–167, 168 u., 169, 170 l., r., 171, 172, 178 r., 179, 185 M.;
Deutsches Museum, München: 10, 11 o.;
Ewald Dörken AG, Herdecke/Ruhr: 26 u.;
Ingrid Gabriel, Wiesbaden-Naurod: 29 u., 65 r., 70 o., 74, 76 o.r., 77 u. r., 99 u., 101 l., M., 108, 114 r., 119 l., 133 M., 137 r.o., r.u., 150 o., 198 l., 217;
Martin Haberer, Nürtingen-Raidwangen: 146 o., 147 o.;
Dr. Gudrun Hamdorf, Ober-Olm: 83 r.o.;
Friedrich Jantzen, Arolsen: 23 r., 37 r., 76 u. r., 77 u.l., 91 r., 106 r., 107 l., 109 l., 111 u., 113 o., 120 o., 131 M., 140 l., 141, 147 u., 149 l.o., l.u., M. o., r.u., 150 u., 176 r.u., 209;
Bildarchiv Dr. Jesse, Köln: 77 o.l., o.r., 115, 145 u., 154 r., 175 u., 191 r.;
Stefan Koppelkamm, Berlin: 12 r.;
Kuno Krieger GmbH, Herdecke/Ruhr: 2/3, 4–7, 8/9, 12 l., 16/17, 20, 22/23, 25 o., 26 M., 28, 33–34, 36/37, 38, 46–48, 51, 53 r., 56–58, 61, 70 M. u. u., 90/91, 100, 101 r., 104–105, 107 r., 109 o.M., o.r., 110 l., r.u., 110/111 o., 112 r., 113 u., 117 o.r., u., 118, 119 r.o., r. u., 122 M., 122/123, 123 r., 125 l., M., 126–127, 128/129, 134 l., 135 r.o., 143 o.l., u., 145 o., 149 M. u., 152/153, 156 o.l., u.l., 157, 158 l., 159 r., 163 u., 168 o., 170 M., 173, 176/177 o., 180, 181 u., 182–183, 185 r., 189 u., 190/191, 195 u., 202, 204/205, 212 M., 213–214, 216, 219;
Landesanstalt f. Pflanzenschutz, Stuttgart (M. Geigenmüller): 81 r. drittes von oben;
Planungsgruppe LOG ID, Schempp, Tübingen: 18/19, 30–32, 152 l., M.;
Franz Mühl, Frankfurt/Main: 76 o.l.;
Ingeborg Polaschek, Linsengericht-Altenhaßlau: 149 M.;
Dr. H.-G. Prillwitz, Mainz: 82 l.o., 82 r.o.;
Reinhard-Tierfoto; Heiligkreuzsteinach-Eiterbach: 9 r., 15, 79 l., M.o., 120 u., 122 l., 130 u., 136/137 u., 144, 155 l., 156 r.u., 160 u., 178 l., 197 u., 206, 218 u.;
Gerhard Röhn, Verlag f. Garten- und Landschaftsbau, Heusenstamm: 132 M., 135 l., 139, 140 r., 198 r., 203 M.;
Bernd Schaefer, Pflanzenschutzamt, Berlin: 83 M.u.;
Carl Sperling & Co., Lüneburg: 109 r.u., 112 l.;
Dr. Wohanka, Forschungsanstalt Geisenheim: 81 r. zweites von oben, 83 M.o.;
Jürgen Wolff, Gengenbach: 1, 3 r., 14, 25 u., 42–44, 49, 52, 53 l., 60, 62/63, 64/65, 76 u.l., 92, 97, 99 o., 116/117 o., 129 r., 130/131 o., 131 u., 132 l., 132/133, 133 r., 134 r., 135 r.u., 136/137 o., 143 o.r., 146 u., 153 r., 160/161 o., 177 l.M., 188 r., 192–194, 195 o., 196, 197 o., 199–201, 203 l., r., 207–208, 210–211, 212 o., u., 215, 218 o.

Zeichnungen:

Ingrid Gabriel, Wiesbaden-Naurod: 99;
Gabriele Hampel, Kelkheim/Ts.: 40/41, 45, 50;
Horst Lünser, Berlin: 69, 71, 81 r.o., 84–89, 98, 102–103, 106 l., 114 l.o., l. u., 116 u., 121, 124, 174, 181 o., M., 186–187, 188 l., 189 o.